J. 724
5.

L'ANTIQUITÉ EXPLIQUÉE, ET REPRÉSENTÉE EN FIGURES.

TOME TROISIEME.
Les Usages de la vie.

PREMIERE PARTIE
Les Habits, les Meubles, les Vases, les Monoyes, les Poids, les Mesures, des Grecs, des Romains & des autres Nations.

Par Dom BERNARD DE MONTFAUCON
Religieux Bénédictin de la Congrégation de S. Maur.

A PARIS,
Chez {
FLORENTIN DELAULNE, JEAN-GEOFFROY NYON,
HILAIRE FOUCAULT, ETIENNE GANEAU,
MICHEL CLOUSIER, NICOLAS GOSSELIN,
Et PIERRE-FRANÇOIS GIFFART.

M. DCC XIX.
AVEC PRIVILEGE DU ROY.

L'ANTIQUITÉ EXPLIQUÉE

ET REPRESENTÉE EN FIGURES.

TOME TROISIEME,

QUI COMPREND CE QUI REGARDE LES USAGES DE LA VIE.

PREMIERE PARTIE.

ANTIQUITAS

EXPLANATIONE ET SCHEMATIBUS ILLUSTRATA.

TOMUS TERTIUS,

IN QUO OMNIA AD VITÆ USUM SPECTANTIA.

PARS PRIMA.

LIVRE PREMIER,

Où il est parlé de l'habit des Grecs & des Romains.

CHAPITRE PREMIER,

I. La tunique habit des Grecs & des Romains. II. La tunique interieure. III. Si les anciens avoient l'usage des chemises & du lin; & qu'étoit ce que la Calasiris. IV. Les tuniques des Romains. V. Les tuniques des Grecs.

NOUS n'avons parlé jusqu'à present que de la Religion, c'est à-dire des dieux, de leur culte, & de toutes les actions qui avoient rapport à la divinité. Le sujet de ce tome est tout ce qui regarde les usages de la vie, tout ce que l'homme a inventé tant pour la necessité que pour la commodité & pour le plaisir. Les choses qui le touchent de plus près sont les habits, les maisons & la table: c'est aussi par là que nous commencerons ce tome: de là nous passerons aux meubles, aux monnoies, aux poids & aux mesures: les édifices publics & les symboles des nations & des villes finiront la premiere partie de ce tome.

I. L'habit le plus ordinaire des Grecs étoit la tunique, appellée chez eux *chiton*, espece de robe qui descendoit jusqu'au genou, & quelquefois jusqu'aux talons; les Grecs appelloient ces tuniques longues ποδήρης χιτών. Stole

---

LIBER PRIMUS,

Ubi de veste Græcorum & Romanorum.

CAPUT PRIMUM.

I. Tunica vestis Græcorum Romanorumque. II. Interula sive tunica interior. III. An veteres industiis lineisque vestibus sint usi, & quid Calasiris. IV. Tunicæ Romanorum. V. Tunicæ Græcorum.

HACTENUS sacrorum religiones tractavimus; ea videlicet omnia quæ ad deorum cultum, actusque humanos numinum reverentiam honoremque spectantes, pertinebant. Hujus Tom. III. tomi argumentum erunt ea quæ ad vitæ usum pertinent, quæque homines ad necessitatem, ad commodum, ad voluptatemque excogitarunt. Hoc in genere quæ potiora habentur, vestimenta sunt, habitacula, mensæ; ab his exordium ducetur. Hinc procedetur ad supellectilem, domestica instrumenta, vasa cujusvis generis, ad nummos, pondera, mensuras. Primam hujus tomi partem complebunt ædificia publica, symbolaque regionum atque urbium.

I. Quod in usu magis apud Græcos vestimenti genus, χιτών seu tunica erat, quæ ad genua & nonnunquam ad talos usque defluebat; hæc largior tunica ποδήρης χιτών, tunica talaris vocabatur. ςολή

HISTOIRE
DU
THÉATRE FRANÇAIS
EN
BELGIQUE

DEPUIS SON ORIGINE JUSQU'A NOS JOURS

D'APRÈS DES DOCUMENTS INÉDITS REPOSANT AUX ARCHIVES GÉNÉRALES DU ROYAUME

PAR

M. Frédéric Faber

TOME PREMIER

BRUXELLES
Fr. J. OLIVIER, Libraire-Éditeur
11, rue des Paroissiens, 11

PARIS
Maison TRESSE (Ancienne Maison Barba)
Palais-Royal
(Galerie du Théâtre Français)

1878
Tous droits réservés

Cet ouvrage a été tiré à :
1° 500 exemplaires sur papier vélin.
2° 50 exemplaires numérotés sur papier de choix (n° 1 à 50).

Tous les exemplaires doivent être revêtus du timbre ci-dessous, sinon ils seront réputés contrefaits :

[F . FABER]

Bruxelles. — Imprimerie Félix Callewaert père, 26, rue de l'Industrie.

HISTOIRE
DU
THÉATRE FRANÇAIS
EN
BELGIQUE

HISTOIRE
DU
THÉATRE FRANÇAIS
EN
BELGIQUE

DEPUIS SON ORIGINE JUSQU'A NOS JOURS

D'APRÈS DES DOCUMENTS INÉDITS REPOSANT AUX ARCHIVES GÉNÉRALES DU ROYAUME

PAR

M. Frédéric Faber

TOME PREMIER

BRUXELLES	PARIS
Fr. J. OLIVIER, Libraire-Éditeur	Maison TRESSE (Ancienne Maison Barba)
11, rue des Paroissiens, 11	Palais-Royal (Galerie du Théâtre Français)

1878

Tous droits réservés

A

Monsieur Félix DELHASSE

Hommage reconnaissant et respectueux

F. FABER.

Bruxelles, le 1er mai 1878.

PRÉFACE

Je n'ai pas la prétention, en publiant une *Histoire du Théâtre Français en Belgique,* d'avoir fait un ouvrage irréprochable. Je laisse ce soin à de plus forts que moi, me considérant comme heureux si mes recherches peuvent leur être de quelque utilité.

Le manque de documents, l'abandon dans lequel a été laissée cette branche importante de notre littérature nationale, le peu d'ouvrages dramatiques indigènes que renferment nos bibliothèques publiques, ont rendu ma tâche ardue et difficile.

L'essentiel, dans un ouvrage de cette nature, était d'arriver à être intéressant tout en restant méthodique. J'ai donc partagé mon travail en deux parties principales :

1° *La Belgique sous la domination étrangère ;*
2° *La Belgique indépendante ;*

Qui ont chacune comme subdivisions, deux titres généraux :

I. — *Partie historique ;*
II. — *Partie bibliographique.*

La partie historique est suivie d'une annexe, dans laquelle, pour ne pas grossir inutilement le texte, j'ai groupé tous les documents destinés à venir à l'appui des faits que j'avance.

Quant à la bibliographie elle se compose de :

    1° *Les Écrits relatifs au théâtre* ;
    2° *Les OEuvres dramatiques.*

Il m'a semblé intéressant, pour ces derniers, de distinguer les auteurs belges de naissance ou naturalisés, des étrangers ayant produit quelque œuvre dramatique en Belgique. Elle comprend donc trois classes :

    1° *Les Auteurs belges ;*
    2° *Les Auteurs étrangers ;*
    3° *Les Anonymes.*

Enfin, en dernier lieu, je fais suivre chacune des deux parties principales, de tables renseignant :

    1° *Les Auteurs cités ;*
    2° *Les Ouvrages dramatiques,* dont il a été question.

Je remercie ici les personnes qui, par leur complaisance, ont facilité ma tâche. Les encouragements que j'ai reçus de toutes parts m'ont soutenu dans les moments où il me semblait que l'aridité du travail surpassait ma bonne volonté, et, en exprimant ma reconnaissance à ceux qui m'ont aidé de leur savoir, je réclame l'indulgence de mes lecteurs, les priant de considérer surtout le but de mon ouvrage, qui a été d'être utile à mes compatriotes.

F. FABER.

Bruxelles, le 1er mai 1878.

P.-S. — Pendant l'impression de ce volume, des documents fort intéressants sur l'origine du théâtre en Belgique m'étant parvenus, je les ai réunis en un supplément qui sera placé à la fin de la première partie. Il en sera de même de tous ceux que je pourrais encore découvrir.

F. F.

PREMIÈRE PARTIE

LA BELGIQUE SOUS LA DOMINATION ÉTRANGÈRE

JUSQUE 1830

TITRE PREMIER

PARTIE HISTORIQUE

HISTOIRE
DU
THÉATRE FRANÇAIS
EN
BELGIQUE

PREMIÈRE PARTIE

TITRE I

CHAPITRE PREMIER

ORIGINES. — CORTÉGES HISTORIQUES. — ENTREMETS DANS LES FESTINS PRINCIERS. — CHAMBRES DE RHÉTORIQUE. — ENTRÉES SOLENNELLES DE SOUVERAINS. — MYSTÈRES, MORALITÉS, ETC.

Un fait digne de remarque, c'est qu'en Belgique, sur un territoire relativement restreint, malgré des guerres continuelles, des invasions, des révolutions, les beaux-arts et les lettres n'ont cessé d'acquérir un lustre qui a porté sa réputation bien loin à l'étranger. Pendant les périodes les plus tourmentées, l'on a vu surgir des peintres et des écrivains du plus grand mérite. Il en est même quelques-uns, tels que Rubens, Van Dyck et d'autres, qui ne rencontrèrent pas de rivaux.

Cette vitalité amena chez ce peuple une espèce d'originalité intellectuelle qui se manifesta en tout. Rien de curieux comme les descriptions des anciennes fêtes flamandes, les réunions des serments, des gildes, des corporations. Toutes ces solennités qu'aimaient tant nos pères, et qui se sont perpétuées jusqu'à nous, ont toujours conservé un caractère spécial qu'on ne rencontre que dans notre pays.

D'un autre côté, il est à remarquer également que la poésie française a jeté un grand éclat dans les provinces belges, soit qu'elles fassent encore partie de la Belgique, soit qu'elles appartinssent à d'autres pays. Par plusieurs travaux très-consciencieux, des écrivains ont fait connaître quantité de poètes belges datant des douzième, treizième et quatorzième siècles. Leurs œuvres ont été publiées en partie, et elles forment un des monuments les plus curieux de notre première littérature. Il ressort donc de ceci que quelques-uns de nos auteurs dramatiques qui ont écrit en français, n'ont fait, en cela, que suivre l'exemple de leurs aînés et qu'on ne peut sérieusement les taxer d'imitation, ni leur porter l'accusation d'avoir voulu faire abnégation de leur nationalité.

De tout temps, en Belgique, le goût des spectacles de la rue a été très-répandu. Bien avant les représentations, en France, des drames sacrés, chez nous les cortèges populaires étaient de mise dans presque toutes les grandes cérémonies publiques.

De plus, le clergé, qui a longtemps exercé une grande influence sur les masses, se servait de la pompe extérieure pour intéresser le peuple.

En France existait *la Fête des Kalendes ou des Fous*. Elle se célébrait le jour de la Circoncision. L'Evêque des Fous s'élisait dans presque toutes les églises. Une autre fête, celle des *Innocents*, se célébrait de Noël à l'Épiphanie. Le bas clergé s'était réservé la célébration de ces coutumes burlesques.

De France ces fêtes passèrent en Belgique. D'anciens manuscrits font mention d'une cérémonie de ce genre qui se célébrait à Tournai, le 28 décembre de chaque année : l'élection de l'*Évêque des Sots*, qui se faisait à la cathédrale. A cet effet, l'on dressait un échafaud devant le grand portail. Les notables bourgeois choisissaient ce dignitaire parmi les petits vicaires. L'élection terminée au milieu d'une affluence immense, on revêtait l'élu d'un costume complet d'évêque, mais avec quelques embellissements : la mitre était ornée de grelots, et la crosse se terminait par une marotte. Toute cette multitude se livrait alors aux plus amères railleries, et rien n'était ménagé, pas même ce que la religion a de plus respectable. Ensuite, l'évêque était promené dans la ville, et sur tout le parcours il bénissait la foule avec force contorsions comiques. Cette grotesque parodie se prolongeait durant huit jours, et la fête se terminait par un banquet splendide auquel assistaient les dignitaires de l'église. Le Chapitre de la cathédrale fournissait même le pain et le vin.

La licence devint tellement grande que le clergé, qui avait enfin reconnu l'impiété de ces burlesques cérémonies, les fit interdire en 1497. Les Tournaisiens ne tinrent aucun compte de cette défense, mais un arrêt du Parlement enjoignit au Magistrat de ne plus les tolérer davantage.

De l'église cette fête passa dans la ville, et les bourgeois de Tournai se mirent à célébrer les *Innocents*. Cependant, l'attrait n'était plus le même et cette fête disparut complètement en 1501. Voici en quelles circonstances (1) :

Cette année, les Tournaisiens avaient élu un certain Josse Heckman, en qualité d'Évêque des Fous. Cet homme, reconnu pour son esprit, s'était mis en tête de faire cesser ce ridicule usage. Il n'osa pas refuser l'honneur qu'on lui faisait, mais il imagina un moyen pour y mettre fin. Il se plia à tout ce qu'on exigea de lui, travestissement, promenades, moqueries, etc. Mais au moment où l'on entra dans la salle où devait avoir lieu le festin, tout le monde lut les mots suivants écrits en caractères de feu : *Anathême à celui qui ose profaner les Mystères de la Sainte Église! Malédiction à ceux qui l'ont élu! Malheur à la ville qui souffre de pareilles extravagances!*

Heckman, qui était l'auteur de cette inscription, joua son rôle jusqu'au bout. Après avoir lu ces phrases à haute voix, il se jeta à genoux, et, se dépouillant des insignes de sa dignité, il déclara qu'il ne voulait pas aller contre les avertissements du ciel. Tout le monde se retira effrayé, et Heckman obtint que, pour se faire pardonner ces fautes, on donnerait les mets aux pauvres de la ville. Depuis lors, on renonça à la fête des *Innocents*, et aucun écrivain n'en fait plus mention après cette date.

A côté de cette fête qui, en elle-même n'est qu'une momerie, il faut en citer une autre qui revêtait un caractère beaucoup plus théâtral. C'est la célébration du Vendredi-Saint, à Bruxelles. Pendant longtemps, dans cette dernière ville, on imitait le crucifiement du Christ, en faisant figurer à cet effet, un condamné à mort, auquel on accordait sa grâce en faveur du personnage qu'il représentait.

Cette cérémonie se passait dans l'église des Augustins. Au pied de l'autel, se dressait un échafaud sur lequel était placé une très-haute croix. De chaque côté, régnaient des loges pour les gens de qualité ; une foule innombrable remplissait l'église. Avant la mise en croix, avait lieu une procession qui parcourait les principaux quartiers de la ville, en figurant le chemin de la croix. Les confrères, dits de *la Miséricorde*, le visage masqué, les pieds nus, et en habits de la confrérie, ouvraient la marche ; puis venaient des prisonniers, traînant aux pieds, de gros boulets ; enfin arrivaient les religieux Augustins, travestis en juifs, et, au milieu d'eux, le malheureux chargé de représenter le Christ, garrotté, couronné d'épines, et revêtu de la robe de pourpre. Arrivés à l'église, ils faisaient monter le patient sur l'échafaud ;

---

(1) Manuscrit communiqué à Mme Clément, née Hémery, par feu M. Delmotte, de Mons.

puis ils simulaient la mise en croix. On le dépouillait de tous ses vêtements, et on l'étendait sur l'instrument du supplice, sur lequel on lui clouait les mains et les pieds. On avait même poussé l'imitation jusqu'à simuler le sang qui aurait dû en couler, et cela à l'aide de petites vessies pleines de liquide rouge attachées aux membres et par lesquelles on fixait le supplicié à la croix.

S'il faut en croire les manuscrits qui rapportent ce fait, cette cérémonie produisait un immense effet sur la multitude (1).

Outre ces fêtes qui avaient un caractère purement religieux, il s'en institua d'autres dans lesquelles l'élément civil dominait. Au nombre de ces dernières il convient de citer, en première ligne, la procession solennelle de la commune, connue, dans notre histoire, sous le nom de *Ommegang*, mot flamand dont l'étymologie personnifie bien le but : *gaen*, aller, et *omme*, par, autour, littéralement par-cours, *pro-cessio* (2).

L'origine de cette cérémonie peut être rapportée à l'année 1348. Le plus ancien acte qui en fasse mention est un accord fait entre le chapitre de Sainte-Gudule et les arbalétriers, concernant le droit de sépulture au Sablon.

L'*Ommegang* progressa d'année en année, de telle façon même qu'au XVe siècle déjà, les ornements qui y étaient employés, devenaient si nombreux que la ville de Bruxelles dût acheter une maison dans la rue d'Or pour les y placer.

Le plus remarquable que l'on ait cité, est celui qui eut lieu, dans cette dernière commune, en 1549, lors de l'entrée de Philippe II.

La Cour s'était rendue à l'hôtel-de-ville pour le voir défiler. La place était couverte par les serments. On vit d'abord paraître les différentes gildes d'arbalétriers et archers. Puis cette pompe mystérieuse commença par l'arrivée d'un diable sous la figure d'un énorme taureau qui jetait du feu par les cornes, entre lesquelles un autre diable était assis, tous deux étaient conduits par un enfant déguisé en loup et monté sur un courtaud. Puis venait saint Michel, vêtu d'armes luisantes, portant l'épée et la balance. On voyait ensuite un char sur lequel se trouvait un ours qui touchait d'un orgue, qui n'était pas composé de tuyaux, mais d'une vingtaine de chats enfermés dans des caisses étroites où ils ne pouvaient remuer et dont les queues, sortant par le haut, étaient liées à des cordes attachées au clavier de l'orgue, de telle façon que chaque fois que l'ours pressait les touches, il faisait lever ces cordes ce qui obligeait les chats à crier, cris formant diverses notes, selon l'âge de ces animaux. Au son de cette musique d'un nouveau genre, dansaient des singes, des ours et d'autres animaux autour d'une grande cage placée sur un

---

(1) Mme Clément, née Hémery. *Histoire des fêtes civiles et religieuses, usages anciens et modernes de la Belgique méridionale.* Avesnes, C. Vireux, 1846, pp. 344-345.

(2) Henne et Wauters. *Histoire de la ville de Bruxelles.* Bruxelles, Périchon, 1845, t. I, pp. 109-111.

théâtre que traînait un cheval. Venaient ensuite une quantité de chars sur lesquels étaient représentés le mystère de la Conception de la Vierge, celui de la Nativité de la Vierge, celui de la Présentation au Temple, celui de la Naissance du Christ, puis la Circoncision, l'Adoration des Mages et celui de la Purification. Ensuite, trois autres chars représentaient la Résurrection, l'Ascension et la Descente du Saint Esprit. Enfin, cette magnifique cavalcade était terminée par un char représentant le mystère de l'Assomption.

Cet Ommegang était une véritable représentation théâtrale muette, dans laquelle la religion jouait le premier rôle.

Longtemps ces fêtes furent les seules qui existassent en Belgique. Si elles ne sont pas essentiellement ce qu'on est convenu d'appeler *théâtre*, elles furent cependant un spectacle assez attachant pour stimuler les foules, et elles s'en rapprochent assez par la pompe qu'on y déployait.

Ce spectacle des yeux, qu'on est loin de dédaigner aujourd'hui, avait un attrait tout particulier pour nos aïeux, et même le goût de ces cortèges allégoriques ou historiques a continué jusqu'à nous. C'était le théâtre dans la rue, sous une forme autre que celle qu'on a admise de nos jours, mais, enfin, c'était du théâtre.

Au moyen âge, dans les cérémonies publiques et principalement dans celles où assistaient les princes, un divertissement essentiellement théâtral y était de mise. Dans les grands festins qui les terminaient presque toujours, avaient lieu ce qu'on appelait des *entremets* (1). Ils consistaient en une représentation mimée, où la mécanique était mise à contribution, ce qui donnerait une haute idée des machinistes de cette époque.

Ainsi, au festin qui eut lieu à Bruges, le 2 juillet 1468, en l'honneur du mariage du duc de Bourgogne avec la princesse Marguerite, sœur du roi d'Angleterre, il y en eut plusieurs qui furent des mieux réussis : on vit arriver une grande licorne sur laquelle était monté un léopard portant la bannière d'Angleterre et une fleur de marguerite qu'il devait présenter au duc, — puis la petite naine de Mademoiselle Marie de Bourgogne, habillée en bergère et montée sur un grand lion d'or, qui ouvrait sa gueule par ressorts, et chanta un rondeau en l'honneur de la belle bergère, espoir de la seigneurie de Bourgogne.

Enfin, ces fêtes se prolongèrent pendant huit jours, en banquets, tournois, joûtes, etc. Le dernier jour, l'entremets fut encore plus extraordinaire que tout ce que l'on avait vu jusque là. Une baleine de soixante pieds de long entra dans la salle du festin ; elle était escortée de deux géants, et son corps

---

(1) Le père Ménétrier a erronément tiré de ce mot une définition assez étrange. Il en a fait *intermède*, c'est-à-dire, scène se passant au milieu d'un spectacle. Ce n'est pas ici le cas et ce mot ne peut être pris dans ce sens (*Des représentations en musique, etc.*).

était si gros, qu'un homme à cheval eût pu aisément s'y cacher. Elle remuait la queue et les nageoires. A la place des yeux, se trouvaient deux miroirs. Tout-à-coup, elle ouvrit la gueule, et l'on en vit sortir des sirènes qui se mirent à chanter, puis douze chevaliers marins qui dansèrent et se combattirent jusqu'au moment où les géants les firent rentrer dans la baleine (1).

En admettant même que ces différentes pièces mécaniques fussent grossièrement établies, il n'en ressort pas moins qu'on y trouve beaucoup d'imagination. Mais ce qui doit donner la plus haute idée de ce qu'étaient ces entremets, ce fut celui qui eut lieu à la fin du diner donné en 1378, par le roi Charles V à l'empereur Charles IV. Un vaisseau avec ses mâts, ses cordages, ses voiles, entra dans la salle; ses pavillons étaient aux armes de la ville de Jérusalem; sur le tillac, on distinguait Godefroid de Bouillon, accompagné de plusieurs chevaliers armés de toutes pièces. Le vaisseau s'avança sans qu'on vit la machine qui le faisait mouvoir. Un moment après, parut la ville de Jérusalem avec ses tours couvertes de Sarrazins; le vaisseau s'en approcha, les chrétiens mirent pied à terre et montèrent à l'assaut, les assiégés firent une vigoureuse résistance, plusieurs échelles furent renversées; enfin la croix fut arborée sur les créneaux, aux applaudissements des convives (2).

Mais tout cela n'était qu'une exception, un fait isolé. Cela ne pouvait constituer une base de laquelle on peut raisonnablement faire sortir le théâtre actuel. Celui-ci doit sa naissance, en Belgique, aux Chambres de Rhétorique, institution qui paraît avoir été empruntée à la France.

Il faut reporter à l'année 1401, l'origine de ces associations, dans les parties flamandes du pays, et à une époque peu postérieure, dans les wallonnes. A Mons, où les *Ménestrels* tenaient encore leurs assemblées ou leurs écoles en 1406, on voit apparaître les *Rhétoriciens*, comme association privée, à une date qui peut être fixée avant même 1431, si l'on s'en rapporte à ce qu'en a dit Vinchant (3) :

« *L'an* 1431. Les bourgeois de Mons qui se nommoient *Réthoriciens*, se trouvent avec
« ceux de Valenciennes, Douay, Cambray, Hesdin et d'autres lieux circonvoisins en l'abbaye
« de Liesses, à cause que l'abbé du lieu appelé Gilles Du Cesne, personnaige vertueux et
« sçavant, avoit fait publier qu'une dispute de rhétorique se tiendroit en sa ditte abbaye
« pour décider ceste question :

« *Pourquoy la paix ne cognoissoit le royaulme de France.*

« Car il faut entendre qu'en ce temps, la France estoit merveilleusement affligée de guerres

---

(1) De Barante. *Histoire des ducs de Bourgogne*.
(2) Mme Clément, née Hémery. *Loc. cit.*, pp. 39-40.
(3) *Annales du Hainaut*. Manuscrit en 3 vol. in-folio, appartenant à la Bibliothèque de Mons, qui fut publié depuis par les soins de la Société des Bibliophiles.

« que suscita Philippe-le-Bon, duc de Bourgoigne, par le moyen des Anglois, pour venger la
« mort de son père, traîtreusement occis par mandement de Charles VII, roy de France, lors
« dauphin en l'an 1419.

« Or, le dit abbé adjugea prix à ceulx qui pouldroient mieux respondre à la ditte question,
« en sorte que ceux de Hesdin emporterent le premier prix qui estoit un paix (1) de vIII onces
« d'argent. Çeulx de Valenciennes eurent le second qui fut un *Agnus Dei* d'argent, mais très-
« magnifique. »

Il existe encore d'autres traces des Rhétoriciens dans la ville de Mons. En 1469, l'on constate l'existence d'un concours de poésie institué dans cette localité. Voici le texte du document qui en fait mention, extrait d'un manuscrit reposant aux archives de la province du Hainaut, intitulé (2) :

« *Mémorial de plusieurs affaires de la Ville,* n° 5017. *Folio* LXXIX *verso.* »

« Le jour Saint-Bietremelz, ou mois daoust lan mil iiije LXIX, se commencherent les jeux et
« esbattemens faix par ceulx de le croix en Cantimpreit et des rues environ, dont le matere
« estoit telle que, celui qui remonsteroit mieulx en jux de personnaiges de bonne et vraye
« retoricque, contenant de v a vj^e lignes, comme tout esperit, soit celeste-terrestre, ou terres-
« tre, devoit et estoit tenu de loer, honnourer et regracyer Dieu nostre benoit createur et
« redempteur ; et mieulx aroit ung aigle vif couronnet dune couronne dor du pris dun noble,
« ou premier ; et le mieulx apres, ung cygne vif atout ung colet dargent pesant un onche :
« et gaigna le Marchiet le maistre pris, et la rue de Havrech le second. »

C'est là un concours de Rhétoriciens bien caractérisé. Concours modeste, si l'on veut, mais qui n'en établit pas moins l'existence d'associations de l'espèce.

Toutefois, ce ne fut qu'en 1533 que le conseil de la ville de Mons les autorisa à y établir officiellement leur confrérie sous le titre de *Chambre de Rhétorique.*

Ces utiles associations, si célèbres dans l'histoire littéraire de la Belgique, se formèrent dans presque toutes les villes. Elles étaient connues sous les dénominations de *Puys d'Amour,* de *Puys Verd,* de *Confrérie des Clercs,* de *Chambres* ou *Escoles de Rhétorique.*

On voit encore apparaître les *Rhétoriciens Montois* en 1498. Au mois de juillet de cette année, les arbalétriers de Mons ayant remporté le premier prix au concours de Gand, un banquet fut offert aux vainqueurs. Les Rhétoriciens s'y distinguèrent tout particulièrement, et Vinchant nous a même conservé leurs noms ; voici ce qu'il en a dit (3) : « Aucuns rhétoriciens de

---

(1) *Paix,* espèce de relique ou d'instrument sacerdotal, en métal ciselé, émaillé ou niellé, que le prêtre officiant donnait à baiser dans l'église, les jours de grande fête. On ne baise plus aujourd'hui que la patène. Les paix niellés du xv° siècle sont fort recherchés des collectionneurs.

(2) A. Lacroix, *Souvenirs sur Jacques de Guise, historien du Hainaut;* la Chambre de Rhétorique ; la Confrérie de Sainte-Cécile, et l'Académie des Beaux-Arts de la ville de Mons. Mons, Hoyois, 1846, in-8° pp. 7-8.

(3) *Annales du Hainaut. Loc. cit.*

« Mons, au nombre de cinq, si comme Hiérosme Fosset, Jamin Lescoignies,
« le petit Jacquet, Jacquemin Bosquet et Rogeric, donnèrent plusieurs récréa-
« tions et contentements aux assistants. »

Les Rhétoriciens de Mons s'assemblaient à la Maison de Paix dans la chambre dite de *Notre-Dame* (aujourd'hui le grand salon de l'hôtel-de-ville), mis par le magistrat à leur disposition et appropriée à leur usage, aux frais du trésor communal.

De plus, ils s'étaient érigés en confrérie, sous l'invocation de la Vierge. Ceci est établi par des extraits tirés des comptes de la ville (1), intitulés :

« *Communs ouvraiges de ceste ville de Mons.*

MAISON DE PAIX.

« Du ve juillet xve lxj. — Pour une sepmaine : A Jehan Gheumelz, carpentier, pour avoir
« ouvret d'escrignerie au refend de la *chambre Notre-Dame* en la Maison de Paix, *pour*
« *les Réthorysiens,* apparent par billet, a esté payez . . . . l. s.
« Du xij^e. — A Jehan Keumelz, carpentier, pour avoir d'escrignerie au refend de la
« *chambre Notre-Dame,* en la dite Maison de Paix, *pour les Rethoryciens,* payez. lxxij sols.
« Du xix. — A Jehan Gheumelz, escrinier, pour la main-d'hœvre du refend de la *chambre*
« *des Rhéthorisyens,* a esté payez . . . . lxxij sols.
« Du xxvj. — A Jehan Régnier, carpentier, pour luy et ses gens avoir ouvret à la *chambre*
« *de la Réthoricque* en la dite Maison de Paix, a esté payez, etc. . xv liv. xvij sols iiij den.
« Id. — A Jehan Gheumetz, escrignier, pour avoir ouvret à la *chambre de Rétho-*
« *ricque,* etc. . . . . xxxvj sols.
« Du ij^e aoust. — A Jehan Gheumetz, escrignier, pour avoir ouvret *à la cloture de la*
« *chambre des Rhéthorisyens,* etc. . . . . lxxij sols.
« Du ixe. — A Jehan Gheumetz, escrignier, pour ung jour par luy emplyé d'avoir ouvret à
« la dite *chambre des Réthorisyens,* a esté payez, et pour xvj peneaux pour faire huys, à
« xij deniers pièce, xvj sols . . . . xxviij sols.
« Du xx septembre. — A Jehan Dupuich, marchand de bois, pour avoir livret pour la dite
« *chambre de Réthoricque,* plusieurs plancques . . . . xxiiij liv. xvij sols.
« Du dernier septembre, pour une sepmaine. — A Jehan Dethuing, tailleur d'ymaiges,
« pour *avoir refait et mis à point l'ymaige de Notre-Dame deseure le porte de la ville* . .
« . . . . xliij sols.
« Id. — A Jehan Gheumetz, a esté payez pour l'ouvraige de la dite *chambre* . iiij liv.
« Du premier octobre xve au dernier septembre xve : lxij. — A Jehan Paulmel,
« painctre, pour avoir painct *l'ymaige de Notre-Dame estant deseure le porte de la Maison*
« *de Paix,* a esté presté en tant moins, la somme . . . . xviij liv.
« Id. — A Jehan Paulmelle, painctre, pour avoir *painct la Vierge Marie, y compris*
« *les étoffes, estant deseure le porte de la Maison de Paix* . . . . xxxij liv.
« Id. — A Jehan Gheumetz, escrignier, pour avoir ouvret d'escrignerie à la dite
« *chambre de Réthoricque,* aparant par billet. . . . . xlij sols. »

L'importance de cet extrait de comptes n'échappera à personne. Il établit, d'une manière certaine, l'existence de la Chambre des Rhétoriciens de Mons, et l'aide que leur accordaient les autorités de la ville, en leur donnant asile à la Maison de Paix (hôtel de ville) et en les y maintenant gratuitement.

---

(1) A. Lacroix. *Loc. cit.*

Les représentations des mystères ou drames liturgiques datent, en Belgique, du milieu du xve siècle. Toutefois, Guillaume de Nangis, en rapportant les troubles survenus à Tournai, en 1364, par la création de nouveaux impôts, dit que les émeutiers se réunirent en armes au *Forum* et au *Théâtre*; ce qui ferait supposer qu'il existait déjà à cette époque, dans cette dernière ville, un lieu où l'on jouait probablement de ces pièces si en vogue au moyen âge.

Dans les provinces flamandes, les Chambres de rhétorique les représentaient depuis longtemps, puisque nous voyons qu'à Bruxelles, le règlement du 19 février 1447 déclara que, l'après-midi, lors de la sortie de l'Ommegang, à deux heures, on exécuterait sur le marché, un jeu ou mystère dont le sujet serait une des douleurs de la Vierge. « En sorte, dit l'ordonnance, que tous « les sept ans on recommencera le récit des afflictions de la Mère du « Sauveur (1). »

Cependant, dans cette ville, le clergé faisait représenter des mystères en français. Témoin le fait suivant qui ne fait pas bien augurer du bon sens des spectateurs de ce temps. On joua, vers la même époque, dans l'église des Carmes (2) la tragédie de *la Passion*. Cette pièce, écrite en mauvaise prose, était en trois actes, entre lesquels un chœur d'enfants habillés en anges, chantait des vers relatifs au sujet, et dès que *Sans-Quartier* venait dire à la femme de *Malchus*, que *saint Pierre* avait coupé l'oreille de son mari, les anges chantaient :

« *Quand* Pierrot *coupit*
« *A* Malchus *l'oreille,*
« *Le Seigneur lui dit,*
« *Turelututu renguaine, renguaine,*
« *Turelututu renguaine, renguaine ton coutiau*
« *Dans son fouriau.* »

Et les spectateurs répétaient avec beaucoup de dévotion le *Turelututu renguaine* (3).

La plus ancienne représentation de mystères, dont les archives communales de Mons nous aient conservé le souvenir, fut celle qui eut lieu, dans cette cité, au mois de juin 1455, lors de la réception faite à Philippe-le-Bon, duc de Bourgogne.

Hors de la porte d'Havré, par où le duc fit son entrée, on représenta la lutte de la religion contre l'hérésie. Un théâtre y avait été élevé, sur lequel se tenait debout une vierge, personnifiant la *Foi catholique*. Elle était toute

---

(1) Henne et Wauters. *Loc. cit.*
(2) Cette église se trouvait sur l'emplacement actuel de la rue des Moineaux.
(3) *Spectacle français à Bruxelles*, ou Calendrier historique du théâtre, pour l'année 1767. Bruxelles, J.-J. Boucherie, in-32.

échevelée et vêtue d'un manteau couvert d'inscriptions symboliques, telles que : *la Foi Abel, la Foi Enoch, la Foi Noël, la Foi Abraham, la Foi Isaac, la Foi Jacob, la Foi Moïse, la Foi saint Pierre, la Foi saint Paul*, etc... A sa gauche, étaient un grand prince appelé *Hérèse* et ses complices, menaçant d'une hache, qu'ils tenaient à la main, cette vierge que défendait un autre prince placé à sa droite, nommé *Ami* ou *Secours de Foi*, lequel avait des anges parmi ses compagnons.

Vis-à-vis de l'entrée de la rue du Hautbois, se trouvait un autre théâtre où fut représentée la prise de Constantinople, par Baudouin, comte de Flandre et de Hainaut.

Un troisième avait été dressé près de la fontaine sur le marché (aujourd'hui la Grand' Place). On y exécuta le couronnement du comte Baudouin.

Enfin, à l'entrée de la rue de Naast, on simula l'Assomption de Notre-Dame, ayant plusieurs anges et martyrs à ses côtés ; des anges chantaient des cantiques à sa louange, et, à côté de Dieu, parmi les apôtres et les chevaliers martyrs, on voyait saint Georges, saint Maurice, saint Victor, saint Eustache, saint Adrien.

Un homme éloquent, c'est l'expression consignée dans le registre du conseil de la ville (un Rhétoricien, sans doute), muni d'un livret, donnait au duc, à chaque théâtre, l'explication du spectacle.

La même année, le 26 juillet, commença la représentation, qui dura quatre jours, de la Vie, de la Passion, de la Mort, de la Résurrection et de l'Ascension de Notre-Seigneur Jésus-Christ.

Lors de la joyeuse entrée de Charles-le-Téméraire, à Mons, le 21 mars 1467 (1468 nouveau style), le conseil de ville fit encore représenter des mystères.

M. Hippolyte Rousselle, auquel nous empruntons les détails qui précèdent (1), donne un extrait du compte des dépenses faites à cette occasion par le Magistrat. Ce document contient certains renseignements fort curieux. Il est tiré des archives communales de Mons. Voici ce qu'il en transcrit :

A la vefve Hellin Lecarlier dite *le Tourneur*, laquelle on fist faire ordonner et mettre soubz plusieurs hours (A) pour cause de ladite venue, si comme ung hourt sur le Marchiet sur lequel fut ordonné en estat qu'il appartenoit les xij pères, ossi les bannerez, les abbés et bonnes villes du pays du Hainaut. *Item* une porte à l'entrée de la rue de Nimy, entre la maison du *Miroir* (B) et la maison où demeuroit Mahieu Loste Clercq et Allençon (C), d'icelle porte hours où furent ordonnez les personnages de saint Vinchien et sainte Waudru et au-dessus d'icelle porte ung lion, une pucelle jetant vin et yeau. *Item* ung hourt au-devant et

---

(1) *Bibliographie montoise*, pp. 8 à 18.
(A) Exécuter plusieurs théâtres, échafaudages. — (B) La rue du Miroir ne fut ouverte, sur le terrain de deux maisons portant pour enseigne : *Au grand* et *Au petit Miroir*, d'où elle a pris son nom, qu'après l'acquisition de ces propriétés faite par la ville de Mons, le 14 avril 1516. — (C) Auprès, contre. —

empris le capel de Medame (D) en ladite rue de Nimy où furent ordonnez les vij Vertus, ung autre hourt devant Saint-Jacques (E), où furent iiij Vertus ; ung hourt au dehors de la porte de Nimy où fut ordonné Judicq ; ung hourt en la ruë du Casteau où fut ordonné *Te Deum*, et la roelx de Fortune (F) et ung autre hourt assy pris de l'église madame Sainte-Waudru, a esté paiet pour tous ces hours, fais et livrez, tant pour étoffes comme pour œuvre de le main, cariages et autrement d'accord fait à elle . . . . xiv liv.

A Jacques Masselot pour avoir fait et teint xxiiij kevelures pour servir aux angeles ordonnez sur ledit hourt en la dite rue du Casteau, onze autres kevelures et ung pour saint Antoine, prix par accord fait portant. . . . . ix sols.

Pour dépens fais par les *compagnons* du hourt en ladite rue du Casteau à plusieurs fois qu'ils se trouvèrent ensemble, tant pour adviser, ordonner matère de le mystère (G) qu'ils avoient intention de mettre soubz, comme en sollicier (H) ledit hour avec en pourvoir de ornements et tapisseries servant à le mystère dudit hour, aussi le jour de ladite venue tant sur ledit hour en attendant nostre très-redoubté seigneur, et après ce qu'ils furent dudit hourt descendus, pour être rendus à Baudouin Gossuin Clercq . . . . x livres xvij sols.

A plusieurs *compagnons* qui se mirent ensemble ès le maison de le paix (J), pour keillier (K) advis et matères, le mannière de faire pour lesdits hours, tant du Marchiet, comme de celuy de Nimy, pour selon ce fournir et mettre soubz les *dictées* des mystères, fut donné pour faire ensemble bonne chière. . . . . xi sols.

Pour dépens fais par les devant dits commis, leur clercq et autres *compagnons* qui les assistèrent, que journellement il leur convenoit tenir ensemble pour adviser à tout ce qu'il estoit de faire, et ossi pour compter et payer les parties devant dites et en autre manière besongnier, a été pour la somme de . . . . xviij livres x sols v deniers.

Le *Mystère de la Passion*, cette grande épopée religieuse, fut encore représenté à Mons, en 1501, avec grande pompe.

On attachait une importance extraordinaire à ces solennités. Ce qui le prouve, c'est que Philippe-le-Beau écrivit, le 2 juillet, au Magistrat, pour l'inviter à retarder de trois semaines ou d'un mois, le jour fixé pour ce spectacle, afin qu'il pût y assister avec sa sœur la princesse de Castille, qui devait passer par cette ville. Le conseil envoya une députation au prince pour le prier de consentir à ce que la cérémonie eût lieu au jour primitivement fixé, donnant pour raison que les préparatifs faits, les dépenses qu'ils avaient entraînées, et les avertissements répandus dans le pays pour attirer le peuple, ne permettaient pas d'ajourner la fête sans un grand préjudice pour la ville de Mons (1).

Il est à noter que la représentation de ce drame religieux n'eut lieu que longtemps après, à Valenciennes, aux fêtes de Pentecôte de l'an 1547 (2).

Les représentations de mystères furent fréquentes à Mons. Il y en eut

---

(D) Aujourd'hui l'église de Sainte-Élisabeth. Ce n'était en 1468, qu'une petite chapelle fondée en 1345, par Élisabeth d'Antoing sur l'emplacement occupé par l'hôtel de son mari Gérard Deverchin, sénéchal du Hainaut. — (E) L'hôpital Saint-Jacques supprimé en 1703, par suite de sa réunion avec l'hôpital royal. Les confrères de la miséricorde y établirent leur confrérie en 1707, et sur l'emplacement a été bâtie, en 1818, par MM. Honnorez frères, la maison portant aujourd'hui le numéro 108 de la rue de Nimy. — (F) La roue de la Fortune. — (G) Préparer la matière du mystère. — (H) Établir. — (J) L'hôtel de ville. — (K) Recueillir.

(1) Hip. Rousselle. *Loc. cit.*
(2) Doutreman. *Histoire de la ville et du comté de Valenciennes*, p. 396.

surtout de remarquables lors du passage en cette ville de certains souverains. En 1470, au mois de novembre, lors de l'entrée de Marguerite d'Yorck, accompagnée de Marie de Bourgogne, et beaucoup plus tard, le 23 février 1600, à la joyeuse entrée des archiducs Albert et Isabelle.

Pour cette dernière solennité, divers théâtres avaient été érigés sur plusieurs points de la ville. Il s'y trouvait des personnages allégoriques qui récitaient aux archiducs, des pièces de vers en leur honneur.

Il y en avait un vers le Parc, d'ordre dorique, sur lequel se tenaient Mercure et Janus. Un autre, au même endroit, sur lequel étaient huit enfants de rang tenant chacun un rameau en main et chantant des chœurs. Un théâtre à la Toscane, vers le jardin de Sainte-Chrétienne, où était représentée par une jeune fille, la province du Hainaut. Sur un autre théâtre près de la chapelle Notre-Dame et chambre des Arbalétriers, étaient représentés les comtes du Hainaut, issus de la noble Maison de Bourgogne. Près du portail de l'église de Sainte-Élisabeth, se trouvait un théâtre sur lequel se tenaient six dames illustres du Vieux et du Nouveau Testament, portant la palme à la sérénissime altesse Isabelle, infante d'Espagne. Il y en avait encore un autre d'ordre ionique, portant Minerve et les sept arts libéraux. Tous ces personnages récitaient des vers (1).

Toutefois, si l'on en croit Vinchant (2), ces représentations des Rhétoriciens n'étaient pas sans produire quelque désordre. Voici ce qu'il dit pour l'année 1559, peu de temps après leur installation officielle comme *Chambre* :

« *L'an* 1559. Quant aux réthoriques, commédies et farces, elles estoient en ces temps
« fréquentes en la ville de Mons, de sorte que les manans d'une rue souloient provoquer
« ceulx d'autre pour emporter les prix, et d'autant que ceulx de la *rue des Rattes* qui se
« nommoient *les réthoriciens de Notre-Dame* emportèrent le plus souvent le dessus, la ditte
« rue changea lors de nom et fut appelée la *rue Notre-Dame*, comme encore elle s'appelle
« présentement, et à cest effect fut posée l'imaige de la vierge par lesdits réthoriciens d'icelle
« rue, mais à cause que lesdites réthoriques et commédies incitoient la jeunesse, fils et filles,
« à méchanceté et impudicité, oultre ce qu'en icelles se mestoient quelques hérésies, les
« principaux bourgeois d'icelle ville défendoient bien étroitement à leurs enfants de s'y
« trouver à telles réthoriques, mesme d'user de langue françoise en leurs bénédictions et
« action de grâce quant ils prenoient leur repas, à cause que ces réthoriciens et après eux
« les hérétiques occultes en usoient en leurs banquetz. »

L'existence des Chambres de rhétorique françaises est donc parfaitement constatée à Mons.

Dans le Tournaisis, on trouve des traces de troupes nomades, de comédiens ambulants qui y venaient donner, de temps en temps, des représentations.

---

(1) Détails cités par Mme Clément, née Hémery, d'après Jean Bosquet. *Loc. cit.*
(2) *Annales du Hainaut. Loc. cit.*

A Tournai, les Réthoriciens s'affirmèrent principalement au tir de 1455, le plus célèbre de tous ceux dont les chroniques font mention. Vinchant en parle dans ces termes (1) :

« L'onziesme jour du mois d'aoust fut tenue, en la ville de Tournay, une solemnelle jour-
« née à laquelle comparurent les colléges des arbalestriers du Pays-Bas en nombre de
« cent-neuf, lesquels tirèrent par tel ordre et nombre qui s'ensuit... (suit l'énumération et
« les prix remportés)... Oultre ce furent en ladite ville ordonnés pour la plus belle entrée,
« pour les meilleurs acteurs de comédie. Quant au prix premier de la plus belle entrée, il fut
« adjugé à ceux de Lisle, qui furent accompagnés d'Anthoine, bastard de Bourgogne. Le
« second fut donné à ceux d'Audenarde. Ceux de Lisle, pour avoir mieux comédiés en langue
« françoise, eurent un goblet d'argent pesant un marcq, et ceux d'Ypres autre goblet de
« mesme matière et poids, pour avoir mieux comédiés en langue flamande. »

La fête des Rhétoriciens s'appelait *Puy des Amours*. Le prince de ce Puy était, en même temps, celui du Grand Serment des Arbalétriers. C'était un tavernier nommé Jean de Courcelles. Il avait fait transformer en *Palais du prince des Amours*, la halle des doyens et y avait installé un théâtre sur lequel on représenta des *jeux de personnages*, puis on y chanta des chants royaux et des chansons d'amour, genre très en faveur à cette époque. Les cinq compagnies des cinq paroisses de Tournai, donnèrent d'autres représentations les jours suivants, et ce fut celle du *Prince des Amours* qui l'emporta.

En décembre 1472, plusieurs compagnons formant la *Société des Cœurs joyeux*, requièrent des consaux la permission « de jouer en chambre » pendant les fêtes de Noël, l'histoire du siége de Troie (2).

On trouve encore dans le *Bulletin de la Société historique de Tournai*, que quatre ans après, des acteurs de profession donnaient des représentations à l'hôtel de la *Tête-d'or*. Ils étaient munis de « plusieurs actes certificatoires
« par lesquels se voyoient iceux auoir représenté histoires, comédies et
« tragédies as villes de Liége, Mons en Haynau, ville et cité d'Arras,
« Bapaume, Bruxelles et aultres, et qu'ils n'avoient en icelles représenté
« chose repugnante aux ordonnances de notre mère la Sainte Église. »

Ces représentations se produisirent de temps en temps. Ainsi, en octobre 1537, un certain « Nicolas Bouildoul et aultres Rhétoriciens et joueurs sur chars » présentèrent requête aux consaux pour obtenir la permission de jouer à l'hôtel de la *Tête-d'Or*, les vies de saint Pierre et de saint Paul, les jours de fêtes et les dimanches. Le registre des consaux (3) rapporte qu'on leur accorda « de jouer sauf après souper. » Deux ans après, également au mois d'octobre, même requête est encore présentée, pour jouer l'histoire de David (4).

Le même registre relate qu'en février 1541, Jehan Sénéchal et autres

---

(1) *Annales du Hainaut*. Édition des Bibliophiles de Mons, t. IV, pp. 238-240.
(2) *Reg. des Consaux*, cité par Bozière, dans *Tournai ancien et moderne*.
(3 et 4) Idem.

« joueurs des actes des apostoles » s'adressent aux consaux pour demander que Pierre du Chambge et François de Bargibaut soient désignés pour faire « visiter leur jeu par gens doctes et sçavans, afin que le tout soit bien fait en « l'honneur d'un chacun et qu'il n'y ait quelque murmure. » Ils demandaient, en même temps, qu'on leur accordât un certain nombre de *cloyes* (cloisons mobiles). On leur en accorda trois douzaines, moyennant caution.

Ceci indiquerait qu'il n'existait, dans cette ville, aucun local disposé spécialement pour ces représentations. Les théâtres ou échafauds étaient improvisés, et on les défaisait aussitôt après le spectacle.

Lorsque en 1549, Charles-Quint passa par Tournai avec son fils, pour se rendre à Bruxelles, où devait avoir lieu son abdication, il y eut, dans cette ville, un concours inusité pour le recevoir dignement. Les rues et les places par lesquelles il devait passer, furent décorées d'une manière splendide. Devant l'église, entre les degrés du cimetière et ceux de ce monument, on avait dressé un théâtre, sur lequel des acteurs représentaient le triomphe de Mardochée et l'histoire d'Esther. On y remarquait aussi les neuf muses et des personnes qui chantaient et jouaient des instruments, « ce qui fut chose rare « et belle et fort estimée par l'empereur, les princes et les reines. » (1).

Après l'abdication de son père, le roi Philippe II fit, en cette même année 1549, son entrée solennelle à Tournai. La ville se surpassa pour recevoir dignement ce prince. Dans les registres de la ville, se trouve une longue description de tout ce qui décorait les rues : arcs-de-triomphe, fontaines, théâtres, etc.

On représenta des mystères sur ces théâtres, et si l'on s'en rapporte à une certaine relation manuscrite, on y donna celui de Judith et Holopherne, avec un réalisme qui n'a pas encore été atteint dans les temps modernes, où cependant l'on se pique d'être à l'apogée dans l'espèce. Voici cette relation :

Jean de Bury et Jean de Crehan, jurés chargés de la décoration des rues, avaient imaginé de *rendre au naturel* l'exploit biblique de Judith ; en conséquence, on avait choisi un criminel condamné à être tenaillé, pour remplir le rôle d'Holopherne ; ce malheureux, coupable de plusieurs assassinats et convaincu d'hérésie, avait préféré la décapitation à l'horrible supplice auquel il était condamné, espérant peut-être qu'une jeune fille n'aurait ni la force, ni le courage de lui couper la tête ; mais les jurés ayant eu la même appréhension, avaient substitué à la véritable Judith un jeune garçon condamné au bannissement et auquel on promit sa grâce, s'il jouait bien son rôle. En effet, lorsque Philippe s'approcha du théâtre où l'on représentait le mystère, la prétendue Judith dégaina un cimeterre bien affilé, et, saisissant les cheveux

---

(1) Duflef.

d'Holopherne qui feignait de dormir, lui appliqua un seul coup, avec tant d'adresse et de vigueur que la tête fut séparée du corps. Aux flots de sang qui s'élancèrent du col du supplicié, des applaudissements frénétiques et des cris d'indignation s'élevèrent du milieu des spectateurs, le jeune prince resta seul impassible, regardant avec curiosité les convulsions du décapité, et disant aux seigneurs qui l'accompagnaient : *bien frappé*. Ce sang-froid du prince, devant cette horreur, pouvait faire présager les cruautés qui signalèrent son règne. On dit même qu'il attacha à sa personne, le jeune homme qui avait si *bien frappé*, et qu'il l'employa à des actes secrets d'iniquité (1).

Toutefois, si un acte aussi barbare avait pu se produire en plein public et devant même le roi, celui-ci ne se montra pas toujours aussi tolérant. En 1552, les consaux reçurent l'ordre du souverain de ne plus permettre dorénavant « aucun jeu » sans avoir fait examiner par l'official, ou juge ecclésiastique, délégué par l'évêque, quelle était la composition du répertoire des comédiens qui voulaient obtenir licence de jouer en ville (2).

Les magistrats tinrent cependant peu compte de cette invitation. En 1599, les consaux permirent à des acteurs français de représenter « farces, comédies et tragédies ». L'évêque d'Esne ayant eu connaissance de cette permission, se présenta à l'assemblée des prévôt et jurés et leur déclara qu'il « n'enten-
« doit aulcunement tollérer, veu qu'en leur permectant, ce seroit donner
« moyen de desbauchemens et yvrogneryes au peuple, et que comme Fran-
« chois, ilz polroient espier le pays, emportant les deniers du peuple, lequel
« aussy se mectroit à oisivité, adjoustant après plusieurs propos que ce faict
« n'estoit seulement de la congnoissance séculière, ains (mais) aussy ecclésias-
« tique, et qu'on ne debvoit avoir donné ladite grâce et licence sans luy en
« avoir parlé, disant avec grant collère, chaleur et béhement, par plusieurs
« fois, qu'il ne permectroit les dis jeux, ains que s'ilz jouoient il les tireroit
« jus du théâtre et renverseroit ledit théâtre, priant que Dieu lui en donna
« la forche. »

Malgré cette opposition, les consaux ne retirèrent pas leur autorisation aux acteurs forains, et la représentation eut lieu (3).

Dix ans plus tard, ainsi que nous l'apprend de Hurges, le même fait se produisit : réclamation du pouvoir spirituel, réponse des consistoires priant l'évêque « de vivre en repos de ce costé et se mettre hors la tête tels » soucys. »

A Bastogne, dans le Luxembourg, fut représenté devant M. de Cobreville, grand-prévôt de cette contrée et commissaire des montres, le *Mystère de la*

---

(1) Manuscrit inédit de feu M. H. Delmotte, père.
(2) *Bullet. de la Soc. Hist. de Tournai.*
(3) Idem.

saincte incarnation de notre Rédempteur et Sauveur Jésus-Christ, du frère Henri Buschey (1). C'est le seul monument que nous possédions, de l'époque des drames liturgiques. La littérature flamande est plus riche à cet égard, et ses Chambres de rhétorique nous ont légué beaucoup de documents de l'espèce (2).

Les représentations dramatiques données par les Chambres de rhétorique ou par des troupes nomades, furent longtemps les seules que posséda la Belgique. Elles se donnaient en français dans les provinces wallonnes et à Bruxelles, et en flamand également dans cette dernière ville et dans le restant du pays.

Cependant, ces associations empreintes d'un certain esprit démocratique, éveillèrent souvent les craintes du pouvoir. En 1445, Philippe-le-Bon leur défendit de déclamer ou de chanter des vers factieux. Ensuite, Philippe-le-Beau voulut leur donner une organisation qui les plaçàt sous sa dépendance. Enfin, le duc d'Albe les persécuta, et lorsque l'autorité de Philippe II fut rétablie en Belgique, il rendit un décret excessivement sévère, portant qu'on ne pouvait donner, en quelque lieu que ce fût, sans permission, des représentations où l'on s'occupât de questions religieuses, et qu'il était défendu de donner aucune représentation sans l'autorisation ecclésiastique (15 janvier 1559).

Le 15 mai 1601, sous les archiducs Albert et Isabelle, un décret tout aussi sévère fut rendu, et paralysa de nouveau l'élan de ces institutions.

Elles ne donnaient plus que, de loin en loin, des représentations sous l'égide de l'autorité, ce qui ne leur permettait plus de se livrer à tous leurs moyens.

Cet état de choses dura jusqu'à l'époque du bombardement de Bruxelles, en 1695, époque où les premiers efforts furent faits pour doter la Belgique d'un théâtre régulier. C'est ce que nous verrons, en détail, dans les chapitres suivants.

La Belgique ayant toujours été un champ-clos où eurent lieu des guerres religieuses et autres, il ne devait, en conséquence, pas être possible de régulariser l'art dramatique qui s'y trouvait encore à un état primitif, alors qu'en France, à la même époque, les plus grands génies s'étaient déjà révélés. On possédait, à Paris, des théâtres réguliers : l'*Hôtel de Bourgogne*, le *Théâtre-Français* fondé par Molière, la *Comédie Italienne* et l'*Académie de musique*. On y avait vu des auteurs tels que Corneille, Molière et Racine, tandis que chez nous, nous ne pouvons citer que des noms parfaitement inconnus : *Denis Coppée*, *Beco*, le père *Deville*, *Lefrancq*, *Tiron* et quelques autres, dont les spécialistes seuls se sont occupés et dont nous allons faire connaître les productions dans le chapitre suivant.

---

(1) Voir la Bibliographie.
(2) Consulter, à cet égard, le catalogue de la bibliothèque de M. Serrure.

CHAPITRE II

LES AUTEURS DRAMATIQUES DE LA PREMIÈRE PÉRIODE

A l'époque de la renaissance des lettres, la Belgique eut peu d'auteurs dramatiques qui aient écrit en français. Ceux qui ont produit quelques œuvres dans ce genre de littérature, se sont arrêtés à leur première production. Quelques-uns en ont donné plusieurs, mais ils sont peu nombreux ainsi qu'on s'en convaincra dans les détails qui vont suivre.

Nous nous sommes attachés, dans l'exposé de ces pièces, à les détailler autant que possible, quand nous avons pu nous en procurer un exemplaire, ou bien nous en avons donné des résumés d'après certains ouvrages spéciaux dans lesquels nous en avons trouvé une certaine analyse.

Toutes ces pièces étant excessivement rares, pour ne pas dire introuvables, on nous saura gré, croyons-nous, de les faire connaître dans ce travail-ci.

Nous n'avons pas connaissance d'une production dramatique belge, en langue française, avant celle que fit paraître le libraire gantois Vanden Keere, en 1558, et pour laquelle il traduisit même son nom en français, en la signant : *Henry Du Tour* (Vanden, *du* — Keere, *Tour*).

Cette pièce intitulée : *Moralité de paix et de guerre*, parut sous le règne de Philippe II, à une époque où le pays était bouleversé par les guerres de religion. C'est un plaidoyer en faveur de la paix.

Quelques années plus tard, en 1564, parurent deux ouvrages dramatiques traduits du latin en français, par un certain Antoine Tiron. Ces deux pièces ont pour titre : *L'Histoire de Joseph*, traduite de Macropedius, et l'*Histoire de l'enfant prodigue*, de Guillaume le Foulon. Elles étaient destinées aux jeunes gens et elles ont probablement été représentées dans plusieurs colléges.

La première de ces pièces, comme, au reste, l'indique son titre, traite d'un sujet qu'une moralité publiée précédemment avait déjà développé (*Moralité de la vendition de Joseph*. Paris, Sergent, s. d. in-fol. goth.). Il est inutile de s'y appesantir.

Quant à la seconde, quoique, de même, son titre explique suffisamment ce dont il est question, nous en citerons l'argument qui en donne une petite analyse :

« Un pere deux enfans avoit,
« Auquel le jeune demanda
« Le bien qui lui appartenoit,
« Regir à part soy le vouloit,
« Et le pere luy accorda.

« Quand il eut en gouvernement,
« Or et argent à toutes mains,
« Il vesquit prodigallement,
« Despensant le sien follement
« En jeux et passetemps vilains.

« Courtisannes le despouillerent ;
« Quand il eut despendu son bien,
« Tout desconforté le laisserent,
« Puis du pauvre homme se mocquerent.
« De les hanter onc ne vint bien.

« Ainsi en region lointaine,
« Après plaisirs, en de grands maux,
« Et fut contraint de prendre peine,
« Loué fut, et l'estat qu'il meine,
« C'étoit de garder les pourceaux.

« Le pere joyeux du remors
« De son fils fit tuer un veau,
« Haultbois fit sonner et accords ;
« Car son fils mort par péchez ords
« Est resçuscité de nouveau.

« Le fils aîné du labourage
« Revint qui la feste escouta :
« Il en eut deuil en son courage ;
« Mais le pere par beau langage
« En la parfin le contenta. »

En 1577 parut un nouvel ouvrage dramatique français : *Comédie de fidélité nuptiale*, composée par Gérard de Vivre, Gantois, qui s'intitule, sur la brochure : Maître d'école à Cologne. Cette pièce fut reproduite dans l'ouvrage suivant, donné par Antoine Tiron, dont nous venons de nous occuper : *Trois*

Comédies françoises de Gérard de Vivre, Gantois. Elles ont pour titre :

1º *Les Amours pudiques et loyales de Theseus et Dianira ;*
2º *La Fidélité nuptiale d'une hauste matrone envers son mari, et espoux ;*
C'est celle citée ci-dessus.
3º *Le Patriarche Abraham et sa servante Agar.*

Cet ouvrage parut en 1589.

Quoique la première de ces pièces ait été éditée, en premier lieu, à Paris (1), nous ne pouvons nous empêcher d'en dire quelques mots, ne fut-ce que pour donner une idée de la naïveté du style de l'époque, ainsi que des licences que l'on se permettait.

Le sujet en est très-simple. Theseus a enlevé Dianira, et, arrivés en Égypte, ils se font passer pour frère et sœur. Le père de la jeune fille la fait rechercher et la découvre au moment où on va les juger, tous deux, comme criminels. Tout s'explique et la pièce finit par le mariage de Theseus et de Dianira.

Jusqu'ici rien que de très-ordinaire, mais où la chose n'est plus de même, c'est à la façon dont finit la pièce : " *Messieurs*, dit un acteur, *n'attendez* " *pas que les nôces se fassent ici, veu que le reste se fera là-dedans.* "

La seconde nous concernant complétement, nous allons en donner une analyse succincte, acte par acte :

Acte premier. — En défendant une place, Pamphilippe a été pris ou tué, on ne sait pas au juste. Palestra, sa femme, est inconsolable. Un certain Charès, qui en est amoureux, essaie de sécher ses larmes. A cet effet, il lui envoie une lettre, qu'elle refuse de lire.

Acte deuxième. — Au lieu de se rebuter, Charès n'en devient que plus entreprenant. Il vient sous la fenêtre de Palestra et lui chante des chansons du genre de celle-ci :

> " Toutes les nuits que sans vous je me couche,
> " Pensant à vous, ne fais que sommeiller ;
> " Et en resvant, jusques au reveiller
> " Incessamment vous quiers parmi la couche ;
> " Et bien souvent, au lieu de votre bouche,
> " En soupirant, je baise l'oreiller. "

On comprend qu'une veuve inconsolable ne s'attendait pas à de semblables couplets, aussi l'entend-on qui se plaint dans sa chambre.

---

(1) Voir la Bibliographie.

Acte troisième. — Cet acte n'est pas dans l'action. Il se passe entre le valet de Charès, Ascanio, et une figure masquée qui lui fait des niches. Ce n'est qu'une suite de lazzis.

Acte quatrième. — Ici le père de Palestra se met de la partie. Il s'efforce de consoler sa fille, et lui conseille d'écouter son soupirant. Elle promet d'obéir, mais elle demande un jour pour réfléchir avant de recevoir les visites de Charès. On annonce l'arrivée d'un messager.

Acte cinquième. — Charès, au commencement de l'acte, apprend que toute la maison quitte le deuil. Il s'en réjouit, croyant au succès de ses amours. Mais il est bien vite détrompé. C'est l'arrivée de Pamphilippe qui est cause de ce changement, et l'amoureux se voit évincé. Palestra et son père vont au-devant du mari. *Les époux s'entrebaisent et s'accollent* (dit l'auteur), et la pièce se termine là.

Quant à la troisième, le sujet s'en devine, seulement ce qu'on y trouve de singulier, c'est que Sara appelle Abraham, *Monsieur*.

Au reste, le style de ces ouvrages est des plus primitifs. On y rencontre des naïvetés, dont quelques-unes viennent d'être relevées.

Apparaît ensuite, en 1587, un ouvrage de l'enfance de l'art, un véritable drame liturgique, publié à Anvers, par le célèbre Christophe Plantin : *le Mystère de la sainte incarnation de notre Rédempteur et Sauveur Jésus-Christ*, par personnages (et en vers). Il était dû au frère Henry Buschey, de l'ordre de Saint-François. Cet ouvrage est certainement antérieur à l'époque de sa publication, mais nous ne pouvons que le classer ici, n'ayant aucune donnée positive à cet égard.

En 1589, le frère Bosquier, Montois, également religieux de l'ordre de Saint-François, fit paraître une production étrange, ayant pour titre : *Tragœdie nouvelle, dicte le Petit Razoir des ornemens mondains*, imprimée à Mons, chez Charles Michel.

Ce religieux, outré contre le luxe et les toilettes de l'époque, s'écrie dans cet ouvrage : « L'excès des ornemens du corps me semble être la source, la
« racine, la semence, le goulfre, ou (je ne sçay de quels blasons et cartiers
« je doy le merqueter) plus tost l'abysme de toute iniquité, cause de paillar-
« dise, cause de rapines et des trafficques trompeusses, cause de la plus part
« des tailles chargées sur nostre dos, cause des guerres et pauvretés
« qu'endurent les bons avec les meschants. »

Les acteurs ou entreparleurs, comme les appelle Bosquier, dans cette étonnante composition, sont fort nombreux. Le duc de Parme, le Rédempteur, sainte Elisabeth de Hongrie, le Braguard mondain, y figurent au milieu d'une foule d'autres.

Ce qui fait rechercher cette pièce, ce sont les détails qu'on y rencontre sur les modes et les coiffures de l'époque. En prenant au hasard, en voici quelques-uns qui y sont relatifs :

> « Le Seigneur t'a couvert le devant de la teste
> « De cheveulx aplanis, tu t'en fais une creste !
> « Il les a couchés droit, tu les vas recourber !
> « Tu les ranges en frisons, tu les viens regriller !
> « Il te les a voutés à la plate couture,
> « Tu la viens relever en forçant la nature ! »

On voit que ce n'est pas d'aujourd'hui que datent les excentricités de la mode. Il y trois siècles déjà, la plus belle partie du genre humain se signalait par des goûts étranges qui, certainement, n'ont pas fait murmurer ce seul religieux.

Au reste, voici l'analyse de cette pièce singulière :

Acte premier. — Au début de l'action, on voit Alexandre, duc de Parme, qui est chargé par le roi d'Espagne, Philippe, de défendre les Pays-Bas et de soutenir la foi catholique, consulter, à cet égard, le Rédempteur. Celui-ci lui ordonne de faire son devoir. Le duc donc assemble tout le monde, et il en reçoit les sommes nécessaires pour subvenir aux frais de la guerre. L'auteur, ensuite, nous donne une idée de ce qui se passait à cette époque. On se livrait aux plaisirs avec frénésie. Nous y voyons la dame mondaine qui chante des chansons libres, et le Braguard pompeux qui en devient amoureux.

Acte deuxième. — Ici la pièce tourne au mystique. Le Rédempteur, le Père Éternel et le Saint-Esprit, indignés des péchés qui se commettent, menacent d'affliger le monde par la guerre. Un ange est envoyé pour punir les mortels. Malgré l'intercession de sainte Elisabeth, patronne des Pays-Bas, Dieu ne veut point céder.

Acte troisième. — Sainte Elisabeth, affligée, fait au peuple des reproches sur sa conduite. Enfin, elle s'adresse à la Vierge Marie. Celle-ci se jette aux genoux du Rédempteur, demandant le pardon de ce peuple, et un prédicateur pour le convertir. Dieu accède à ce désir. Un ange va avertir un cordelier, de la mission qui lui est confiée ; il lui donne des instructions et l'exhorte surtout à combattre la paresse et les vanités mondaines. D'un autre côté, les hérétiques s'assemblent et décident de faire la guerre au roi catholique, Philippe.

Acte quatrième. — On trouve ici une note de l'auteur où il dit : « Ici le « prédicateur cordelier, voulant s'acquitter du commandement à lui fait d'en

« hault, s'escarmouche et se bande vivement, selon son petit pouvoir, contre
« les curiosités et ornemens mondains, allumettes de paillardise. » Mais,
malgré un fort long discours sur la paresse et le libertinage, le Braguard et la
dame mondaine, loin de se corriger, se livrent plus que jamais aux plaisirs du
monde. Les hérétiques prennent les armes et réussissent dans leur première
entreprise.

Acte cinquième. — Enfin, le Rédempteur, voyant l'inutilité de ses efforts,
abandonne le peuple à la cruauté des hérétiques, et la pièce se termine par un
pillage général.

Il est inutile de s'appesantir sur cette pièce. Cet exposé suffira, croyons-
nous, pour la faire juger.

Nous rencontrons ensuite, en 1594, une pastorale de Claude de Bassecourt :
Tragi-comedie pastorale ou Mylas, en cinq actes et en vers, avec chœurs (1).
Cette pièce est charmante ; les situations sont pleines de poésie. C'est, sans
conteste, ce qui a paru de mieux dans l'origine du théâtre français, chez nous.
En voici une courte analyse :

Acte premier. — L'amour, déguisé en berger, commence l'action. Il vante
son pouvoir. C'est une espèce de prologue. Ensuite, paraissent des bergères,
parmi lesquelles se trouvent Mylas et Daphné. Elles devisent sur les dangers
et les charmes du petit dieu trompeur. Daphné engage Mylas à prêter
l'oreille aux doux propos de Cloris, mais celle-ci ne veut point l'écouter et
persiste à se livrer aux plaisirs de la chasse. Quand les deux bergères se
sont retirées, Cloris paraît accompagné de Tyrse, son ami. Il l'entretient de
son amour pour Mylas, et se plaint amèrement de ses rigueurs ; il ajoute que
cette passion ne finira qu'avec sa vie. Tyrse lui promet de le seconder et de
mettre Daphné dans ses intérêts.

Acte deuxième. — Ici apparaît un nouvel amoureux de Mylas, c'est un
affreux satyre qui, comprenant qu'il ne pourra parvenir à s'en faire aimer,
cherche les moyens d'obtenir ses faveurs par la violence. A cet effet, il se
cache derrière une fontaine où la bergère a coutume de se baigner. Appa-
raissent, ensuite, Tyrse et Daphné, qui s'entretiennent de l'amour de Cloris.
Ici se place une idée assez singulière. Daphné s'engage à amener Mylas se
baigner à la fontaine, pour donner à Cloris les moyens de lui parler quand
elle sera dans le bain.

---

(1) Voir la Bibliographie.

Au reste, ceci n'est que le prélude d'une action plus forte qu'il serait de toute impossibilité de mettre à la scène.

Acte troisième. — Mylas, suivant les conseils de Daphné, arrive et se dépouille de tous ses vêtements. Au moment où elle va entrer dans le bain, le satyre se précipite sur elle et veut la violenter; ne pouvant y parvenir, il l'attache nue à un arbre. Cloris accourt aux cris de Mylas, il se jette sur son ravisseur, le blesse et le met en fuite. Mais c'est ici que la situation, déjà corsée, se corse davantage. Cloris s'approche de la jeune bergère, la contemple dans l'état où elle se trouve et, après lui avoir dit les choses les plus tendres, brise ses liens et lui rend la liberté. Mylas, au lieu de témoigner sa reconnaissance à son sauveur, s'enfuit dans les bois. Cloris, désespéré, veut se tuer. Daphné accourt et l'en empêche. Survient alors une nymphe qui vient annoncer qu'un loup a dévoré Mylas. Le désespoir de Cloris est à son comble; il s'échappe pour aller se donner la mort.

Ces situations, plus que risquées, peuvent donner lieu à de charmantes pièces de vers, mais elles sont inadmissibles au théâtre, et il est probable que leur auteur ne les y aura jamais produites.

Acte quatrième. — Nous voyons reparaître Mylas qui explique comment elle a pu échapper au loup qui la poursuivait. On lui fait part du désespoir de Cloris et de la résolution qu'il a prise. La violence de cet amour la touche enfin et elle se reproche sa conduite à son égard. Un berger survient qui lui annonce que Cloris s'est précipité du haut d'un rocher. Mylas, au comble du désespoir, court avec Daphné à la recherche du corps du jeune homme.

Cet acte est parfaitement conduit et fait pardonner les licences du précédent.

Acte cinquième. — Ici se produit ce qu'on a pu prévoir. Cloris n'est pas mort. Sa chute, du haut du rocher, a été amortie par des broussailles. Il n'est qu'évanoui. Mylas se précipite sur son corps, et, par ses baisers et ses larmes, le rappelle à la vie. La pièce se termine par l'hymen des deux amants.

En faisant la part des tableaux par trop décolletés dont l'auteur a cru devoir semer son œuvre, on trouve, dans cette production, ce qui n'avait pas encore été constaté précédemment : une action bien conduite, parsemée de vers charmants et de situations touchantes. C'est une des meilleures que nous ayions rencontrées.

Ensuite apparaît un auteur dont on s'est beaucoup occupé dans ces derniers temps : *Denis Coppée*, né à Huy et auteur de plusieurs tragédies.

M. Polain, qui lui a consacré une notice, dit : « C'est Coppée, croyons-

« nous, qui, le premier, chez nous, s'est avisé d'écrire en français pour le
« théâtre (1). » C'est là une erreur que les citations précédentes rectifieront.
La première pièce de Coppée date de 1621, et nous avons vu ci-dessus qu'au
XVIᵉ siècle, il s'en est produit plusieurs.

Cet auteur est resté longtemps presqu'inconnu aux bibliographes. Ni les
historiens du théâtre français, ni la *Biographie universelle* n'en avaient parlé.
Valère André (2), seul, en avait fait mention, mais il en faisait un éloge si
pompeux, que Paquot (3), qui en parle également, en rabattit une partie.

M. Polain cite treize ouvrages de Coppée, parmi lesquels se trouvent les
œuvres dramatiques suivantes :

1° *La Vie de saincte Justine et de sainct Cyprien*. Tragédie. 1621.

2° *La très-saincte et admirable vie de Madame Saincte-Aldegonde, patrone de Maubeuge*. Tragicomédie. 1622.

3° *L'Exécrable assassinat perpétré par les janissaires en la personne du sultan Osman, empereur de Constantinople, avec la mort de ses plus illustres favoris*. Tragédie. 1623.

4° *La sanglante et pitoyable tragédie de nostre Sauveur et Rédempteur Jésus-Christ*. Poésie dramatique. 1624.

5° *Pourtrait de fidélité en Marcus Curtius, chevalier romain*. 1624.

6° *La sanglante bataille d'entre les Impériaux et Bohêmes, donnée au parc de l'Estoile, la reddition de Prague, et ensemble l'origine du trouble de Bohême*. Tragédie. 1624.

7° *Tragédie de sainct Lambert, patron de Liége*. 1624.

8° *Miracle de Nostre Dame de Cambron, arrivé en l'an* 1326, *le 8 d'avril*. 1647.

Si Coppée n'est pas le premier écrivain qui ait produit des œuvres dramatiques françaises en Belgique, il est toujours celui qui, à cette époque, a donné des preuves de grande fécondité.

Outre ses tragédies, il a publié beaucoup de poésies, mais ce ne sont qu'anagrammes, vers anacycliques, acrostiches, etc. Ce ne sont que difficultés vaincues, ce qui est un triste mérite, mais c'est une forme qui avait cours à l'époque où vivait ce poète.

Quant à ses tragédies, elles obtinrent, s'il faut en croire les auteurs qui en ont parlé, un très-grand succès à Liége, où ce genre était neuf. On y trouve de l'imagination ; la versification en est même quelquefois passable. C'est quelque chose quand on songe que Coppée abordait une littérature toute nouvelle en Belgique, pays où dominait alors la langue flamande.

---

(1) *Mélanges historiques et littéraires*. Liége, Jeunehomme frères, 1839, p. 340.
(2) *Bibliotheca belgica*.
(3) *Mémoires pour servir à l'histoire littéraire des Pays-Bas*. T. 2, p. 484,

Il serait oiseux de donner des extraits de toutes ces pièces. Nous allons en choisir ce qui nous a paru le plus propre à être mis sous les yeux de nos lecteurs. C'est le Prologue de la *sanglante et pitoyable tragédie de nostre Sauveur et Rédempteur Jésus-Christ* :

« Le peintre ingénieux, d'un désir excité,
« De peindre son roman en l'immortalité,
« Avecque le pourtrait d'une, qu'il croyait mère
« De celuy qui confit la vie en peine amère :
« Pour ne point faire faute à un dessein si beau,
« Et se rendre admirable autant que son tableau,
« Fit venir du pays chez soy les damoiselles
« Choisies de son œil pour toutes les plus belles :
« De l'une, il print le front et de l'autre les yeux,
« En l'autre ce qu'avoit nature fait le mieux.
« De toutes ces beautez Venus étant pourtraite
« Plus que les autres, seule, on la voyoit parfaite.
« A guise de ce peintre, ô benins spectateurs,
« Désireux, comme aussi nos amis les acteurs,
« De vous représenter en peinture parlante
« Une histoire qui fut à toute ame duisante,
« Nous avons bien voulu user de notre temps,
« Affin de consulter les morts et les vivans,
« Pour voir si nous pourrions par iceux chose apprendre,
« Qui pourroit un pourtrait agréable vous rendre :
« Nous avons regardé Homère en ses écrits,
« Mais pour notre œuvre orner, nous n'y avons rien pris.
« Nous avons veu Ovide en sa métamorphose
« Sans avoir d'icelui tiré une autre chose ;
« D'autant que tous leurs vers sont, de fables, tissus,
« De poëtes menteurs se montrans être issus.
« Au siècle qu'ils vivoient, leur nation Éthnique
« Estimoit leur mensonge une belle pratique.
« Cela ne peut pourtant tranquiliser l'esprit
« Des chrétiens, désireux de vivre en Jésus-Christ.
« Sa vie nous devons avoir en la mémoire ;
« Hé ! quel pourtrait plus beau ! quelle plus belle histoire
« Voudroit-on souhaiter ? rien ne profite mieux
« Que de représenter son martire à nos yeux :
« Le souvenir en est utile autant que triste :
« Bien heureux qui de loin pourroit suivre sa piste !
« Le record de sa vie et de sa passion
« Apporte des péchez une contrition.
« Vous verrez, s'il vous plaît nous prêter audience,
« Combien pour nous, ce Dieu s'arma de patience. »

On voit que ce n'est pas trop mal, et que, pour l'époque, ces vers devaient paraître remarquables. On peut en préjuger ainsi puisque des contemporains n'ont su porter assez haut la louange, en parlant de cet auteur.

Vers la même époque, en 1625, un religieux, le frère Jean-Baptiste Lefrancq, publia une tragédie intitulée : *Antioche*. Elle est en cinq actes et en vers et a trait au martyr des Machabées.

Cette production est peut-être l'une des plus singulières du théâtre belge. On y trouve des chœurs, de la musique, des ballets. On y entend des arrêts en prose, et on y voit des êtres métaphysiques personnifiés. Nous en donnons ci-dessous une analyse, avec quelques citations.

Acte premier. — L'action débute par un monologue de Megere. Paraît ensuite Antioche qui dit à ses courtisans :

« En grandeurs élevé je marche pair aux Dieux ;
« Inégal à moi-même, égalant tous les Cieux.
« Depuis la blonde mer où Phébus se réveille
« Jusques à l'autre bord où nuiteux il sommeille,
« Prince victorieux j'ente mes étendars ;
« Et mon Empire, seul, estens de toutes pars.
« Seul je gouverne tout ; et dessous ma puissance
« Tout ploye, tout se rend ; le ciel même balance.

Il fait alors une longue énumération de sa puissance. Il leur apprend le soulèvement de Ptolémée Soudan d'Egypte, et leur dit qu'il a résolu de lui envoyer des ambassadeurs, avant de le punir. Les ambassadeurs étant revenus de leur mission, annoncent à Antioche qu'il persiste dans sa révolte. Celui-ci, furieux, ordonne aux ambassadeurs de lui rendre compte des moindres détails. Il dit :

« L'outrecuidé paillard ! que pense ce faquin ?
« Que punir je ne puis un rebelle mâtin ?
« Je l'auray. Poursuivez, dites-nous ses parolles ;
« En parlant ce qu'il fit ; quelles menaces folles.
« Racontez-nous son port, les changemens du tein,
« Les roullemens du chef et bransles de la main. »

Enfin, il se met à la tête de son armée, rejoint Ptolémée, le défait et le tue. Les âmes des soldats égyptiens, tués dans ce combat, descendent aux Enfers. Elles demandent à Charon de les passer, mais celui-ci refuse, vu qu'elles n'avaient pas d'argent pour payer leur transport. Ceci termine le premier acte.

Acte deuxième. — Ici se place une idée étrange. Antioche, inquiet après sa victoire, se fait passer pour mort. Il espère ainsi connaître la pensée de ses peuples. Loin de s'en attrister, les Juifs se mettent en fête à cette nouvelle. Mais Antioche reparaît et les fait arrêter.

Acte troisième. — Antioche, poursuivant sa vengeance, prépare un sacrifice solennel à Jupiter. Il ordonne à toute la population juive d'y être présente, et déclare qu'il fera mourir tous ceux qui ne brûleront pas l'encens en l'honneur de ce dieu. Un vieillard juif se laisse séduire, mais une mère avec son enfant refuse et meurt courageusement dans les supplices. Eleazar paraît : Il refuse le sacrifice à l'idole. Antioche fait éloigner tout le monde. Resté seul avec lui, il lui offre les plus grandes dignités, mais Eleazar, fidèle au vrai Dieu, dédaigne ces grandeurs passagères, et veut, au contraire, convertir le roi. Antioche, furieux, le livre aux bourreaux. Le vieillard qui, le premier, avait obtempéré aux ordres du roi, se repent et meurt désespéré.

Acte quatrième. — La persécution continue. On amène Salomona et ses sept enfants. Antioche veut, par la douceur, les engager à sacrifier aux faux dieux. Rien n'y fit. Il ordonne leur supplice, et la mère, elle-même, les encourage dans les divers tourments qu'on leur fait endurer. Quand cinq de ses enfants eurent ainsi péri, Salomona, s'adressant au roi, lui dit :

> « Tien, massacre inhumain, homme vrayment selon
> « Plus que ne fut jamais un affamé lion ;
> « Invente des tourmens, tue, massacre, égorge ;
> « Les tortures accrois, nouvelles peines forge :
> « Tu ne pourras jamais ébranler ces Germains.
> « Tes ghennes, tes tourmens, tous tes efforts sont vains :
> « Assassine les corps, par lambeaux les déchire :
> « Tu ne pourras pourtant (cruel) à l'ame nuire
> « Qui de tourments exempte, exempte de mourir
> « Desliée s'envole aux astres s'esjouir,
> « Et tandis que son corps en terre tu bourelle,
> « La vengeance du ciel pour te punir appelle. »

On la martyrise, elle-même, après le supplice de ses deux derniers enfants, et le quatrième acte finit.

Acte cinquième. — Les remords viennent assaillir Antioche. Il souffre horriblement. Il est tourmenté par les spectres de ceux qui ont été suppliciés par lui. Enfin, il expire en poussant des hurlements. La pièce se termine ainsi.

Nous avons à citer, ensuite, une pièce devenue presqu'introuvable et qui fut inconnue aux historiens du théâtre français, ainsi qu'à Brunet. La première fois qu'on en rencontra un exemplaire, fut lors de la vente de la riche bibliothèque dramatique de M. de Soleinne. Elle a pour titre : *Tragédie sur la vie et martyre de saint Eustache*, et pour auteur : Pierre Bello. Elle fut imprimée à Liége, chez Jean Ouwerx, en 1632.

Dans sa préface, l'auteur nous apprend que, né à Dinant, il embrassa l'état ecclésiastique, fut recteur de la chapelle de Saint-Laurent de cette ville, et que c'est là son premier essai poétique. Ce fut probablement son unique, car il n'existe, nulle part, de trace d'autre ouvrage qui lui soit attribué.

Bello dédia son livre : « à très-honorez seigneurs, Messeigneurs André « Machuroz et Lambert Tabollet, Bourguemaistres, Tiers, Jurez, et Conseil « de la ville de Dinant. »

Voici le commencement de cette dédicace :

« Horace nous dit : que le dessein des poètes consiste en l'un de ces deux poincts, de donner « du plaisir, ou bien de l'utilité au public, et que celuy qui sçaura heureusement marier les « deux ensemble se pourra vanter d'avoir touché au blanc de la perfection en cest art. Je ne « veux pas me vanter de pouvoir avec un poëme accompli contenter la curiosité des beaux « esprits; ma muse estant encor à son berceau est incapable de ceste ambition, je quitte « volontiers ceste honneur (*sic*) aux favoris des muses, qui ont receu d'Apollon des meilleurs « aspects que non pas moy : mais si je leur cède ce premier poinct, je leur veux pourtant « envier le second, qui est de proufiter au public selon l'estendue de mon petit pouvoir, et « pour caution de ce mien zèle, je vien présenter humblement à voz seigneuries ceste tra- « gédie, sur la vie et le martyre admirable de S. Eustache, sujet à la vérité de très-grande « édification pour toute sorte de personnes... »

On le voit, c'est le style ampoulé de l'époque, avec force images allégoriques. Cette préface est suivie de l'ode suivante, que l'auteur adresse aux mêmes.

ODE.

« Chers Dinantois, je vous dédie
« Cesté pieuse tragédie
« Pour servir d'introduction
« Et vous rehausser le courage
« Parmy la tribulation.

« Eustache, ce grand capitaine
« Qui sur la noblesse romaine
« Ainsi qu'un phare apparaissoit,
« S'est touiours tenu ferme, et stable,
« Comme un rocher inesbranlable
« Dans le malheur qui l'oppressoit.

« Que chascun de vous le contemple
« Il sentira par son exemple
« En soy des si forts esguillons,
« Que rien ne le pourra abattre,
« Quand tout l'enfer pour le combattre
« Se rangeroit en bataillons.

« Ce grand lion issant de gueule
« Marque de la vertu ayeule,
« Couronné d'or, et lampassé,
« La queue fourchue enlassée,
« Vous doit rehausser la pensée
« Par les hauts-faicts du temps passé.

« Jadis les troupes dinantoises
« Chamaillant dessus les turquoises
« Soubs le valeureux Goddefroy,
« En firent telles boucheries
« Qu'il leur donna pour armoiries
« Un lion rampant sans effroy. »

« Puisque nos genereux ancestres
« Pour de saincts lieux se rendre maistres
« Ont de la façon combatu,
« Pour dedans les cieux gaigner place
« Suivons leur glorieuse trace
« Par le sentier de la vertu. »

On trouve, ensuite, un quatrain et deux sonnets en français, un sonnet en italien, et quelques vers latins, dont les auteurs sont : « François Meanaye, chanoine en l'église collégiale de Ciney ; Jean Couvreux, Dinantois ; G. Philippe Lobello et Jacques Somalle, Dinantois. »

La tragédie suit. C'est une pièce dont la facture rappelle les anciens mystères. On y trouve, entre autres « entreparleurs » : *La Voix divine, Belzebut, Comédie*, sorcière, et *l'Ange gardien*.

C'est à la fin de cette tragédie que se trouve une complainte qui nous donne les seuls renseignements que nous possédons sur la mort du poète Coppée (1).

Nous rencontrons, sous la date de 1635, une petite comédie en un acte et en vers, dont l'auteur a gardé l'anonyme : *Le Desjeuner de Louvain*. Les principaux personnages en sont un Pédan (*sic*) et un Rustique. La seule valeur de cette production est sa grande rareté.

Quelques années après, en 1640, surgit une tragi-comédie d'un certain Érasme Chokier, qui a pour titre : *La brebis innocente et la brebis égarée soubs les noms et prototipes des Sainctes : Saincte Maxelende, Vierge et Martyre, et Saincte Theodore Alexandrine, pénitente*. Cette pièce en vers français se trouve renseignée dans le catalogue de Doresmieux. Nous n'en avons jamais vu d'exemplaire, ce qui nous empêche d'en donner quelques citations.

En 1645, Jean d'Ennetières, seigneur de Beaumé et du Maisnil, publia une tragédie intitulée : *Sainte-Aldegonde*. Ce seigneur fut juré de Tournai en 1621, mayeur des échevins en 1625, 1626, second prévôt en 1629, 1630, et grand prévôt en 1635, 1636.

Sa tragédie présente cette particularité, que l'approbation est en vers, chose peut-être unique (2). Le style de cette pièce est des plus singuliers, et, dans certaines parties, frise le ridicule. En laissant à part toutes les tirades sur l'extase de l'amour divin, nous citerons les vers que dit, à la fin de la

---

(1 et 2) Voir la Bibliographie.

pièce, *Madelberte*, nièce de Sainte-Aldegonde, après la mort de cette dernière :

> « Chacun sçait que vrayment son ame estoit un tēple,
> « Où sa rare vertu se trouuoit sans exemple,
> « Son courage sans pair, son grand cœur sans pareil,
> « Son trauail sans repos, son repos sans sommeil.
> « En la perdant le dueil, et la melancolie
> « Nous feront pour tousiours fidelle compagnie ;
> « Et le marbre n'estant assez ferme ny beau,
> « Elle aura nostre cœur pour vn viuant tombeau. »

Ce à quoi le chœur répondait :

> « Las ! helas ! d'entre nous est sortie Aldegonde,
> « Nous laissant ès ennuis dedans ces tristes lieux ;
> « Elle a pris son vol vers les cieux,
> « N'en estant pas digne le monde :
> « Auec elle se font les nopces de l'Agneau,
> « Où l'on oit entonner vn chant tousiours nouueau.

> « Elle se trouue au ciel la teste couronnée,
> « Au dessous du manteau de l'immortalité ;
> « Et au sein de l'Eternité,
> « Se celebre son Hymenée :
> « Auec elle se font les nopces de l'Agneau,
> « Où l'on oit entonner vn chant tousiours nouueau.

> « Dans ses rauissements, elle se rassasie
> » D'vn seruice accomply de mille et mille mets ;
> « Où l'on gouste pour tout iamais,
> « Du Nectar et de l'Ambrosie :
> « Auec elle se font les nopces de l'Agneau,
> « Où l'on oit entonner vn chant tousiours nouueau.

> « Elle laissant à dos le monde loing derriere,
> « N'a que l'eternité désormais qui la suit ;
> » Là le iour ne cognoit de nuict,
> « Eternelle en est la lumiere :
> « Auec elle se font les nopces de l'Agneau,
> « Où l'on oit entonner vn chant tousiours nouueau.

> « AD MAIOREM DEI, MARIÆ, ALDEGONDISQUE GLORIAM. »

Ces citations suffiront pour faire juger la pièce tout entière, qui a pour véritable mérite la difficulté que l'on rencontre à s'en procurer un exemplaire.

Nous rencontrons, ensuite, le programme imprimé d'une pièce qui fut représentée à Liége, dans le couvent des Carmes, en 1650. Elle a pour titre : *Saincte Evphrosyne ov la fvneste rencontre,* et elle est dédiée au prince-évêque de Liége, Maximilien-Henri, dans le sonnet suivant :

« De cet heureux climat visible intelligence,
« Grād Prince, dont les soins buttēt incessamēt
« Au repos, à la paix et au soulagemēt
« Du peuple que le ciel a mis sous ta régence,
« Que tes attraits sont doux, et qu'ils ont de puissāce
« Puisque pour te donner du divertissement,
« Vne sainte aujourd'huy quitte son monument
« Et vient à tes grandeurs faire la révérence.
« Oüy celle qui iadis s'enfuit dans les dézerts,
« Pour cacher sa personne aux yeux de l'univers,
« A dessein de te voir, quitte la Palestine.
« Oüy, dis-je, tes vertus, ô Prélat très-discret,
« Ont vn grād ascendāt sur l'esprit d'Euphrosyne,
« Puisqu'elle même veut te dire son secret. »

L'auteur, après avoir donné l'argument de sa pièce, le fait suivre de stances qu'il intitule : *Réflexion sur cet événement*, et qui commencent ainsi :

« Dieu tout puissant qu'elle (*quelle*) aventure !
« Est-il donc possible, Seigneur,
« Qu'vne fille ayt tant de cœur
« Que de morguer sexe et nature ?
« Quoy, les tristes sanglots, la peine et le tourment,
« Qui ont nauré le cœur d'vn père et d'vn amant,
« N'ont pas eu le pouuoir de toucher *Evphrosyne* ?
« Quoy dis-je, cette rare et illustre beauté,
« Fait de toute la Palestine
« Vn fameux sacrifice à sa virginité.... »

Il continue de cette manière, assez longuement, et il termine par les vers suivants :

« Mais las ! que la grâce est puissante,
« Ce père ayant bien soupiré,
« Et après auoir bien pleuré
« La mort de cette sainte Amante :
« Estant tout transporté d'vn secret mouuement,
« Il veut dans le carmel treuuer son monument,
« Il quitte ses grandeurs, et dit adieu au monde :
« Bref, imitant sa fille, il adore à son tour
« L'autheur de la machine ronde,
« Et quoyque décrépit, il fait encore l'amour.
« Vous qui faites ces grandes choses,
« O très-adorable Seigneur !
« Faites, faites dans nostre cœur
« Des semblables métamorphoses :
« Banissez loin de nous ces indignes froideurs,
« Dont nous reconnoissons voz insignes grandeurs,
« Hà ! faites qu'embrazés d'vne flamme diuine,
« Nous aymions purement vostre adorable loy
« Suivant l'exemple d'*Evphrosyne*,
« Dont l'amour étoit pur, comme étant *pvr en soy*. »

On rencontre, dans ces vers, des idées plus qu'originales. Ainsi, *ce père qui adore l'auteur de la machine ronde, et qui, quoique décrépit, fait encore l'amour*, est une figure sujette à caution. Il en est de même pour les expressions finales : *Euphrosyne dont l'amour était pur, comme étant pur en soi.* Aussi l'auteur cherche-t-il à s'excuser à la fin de sa pièce, dans l'avis que nous transcrivons ci-dessous :

Au lecteur.

« Qvi que vous soyez, cher lecteur et spectateur, je vous supplie auant de porter iugement
« de ce petit poëme, de faire réflexion que ie ne fais pas vanité d'être poëte, et que par con-
« séquent vous deuez tolérer par charité tout ce qui pourra chocquer votre veüe, ou votre
« oüie : je sçay que pour ce qui regarde l'vnité du iour aussi bien que de la scène, il n'est
« pas régulier, c'est pourquoy prenez s'il vous plaist la peine d'en faire seulement les
« reproches à l'autheur du S. Eustache (1), et à plusieurs autres qui ont fait cette faute
« auant moy. Que si le style est trop bas à votre goût, sçachez que cette pièce m'a seruy dans
« sa production de diuertissement, et non d'étude ; et que le but de la représentation n'a
« regardé que la pure gloire de Dieu, l'honneur de notre sainte, et l'vnique diuertissement
« d'vn des plus grands princes qui soit dans l'église romaine. Au reste si i'ai mal réüssy,
« i'aurai tout au moins la consolation d'auoir donné à d'autres l'occasion de mieux faire. A
« Dieu. »

Ce canevas, ainsi que le dit M. Helbig (2), est d'une excessive rareté, et c'est peut-être là sa véritable valeur. Ce bibliophile s'est occupé de ce livre et il en a donné une description très-détaillée.

Nous avons à citer, ensuite, une pièce qui ne nous est connue que par son titre : *L'Adieu du trône, ou Dioclétian et Maximian*, tragédie en cinq actes et en vers, du sieur Du Bosc de Montandré. Elle parut à Bruxelles, en 1654 (3). Dans l'avis au lecteur, l'auteur promet un autre poëme plus fécond en intrigues et mieux accommodé au théâtre (4). Ceci nous ferait mal préjuger de cette production, que nous regrettons de n'avoir pu parcourir, afin d'en donner quelque analyse à nos lecteurs.

Voici venir, après cette pièce, le Père Nicolas de le Ville, Prieur des Célestins de Hevre lez-Louvain, avec un livre singulier auquel il a donné ce titre ampoulé : *La Cynosure de l'âme, ou Poësie morale, dans laquelle l'âme amoureuse de son salut, peut considerer les voyes plus assurées pour arriver au ciel*, et qui contient trois tragédies : *Saincte Dorotée*, — *Saincte Ursule*, — *Saincte Elisabeth*. Cet ouvrage est daté de 1658.

Chacune de ces tragédies a des chœurs à la fin de chaque acte. Dans *Saincte Dorotée*, au premier, *le Bransle des vices*, au second, *le Bransle des*

---

(1) Pierre Bello. *Tragédie sur la vie et martyre de S. Eustache.*
(2) *Bibliophile belge*, t. II, 1845, pp. 299-303.
(3) Catalogue de Soleinne.
(4) Duc de La Vallière. *Bibliothèque du Théâtre Français.*

vertus, et au troisième, *les Fleurs qui font la guirlande de Saincte Dorotée*.

Dans les autres tragédies, les chœurs ont lieu entre des personnages de l'action.

Ces pièces relatives au martyre de ces Saintes, sont peu remarquables. Il suffira, pour en juger, de citer l'argument de la première, et des extraits de la seconde et de la troisième.

Voici l'argument de la tragédie de *Saincte Dorotée* :

« Saincte DOROTÉE Vierge Chrestienne, ayant fait retourner à la Foy de JESUS CHRIST deux
« sœurs Calliste, et Christette ou Christine, qu'on luy avoit envoiées pour l'en détourner, et
« y renoncer comme elles avoient fait : après plusieurs tourmens fut décapitée en Cesarée
« ville de Capadoce, par le commandement de Saprice president de la province. Theophile
« advocat du president, que nous mettons icy pour embellissement de la poësie, comme amant
« de DOROTÉE, mais en effect grand ennemy des Chrétiens, se mocquant de la martyre, lors
« qu'elle alloit au supplice, la prie de luy envoier des fleurs de la part du Christ son époux.
« Avant mourir elle en fait la priere a Dieu : et l'Ange les luy apporte. Elle le prie de les
« porter à Theophile, qui voiant ce miracle, car c'estoit dedans l'hyver, se convertit aussi à
« la foy Chrétienne. »

Ce personnage qui vient en scène pour *l'embellissement de la poësie*, est tout simplement bouffon, quand il se convertit à la foi chrétienne, en voyant arriver, du ciel, des fleurs en hiver.

Les arguments des autres pièces sont du même genre, et le style de chacune d'elles répond au sujet.

Voici ce que dit *le démon* au chœur de la fin du premier acte de *Saincte Ursule* :

« Quel cry vient me troubler dans ma sombre demeure ?
« Mon feu ne fit jamais tant de bruit qu'à cette heure.
« On y craint a bon droit des filles les espris.
« Qu'on tire de Bretaigne à mō tres grād mespris,
« Je jure mes charbons, on pense aux hymenées,
« Qui vont peupler la Gaule en quinze ou seize années.
« C'est peu de la peupler, mais peupler des chrestiens,
« J'en suis en jalousie, et je crains les soutiens,
« Qui fomentēt ce sort si contraire à mon sceptre.
« Rage, troubles, envie avanchez vous de naître,
« N'arrestez nulle part, forcez tous les detours.
« Et contre cette URSULE arrivez au secours.
« Mais, je puis me tromper ostant ces hymenées :
« Car pensant mieux à moy, je les vois obstinées
« A garder chastement une pudicité,
« Qui ternira ma gloire et ma lubricité.
« Tout ce qu'on voit escrit sur le noir de mes rolles,
« Impudiques desirs, deshonnestes parolles,
« Sales atouchemens, voluptueux baisers,
« Faites treve aux rigeurs qu'ēdurez aux enfers.
« Et venez attaquer ces Bretonnes chrestiennes,

3.

« Faites que les soldats les traitent en chiennes.
« Si leur âme constante embrasse le dessin
« De plūtost endurer un horrible destin,
« Que de perdre l'honneur dont elles font estime,
« C'est un contentement que j'auray dans mon crime,
« De les faire mourir en leur virginité,
« Qui ne pourra produire autre posterité.
« Neantmoins ce projet me sēble estre une affaire,
« Dont aussy le succez me sera trop contraire.
« Je vois à leur exemple un million d'enfans,
« Qui dans la pureté conserveront leurs ans.
« Ouy je le prevois, qu'a l'exemple d'URSULE
« Ce sexe me rendra pour tousjours ridicule,
« Je vois sortir un jour des congregations,
« Qui par tout me feront des contradictions.
« Une Angele viendra, des Moniques, des Anges,
« Qui donneront à Dieu des petits archanges.
« Enfer escoute moy, je te parle en tremblant,
« Je jure de depit par mon sceptre brûlant,
« Qu'Ursule va flétrir ma plus grande puissance.
« Je sçay de son esprit la grande suffisance,
« Jamais je ne me vis dans mon feu si troublé.
« J'en suis et de soucis et de crainte accablé.
« Venez doncques fureurs, venez depits, et rages,
« Traverser leur dessein, porter leur mille outrages.
« Quoy pas un m'obeït de ceux qui sous mes loix
« Remplissent mō chaos de leurs horribles voix ?
« Je porte donc mes crys jusqu'aux vastes espaces,
« Où les corps aériens ont leurs tonnantes places.
« Venez esprits legers a mon secours...... »

Il se trouve, dans ces imprécations, des images plus qu'étranges. Ainsi *une Angele, des Moniques, des Anges, qui donneront à Dieu des petits archanges*, nous semble au moins risqué. Pour un religieux, il avait une singulière idée de la mission des anges et des saintes.

Dans *Saincte Elisabeth*, se rencontrent également des traits d'un burlesque achevé ; témoin, la dernière scène du troisième acte, qui se passe entre cette sainte et *la Religion*. Voici le début :

ELISABETH.

« Je vois devant mes yeux l'effroiable momēt
« Auquel je dois unir mon dernier jugement.
« Car l'excés des assauts que souffre la nature
« D'un corps qui se mourant tend à sa porriture,
« Me fait assez juger qu'il faut quitter cez lieux
« Mais las puis-j'espérer que j'iray dans les Cieux,
« Et que de mez pechez Dieu n'aura pas mémoire !

LA RELIGION.

« Aiez, aiez courage, il vous promet sa gloire.
« Esperez en Jesus, il ne vous quittra pas,
« Il vient pour vous aider, il vous ouvre ses bras.
« Criez vive Jesus, regardez son image,
« Levez les yeux du cœur à son sanglant visage. »

Et la scène se poursuit sur ce ton, jusqu'à la fin. En résumé, ces trois tragédies n'ont aucune valeur et peuvent se classer au nombre de ces productions extraordinaires qui furent si nombreuses à cette époque.

En 1663, l'acteur *Chevalier*, de la troupe du Théâtre du Marais, à Paris, publiait une comédie en trois actes et en vers, sous le titre de : *L'Intrigue des carrosses à cinq sols*. Cette pièce fut représentée en 1662. A Anvers, la même année, parut une comédie portant le même titre, mais complétement différente. Elle n'était qu'en un acte également en vers. L'auteur de celle-ci a gardé l'anonyme.

Les carrosses à cinq sous par place, précurseurs de nos omnibus, furent établis à Paris le 18 mars 1662. Chacune de ces voitures contenait six places. Elles étaient disséminées en divers endroits, et moyennant le prix fixé ci-dessus, une personne se faisait conduire dans le quartier où sa présence était nécessaire. Toutefois, ceci présentait un inconvénient, c'est que la voiture ne partant que lorsqu'elle était remplie, il fallait attendre tant qu'il y avait assez de personnes allant vers la même destination.

Nous ne rencontrons plus d'œuvres dramatiques françaises en Belgique avant 1695. Cette année, Passerat, secrétaire de l'Électeur de Brunswick, publia, avec un certain luxe, un recueil de ses œuvres, dans lequel se trouvent :

Sabinus, tragédie en cinq actes et en vers ;
L'Heureux Accident, ou la maison de campagne, comédie en trois actes et en vers ;
Le Feinct Campagnard, comédie en un acte et en vers ;
Amarillis, pastorale en vers libres ;
Le Grand Ballet d'Alcide et d'Hébé, Déesse de la jeunesse, en deux entrées et en vers libres.

Ces productions sont les premières que nous puissions citer comme convenables. On y trouve une action bien conduite et un style plus épuré et plus élevé que dans tout ce que nous venons de citer.

Pour en donner une idée, nous reproduirons deux extraits pris, l'un dans la tragédie de *Sabinus*, et l'autre, dans la comédie du *Feinct Campagnard*.

A la fin de la première de ces pièces, lorsque *Fulvius*, capitaine des gardes, vient annoncer à l'Empereur *Vespasien*, l'assassinat de *Sabinus*, on trouve le récit suivant qui est assez bien exposé :

« Ah! Seigneur, apprenez le sujet de mes pleurs.
« J'ai vû de Sabinus trancher la destinée,
« De ses malheureux jours la course est terminée,
« Il vient de recevoir la mort sans se troubler.
« Un trépas si honteux ne l'a point fait trembler,
« D'un œil ferme et constant il a vû le suplice
« Sans accuser le Peuple ou le Ciel d'injustice.
« Mais à peine avoit-il payé de tout son sang
« L'ambitieux desir d'occuper vôtre rang,
« Qu'Eponine, Seigneur, s'avançant elle-même,
« Le cœur déjà rempli d'une fureur extrême,
« Malgré tous nos efforts pour tromper ses desseins
« Jusques à Sabinus s'est ouvert les chemins.
« Sur le Corps étendu de son Epoux fidelle
« Elle a fait éclater une douleur mortelle,
« Et ce triste spectacle irritant son devoir
« A jetté dans son âme un affreux désespoir.
« Mais pendant que mes yeux ébloüis de ses charmes
« Ne pouvoient s'empêcher de repandre des larmes,
« Etouffant ses soupirs, retenant ses sanglots
« Elle s'adresse au Peuple et dit ces tristes mots :
  « *Ecoute, Peuple ingrat, et reconnois ton crime;*
« *Tu viens de t'immoler ton Maître legitime,*
« *C'est le sang de Cæsar que tu viens de verser,*
« *Que fera-t-on jamais pour t'en recompenser?*
« *Puis que dans sa fureur ta lacheté s'obstine*
« *Reçois encor celui de la triste Eponine,*
« *Mais pour dernière grace à mes vœux expirants*
« *Je te conjure, helas! d'epargner mes Enfans*
« *Parmi tes Citoyens donne leur un azile*
« *Ou crains le Ciel vangeur.* Tout le peuple immobile
« Semble par son silence et par son action
« Assurer ces Enfans de sa Protection,
« Et d'un poignard caché l'adorable Eponine
« Alors se frape, tombe, et meurt en Heroïne. »

Nous n'avons nullement l'intention de comparer ce récit aux chefs-d'œuvre de la scène française, parus à la même époque, mais nous tenons à constater que ceci est de beaucoup meilleur que tout ce que nous avons vu précédemment. Il se rencontre, dans cette pièce de poésie, des idées élevées et une certaine manière de les exposer qu'aucun auteur précédent n'avait possédées.

Après le style tragique, voyons le style comique. Dans le *Feinct Campagnard*, l'auteur développe le sujet d'un vieillard, Nason, avare et cupide, qui est oncle et tuteur d'une jeune fille recherchée par un certain Léandre. Il ne veut pas la lui donner en mariage, craignant de devoir lui céder la fortune assez ronde qu'elle tient de son père. Il songe à la faire entrer au couvent. Mais l'amoureux invente un expédient. Il fait demander, sous un nom supposé, la main de la jeune fille, sans exiger de dot. Cette idée sourit à Nason :

> « Pour n'être point duppé je fais ce que je puis ;
> « J'ai toujours différé de marier Lucrèce,
> « Et voulant profiter du bien de cette Niece,
> « J'avois premedité, comme on fait fort souvent,
> « De l'obliger bien-tôt d'entrer dans un Couvent ;
> « Là, pour mieux contenter mon ame ambitieuse
> « La faire en peu de tems bonne Religieuse,
> « Comme je suis son Oncle et son Tuteur
> « Je serois de ses biens demeuré possesseur,
> « Et revêtu par là d'un très ample heritage
> « Je me fusse trouvé riche dans mon vieux âge
> « Mon ame satisfaite avecque tant de bien
> « N'eût plus voulu songer à se mêler de rien,
> « Mais ayant sceu trouver un plus grand avantage,
> « J'ai sans peine conclu son heureux mariage ;
> « Il m'eût coûté beaucoup pour la mettre au Couvent
> « Et celui qui la prend la prenant sans argent,
> « C'est dans un tel bonheur une épargne admirable
> « Et pour tous mes desseins un bien considérable,
> « Puis que suivant mes vœux, Ergaste en sçait user,
> « Et que sans rien pretendre il la veut épouser.
> « La crainte qu'elle n'ait quelque amourette en tête,
> « Et que par quelque intrigue on ne trouble la fête
> « M'oblige à redoubler mes soucis vigilans,
> « Pour empêcher d'ici l'approche des galans,
> « Je connois des amans la ruse et les addresses,
> « Et ne me laisse pas duper par leurs finesses,
> « Il faut être bien fin pour attraper Nason,
> « Mais voyons ce qu'on fait ici dans la maison,
> « Rentrons.... »

Malgré toute sa finesse, Nason se laissa jouer et il est forcé de consentir au mariage de sa nièce avec Léandre.

Ceci est certainement de la comédie. Le sujet est bien conduit, du début à la fin, et révèle un auteur qui avait le sentiment dramatique. Cette pièce est de peu d'importance, mais enfin elle surpasse, de beaucoup, tout ce que nous venons de détailler.

Nous pouvons donc considérer cet écrivain comme le premier qui ait, en Belgique, donné une œuvre dramatique française digne de ce nom.

Il ne nous reste plus, maintenant, qu'à parler d'une tragédie du Père Coret, faite au sujet du jubilé de mille ans de Saint-Lambert, patron de Liége, qui fut célébré, dans cette dernière ville, le 17 septembre 1696 (1).

---

(1) Voir la Bibliographie.

Il nous suffira de citer simplement cette pièce, car elle est si extraordinairement bouffonne que tout extrait en serait impossible.

Enfin, pour terminer cette énumération, nous devons, afin d'être complets, citer trois ballets qui furent imprimés à Bruxelles, d'origine : *Balet des princes indiens*, 1634, — *Le Balet du monde*, 1650, — *Représentation de comédies et ballet dansé le jour de la feste du Roy*, 1685. Il est inutile de donner l'analyse de ces trois pièces, qui ne sont que des louanges accumulées, à l'adresse des souverains du pays.

Il en est de même de la fête que l'on donna au palais de Bruxelles, en 1664, pour le mariage de l'Empereur Léopold, et dans laquelle on dansa un ballet, qui fut imprimé sous le titre de : *Pompeux Ballet* (1).

D'après les détails qui précèdent, on voit qu'en Belgique les auteurs dramatiques français ont été fort peu nombreux, à cette époque. Le seul motif que l'on puisse alléguer pour cet état de choses, c'est que, chez nous, le théâtre n'existait pas à l'état régulier, tel qu'on le possédait en France au même temps. Une pièce de théâtre, quelle qu'elle soit, a besoin de la scène pour être jugée à sa véritable valeur. A la lecture, à moins d'être un chef-d'œuvre, ce qui ne se présente que rarement, elle perd énormément, et surtout de cette vie que l'action commande et sur laquelle tout auteur doit compter pour la réussite de son œuvre.

Nous nous présentons donc avec un bien faible bilan, au moment où le théâtre proprement dit va se constituer chez nous. Mais nous verrons, plus loin, qu'il n'en a pas toujours été ainsi, et que beaucoup d'écrivains se sont révélés, depuis, dans ce genre de littérature.

---

(1) Voir la Bibliographie, pour toutes ces pièces.

CHAPITRE III

LES COLLÉGES DE LA COMPAGNIE DE JÉSUS, EN BELGIQUE.

1547 - 1773

Avant de parcourir les différentes phases par lesquelles a passé le théâtre, en Belgique, il est indispensable de consacrer un chapitre spécial aux représentations que donnèrent les Pères Jésuites, dans leurs différents colléges, dès leur installation dans le pays. L'influence qu'elles ont exercée sur l'art dramatique est indéniable.

De tout temps, ces religieux ont considéré ce genre de divertissement comme un excellent moyen d'instruction pour leurs élèves. Les pièces qu'ils faisaient représenter étaient principalement en latin, mais il y en eut également en français et en flamand. Fidèles au plan que nous nous sommes tracé, nous ne nous occuperons ici que de celles écrites en français. Cette tâche, cependant, ne sera pas sans présenter quelque difficulté, attendu que nous ne possédons pas le texte de ces diverses productions; il ne nous en est parvenu que les programmes sommaires, qui ne nous permettent de conclure que par induction. Ce fait pourrait faire supposer que les représentations n'étaient qu'un exercice nouveau pour les élèves; qu'étant donné un canevas détaillé, on leur faisait, d'après cela, établir un dialogue et une action complète, à l'exemple de ce qui se faisait, en France, par les comédiens italiens, dans ce qu'ils appelaient *comedia dell' arte*. Cette opinion, toute personnelle, peut cependant se justifier, et, parfaitement, être admise. Ce divertissement uni à l'étude peut être un fort bon stimulant pour former des jeunes gens.

Ce fut en 1547, à Louvain, que s'installa le premier collége de la Compagnie de Jésus. Vers le milieu du XVIe siècle s'ouvrit celui de Namur. Dès 1570, il y en eut un à Bruges, et, en 1582, le prince-évêque, Ernest de Bavière, en fit ouvrir un à Liége. Ce ne fut qu'en 1604, que les Pères Jésuites en fondèrent un à Bruxelles. L'ouverture eut lieu, le 14 juillet, par une messe célébrée en présence de l'archevêque de Malines, de l'évêque d'Anvers, du marquis d'Havré et du Magistrat. Celui-ci avait contribué à son établissement par une somme de 11,000 florins (résolution du 6 novembre 1603). L'anniversaire de cet événement fut célébré par les Jésuites, en 1704, par des cavalcades, des feux de joie et des représentations dramatiques (1).

Des colléges furent successivement établis, au commencement du XVIIe siècle, à Audenarde, à Gand, à Ypres, à Malines, à Tournai, à Mons, à Nivelles, à Dinant, à Luxembourg, à Cassel, à Ath et à Anvers. Enfin, en 1616, on établit un second établissement de l'espèce, à Liége.

Une des premières pièces françaises représentées dans ces colléges, parut à Mons, le 20 décembre 1605 ; elle était intitulée : *Tragi-comédie de S. Étienne, premier roy chrestien de Hongrie, estoc paternel de la très-noble et ancienne maison de Croy* (2). Ce fut, probablement, une des plus anciennes représentations de ce genre, si pas la première, qui ait eu lieu dans leurs colléges.

A Bruxelles, où leur installation s'était faite depuis 1604, la première représentation n'eut lieu que le 14 septembre 1609, par une pièce ayant pour titre : *Tragi-comédie intitulée Jacob, ou Antidolâtrie*. Elle eut lieu, d'après le programme imprimé, pour la dédicace de la première chapelle du collège de Bruxelles. Dans cette ville, on représenta des pièces en flamand et en latin, c'est ce qui explique l'écart existant entre l'exécution de la première et de la deuxième production dramatique française, cette dernière ne parut qu'en 1614, elle était intitulée : *Représentation des Poincts principaux de la Vie de saint Guillaume, Duc d'Aquitaine, Comte de Poitiers, etc.*

En ce qui concerne le collège de Liége, les représentations de pièces latines y furent assez fréquentes. Ce fut seulement en 1610 qu'apparut la première production française : *Action de la Conversion du Bienheureux Ignace de Loïola, Fondateur de la Religion de la Compagnie de Jésus*. Il n'en est plus fait mention, ensuite, qu'en 1689, par la tragédie intitulée : *Saint Evergiste, évêque, issu de la très-illustre et très-ancienne famille de Tongre-Elderen, né et martirisé à Tongre*.

Dès l'ouverture du collège de Namur, on y donna des représentations dramatiques. Le 14 septembre 1616, on y joua : *Tragedie du glorieux et illustre Martyre de cinq Japonais, Joachime, Michel avec Thomas son filz aagé de douze ans, Jean et Pierre son petit-filz, n'ayant pas plus de six ans*.

---

(1) Henne et Wauters. *Histoire de la ville de Bruxelles*. T. III, p. 143.
(2) Pour cette pièce et les suivantes, voir la Bibliographie.

Il en fut de même à l'établissement de Malines, où, le 15 juillet de la même année, on représenta : *Tragi-comédie de l'Empereur Henry et Kunegonde*.

A Tournai, où le collége ne datait que du commencement du XVIIe siècle, on représenta, le 16 septembre 1619, une pièce intitulée : *Eugénie*.

Au collége de Gand, datant de la même époque, les pièces flamandes étaient en plus grand honneur. Toutefois, une production française y parut en 1623 : *Representations pieuses faictes en la presence royale de la serenissime Infante Isabella Clara Eugenia*.

Dans les autres établissements, des solennités dramatiques eurent également lieu. Le 22 mai 1624, on représenta, à Nivelles, une pièce intitulée : *S. Elisabeth, royne de Portugal*. Au collège d'Anvers, où le flamand avait le pas sur le français, on donna, les 13 et 14 septembre 1627, une tragédie de *S. Norbert*. On constate, également, une représentation française, au collége d'Ath, le 26 août 1630 : *Bacqueville délivré de prison et de mort par S. Julien*. A l'établissement d'Audenarde, on donna, le 12 septembre 1635 : *Tragi-comédie S. Sebastien Martyr*.

Enfin, dans les colléges de Dinant, d'Ypres et de Bruges, on ne constate la représentation, dans chacun d'eux, que d'une seule pièce en langue française, savoir : le 28 mars 1661, à Dinant : *les premiers desseins de la bastisse du temple de Jérusalem*; — les 12 et 13 septembre 1679, à Ypres : *le Jeu de la Fortune en trois Empereurs de Constantinople*; — en mai 1686, à Bruges : *Bruge, fidelle en la conservation du très-sainct sang*.

Les représentations dramatiques françaises furent surtout fréquentes dans les colléges de Tournai, de Namur, de Bruxelles et de Mons.

Les sujets de ces différentes pièces étaient empruntés, en général, à l'Écriture Sainte ou aux chroniques religieuses locales. Quelquefois, mais rarement, les Pères Jésuites mirent en scène des épisodes tirés de l'histoire profane et, même, de l'antiquité païenne.

En mettant à part l'idée que nous avons émise plus haut relativement à l'exécution de ces pièces, on peut se demander de quels moyens on usait pour donner à ces représentations un attrait spécial. Il est évident que la musique devait venir en aide au dialogue et qu'on a dû en user fréquemment pour enlever de la monotonie à l'action.

Il est fort difficile, d'après les programmes que nous connaissons, de nous fixer entièrement à cet égard. Toutefois, en analysant certaines parties de ces documents, il nous sera permis de préciser quelques faits.

Ainsi, le 13 septembre 1629, on représenta, au collége de Mons, une tragédie intitulée : *Hérodes ou l'ambition trop insolente punie en la personne d'Hérodes, roy des Juifs*. Dans ce programme, nous voyons qu'un *chœur musical* y célèbre l'apparition de l'étoile des Mages et la naissance de l'Enfant

Jésus. On lit ensuite : « Le soleil, la lune, avec les astres, à l'exemple des
« Roys, invitent par leur chant toutes les créatures à recognoître le vray
« Dieu, frèchement nai. Les quatre parties du monde, excitées par ceste
« mélodie, ensemble avec les astres, bénissent la naissance de ce petit grand
« Roy, détestant Hérode au possible... » Ici donc, sans nul doute, la musique
avait une grande part à l'action.

Il en était probablement de même pour la pastorale jouée au même
collége, le 19 janvier 1710, intitulée : *Philandre*, et pour celle, représentée
dans cet établissement, en 1719, sous la dénomination de *Daphnis*. Les titres
de ces deux pièces sembleraient indiquer une partie musicale. En langage
dramatique, le titre de *pastorale* veut dire généralement un opéra champêtre.

En 1771, fut représentée au collége d'Anvers, une tragédie en trois actes,
intitulée : *Iphigénie en Tauride*. Etait-ce l'opéra de Gluck, ou une simple
tragédie dans laquelle la musique n'avait aucune part ? Le programme se tait
à cet égard, et nous en sommes réduits aux conjectures.

A Namur, on constate, également, la représentation d'une pastorale intitulée *Daphnis*, comme celle donnée à Mons en 1719. Celle-ci fut produite à
la scène le 20 avril 1741.

Il nous est cependant parvenu le libretto complet d'une de ces pièces, qui
est un véritable drame lyrique.

Celle-ci fut représentée au collége de Liége, les 3, 4 et 5 février 1695,
sous le titre de *Joseph sur le trône* (1).

L'action est indiquée dans la dédicace suivante qui établit à grands traits
le plan de la pièce :

« Monseigneur (Joseph-Clément, prince-évêque), nous commençons par un *opéra*, qui
« fera voir à V. A. E. l'embrasement de Huy, le bombardement de Liége, la désolation du
« pays, et les misères qui accabloient son peuple, avant qu'elle montast sur le trône. Liége,
« parmi tant de malheurs, a recours à la Providence, qui l'assure du choix qu'elle fait de
« V. A E., pour être son prince, son évêque, et son libérateur. »

Dans le libretto, les morceaux de musique sont parfaitement marqués. On
y trouve des duos, des trios, des chœurs, des récits, ainsi que dans tout
opéra. Quant à l'instrumentation, on y rencontre des symphonies pour
violons et autres instruments à cordes, et d'autres pour hautbois et flûtes
douces. Ceci est donc un drame lyrique bien caractérisé, établi comme tous
ceux qui se sont produits à la même époque.

Ce fait fut-il isolé, ou se reproduisit-il souvent par la suite ? Nous ne pouvons rien fixer sur ce point, car nous ne retrouvons de traces de représenta-

---

(1) Van der Straeten. *La Musique aux Pays-Bas*. T. III, pp. 50-65.

tions lyriques, chez les Pères Jésuites liégeois, que longtemps après, en 1735, par un programme qui ne laisse aucun doute à cet égard : *Vers mis en musique pour servir de prologue à la tragédie d'Eléazar.*

Il y eut encore une représentation de ce genre, les 5 et 6 septembre 1647, au collége de Gand, par la pièce intitulée : *Marie, la puissante guerrière de la Maison d'Austriche,* dans laquelle, à la fin de chaque acte, se trouve un chœur symbolisant des vérités morales. Ainsi, un chœur, au milieu d'anges « combattant visiblement » chante « les louanges de la bataille gaignée près de Prague. »

Mais si les programmes de ces espèces d'opéras sont parvenus jusqu'à nous, il n'en est pas de même de la musique. Jusqu'aujourd'hui aucune de ces partitions, ou des fragments de ces productions ne nous sont connus, et nous en sommes réduits à nous demander si des musiciens ne se contentaient pas d'adapter sur un sujet donné, des airs d'opéras en vogue à cette époque. Des trouvailles ultérieures nous fixeront probablement sur ce point, et nous donneront la mesure exacte de ce qu'étaient ces exécutions musicales.

Non-seulement la musique jouait un grand rôle dans l'exécution de ces pièces, mais encore y exécutait-on des ballets. Il est probable que les danseuses étaient représentées par des jeunes gens déguisés en femmes, car il est hors de doute que nul autre que les élèves n'avait accès sur le théâtre des colléges des Jésuites.

Nous possédons une trace de ce genre de divertissement, dans la tragédie d'*Abimelech,* qui fut représentée au collége de Mons, les 2 et 3 septembre 1722. Cette pièce, en cinq actes, était entremêlée d'une comédie et de *ballets.*

En 1632, lors du séjour de la reine Marie de Médicis, dans les Pays-Bas, les Pères Jésuites d'Anvers donnèrent, en son honneur, une représentation dramatique. Voici ce qui dit La Serre, de cette solennité :

« Quelques iours après Sa Maiesté fut inuitée d'assister à la représentation d'vne Tragédie dans le Collége des mesmes Pères Iesuites, situé à une extrémité de la ville, où elle se treuua avec toute sa Cour. On luy avoit préparé vn theatre couvert et richement paré, afin qu'elle fust à labry de la foule du peuple, aussi bien que les Dames de sa suitte. Ie ne vous entretiendray point maintenant du subiect de la Tragedie, quoy que très-beau en son inuention, et plus admirable encore en ses diuersitez : il me suffit de vous dire, que les acteurs en estoient tous excellens, que leurs habits estoient très-riches, et que les inter-uales des actes s'escouloient délicieusement au son d'vn nombre infini d'instrumens, qui charmoient les ennuis les plus mélancholiques. Le theatre changeant encore diuerses fois de visage par vn secret artifice, deceuoit les esprits ; après auoir trompé les sens, produisoit de nouveaux plaisirs, qui tirant vanité de leur cause, comme merueilleuse, se faisoient admirer auec estonnement, autant que se laisser gouster avec auidité. On y dansa aussi plusieurs balets, où l'agilité, la bonne grâce, iointes à la magnificence des habits, tirerent des loüanges de la bouche des plus mesdisans en faueur de ceux qui estoient de la partie. En fin tout réussit à l'aduantage de Messieurs les Iesuites, puis que Sa Maiesté fut très-satisfaite de cette action, comme y ayant receu beaucoup de contentement (1) »

---

(1) La Serre. *Histoire curieuse de tout ce qui s'est passé à l'entrée de la Reyne Mére du Roy très-chrestien dans les villes des Pays-Bas.* Anvers, Balthazar Moretus, 1632. Pet. in-fol., pp. 51-52.

Il ne s'agit plus ici de représentations ordinaires, il y est question de pièces jouées sur un théâtre parfaitement agencé et renfermant tout ce qu'on pouvait rencontrer sur les scènes les mieux machinées de l'époque. Tout s'y trouvait réuni : splendeur des décorations, magnificence des costumes, excellence de la musique, beauté des ballets. L'organisation théâtrale était donc des plus soignées dans ces colléges.

Nous avons encore connaissance d'un fait du même genre, rapporté par un journal de l'époque, et qui eut lieu, à Bruxelles, en 1761 (1) :

« Les Pères Jésuites du collége de cette ville.... viennent de faire la clôture de leurs exer-
« cices classiques par deux drames latins qui ont été représentés par leurs écoliers.

« La première de ces pièces tirée des Livres Saints, est intitulée : *la Sortie d'Israël de*
« *l'Égypte*. Le sujet de cette tragédie est trop connu pour que nous en fassions l'extrait :
« l'auteur qui n'a pu mêler la fiction à une matière aussi sacrée, a suivi exactement l'*Exode*
« et a rempli son plan avec dignité. Les vers harmonieux sans être ampoulés, étoient tels
« que la majesté du sujet l'exigeoit.

« La comédie qui suivit, avoit pour titre : *le Mort imaginaire*. L'auteur qui combat dans
« cette pièce la passion du vin de laquelle on ne sauroit écarter trop tôt les jeunes gens, a
« rempli parfaitement la devise de Thalie : *castigat ridendo mores*.

« Ces deux pièces ont été en général assés bien jouées. Les rôles de *Moïse* et de *Pharaon*,
« les mieux travaillés de la pièce, ont été les mieux rendus par MM. *Van Beughem*
« et *Ens.* »

« Un grand ballet divisé en quatre entrées représentant *les Saisons*, a terminé le spec-
« tacle. Parmi tous ceux qui ont dansé, on a surtout admiré la précision, les grâces et la
« justesse avec lesquelles un jeune enfant, fils du maître d'escrime de cette ville, a exécuté un
« pas de matelot. »

Les ballets faisaient donc partie ordinaire de ces spectacles, et en étaient même une des grandes attractions.

Un fait très-singulier à noter, est la représentation du *Malade imaginaire*, de Molière, au collége de Bruxelles, le 12 octobre 1724, laquelle fut suivie de deux autres auditions, les 16 et 17 du même mois. La pièce, il n'en faut pas douter, aura été expurgée pour la circonstance, mais il n'en est pas moins original de voir le grand comique français avoir ses entrées sur un théâtre de la Compagnie de Jésus, surtout à cette époque où l'anathème avait été lancé contre lui. D'après le programme imprimé, ces représentations eurent lieu sous les auspices et la protection du prince de La Tour-et-Taxis.

Les solennités dramatiques données par les élèves des Pères Jésuites, n'étaient pas concentrées dans leurs colléges seuls. Elles avaient lieu également chez certains seigneurs et au palais de Bruxelles. Ainsi, le 23 janvier 1672, jour de la fête de sainte Agnès, patronne de la comtesse de Monterey, on constate une représentation de l'espèce :

---

(1) *Mémoires du temps, ou Recueil des Gazetins de Bruxelles*, qui paraissent et paraîtront tous les samedis, par M. Maubert de Gouvest, continués par M. de Chevrier. T. II, n° 19, p. 76.

« 1672. — 23 janvier. — Le soir, l'on donna au palais le divertissement de la comédie,
« représentée par la jeunesse du collége des PP. de la Compagnie de Jésus de cette ville.
« Toutes les dames et grands seigneurs s'y trouvèrent, les ministres des princes estrangers,
« comme aussi le marquis del Freno, ambassadeur de Sa Majesté vers le roy de la Grande-
« Bretagne, qui se trouve depuis peu incognito en cette ville (1). »

Les *Relations véritables* font encore mention d'une représentation dramatique donnée au collége de Bruxelles :

« 1696. — 6 mars. — ....Vendredi, l'après-midi, il (le R. P. Général des Carmes Dechaussez)
« alla voir le collége des RR. PP. Jésuites, où il fut reçu fort honnêtement, et les Étudians
« représentèrent une comédie faite à son honneur, dont il en fut extrêmement satisfait. »

Deux ans après, elles relatent encore une solennité du même genre, à Marche, dans le Luxembourg :

« 1698. — 18 juillet. — Son Altesse Électorale fait le 12 matin la revue de la garnison de
« Luxembourg hors la porte même... en partit pour Arlon... Le matin du 13, Elle y entendit
« la messe dans l'Église des Capucins,.. et vint coucher à Marche en Famène, où les PP.
« Jésuites lui donnèrent après le souper le divertissement d'une comédie représentée par les
« Étudians de leur collége à l'honneur de Sa dite Altesse... »

Comme on vient de le voir, les représentations dramatiques étaient fréquentes dans ces colléges. On y introduisit même un luxe de mise en scène tout aussi grand que celui qui existait dans les théâtres réguliers. La partie musicale n'était pas négligée et rehaussait encore ces solennités.

Ce fait de représentations de drames lyriques dans les colléges des Jésuites, fut une conséquence naturelle de l'apparition de ce nouveau genre dramatique, en France. Comme leurs établissements étaient fréquentés par les jeunes gens de la noblesse et de la haute bourgeoisie, qui avaient eu occasion de les apprécier à la Cour, il est conséquent qu'ils se soient empressés de l'adopter et d'en faire usage dans leurs solennités scolaires. Au reste, on peut considérer les Pères Jésuites comme ayant largement contribué à l'installation de l'opéra dans les principales villes des Pays-Bas. La vogue dont jouissaient leurs colléges, donna l'idée à beaucoup de personnes, de populariser le genre qu'ils avaient inauguré et, petit à petit, il s'implanta entièrement chez nous. Nous ne voulons pas dire, par là, qu'ils en furent les innovateurs, mais ils ont beaucoup aidé à lui donner une grande impulsion.

Ces représentations continuèrent, à des époques irrégulières, jusqu'au moment de la suppression de l'ordre des Jésuites, dans les Pays-Bas, en 1773. A Bruxelles, le commissaire du gouvernement, chargé de mettre à exécution

---

(1) *Relations véritables.*

le décret rendu à cet égard, se présenta, à huit heures du matin, au couvent, le 23 septembre de cette année. Trouvant les Pères occupés à célébrer la messe, il attendit qu'elle fut terminée, puis il fit évacuer le temple et le ferma (1).

Les solennités dramatiques, dans les collèges de la Compagnie de Jésus, avaient donc duré, en Belgique, pendant plus de 225 ans.

L'exemple donné par ces religieux porta ses fruits, et divers autres collèges s'empressèrent de le suivre.

En 1628, on constate la représentation d'une tragédie en cinq actes, par les pensionnaires des RR. PP. Bénédictins de Saint-Nicolas. Elle était intitulée *Richecourt*. Cette pièce, très-rare, a été longtemps inconnue aux bibliographes du théâtre (2). Ce fut, croyons-nous, la première production de ce genre représentée dans un collège autre que ceux des Jésuites.

On ne trouve plus, ensuite, de traces de représentations de l'espèce, qu'en 1647. Les 16 et 17 juillet de cette année, on joua, au collège de Saint-Vincent, à Mons, une pièce intitulée : *Comedie devote sur la vie très-admirable de S. Vincent patron de Soignies, et de Sainte-Waudru sa femme patronne de Haynnau.*

En 1650, à Liége, devant le prince-évêque Maximilien-Henri, on représenta, chez les PP. Carmes, un poème dramatique ayant pour titre : *Sainte Euphrosyne, ou la funeste rencontre.*

Il est inutile, croyons-nous, de nous appesantir sur la valeur de ces productions. Ce sont des œuvres éphémères dont le plus grand mérite réside dans la rareté des quelques exemplaires existants.

A Bruxelles, une représentation scolaire est mentionnée en ces termes :

« 1696. — 6 mars. — ... Le même jour (jeudi, 4 mars), le R. P. Général des Carmes « Dechaussez fut au collége des RR. PP. Augustins de cette ville voir la représentation d'une « Comédie qui fut représentée par les Étudians dudit collége... (3). »

Quelle fut cette comédie ? Jusqu'à ce jour, rien n'est venu nous en donner connaissance.

Mais, voici une pièce qui indiquerait que, même dans ces établissements, qui n'avaient certainement pas l'importance de ceux de la Compagnie de Jésus, on ne reculait pas devant une exécution compliquée. Le 25 septembre 1701, on représenta chez les Dames de Notre-Dame, à Mons, une *Pastorale*. Ceci

---

(1) Henne et Wauters. *Histoire de la ville de Bruxelles*. T. III, p. 147.
(2) Voir, à la Bibliographie, des détails sur cette pièce.
(3) *Relations véritables.*

ferait supposer l'existence d'un orchestre, et peut-être même d'un opéra, dans cette ville.

Un second fait du même genre est signalé, dans cette institution, en 1711. Voici comment s'exprime M. Devillers, à ce sujet (1) :

« Le 31 août 1711, une tragédie-opéra fut jouée dans la maison des Filles de Notre-Dame, « par les demoiselles pensionnaires, à l'occasion du jubilé de la supérieure de cette commu- « nauté. La tragédie, qui avait trois actes, était intitulée : *Cicercule, vierge et martyre* (2). « L'opéra, aussi composé de trois actes, portait ce titre : *l'Alliance de Climène avec le Jubilé*. « La musique de cet opéra était due à Jean-Baptiste Sauton, organiste du chapitre royal de « Sainte-Waudru. Les deux pièces furent entremêlées. La représentation commença par « un prologue débité par des bergères et des muses, dans une vaste campagne terminée à « l'horizon par le Mont-Parnasse. Le premier acte de la tragédie fut suivi du premier acte « de l'opéra, et ainsi de suite. Un ballet général termina la pièce. »

Cette pièce est due à Gilles de Boussu (3), au moins lui est-elle attribuée par M. Delmotte, de Mons. Dans son avant-propos, voici ce qui dit l'auteur :

« J'ai cru ne pouvoir présenter rien de plus convenable à Mademoiselle Vander Burch, « nièce de l'archevêque de ce nom, et de la fondation des Filles de Notre-Dame, que le mar- « tyre de la protectrice de la sainte maison qu'elle gouverna avec tant de sagesse, de vertu et « de prudence. La chute que cette demoiselle fit l'hiver dernier et le jubilé qu'elle vient de « faire ont fourni le sujet de trois petites *(sic)* actes d'opéra, où Mademoiselle la supérieure « paraîtra sous le nom de Climène. M. Sauton, organiste de Sainte-Waudru, les a mis en « musique. Si mes vers ne paraissent point assez châtiés, j'espère qu'en faveur de mes autres « occupations, on voudra bien me les pardonner. »

Voici les noms des pensionnaires qui parurent dans cette pièce :

Agnès-Isabelle Vanderheyden. — *Louise-Gabrielle de Surmont* (de Tournai) ;
Catherine Desmoulins (d'Ath) ;
Jeanne Évrard (de Soignies) ;
Thérèse Dupuis — *Yolente Wanwesbus* (de Lille), cette dernière devint, plus tard, supérieure de la maison et la gouverna pendant six ans ;
Isabelle et *Pétronille Dervillers* (de Douay) ;
Mlle *de Saint-Martin* (de Paris).

Les vers de cette pièce sont des plus singuliers. Au reste, nous avons été prévenus par l'auteur lui-même. En voici un exemple :

---

(1) *Essai sur l'Histoire de la musique à Mons*, p. 19.
(2) Voir la Bibliographie.
(3) Idem.

Le jubilé, personnifié et représenté par une jeune pensionnaire, vient dire gravement :

« Depuis plus de cinquante années
« J'aspire de *Climène* à devenir l'époux. »

Climène est, ainsi qu'on vient de le voir, Mademoiselle Vander Burch, vieille supérieure, noble et pieuse, que, dans le prologue, une autre pensionnaire, sous les traits de *Ménalcas*, veut entourer de fleurs qu'il cherche en vain :

« Il en faut cependant pour l'aimable bergère
« Qui nous charme, nous aime, et nous tient lieu de mère. »

Cette *aimable bergère* allait être octogénaire. Au reste, à cette époque, on n'y regardait pas de si près. Si ces licences n'étaient pas permises, au moins étaient-elles autorisées par le public qui ne les relevait pas.

Un fait du même genre, connu de bien peu de monde, et qui nous est révélé par un journal du temps (1), se produisit à Bruxelles, au couvent de Berlaymont. Voici en quels termes il en parle :

« 1671. — 14 février. — On a icy terminé le carneval avec toute sorte de divertissemens
« de bal et de comédie... Mardy passé, madame la comtesse de Monterey fit l'honneur d'aller
« voir le divertissement qu'on luy avoit destiné dans le couvent des dames chanoinesses de la
« fondation de Lalaing et de Berlaymont, où les pensionnaires, qui sont la pluspart des
« premières maisons du pays, représentèrent la *Vie de Ste Agnès*, accommodée au théâtre,
« et, dans les entr'actes, douze de ces demoiselles dansèrent un ballet, et toutes ensemble
« firent admirablement bien, de sorte que la comtesse en témoigna une satisfaction tout-à-
« fait grande. »

Le libretto ou le programme de cette pièce ne nous est pas parvenu. Il est donc impossible de se rendre compte de ce que fut cette adaptation de la *Vie de sainte Agnès*, au théâtre. Quant au ballet dansé pendant la représentation, ce fut probablement une imitation de ce qui se faisait, à cette époque, dans les fêtes de cour : des danses figurées accompagnées de chants.

En 1722, les confrères de la confrérie de saint Hermès, représentèrent à Renaix une tragédie sur le martyre de ce saint, patron de la ville.

Nous rencontrons, en 1733, deux représentations dramatiques, l'une au collège de Saint-Paul, à Tournai, le 3 mars, et l'autre, à celui des Jésuites, de la même ville, le 7 avril. Les deux programmes furent édités chez des imprimeurs différents (2). Ce sont deux pastorales renseignées sous la dénomination de *Thyrsis* pour la première audition, et sous celle de *Pastorale*

---

(1) *Relations véritables.*
(2) Voir la Bibliographie.

simplement, pour l'autre. Nous n'avons pu nous procurer ces deux documents, ce qui fait que nous nous demandons si ces pièces ne sont pas identiquement pareilles, et si l'on n'a fait que les transporter d'une scène sur l'autre.

A Grammont (1), les étudiants du collége de Saint-Adrien se livrèrent également à ce genre d'exercice. Il nous est parvenu le programme d'une de ces représentations, qui eut lieu le 30 août 1740 ; il a pour titre : *La Patience invincible trouvée dans la courageuse et très-loüable Reine Griseilde, éprouvée par le feignant et magnanime Waltere roi de Saluce.*

Une tragédie, entremêlée de chants et de danses, fut représentée, le 15 juillet 1753, chez les Oratoriens de Soignies. La musique était du prêtre Gossart, que l'on nomme sur le programme : « très-digne prêtre bénéficier et maître de musique à la collégiale de Saint-Vincent, à Soignies. » Elle était intitulée *Andronic*.

On remarquera donc bien, que, même dans les petites localités, on cherchait à donner à ces divertissements, toute la solennité possible.

Nous ne trouvons, ensuite, plus de traces de ces représentations qu'en 1772. Les 26 et 27 août de cette année, on donna au collége de Houdain, à Mons, une tragédie intitulée *Amurat*.

Nous arrivons, maintenant, à l'époque où les Jésuites, ayant été expulsés des Pays-Bas, ces colléges restèrent seuls et purent, sans concurrence, initier leurs élèves aux représentations dramatiques.

Aussi, dès 1774, constatons-nous deux solennités de l'espèce, à Liége ; l'une, le 14 mai, au collége des Humanistes, et l'autre le 25 août, au grand collége en Isle. Dans le premier, on donna une comédie en trois actes : *Le Testateur dupé*, et, dans le second, *Sosipâtre ou l'amour filial*, tragédie en trois actes.

L'année suivante, à Mons, les magistrats firent représenter, les 25 et 26 août, par leurs écoliers, une tragédie intitulée *Zelmire*, au théâtre des ci-devant Jésuites (termes du programme).

Et, en cette même année 1775, on donna, au collége d'Ath, le 29 août, une tragédie ayant pour titre *Callistène*.

Les demoiselles pensionnaires des Ursulines, à Gand, représentèrent, le 23 septembre 1778, *Gabinie vierge et martire*, tragédie chrétienne.

Enfin, en 1793, une pastorale intitulée *Daphnis*, fut représentée à Liége, par les pensionnaires de l'Académie Anglaise. Cette pièce, où la musique devait nécessairement jouer un certain rôle, se ressentit de l'époque où elle fut produite. On y trouve quantité d'allusions à la révolution liégeoise, et aux bienfaits des princes méconnus.

---

(1) *Grandmont*, sur le programme.

Cette énumération que nous avons tâché de rendre la moins fastidieuse possible, nous prouve que l'exemple donné par les Pères Jésuites porta ses fruits et que l'art dramatique entra, pour une large part, dans le programme d'éducation des divers établissements du pays.

On trouvera dans la Bibliographie, qui termine la première partie de notre travail, les titres des pièces françaises représentées dans les colléges de la Compagnie de Jésus, jusqu'en 1773. Nous y renvoyons le lecteur, pour ne pas le fatiguer par des citations qui finiraient par devenir longues et ennuyeuses.

CHAPITRE IV

LES ORIGINES DE L'OPÉRA EN BELGIQUE.

Avant que l'opéra ne fût établi en France et qu'il y eût même fait sa première apparition, il y était d'usage, dans des circonstances solennelles, de représenter des ballets à la Cour. Les livrets ont été recueillis et réimprimés récemment par le bibliophile Jacob (Paul Lacroix) ; leur série commence à 1581, pour finir à 1652 ; ils comportent une suite de six volumes. En dehors de la Cour, certains grands seigneurs en donnaient chez eux, et, d'ordinaire, les souverains honoraient de leur présence, ces fêtes somptueuses.

En Belgique, il est probable que des divertissements de l'espèce avaient également lieu. Le plus ancien dont il nous soit donné d'avoir connaissance, a été mentionné dans la *Gazette* de 1634. Beauchamps le relate dans son ouvrage (1). Ce fut à l'hôtel d'Orange, à Bruxelles, qu'il fut dansé, le 10 décembre 1634, en présence du cardinal-infant, auquel il était dédié. Il avait pour titre : *Balet des princes indiens, dansé à l'arrivée de Son A. R., le cinquiesme jour de décembre* 1634 (2).

Il y avait une troupe de comédiens attachée à l'hôtel d'Orange. En 1653, l'un d'eux mourut à Bruxelles ; c'était un certain Antoine Cossart, natif de Beauvais. Comme il laissait quelques biens et qu'il était sans héritiers, ses camarades furent autorisés à se partager son mobilier, à la suite d'une requête qu'ils adressèrent aux autorités, et qui débutait ainsi : « Les commédiens de

---

(1) *Recherches sur les théâtres en France*. Paris, 1735. T. 3, p. 48.
(2) Voir la Bibliographie.

« feu messire le prince d'Orange remonstrent très-humblement à V. A. que,
« depuis trois ans, sous son adveu et sa protection, ils ont eu l'honneur de
« représenter devant elle et aux lieux de son obéissance, sans qu'il y ait eu
« aulcune plainte formée contre eulx de leurs vies et mœurs... » Par décret
du gouverneur-général, en date du 22 janvier 1654, l'État se réserva
le reste.

De ce document, il ressort que, depuis plusieurs années, ces comédiens donnaient des représentations, soit devant le souverain, soit devant les seigneurs conviés à des fêtes chez ce prince.

On se tromperait étrangement, si l'on donnait aux ballets de cette époque, l'acception que nous leur donnons aujourd'hui. Ce n'étaient, dans le principe, que des danses figurées. On y mêlait des vers faits par certains poètes, à la louange des danseurs et des danseuses, qui étaient, en général, les plus grands seigneurs de la Cour. Plus tard, on y joignit de la musique, et ces vers furent chantés. Ensuite, on y mêla le spectacle pour lequel on empruntait le sujet, soit à la mythologie, soit aux romans de chevalerie, qui étaient alors en pleine vogue.

Paul Lacroix, dans la préface de l'ouvrage que nous venons de citer, expose parfaitement ce qu'étaient ces divertissements : « Ce qui distingue, ce
« qui caractérise, » dit-il, « les ballets de Cour, ce sont les noms des seigneurs
« et des dames qui y figuraient à côté des rois et des princes. Les vers que
« le poète leur applique directement ou indirectement renferment souvent les
« particularités les plus intéressantes, les personnalités les plus étranges......
« On ne confondra pas ces ballets de Cour avec les ballets de théâtre : ceux-ci
« ne sont que des jeux scéniques ornés de musique et de danse ; les autres
« sont, pour ainsi dire, des satires en action et des galeries de portraits
« historiques... »

Cependant, on comprit la nécessité, pour donner plus d'éclat à ces fêtes, de posséder un local, un théâtre où l'on pût représenter brillamment ces œuvres, à l'exemple de ce qui se passait en France. La Cour voulut être dotée d'un opéra.

Pendant longtemps, on ne posséda pas de données positives sur l'introduction de ce genre dramatique, dans notre pays. On savait parfaitement qu'on donnait des représentations d'œuvres musicales au Palais de Bruxelles, mais on supposait qu'on dressait une scène pour la circonstance, et que tout reprenait sa destination première, après le spectacle.

Grâce à M. Piot, archiviste du royaume, nous sommes fixés à cet égard. Par ses recherches intelligentes, il nous a appris que ce fut à la Cour de l'archiduc Léopold d'Autriche qu'il prit naissance (1).

---

(1) *Les origines de l'Opéra dans les Pays-Bas Espagnols.* Bulletin de l'Académie royale de Belgique. 46ᵉ année, 2ᵉ série, t. 43, pp. 42-53.

Ce prince, mis à la tête de nos provinces, par son parent Philippe IV, roi d'Espagne, arriva à Bruxelles le 11 avril 1646. La tranquillité relative dont jouit la Belgique sous son règne, permit de s'occuper des arts et des lettres. Léopold, grand amateur de spectacle, avait connu à Vienne l'opéra, genre qui, jusqu'alors, n'avait pas encore fait son apparition dans les Pays-Bas.

Ainsi que nous venons de le voir, les Chambres de rhétorique représentaient, de loin en loin, « comédies et farces », mais tout cela n'était qu'accidentel, et, même, sous le règne de Philippe II, ce genre de représentations était devenu excessivement rare.

Il en était de même des fêtes que donnaient les grands seigneurs. Ce sont là des faits isolés, qui ne constituent pas ce qu'on est convenu d'appeler *théâtre* dans la véritable acception du mot. Celui-ci était donc encore à l'état de lettre morte.

L'archiduc Léopold résolut de doter Bruxelles d'un Opéra. Toutefois, nous disons *Bruxelles,* c'est son palais que nous aurions dû dire, car ces fêtes ne se donnaient que devant la Cour, et le public n'y était pas admis.

Quoiqu'il en soit, il fit construire, en 1650, au palais ducal de Bruxelles, un théâtre destiné à des représentations d'opéras. Léonard van Heil en fut l'architecte, et les peintures en furent exécutées par François Coppens, Philippe van der Baerlen et van Houck.

A ce sujet, M. Piot révèle un fait curieux. L'édification de cette salle de spectacle donna lieu à un procès (1), qui nous apprend que l'archiduc Léopold n'en paya pas les frais qu'elle occasionna. La procédure qu'il dévoile, nous fait connaître que van Heil commanda les peintures aux artistes précités, en les informant qu'ils attendraient longtemps le paiement de leurs travaux. Mais, malheureusement pour lui, les peintres, ne connaissant que celui qui avait commandé, le forcèrent à payer, objectant qu'ils avaient attendu *pendant huit ans,* le réglement de leurs comptes. Van Heil dut s'exécuter.

Ce sont les dossiers de ces procédures qui permirent à M. Piot, de fixer définitivement la date de l'installation première de l'opéra, dans notre pays. Il est à remarquer que celle-ci suivit, de bien près, la première apparition de ce genre dramatique en France. Selon Castil-Blaze (2), il y parut, en 1645, sous le cardinal Mazarin.

En 1650, l'année même de l'édification du théâtre, on représenta, pendant le carnaval, au palais de Bruxelles : *Le Balet du monde, accompagné d'une comédie de musique* (3). Ce fut à l'occasion du mariage de Philippe IV avec Marie-Anne d'Autriche, que cette fête eut lieu. Il est inutile de s'appesantir

---

(1) Archives générales du royaume. — *Conseil privé.* — Procès des peintres précités, layette G, n° 27.
(2) *Histoire du Théâtre de l'Académie de musique.* T. I, p. 2.
(3) Voir la Bibliographie.

sur la valeur de cette production ; elle est grotesque, si l'on veut, mais elle n'est guère plus mauvaise que ce qui se produisit en France, à la même époque.

Un document curieux existe à ce sujet, et nous le transcrivons entièrement ci-dessous (1) :

Liste des Messieurs du Conseil du Roy en Brabant, de leurs compaignes, filz et filles, dénommez pour veoir la commédie royale, le 24 de febvrier 1650.

Monsieur le Chancellier.
Monsr le conseillier VAN THULDEN, avecq deux filz et une fille; font quatre personnes.
Monsr le conseillier BOURGEOIS, avecq madame et trois personnes.
Monsr le conseillier SCHOTTE, avecq quatre personnes.
Monsr le conseillier RICARD, sa compaigne, son filz et cincq niepces.
Monsr le conseillier D'ONGELBERGHE, sa compaigne et deux autres personnes.
Monsr le conseillier RYCKEWAERT, sa compaigne, deux filz et deux filles.
Monsr le conseillier STOCKMANS, sa compaigne et deux autres personnes.
Monsr le conseillier VIVENS, sa compaigne et deux personnes.
Monsr le conseillier VANDEN WINCKELE, avecq sa compaigne et deux personnes.
Monsr le conseillier BAILLY, avecq une personne.
Monsr le conseillier VAN DEN EEDE, sa compaigne et trois personnes.
Monsr le conseillier et advocat fiscal, sa compaigne et une personne.
Monsr le conseillier BIEL, avecq une personne.
Monsr le conseillier VAN MALE, sa compaigne et trois personnes.
Monsr le conseillier VAN DEN BRUGGHE, sa compaigne et trois personnes.
Monsr le procureur-général, sa compaigne et trois filles.
Monsr le greffier GHINDERTAELEN, sa compaigne et trois personnes.
Monsr le greffier DE MERSCKE, sa compaigne et trois personnes.
Monsr le secrétaire LOYENS et sa compaigne.
Monsr le secrétaire GAILLARD, sa compaigne et deux personnes.
Monsr le secrétaire HAPPART, avecq trois personnes.
Monsr le secrétaire DE WITTE, avecq une personne.
Monsr le secrétaire STEENHUYSE, sa compaigne et deux personnes.
Monsr le secrétaire DE FREU, avecq sa compaigne.
Monsr le secrétaire STEENWINCKEL, avecq trois personnes.
Font en tout le nombre de cent et ung.

Il ressort de ceci que la Cour faisait des invitations aux magistrats, aux corps constitués ainsi qu'à la noblesse, et que ces représentations avaient lieu à huis-clos.

On ne possède pas le titre de la comédie en musique qui accompagna ce ballet. M. Vanderstraeten (2) suppose que c'est la *Finta Pazza* qui fut représentée, en France, en 1645, et qui occupe la tête du répertoire de l'Académie de musique de Paris.

---

(1) Archives générales du royaume.— *Correspondance du Conseil de Brabant*, registre n° 28, f° 56.
(2) *La Musique aux Pays-Bas avant le XIXe siècle*. T. II, p. 146.

Pour posséder des données certaines sur ces représentations, on devrait pouvoir consulter les journaux de l'époque. Malheureusement, les dépôts de l'État ne possèdent la collection des *Relations véritables* que depuis l'année 1653. Force nous est donc de passer outre et de ne mentionner que ce qui nous intéressera dans les années subséquentes.

En 1654, la reine Christine de Suède arriva en Belgique. Le 23 décembre, elle débarqua à Anvers, d'où elle se rendit à Bruxelles. On connait le goût de cette princesse pour les lettres et les arts et pour tout ce qui y touchait. On lui fit une réception magnifique. On organisa des fêtes et des représentations théâtrales.

Les *Relations véritables* contiennent, à ce sujet, ce qui suit :

« 1655, le 6 février. — La reine Christine de Suède, qui est toujours ici dans le palais, servie et traittée comme devant avec tous les honneurs possibles, aïant témoigné beaucoup d'estime et de la curiosité pour la rare et magnifique comédie chantée qui fut représentée pour les réjouissances du mariage de Leurs Majestez, de laquelle cette princesse avait ouï raconter les merveilles, et S. A. S^{me} aïant trouvé à propos de lui en donner le divertissement, entre les autres parmi lequels le carnaval se passe, les ordres furent donnez, il y a quelques jours, pour en redresser le téâtre et les machines, dans le grand salon, et tous les personnages et acteurs s'étant préparez et aïant refait leurs équipages, jeudi au soir cette comédie fut représentée en présence de Sa M^{té}, le prince de Condé y assistant, avec S. A. S^{me} et tous les cavalliers et les dames de la cour parées fort richement. En sorte qu'une si belle et illustre assistance augmenta infiniment l'éclat et la pompe du spectacle, et que, par ce moïen, l'agréement et l'admiration qu'il causa, surpassa de beaucoup tout ce qui en réussit, il y a quelques années qu'il fut représenté pour la première fois.

« Le 13 février — La comédie chantée, qui fut représentée jeudi 4 de ce mois, dans le salon du palais, a été si aggréable à la reine de Suède, qu'aïant désiré de la voir encor une fois, elle fut de rechef représentée dimanche au soir, comme l'avoit été le samedi une autre comédie espagnole, et le furent d'autres encore lundi et mardi, avec beaucoup de satisfaction de cette grande princesse. »

Il découlerait donc de ceci que ce serait l'opéra de *Circé*, qui aurait été représenté au mariage de Philippe IV, surtout si l'on s'en rapporte à ce que disent, à ce sujet, MM. Henne et Wauters (1) :

« Au mois de février suivant (1655), on représenta devant elle (la reine Christine de Suède), dans la grande salle du palais, l'opéra de *Circé*, sur un théâtre qui coûta, dit-on, plus de 80,000 florins. »

Au reste, il existe des détails sur cette représentation, dans un manuscrit de la Bibliothèque Royale (2). Ces renseignements venant compléter ce qui vient d'être dit, nous n'hésitons pas à les transcrire ici :

---

(1) *Histoire de Bruxelles*. T. II, p. 74, où ces auteurs citent, à ce sujet, AYTZEMA et les *Brussels Eertriumphen*.

(2) MS, n° 800. *Histoire de Léopold Guillaume, archiduc d'Autriche, depuis 1647 jusqu'à sa mort 1662*, par Losano, f° 152.

« ...Pendant l'hyver, l'on présenta, au dépent du roy, l'opéra d'*Ulisses*, présenté par la
« music de ce prince (l'archiduc Léopold). Le comte Fuelsadagne, général d'armes et grand-
« maître de l'archiduc, fit présenter par les officiers espagnols la comédie de *Samson*,
« laquelle, à la fason d'Espagne, fut très-bien execcuté et remply de dances, représentant
« toutes les nations de l'Europe en particulier. L'opéra et cette comédie furent présentées sur
« un grand théâtre mis sur la grande sale de la cour, du costé des bailles. L'amphithéâtre
« fut dressé du costé des murailles de la chapelle du palais, et ce fut la ville qui fit dresser
« cette amphithéâtre très-relevée pour y plasser, au premier rang dans les loges, tous les
« consaulx collatéraux, au second rang les chambres des comptes et ceux du magistrat de
« cette ville; sur les bancs mis aux deux costés de la loge pour la royne Christine et Léopold,
« se placèrent les dames et les seigneurs, et plus bas les communs gens de distinction.

« Le jour qu'on présenta la comédie de *Samson*, qui fut le 4ᵉ jour après l'opéra, il y eut
« grand bal sur le mesme théâtre. Le prince de Ligne vint prier la royne de vouloir danser
« avec luy pour comenser le bal, car de ce temps-là un cavalier venoit prendre une dame
« pour danser, et puis elle un cavalier, et insi jusque à 20 cinc et trente couple l'on dansa
« fort avant dans la nuict.... »

Les détails ne manquent donc pas sur cette représentation. Il n'en fut malheureusement pas toujours ainsi. Les *Relations véritables* sont très-laconiques, et il est probable, même, qu'elles négligèrent souvent de faire mention des solennités dramatiques qui avaient lieu au palais de Bruxelles. Ainsi, de 1655 à 1661, il n'est question d'aucune représentation de ce genre. Le journaliste ne sort de son silence qu'en cette dernière année, où il dit :

« 1661, le 19 février. — Entre les divertissements du carnaval, ausquels invite cette
« aggréable saison de paix, les plus fréquentez dans cette cour sont ceux de la comédie,
« représentée avec tous les aggréements par la trouppe des comédiens françois de mademoi-
« selle d'Orléans, qui produisent tous les jours sur le téâtre des pièces des plus excellentes
« en diversité et en artifice et industrie, particulièrement les grandes machines d'*Andro-*
« *mède* de Corneille, qu'ils ont fait voir cette semaine avec entière satisfaction et admiration
« de toutes les personnes de condition de la cour, et d'une infinité d'autres qui en ont été
« spectateurs. »

La troupe dont il est question ici est celle que subventionnait Anne-Marie-Louise d'Orléans, duchesse de Montpensier, fille de Gaston d'Orléans. On manque de renseignements sur ces comédiens, mais comme ceci était écrit à l'époque même où l'événement se produisait, nous devons admettre cette dénomination de *troupe de comédiens françois de Mademoiselle d'Orléans*, et en conclure que cette princesse, qui jouissait d'une immense fortune et qui avait le goût des arts, avait à sa solde des artistes dramatiques pour ses fêtes particulières. Il est probable que, chassée de France par la guerre, elle vint séjourner quelque temps à Bruxelles. Cela ressort évidemment du texte ci-dessus, où il n'est pas question seulement de la représentation d'*Andromède*, mais encore d'autres qui eurent lieu à différents jours.

Le même journal fait mention ensuite d'une représentation qui eut lieu peu de temps après celle dont nous venons de parler, et où l'on donna une pièce dont le titre est sujet à conjectures :

« 1661, le 5 mars. — Le carnaval s'est achevé avec les divertissements accoutumez, prin-
« cipalement celui de la comédie, les comédiens de mademoiselle d'Orléans aïant excellé
« surtout en la représentation de la *Descente d'Orphée aux enfers*, merveilleuse pour ses
« rares machines et magnifiques changements du téâtre, qui ont ravi et parfaitement satis-
« fait toute la cour et les autres spectateurs. »

Cette représentation ferait supposer une scène machinée comme les théâtres proprement dits. Il devait certainement en être ainsi, puisque les relations de l'époque font mention de *magnifiques changements du téâtre* et de *rares machines*. Il est évident que l'archiduc, en faisant construire son théâtre, a voulu le mettre en rapport avec ce qui se faisait de mieux à cette époque, et outillé de telle sorte qu'on pût y donner les plus splendides représentations.

Quant à ce qui est de la pièce qu'on dit y avoir été donnée ce jour-là, il n'en est fait mention nulle part. Le titre en aura été probablement transformé, c'est peut-être la tragi-comédie de l'abbé Perrin : *Orphée et Euridice*, qui aura été jouée (1).

Pour les années suivantes, les *Relations véritables* continuent à nous tenir au courant des représentations qui eurent lieu à la Cour. Nous nous arrêtons à donner ces textes en entier, comme les seuls monuments que nous possédions de l'origine de l'opéra en Belgique. On remarquera que ces fêtes n'avaient lieu qu'à de grands intervalles et pour des circonstances exceptionnelles.

« 1662, le 25 (août), jour de St-Louis. — Le soir, fut représenté au palais une comédie
« espagnole, sous le titre des *Amazones*, avec un ballet, où la richesse des habits, la beauté
« du téâtre, la diversité des scènes, et l'addresse et bonne grâce des acteurs donnèrent une
« grande satisfaction à Leurs Excellences le marquis et la marquise (de Caracène), et aux
« seigneurs et dames principales de la cour, qui y assistèrent. »

D'après ce que l'on croit comprendre dans ceci, la représentation fut entièrement privée. Elle ne dut avoir eu lieu que devant un cercle restreint d'invités, composé uniquement des personnes attachées à la Cour.

« 1662, le 29 novembre. — Samedi dernier, jour de Ste Caterine, de laquelle Son Excel-
« lence la marquise de Caracène porte le nom, il y eut à ce sujet solemnité au palais, où les
« seigneurs et principales dames de la cour, richement et magnifiquement parez, aïant été
« complimenter Sadite Excellence, il y eut le soir une comédie espagnole, qui réussit fort
« bien, et fut accompagnée d'un beau ballet, et suivie d'une somptueuse collation, la plus
« grande partie de la nuit s'étant passée à ces divertissements. »

Quel est le ballet qu'on représenta ce jour-là? Nous n'en sommes plus réduits à des conjectures. Le journaliste nous laisse entièrement dans le vague.

---

(1) Vanderstraeten. Ouvrage cité. T. II, p. 152.

Pour l'année suivante, il n'est fait mention que d'une seule solennité de l'espèce. On y représenta même une pièce dont le titre est parfaitement inconnu :

« 1663, le 14 avril. — Dimanche dernier, Son Excellence le marquis de Caracène, gouver-
« neur-général de ces provinces, assista, avec toute la cour, à une messe célébrée solennel-
« lement, dans l'église des chanoines réguliers de Coberghes, devant l'image miraculeuse de
« Notre-Dame de Bois-le-Duc, par le prélat du couvent, chapellain héréditaire de la chapelle
« roïale du palais, et à l'issue, le *Te Deum* fut chanté en mémoire des jours de la naissance
« de Leurs Majestez. Et le soir, pour le même sujet, fut aussy représentée, dans le grand
« salon du palais, une magnifique comédie intitulée : *Le plus grand charme est l'Amour*,
« dont les rares machines et les changements de scènes merveilleux, avec les ballets et autres
« diversitez des plus ingénieuses et parfaitement exécutées, ravirent d'admiration tous les
« spectateurs. Leurs Excellences aïant accompagné ce divertissement d'une somptueuse col-
« lation, où se trouvèrent toutes les dames, avec les seigneurs de la cour, qui passèrent ainsi
« la plus grande partie de la nuit avec une satisfaction extraordinaire des soins que leurs
« dites Excellences avaient pris pour solemniser, avec tant de magnificence, des jours si
« heureux à la monarchie. Mardi et jeudi, au soir, cette comédie a encor été représentée,
« pour le contentement de tous ceux de la noblesse et du peuple, qui n'y avoient pas été la
« première fois, et qui s'y sont trouvez avec un très grand concours et la même satisfaction
« qu'en ont reçeu les premiers. »

Il est évident que ce que l'on désigne ici sous la dénomination de *peuple*, était le genre de public admis à la Cour, et qui ne faisait pas partie de la noblesse. Il ne peut être question du peuple proprement dit, la suite nous l'apprendra suffisamment.

L'année suivante fut plus importante au point de vue des représentations dramatiques. Voici les renseignements que fournissent, à cet égard, les *Relations véritables* :

« 1664, le 12 janvier. — Dimanche, 6 de ce mois, jour des Rois, et celui de la naissance de
« Sa M^{té}, la solennité s'en fit, au palais, où fut représentée une belle comédie espagnole, en
« présence de Leurs Excellences le marquis et la marquise de Caracène, et des seigneurs et
« dames de la cour, lesquels ensuite Leurs dites Excellences traittèrent à une magnifique
« collation.

« 1664, le 23 février. — Mardi dernier, 19 de ce mois, se commencèrent ici les réjouis-
« sances, par une rare et magnifique comédie, dédiée par Son Excellence la marquise de
« Caracène à l'heureuse conclusion du mariage d'entre l'Empereur et la sérénissime Infante
« Marguerite. Elle a encore été représentée les deux jours suivants avec admiration de tous
« les seigneurs et dames de la cour et de la ville, et d'une infinité d'autres personnes qui en
« ont été spectateurs, l'invention de la pièce étant des plus belles, comme aussi l'exécution,
« avec un grand ordre et diversité de machines et de changements de téâtre, ainsi qu'il se
« peut voir dans l'argument et la description, qui en est imprimée en espagnol et en françois

« 1664, le 1er mars. — En continuation des réjouissances pour la conclusion du mariage
« de l'Empereur avec la sérénissime Infante Marguerite, dimanche, lundi et mardi au soir,
« furent ici allumez les feux de joie et brûlez de beaux feux d'artifice devant le palais et la
« maison de ville ; et, en trois soirs, par un nouveau témoignage du zèle de Son Excellence la
« marquise de Caracène, fut dansé, dans le salon du dit palais, le *Ballet des dieux et des*
« *déesses*, par mademoiselle de Caracène, fille aînée de Son Excellence, et d'autres personnes
« de l'un et l'autre sexe des plus considérables de la cour. Il étoit composé de 9 entrées, avec
« quantité de belles machines, qui donnèrent beaucoup de satisfaction aux spectateurs, qui

« furent comme éblouis de l'éclat des richesses et des beautés des dames, qui s'y trouvèrent
« en grand nombre, et admirèrent la disposition de tous ceux qui furent emploiez à cette
« magnifique fête, autant que le bon ordre qui fut observé en son exécution. »

Ce ballet est le même que celui dont il est question ci-dessus au 23 février. Le scénario en fut imprimé en français, et l'on en fit une édition espagnole. Le livret a pour titre : *Pompeux ballet qui se fait en la grande sale du palais de Bruxelles* (1). On en conserve un exemplaire aux archives générales du royaume; c'est peut-être le seul qu'on connaisse. La représentation dut en être splendide; tous les principaux seigneurs, ainsi que les premières dames de la Cour faisaient partie des exécutants. La conduite de la pièce était faite par le lieutenant-général de cavalerie don Antonio de Cordoua, qui prit également part aux danses, de même que la fille du gouverneur général.

Il est inutile de s'appesantir sur la valeur de cette production. Elle ressemble à tout ce qui se produisait dans ce genre, à cette époque. Toutefois, on y remarque une meilleure conduite dans l'agencement général. Les exemples précédents avaient dû porter leurs fruits.

Cependant, au palais de Bruxelles, il n'y avait pas seulement des représentations données par les personnages de la Cour; des troupes de comédiens venaient en donner à certains jours, ainsi que cela résulte de l'extrait suivant (2) :

« ...Il (l'archiduc Léopold) deffendit les théâtres de halles et ces comédies où l'on ne parle
« que de Vénus et de Cupidon ; il permit seulement celles qui peuvent divertir innocemment
« sans offenser les yeux et les oreilles chastes. Pour quel effect une trouppe de comédiens
« françois jouoient sur la Montagne de Ste Elisabeth, et tous les dimanches, mardy et jeudy,
« après qu'ils avoient.... (lacune), ils venoient en cour pour présenter sur un théâtre qui
« estoit dressé dans la sale du quartier... Léopold se plaisoit dans une loge mise (à côté) du
« théâtre, et les maistres d'hostel avoient le soin d'inviter les dames, lesquels il souhaitoit
« qu'ils vindroient voir la comédie, donc les comédiens, tous les hyvers, donoient une liste
« des pièces qu'ils avoient étudié, et il le fesoit dire chacque foys le jour de devant ce qu'il
« vouloit qu'on présenta. Pendant la comédie, l'on donoit quelques rafrechissement, des
« confitures et licqueurs.... »

Si l'on s'en rapporte à ce que dit ce chroniqueur, les *Relations véritables* ne nous ont initiés qu'aux représentations données dans des circonstances extraordinaires. Il est évident, d'après ce que l'on vient de lire, qu'elles furent beaucoup plus fréquentes à la Cour. Il est probable, et nous pouvons le croire avec certitude, que les seigneurs et les dames organisaient des fêtes de ce genre dans les grandes occasions, et que les comédiens occupaient le théâtre pendant tous les hivers.

---

(1) Voir la Bibliographie.
(2) Losano. MS cité, f° 161 v°.

A ces quelques années d'une tranquillité relative, en succédèrent d'autres où ces divertissements cessèrent, à cause des guerres. Il n'est fait mention d'aucune représentation, pendant les années 1665 à 1668. En 1669 seulement, on constate l'apparition d'une comédie jouée par des acteurs français.

Depuis lors, la comédie semble avoir détrôné les pièces à grand spectacle. Les *Relations véritables* ne mentionnent plus que des productions de ce genre, et encore n'en donnent-elles pas les titres. Ceci dura jusqu'en 1675, et depuis cette époque jusqu'en 1680, le journaliste ne donne plus aucun détail sur des fêtes de l'espèce.

Pour cette dernière année, voici ce que nous trouvons :

« 1680, le 2 novembre. — S. A. le prince de Parme fit l'honneur, mardy dernier, à la
« troupe de comédiens du duc d'Hannovre, d'aller avec toute la cour voir, à leur théâtre, la
« représentation de la pièce à machines intitulée : *la Toison d'or*, qui réussit fort bien à la
« satisfaction de ce prince. »

Cette pièce de Pierre Corneille, avait été représentée, pour la première fois, vingt ans auparavant, au château de Neubourg, en Normandie, chez le célèbre marquis de Sourdéac, l'un des promoteurs de l'opéra en France.

La troupe des comédiens du duc de Hanovre séjourna pendant toute cette année à Bruxelles, où elle donna plusieurs représentations.

L'année suivante, voici ce qui est renseigné :

« 1681, le 19 février. — S. A. le prince de Parme a voulu faire participer les grands de la
« cour et la principale noblesse aux divertissements du carnaval, en les invitant au palais à
« y jouir de ceux qu'il leur a fait préparer, leur ayant donné, en un temps, la comédie espa-
« gnole, et, aux derniers jours, la représentation du *Pastor fido* en italien, avec tous les
« agréments du théâtre. »

Cette pièce est assez connue pour que nous ne nous y arrêtions pas. On trouve ensuite les notes suivantes concernant une autre représentation :

« 1681, le 27 août. — Lundi, jour de Saint-Louis, fêtes magnifiques au palais. S. A. le
« prince de Parme étant indisposé, la fête fut imparfaite, et ce prince différa à donner le
« divertissement de l'opéra en italien, intitulé : *la Delaride, ou les chaînes de l'amour*, qu'il
« avoit fait préparer à l'honneur de Sa Majesté.

« 1681, le 3 septembre. — S. A. le prince de Parme se trouvant soulagé de son indispo-
« sition qui l'avoit obligée de différer de donner le divertissement de l'opéra italien, intitulé
« *la Delaride, ou les Chaînes de l'amour*, qu'il avoit fait préparer pour célébrer avec
« d'autant plus de magnificence la feste de saint Louis, jour du nom et de la naissance de la
« reyne règnante, en fit donner, dimanche au soir, la représentation sur le théâtre de la
« Galerie des Empereurs, où toute la noblesse de l'un et de l'autre sexe s'estoit rendue pour
« voir cette merveilleuse pièce, qui réussit à la satisfaction de tous les spectateurs. »

Toutes ces représentations faisaient grand bruit dans la ville, où peu de personnes étaient appelées à en jouir. On se contentait de lire les partitions éditées par Aerssens, le marchand de musique à la mode. Leur succès fut tel que Claudinot, le libraire, demanda l'autorisation d'en publier également, disant : « *qu'il avoit fait faire avec beaucoup de soing et de dépenses des caractères d'une nouvelle invention pour imprimer la musique, et qu'il souhaiteroit d'imprimer les opéras de M. Lully et d'autres ouvrages qu'on luy envoye de France, et des recueils d'airs sérieux et à boir* (1). » L'autorisation lui fut refusée et l'on dût se contenter des publications bonnes ou mauvaises, faites par Aerssens.

Dans d'autres parties du pays, des tentatives ont également été faites pour l'introduction de l'opéra. A Anvers, au moyen-âge, des drames liturgiques étaient joués à la cathédrale. Dans ces solennités, la musique occupait un rang important, et c'était déjà un acheminement vers ce qui s'est passé plus tard.

L'opéra flamand parut le premier. C'était tout naturel dans un pays flamand. Les premières traces de ces productions remontent à 1615.

Mais l'on peut établir la première apparition de l'opéra français, aux représentations données par les aumôniers de la ville d'Anvers. La plus ancienne pièce qui constate l'existence de ces solennités, date de 1673 (2). C'est une requête des aumôniers d'Anvers au comte de Monterey, gouverneur des Pays-Bas espagnols à Bruxelles, suivie d'une apostille du 28 janvier, contenant défense aux comédiens flamands et étrangers, de donner des représentations en cette ville. Le 30 mars 1683, le magistrat d'Anvers adressa une lettre au gouverneur des Pays-Bas espagnols, le marquis dal Caretto, pour appuyer leur requête. Le conseil de Brabant leur donna gain de cause (3), et le 26 novembre de la même année, parut la défense faite par le gouverneur des Pays-Bas aux comédiens étrangers, de donner des représentations à Anvers, sans avoir, au préalable, payé leur aumône aux pauvres. En voici le texte :

« Sur ce qu'at esté remonstré à son Excellence, de la part des aumosniers de la ville « d'Anvers, qu'ils y auroyent érigé une compaignie des commédiens, qui représentent au « profit des pauvres, et comme il seroit à craindre que quelques autres pourroient, avecq le « temps, prétendre à y représenter leurs comédies, ou quelques autres personnes y vouloir « faire veoir publiquement quelques bestes farouches, marionnettes ou autres machines, et « ainsy directement au préjudice desdits pauvres ; pour à quoy prévenir, les remonstrants « ont très-humblement supplié son Excellence estre servie de deffendre à tous commédiens « estrangers, comme en l'an 1673, le comte Monterey, gouverneur général de ces pays, « avoit deffendu à tous commédiens flamans, de ne jamais représenter leurs commédies dans « ladite ville, et à tous autres d'y faire aucune représentation publicque, soit des bestes « farouches, marionnettes ou machines, sans avoir premièrement donné une aumosne aux

---

(1) Extrait des *Archives du Conseil de Brabant*, cité par M. Piot. Ouvrage cité.
(2) Génard. *Bulletin des Archives d'Anvers*. T. II, pp. 180 à 224.
(3) Voir aux Documents.

« pauvres, à arbitrer, pour mettre annuellement l'avance à rente, et faire, par occasion, une
« place propre pour représenter leurs comédies et opéra avec plus d'éclat et de machines ;
« son Excellence, ces choses considérées, etc.... »

C'est le commencement du célèbre droit des pauvres actuel. On voit que ce n'est pas d'aujourd'hui qu'il fonctionnait. Mais, ici, il avait une autre raison d'être. On a vu que, dans l'acte ci-dessus, on ordonne de mettre annuellement une certaine somme en réserve, à l'effet de bâtir, à un moment donné, un emplacement plus vaste pour les représentations. Celles-ci, ainsi que cela résulte de divers actes (1), se donnaient dans un local connu sous le nom de *Tapissiers-pand*, depuis 1709. La preuve en existe dans le renseignement suivant (2) :

« 1709, le 14 août. — Requête des aumôniers et des maîtres du saint Esprit, tendant à
« organiser l'opéra dans le local connu sous le nom de *Tapissiers-pand*. »

Ayant obtenu l'autorisation sollicitée, les mêmes personnages cherchèrent à s'installer plus grandement et s'adressèrent encore à l'autorité supérieure, ainsi que l'indique le document ci-dessous :

« 1710, le 18 juin. — Requête des aumôniers et des maîtres du saint Esprit au magistrat,
« afin d'obtenir les deux nefs centrales du susdit local. »

Quoi qu'il en soit, il n'en est pas moins démontré que l'opéra existait à Anvers, depuis 1673, et qu'il continua à subsister pendant nombre d'années, avant d'en arriver à l'organisation définitive.

A Gand, il existe des traces très-anciennes de l'opéra flamand. Quant à ce genre de spectacle en français, le premier document qui en fasse mention, est un acte notarié datant du 28 mars 1696 (3). C'est un contrat, que des acteurs français, qui étaient venus donner des représentations dans cette dernière ville, passèrent entre eux, à l'invitation du gouverneur.

Cette pièce est très-importante pour l'histoire du théâtre français en Belgique, en ce qu'elle donne les noms des comédiens et des comédiennes qui composaient cette troupe. C'étaient probablement des acteurs de campagne, ainsi qu'on les appelait alors, car ils sont parfaitement inconnus.

Ainsi, nous voyons, pour les rôles de rois dans la tragédie, et les paysans dans les pièces comiques, un sieur *Jean Biet de Beauchamp*. — On ne verrait guère, de nos jours, un premier rôle se plier à cette fantaisie.

Puis, *Jean Bouillart de la Garde*, pour les troisièmes rôles de tragédies, les vieillards des comédies et ce qu'il conviendra.

---

(1) Génard. Ouvrage cité.
(2) Id. id.
(3) Archives de l'ancien conseil de Flandre, à Gand. Registre 731 (numér. anc.) des minutes notariales, p. 14. (Cité par M. Vanderstraeten, loc. cit.). Voir Documents.

Et, du côté des actrices, *Marie le Charton*, femme du dict *de la Garde*, les forts rôles dans les tragédies, et des reynes, et les rôles forts dans les comédies.

Avec ces nuances d'emploi et des acteurs mis ainsi à tous les caprices d'une direction, cette réunion de comédiens devait quelque peu ressembler à la troupe du roman comique, que Scarron nous a si bien dépeinte. Au reste, leurs mœurs devaient également se rapprocher de celles de cette dernière, car, à peine l'acte en question fut-il passé, que deux acteurs voulurent quitter Gand pour se rendre en France, ainsi que cela résulte de la pièce ci-dessous (1).

« Comparurent par devant moy Charles Schillewaert, notaire royal resident dans la ville de Gand, en présence des tesmoings en bas dénommés, en personne Jean Bouillaert de la Garde, Joseph Cabut Clari, Michel de Renanceau, Jean Biet Beauchamp et Claude Biet de Hautteville, respectifs comédiens françois présentement dans ceste ditte ville de Gand, lesquels, à la réquisition de Pierre Barbot d'Aubignes, aussy comédien, et damoiselle Marguerite Pillart, dicte Vilabel, dans la troupe des dicts comparants, ont déclarés et certifiés, comme ils déclarent et certifient par ceste, que ledict Pierre Barbot et ladicte demoiselle Vilabel ont été preste pour partir de ceste dicte ville de Gand, avec les charieaux, envers le pays de France, passé environ un mois, et que son Excellence le Gouverneur de la dicte ville de Gand et autres généraux ont fait faire interdiction au dict Pierre Barbot et la dicte damoiselle Vilabel de ne partir ni sortir de ladicte ville de Gand, sous grandissime peine et amende, tellement qu'ont esté obligés de rester dans la dicte ville de Gand, par commandement dudict seigneur Gouverneur et aultres généraux, qu'ils n'ont ossez prendre la liberté de partir, pour éviter touts inconvéniens, amendes et aultres charges qu'on eulx auroit imposé, et aussy de ne pas estre arresté et mis en prison, avec présentation ce que dessus affirmer par serment, devant touts juges à touts temps requises, comme damoiselle Marie-Anne Mayand, ditte Mazier, aussi comédienne, estant à Lille, en Flandre, at fait mettre ès mains audit Pierre Barbot d'Aubignès, certain protest de dommages et intérêts déjà souffert et à souffrir, passé à Lille, par devant le notaire Franchois d'Ambre et tesmoings, le vingt-deux mars 1696, pour des raisons comprises dans ledict acte de protest, et que personne n'est obligé à l'impossible, ledict Pierre Barbot et ladicte damoiselle Vilabel, icy aussy comparants, ont bien voulu prendre ladicte certification pour eulx valides en justice, comme on trouvera convenir, et, pour avoir effet de ceste présente acte, ont requis, comme ils requièrent par ceste à tous officier, justiciers, notaires et toutes personnes publiques, afin qu'ils notifient par copie de ceste à ladicte damoiselle Marie-Anne Mayand, ditte Maziers, ce que dessus, et que lesdicts comparants par cest protestents en mains de moy, notaire susdit, de n'estre obligées au contract faite avec ladicte damoiselle et autres messieurs comédiens, pour avecq elle partir pour Paris et y faire ce qui est stipulé par le contract entre eulx et aultres faite, pour de raisons impossibles susdittes, à quoy laditte damoiselle Marie-Anne et les aultres consorts sont obligées à se regler à l'advenant, ayants la liberté de rester à Lille, ou aller aultre part où que bon leur semblera, requérants relation de l'insinnation de la copie de ceste pour valides, comme on trouvera convenir.

« Ainsi fait, passé et protesté, dans ladicte ville de Gand, en présence de Jacques De Dobbelaere et Josse Van den Driessche, tesmoings à ce requis et appeléez, ce 8 d'avril 1696, approuvant ce qu'icy devant est mis entre les lignes et au marge.

---

(1) Archives de l'ancien conseil de Flandre, à Gand. Registre 731 (numér. anc.) des minutes notariales, p. 16. (Cité par M. Vanderstraeten, loc. cit.). Voir Documents.

« Moy présent : J. V. D. Driessche, 1696; Moy présent : J. De Dobbelaere, De Claré, « De Hauteville, La Villabelle, De la Garde, De Reincanscau, Beauchamps, D'Aubigny, « C. Schillewaert, not^s pub^{us}, 1696. »

Cette troupe de comédiens, d'après ce qu'on peut conclure de l'acte de société, représentait des pièces où la musique et la danse remplissaient un certain rôle. C'étaient probablement de petits opéras, ou ce qu'on a appelé, plus tard, pièces à ariettes. Il est toujours certain qu'ils ne s'en tenaient pas à la comédie seule, puisque certains d'entre eux sont désignés spécialement pour le chant et le ballet.

C'est, croyons-nous, le premier exemple de comédiens se constituant en société à part, depuis ceux de la Comédie Française de Paris. Ce qu'il y a de plus singulier encore, c'est que ce sont ces derniers qui sont constitués en espèce de tribunal pour décider, en dernier ressort, sur les contestations qui pourraient surgir. Cette espèce de hiérarchie admise dans le monde dramatique, est excessivement curieuse et montre l'importance qu'a acquise, tout de suite, cette institution fondée par Molière.

Aujourd'hui encore, l'influence morale qu'exerce ce théâtre parmi les artistes est considérable. C'est une espèce de cénacle où peu sont appelés et encore moins sont élus.

Il est évident que cette manière de procéder donnait une grande force à l'exploitation et que cela devait faciliter bien des choses. Il n'y aurait à la suite de cet acte, que la solidarité, que ce serait déjà immense. Au reste, l'exemple ci-dessus le prouve. Deux artistes veulent abandonner leurs camarades, on les force à rester, en vertu des engagements contractés. Ce fait seul démontre le bienfait de l'institution.

Cette société fonctionna un an sur ces bases, et il est probable qu'on s'en trouva bien, car, à la fin du contrat, on le renouvela encore, mais avec un texte nouveau, jusqu'au mardi-gras de l'année 1698 (1).

De même que l'année précédente, ces comédiens représentèrent de petits opéras, ceci ressort évidemment de l'article 9 de l'acte de société, dans lequel il est dit que « Anne-Claire De la Ferté... face, pour lesdicts comédiens « cy-dessus nommés, la fonction de musicienne, pour apprendre les chansons « et airs des pièces de théâtre où y aura à chanter, et les chanter chaque jour « qu'il sera besoin... »

L'opéra était donc connu à Gand, vers la fin du XVIIe siècle. Ce n'étaient certainement pas des exécutions grandioses, comme on en faisait, à la même époque, à la Cour de Bruxelles, mais, enfin, c'étaient des représentations en musique.

---

(1) Archives de l'ancien conseil de Flandre à Gand. Registre 731 (numér. anc.) des minutes notariales, p. 64, 2e (cité par M. Vanderstraeten, loc. cit.). Voir Documents.

En 1705, au moment où Bombarda obtint un octroi exclusif pour l'exploitation, à Bruxelles, d'une académie de musique, il est probable qu'il donna, de temps en temps, des spectacles à Gand. Cette supposition peut parfaitement être admise, puisque l'on connaît des librettis d'opéras et de ballets qui furent imprimés spécialement pour les représentations qui eurent lieu dans cette dernière ville.

M. Vander Haeghen (1) cite, pour l'année 1706, la pièce suivante :

L'Europe gallante, ballet en musique représenté sur le théâtre de Gand, par l'Académie royale de musique. Paroles de Lamotte, musique de Campra. *A Gand, chez les héritiers de Maximilien Graet,* 1706, in-12 de 41 pages.

Il est hors de doute, selon nous, que cette Académie royale de musique était celle de Bruxelles. La concordance des dates, d'abord, et, ensuite, le défaut de documents constatant l'existence, à Gand, d'un établissement de l'espèce militent en faveur de notre opinion.

Cependant, l'année suivante, au mois d'avril, l'affiche du spectacle s'exprime en ces termes : « L'Académie royale de musique de Gand avertit le « public qu'elle donnera une représentation de la pièce la *Bataille de* « *Ramelie* (2). »

Ceci ferait supposer que Gand possédait, alors, une Académie de musique, d'autant plus que, le 17 novembre suivant, on annonçait que, vu le nombre considérable de troupes casernées en Flandre, on donnera trois fois par semaine à Bruges, des représentations d'opéra, suivies de comédies, etc (3).

Toutefois, nous ne pouvons nous prononcer là-dessus. Une seconde hypothèse se présente encore à nous. Cette présence des troupes en Flandre n'a-t-elle pas engagé les directeurs de l'Académie de musique de Bruxelles, à aller s'installer à Gand, pendant quelque temps, à l'effet de profiter des recettes fructueuses que cette circonstance devait leur procurer ? L'absence totale de documents authentiques, et la rareté des librettis spéciaux nous font admettre cette dernière supposition.

Enfin, en 1708, une nouvelle représentation d'opéra à Gand, est constatée par la brochure suivante : *Phaëton,* tragédie en musique, représentée par l'Académie royale à Gand. Paroles de Quinault, musique de Lully. *A Gand, chez les héritiers de Maximilien Graet, à l'Ange,* 1708, in-8° de 55 pages (4).

Nous sommes, ensuite, sans renseignements sur des représentations de l'espèce dans cette ville, jusqu'au moment de l'édification du premier théâtre. Les faits qui s'y rapportent, seront relatés plus tard.

A Bruges, l'opéra flamand était en honneur. On ne possède pas de trace

---

(1) *Bibliographie gantoise.* T. VI.
(2) Voir la Bibliographie.
(3) Vander Haeghen. *Loc. cit.* T. II, p. 229.
(4) Id. Id. T. II, p. 250.

d'opéra français avant le XVIIIe siècle. Ce fut à cette époque, ainsi que nous venons de le voir, que l'Académie royale de musique, qui donnait en 1707 des représentations à Gand, vint en donner également à Bruges, mais il n'existe, jusqu'à présent, rien qui puisse faire préciser la moindre des choses à cet égard. Aujourd'hui même, nous ne possédons aucun livret, ni aucune partition qui puisse éclaircir nos doutes.

Ce n'est qu'après la moitié de ce dernier siècle, que nous pouvons nous renseigner par un fait capital pour l'histoire de notre théâtre.

Vers ce temps, existait à Bruges une réunion de bourgeois qui, sous la dénomination de *Confrères du Concert*, donnait des séances de musique et, des représentations de petits opéras. Ces exécutions avaient lieu dans des locaux peu spacieux et surtout mal appropriés à cette destination. Ils résolurent d'en construire un, et, le 18 novembre 1785, ils obtinrent un octroi (1) qui les autorisait à établir les bâtiments nécessaires, y compris un théâtre, pour y donner des spectacles publics, des concerts et des bals. Cette construction s'éleva au même emplacement qu'occupe le théâtre actuel.

Dans cette partie du pays, essentiellement flamande, le théâtre français eut quelque peine à s'établir. Aussi, voit-on à quelle date éloignée, relativement à ce qui avait eu lieu ailleurs, une installation quelque peu régulière pût s'y former.

Les faits qui se rattachent à l'établissement d'un théâtre à Bruges, étant aussi proches de nous, nous nous en occuperons plus loin. Qu'il nous suffise, pour le moment, d'avoir constaté que ce ne fut que très-tard que le théâtre français y fit son apparition.

Dans les parties wallonnes de la Belgique, l'opéra français dut nécessairement s'implanter beaucoup plus tôt. Ainsi, en 1599, un certain Adrien Talmy « et ses compagnons franchois » vinrent donner des représentations à Mons. Ils jouaient principalement des comédies et des pastorales, entremêlées de « musique de voix », et accompagnées de divers instruments où l'on remarquait « des violons et des régales » (2).

Quoique ceci soit un fait isolé, il n'en est pas moins certain que l'origine de l'opéra, dans cette ville, doit être reportée à cette époque. Il est probable que plusieurs troupes vinrent, de loin en loin, y représenter les pièces en vogue à Paris. Ce fait est établi par la réimpression d'un ouvrage alors très-connu, et qui parut à Paris en 1695 : *Le Théâtre Italien, ou le Recueil de toutes les scènes françoises qui ont été jouées sur le Théâtre italien de l'hostel de Bourgogne*, augmenté en cette dernière édition. — *A Mons, chez Antoine Barbier*, 1696, in-8°. Si ce genre de pièces n'avait pas joui d'une certaine vogue, un

---

(1) Voir aux Documents.
(2) Vanderstraeten. *Loc. cit.* T. III, p. 92.

libraire ne se serait pas hasardé à en donner une nouvelle édition. Cependant, ce qui fit réellement la fortune de ce livre, ce fut la suppression de la comédie italienne à Paris. Ce fut Évariste Ghérardi qui le publia le premier, et il assista à cette suppression ; aussitôt les éditions pullulèrent, on en fit à Lyon, à Rouen, en Hollande, et, comme nous venons de le voir, à Mons. Toutefois, il tombe sous le sens que, dans cette dernière ville comme ailleurs, on ne le fit qu'avec quelque chance de succès, lequel ne pouvait exister qu'à la condition de posséder la représentation à côté de la lecture.

Un certain Louis Deseschaliers et Marie Dudar, son épouse, vinrent à Mons, vers 1705, avec une troupe française d'opéra. Grâce aux charmes de sa femme, qui était une excellente danseuse, Deseschaliers put se soutenir pendant quelque temps, mais le succès ne se maintint pas, et il dut quitter cette ville, pour échapper à ses créanciers. Cette exploitation fut courte, mais ce fut là réellement la première troupe d'opéra digne de ce nom, qui parut à Mons.

Il est à remarquer que ceci se passait à peu près à la même époque où Bruxelles établit son premier théâtre régulier. Ainsi qu'on le verra plus loin, ce fut en l'année 1705 que se produisit cet événement important pour l'art dramatique en Belgique.

Hécart parle d'une pièce représentée, à Mons, en 1708, devant Son Altesse Électorale de Bavière (1) : *Les Plaisirs de Marimont*, pastorale en un acte, qui fut mise en musique par le sieur Vaillant, musicien de la chapelle de MM. du magistrat de Valenciennes. Cette petite pièce, dont les paroles sont dues à un sieur Foucquier, est une petite allégorie en trois scènes, où le chant jouait un grand rôle. Elle ne fut pas imprimée.

Ceci était bien un opéra, mais la représentation fut toute accidentelle. Les quelques faits que nous venons d'exposer, établissent toujours que l'opéra français a fait son apparition à Mons, à la fin du xvie siècle. C'est important à noter tout particulièrement, car ceci a été antérieur aux premières traces que nous ayions d'exécutions d'œuvres de l'espèce, dans les autres parties du pays.

Nous sommes, cependant, sans données bien précises sur les pièces représentées. Malgré le travail si consciencieux de M. Roussello (2), il ne nous est donné de connaître qu'un petit nombre de productions de ce genre. De plus, nous devons beaucoup supposer, car les renseignements bien exacts sont très rares.

Les premières origines de l'opéra, à Tournai, sont encore inconnues jusqu'ici. On n'a guère de renseignements à ce sujet, qu'à dater de l'époque

---

(1) *Recherches historiques, bibliographiques, critiques et littéraires sur le Théâtre de Valenciennes.* Paris, 1816, in-8°, p. 88.
(2) Bibliographie montoise.

où fut constatée, dans cette dernière ville, la présence de Deseschaliers et de Marie Dudar, sa femme, dont nous venons de parler plus haut. Au reste, ce fait ne ressort que de ce qu'en dit un pamphlet de l'époque (1), où l'on trouve que Madame Deseschaliers, grâce à la protection du gouverneur de la ville, de Montreval,

> « Put établir Académie
> « De musique, très-bien fournie
> « De tout l'attirail de l'opéra. »

Ceci date du 7 février 1699, c'est donc à la fin du xviie siècle seulement qu'on en trouve les premières traces. Ce ne fut, au reste, qu'un fait accidentel qui ne laissa, après lui, rien de régulier ni de définitivement établi.

L'opéra ne fut donc représenté à Tournai, que de loin en loin, et seulement par des troupes nomades.

Nous n'avons de traces des premières manifestations de l'opéra à Namur, que dans deux notes concises qui se trouvent dans les *Relations véritables* de 1679 : toujours la fin du xviie siècle. Voici ce qu'elles disent :

> « Namur, le 9 août 1679. — Son Excellence arriva à Namur, dimanche passé... Le soir,
> « on donna à Son Excellence le divertissement d'une comédie, dans laquelle mademoiselle de
> « Barbençon (fille du prince de Barbençon, gouverneur et capitaine-général de la province
> « de Namur), toute jeune qu'elle est, avec trois ou quatre autres, a fait des merveilles, et
> « ensuite celuy du bal. »

La seconde note nous renseigne sur le titre de cette comédie, qui fut probablement une œuvre éphémère composée spécialement pour la circonstance, et que l'impression ne nous a pas conservée. Voici ce qu'elle contient :

> « Brusselles, le 16 août 1679. — L'on mande de Namur que les réjouissances qui s'y sont
> « faites, à l'entrée de Son Excellence, ont esté d'autant plus grandes qu'elles avoient pour
> « objet le mariage de Sa Majesté, en considération duquel la dite ville a donné la première
> « des marques d'allégresse, et la comédie qui fut représentée devant Sa dite Excellence,
> « estoit pareillement en cette vue, puisqu'elle avoit pour titre l'*Union des Roses et des Lis*,
> « *ou l'Alliance roïale d'Espagne et de France.* »

Quelle fut cette pièce ? Fut-elle un opéra, quoique dénommée comédie, rien ne nous renseigne à cet égard ? Toujours est-il qu'à cette époque, surtout dans les grandes fêtes princières, la musique jouait un très-grand rôle.

Nous ne possédons plus de documents, au sujet de représentations en musique, jusqu'au moment où une grande fête eut lieu à Namur, en l'honneur de l'Électeur de Bavière, en 1711. Une brochure conservée aux archives géné-

---

(1) Quesnot de la Chénée. *L'Opéra à La Haye.*

rales du royaume, nous donne le détail complet de cette solennité, où la musique et la danse étaient en première ligne (1).

Un document curieux se rapportant à la même époque, ferait supposer que Namur posséda à ce moment, une troupe complète de comédiens. Ceux-ci appartenaient à l'Électeur de Bavière, ainsi qu'il ressort du texte ci-dessous (2) :

« Son Altesse Sérénissime Électorale, en son Conseil de Finances, ordonne à N. Cornemont, receveur des aydes, à Baumont, de payer pour cette fois et sans tirer à conséquence, la somme de six cent vingt-huit florins au mayeur dudit lieu, pour huit chariots, attelés chacun de six chevaux, qu'il a fourny pour transporter de la ville d'Arras en celle-ci, distant de trente lieues, les effets appartenants aux comédiens de Sa dite Altesse, à raison de sept florins par jour, considéré la mauvaise saison, rareté de fourages, et qu'ils ont esté hors la province, et parmy raportant, avec cette quittance y servante, luy sera la dite somme passée et allouée en la dépense de ses comptes, ainsy qu'il apartiendra.
« Fait à Namur, le troisiesme decembre mil sept cent onze. »

Le transfert, à Namur, de cette troupe de comédiens ne fut-il occasionné que par les fêtes qui s'y donnaient à ce moment, ou bien y fut-elle à demeure ? C'est ce qui n'a pu encore être précisé jusqu'à ce jour. Les historiens se taisent à cet égard, et les chroniques locales n'en font aucune mention. On pourrait donc en conclure que ce ne fut que pour rehausser l'éclat des diverses solennités que ces acteurs furent appelés, et qu'après ils retournèrent en France d'où ils étaient venus.

Toujours est-il que, l'année suivante, on constate encore la présence d'acteurs en cette ville. Ceux-ci devaient venir de Bruxelles, et ce fait ferait supposer que la troupe d'opéra de cette dernière localité venait, de temps à autre, représenter à Namur. Voici le document qui permet cette supposition (3) :

« S. A. S. E. EN SON CONSEIL D'ÉTAT,

« Il est ordonné à Antoine Evrard de donner à vue cette et sans réplique, pour logement, deux places au comédien Marie, qui doit loger chez luy, ensuite des billet et ordonnance de ceux du magistrat de cette ville, en date du 27 de ce mois. Fait à Namur, le 29 d'août 1712.
« Autorisant le premier huissier, notaire ou sergent à requérir, pour faire l'insinuation de la présente. »
Suscription. « Ordonnance à la charge d'Antoine Evrard, pour le logement d'un comédien.
« Du 29 d'août 1712. »

---

(1) *Fête donnée à Son Altesse Électorale de Bavière, prince souverain des Pays-Bas, par les manufacturiers commerçans et généralité des métiers de la ville de Namur, sur la place de Saint-Remy l'11 novembre* 1711. A Namur, chez Charles-Gérard Albert, 1711, in-4° de 8 pp. non chiff.
(2) Cité par M. Vanderstraeten. *Loc. cit.* T. III, p. 100.
(3) Archives générales du royaume.

Ce document viendrait encore corroborer l'opinion que nous venons d'émettre, que la troupe d'opéra de Bruxelles venait fréquemment donner des représentations dans d'autres villes du pays. Nous avons trouvé des traces de ce fait, à Gand et même à Bruges. Il n'y a donc rien d'impossible à ce qu'il se soit produit, également, pour Namur.

Nous arrivons ainsi à l'époque où un théâtre fut édifié dans cette dernière ville, et où les représentations, par suite, eurent un cours plus régulier. Ce fut en 1723 que cet événement heureux pour cette localité, se produisit. Il en sera fait mention dans un autre chapitre.

D'autres villes du pays, eurent encore, à cette époque, la bonne fortune d'avoir, de temps en temps, des représentations en musique. Ainsi, en 1725, les *Relations véritables* font mention d'un divertissement de l'espèce qui eut lieu, cette année, au château du duc d'Arenberg, à Enghien :

« Du 26 juin 1725. — Vendredi passé, Mr le duc d'Arenberg, aïant invité messieurs les
« ambassadeurs plénipotentiaires de l'Empereur et d'Espagne, avec plusieurs autres seigneurs
« et dames, les traitta à son chateau d'Enghien avec beaucoup de magnificence, et leur
« donna plusieurs concerts de musique, avec une pièce de théâtre intitulée : *le Triomphe de*
« *la Paix*, qui eut beaucoup d'applaudissement. »

On ne sait quelle est cette pièce. Peut-être, et c'est ce qu'il y a de plus probable, fut-elle composée spécialement pour la circonstance. Il nous est difficile d'admettre que ce fut la même pièce que celle qui fut représentée, à Marseille, le 23 janvier 1685 (1). Celle-ci était un opéra complet dont Gauthier avait composé la musique. Il est peu admissible qu'on ait été rechercher cette pièce, qui était probablement peu connue à cette époque. La concordance des titres, seule, peut justifier cette hypothèse.

De tout ce qui précède, on peut donc conclure que l'opéra fit sa première apparition en Belgique, vers la moitié du XVIIe siècle. Il n'y fut pas localisé tout de suite ; on n'en donna des représentations qu'accidentellement, mais, enfin, ce genre de spectacle était connu, et une circonstance favorable pouvait en amener l'établissement définitif.

Vers la fin de ce même XVIIe siècle, on fit, à Bruxelles, une tentative à cet effet. Malheureusement, elle ne fut pas couronnée de succès.

Dans cette ville, les représentations musicales données au théâtre de la Cour avaient du retentissement. La curiosité était d'autant plus surexcitée que les personnes attachées à la famille souveraine et les dignitaires y étaient seuls admis. On ne parlait de ces fêtes que par *on dit*, et l'on désirait ardemment posséder un théâtre où tout le monde pût en jouir. Ce désir, manifesté à diverses reprises, reçut enfin une exécution.

---

(1) M. Vanderstraeten, dans son ouvrage sur la musique aux Pays-Bas (t. III, p. 120), émet cette opinion.

En 1681, deux entrepreneurs de spectacles, les sieurs Jean-Baptiste Petrucci et Pierre Farisseau, résolurent de doter la capitale de la Belgique d'un théâtre destiné à l'opéra. A cet effet, ils louèrent (1), à Jean Baptiste van Gindertaelen, un terrain situé près du quai au foin, sur lequel ils firent élever une salle à laquelle ils donnèrent la dénomination d'*Académie de musique,* titre pompeux, pris à l'exemple de celui que l'on avait donné à Paris, au théâtre érigé à la même destination. Ces deux directeurs firent l'ouverture de leur salle, le 24 janvier 1682.

Ce fait important dans l'histoire de notre théâtre, se passait douze ans après la date de la concession qu'obtint du roi de France, l'abbé Perrin, « d'établir à Paris et ailleurs, des *Académies de musique*, à l'imitation de ce « qui se faisait en Italie, en Allemagne et en Angleterre (2). »

Petrucci et Farisseau étaient soutenus dans leur entreprise, par Don Estevan de Andrea, amiral de la rivière à Anvers. Ce seigneur qui avait assisté aux représentations d'opéra données dans cette dernière ville, en avait été enthousiaste, et il avait accueilli avec la plus grande faveur, l'idée de l'établissement d'un spectacle de ce genre, à Bruxelles.

On n'a malheureusement aucune donnée sur les représentations qui eurent lieu sur ce théâtre. On sait seulement que ce fut l'opéra italien qu'on y donna principalement. Les *Relations véritables* se taisent à cet égard. Toutefois, il nous semble que, dans l'article suivant, il pourrait bien être question de l'exploitation Petrucci-Farisseau :

« 1682, le 4 février. — L'opéra italien, avec quoy on a commencé le carneval, est l'unique
« divertissement de la noblesse, que l'on continuera ainsi pendant quelque temps, tout le
« monde en estant fort satisfait, tant pour sa belle représentation, que pour les divers chan-
« gements de theatre et les machines extraordinaires. »

Un peu après, pour le même mois, nous trouvons :

« Le 11 février. — L'on a continué, ces jours passez, tous les grands divertissemens du
« carneval. L'on a continué de représenter l'opéra de *Médée* en italien, et lundi au soir,
« par ordre de Son Altesse le prince de Parme, l'on donna au palais le divertissement d'une
« comédie en espagnol. Tous les grands de la cour s'y trouvèrent. »

Cette distinction que l'on semble établir entre l'opéra italien et la comédie représentée à la Cour, donnerait à supposer que l'on parle de représentations ayant eu lieu dans deux endroits différents. Mais le doute n'est plus permis, après la lecture de l'article qui suit :

« 1682, le 11 novembre. — Le 6 de ce mois, jour de naissance du roy. Fêtes remises à
« dimanche.

---

(1) Acte du 3 septembre 1681, passé par devant le notaire Del Dicq, à Bruxelles. Henne et Wauters. *Histoire de Bruxelles.* T. III, p. 541.
(2) Castil-Blaze. *Histoire du Théâtre de l'Académie de musique.* T. Ier, p. 25.

« Son Excellence donna le divertissement, à toute la cour, de l'opéra de *Persée*, sur le
« théâtre étably en cette ville, et après ce divertissement il fit au palais un très-magnifique
« festin. »

Il est évident que le théâtre dont on parle ici, était celui du quai au foin.
C'est peut-être la seule fois qu'on en fit réellement mention.

Un fait digne de remarque, c'est que l'opéra de *Persée* fut représenté pour la première fois à l'Académie royale de musique de Paris, le 17 avril 1682 (1). Ce fut donc sept mois après qu'il parut à Bruxelles. Ceci n'est pas indifférent à noter, car l'exécution de cet opéra était très-difficile et demandait des sujets de premier ordre.

La représentation extraordinaire qui eut lieu en 1685, se fit probablement encore à ce même théâtre. Si ce fait est exact, il est très-important à signaler, car alors nous posséderions les noms d'une partie des acteurs qui en composaient la troupe, grâce à un libretto imprimé spécialement pour ce spectacle. Il a pour titre : *Représentation de comédies et ballet dansé le jour de la feste du Roy, par ordre de Son Excellence, à Bruxelles, le 6 novembre 1685* (2). On y trouve la distribution suivante :

La Gloire	Mlle Sylvie ;
La Renommée	Mlle Babet ;
Flore	Mlle Cartilly ;
Dieu Pan	Mr Champenois ;
Suivant de Pan	Mr Touvenelle ;
Zéphir	Mr Sylvie ;
Suite de Flore, représentant des nymphes.	Mlles Chalon, Deschars, le petit Brochet et Le Roux ;
Suite de Pan	Mrs Des Brosses, père et fils, Deschars, De Lisle, Barchi et Chalon.

Ces mots « *par ordre de Son Excellence* », indiqueraient que cette représentation exceptionnelle n'eut pas lieu au théâtre de la Cour, mais bien sur la scène du quai au foin. Certainement, rien de positif ne vient corroborer cette opinion, mais il nous semble qu'on peut fort bien l'admettre, d'autant plus que nous venons de voir qu'on y avait donné, en 1682, un opéra qui nécessitait un grand luxe de personnel et de mise en scène. Il n'est donc pas impossible que ce fait se produisit tel que nous le supposons.

Ici s'arrêtent les renseignements que nous possédons sur le répertoire et

---

(1) Castil-Blaze. *Histoire de l'Académie de musique*. T. Ier.
(2) Voir la Bibliographie.

le personnel du théâtre des sieurs Petrucci et Farisseau. Les archives de la ville ayant été détruites, en grande partie, lors du bombardement de Bruxelles, en 1695, les documents qui auraient pu nous être utiles, ont disparu.

Cependant, quelques bribes ont pu être sauvées et, grâce à elles, nous pouvons établir la date certaine de la fin de cette exploitation.

Malgré les protections qui semblaient encourager ces directeurs, ceux-ci firent de mauvaises affaires. Ils résistèrent pendant plusieurs années, mais les ressources s'épuisèrent et la ruine arriva. En 1688, le matériel fut saisi et vendu à la requête des créanciers.

La déclaration faite par-devant notaire, dans laquelle le directeur s'intitule : Jean-Baptiste Petrucci, *chevalier*, est assez curieuse, en ce sens qu'elle fait connaître comment ce théâtre était monté. Il y est dit : " *que le lieu de l'Opera, avec tout ce qui en dépend, tant en habits que meubles, etc., luy at cousté plus de 30,000 florins, sçavoir en premier lieu le bastiment, le theatre avec toute la décoration, environ 22,000 florins ; 2° les habits avec tout ce qui convient aux acteurs environ 6,000 florins ; 3° les plumages et pierreries, seuls bien 500 florins ; 4° à d'autres meubles 1,500 florins* (1). "

Il ressort de ce document, que tout le matériel était la propriété de la direction, même les costumes des acteurs. Il est peu présumable que, dans cet acte, on entende par *habits*, ce qui servait aux figurants seuls. On doit supposer que les pièces qu'on y donnait, habituellement, n'étaient pas à grand spectacle, et que, dans les circonstances extraordinaires telles que les spectacles par ordre dont il vient d'être fait mention, la Cour intervenait pour une large part. Le répertoire se composait probablement des opéras italiens, si en vogue à cette époque. Au reste, les *Relations véritables*, si nous admettons l'hypothèse ci-dessus, désignent ce spectacle : *Opéra italien*.

Toujours est-il que la ruine de cette exploitation était écrite. Malgré les plaidoiries portées devant le tribunal de l'échevinage de Bruxelles, ainsi que devant le Conseil de Brabant, malgré l'intervention du Conseil privé, la vente eut lieu et précipita ainsi la chute du premier essai d'opéra permanent à Bruxelles.

Cet événement malheureux priva cette ville, de représentations régulières. On ne possédait plus que le théâtre de la Cour, où se donnaient, de temps en temps, des opéras, mais seulement dans des circonstances solennelles. C'est donc là que nous devons rechercher des documents sur les spectacles de cette époque.

Nous devons faire mention, ici, d'un personnage qui joue un rôle assez important dans l'histoire de notre théâtre. C'est un certain Pierre-Antoine

---

(1) Extrait cité par M. Piot. *Les Origines de l'opéra dans les Pays-Bas espagnols.*

Fiocco, dit le vieux. Ce musicien était attaché à la Cour. On le voit cité, pour la première fois, en 1696, en qualité de lieutenant de la musique de la Cour de Bruxelles (1). Il fut, plus tard, nommé maître de chapelle, et il succéda, en cette qualité, à Pierre Thori, après 1706 (2).

Pour les représentations d'opéras au théâtre de la Cour, Fiocco composait des prologues en musique qui eurent, paraît-il, un très-grand succès. Les *Relations véritables* nous ont conservé des données à ce sujet, et ce sont les seules que nous possédions, puisque rien de ses œuvres n'est parvenu jusqu'à nous.

Il faut bien comprendre que ces prologues n'étaient nullement ce que l'on entend, de nos jours, sous cette dénomination. A cette époque de soumission complète aux grands, les auteurs qui en composaient, s'en servaient, ordinairement, pour mettre en scène certaines allégories indépendantes de l'action générale de l'opéra, et flattant soit le souverain, soit les personnes de sa famille. Ce fut en 1695, que l'on parla pour la première fois, d'un prologue de Fiocco :

« 1695, le 25 janvier. — Jeudi dernier, on fit ici la première représentation de l'opera
« d'*Amadis*, précédé d'un nouveau prologue dont la musique est de la composition du
« s^r Fiocco, qui a reçu un applaudissement général de Leurs Altesses Électorales et des
« seigneurs et dames de la cour. »

La même année, une nouvelle exécution de ce genre eut lieu :

« 1695, le 11 novembre. — On fit lundi l'ouverture de l'opéra intitulé : *Acis et Galatée,*
« avec un nouveau prologue fait au sujet de la prise de Namur, dont la musique est de la
« composition du fameux s^r Fiocco, qui réussit à la satisfaction de Leurs Altesses Électo-
« rales et des seigneurs et dames de la cour. »

Remarquons, en passant, l'épithète de *fameux* que les *Relations véritables* décernent à Fiocco. Ceci est d'autant plus extraordinaire et remarquable que ce journal se contentait, d'ordinaire, de narrer succinctement ce qui se passait, en y ajoutant le moins de commentaires possible. Il est à présumer que, pour qu'il en fût ainsi, ce musicien avait une réputation bien assise, et qu'il était parfaitement en cour. Au reste, cette gazette la lui décerna encore l'année suivante :

« 1696. — Le 8 de ce mois (novembre), S. A. E. fut avec madame l'Électrice voir la
« première représentation de l'opéra de *Bellérophon*, augmenté d'un nouveau prologue, dont
« la musique est de la composition du fameux s^r Fiocco, qui réussit à la satisfaction de
« Leurs Altesses Électorales et des seigneurs et dames qui le virent. »

---

(1) Vanderstraeten. *Loc. cit.* T. II, p. 163 et suiv.
(2) Id.   id.   T. II, p. 165.

Enfin, pour le quatrième prologue de cet auteur, qu'il nous est donné de connaître, ce journal lui décerne encore la même épithète :

« 1697, le 31 décembre. — Son Altesse Électorale a assisté à toutes les fonctions que l'on
« a fait pendant les fêtes de la Nativité, dans la chapelle roiale du palais. Jeudi, Leurs
« Altesses Électorales furent voir l'opéra de *Thésée,* avec la première représentation du
« nouveau prologue fait au sujet de la paix, dont la musique est de la composition du fameux
« sr Fiocco. »

On le voit, la réputation de Fiocco était bien établie. Il était en grand honneur à la Cour, où il occupait les fonctions de maître de chapelle, ainsi que nous l'avons dit plus haut. La date précise de son installation est inconnue, toutefois elle dut être antérieure à la pièce suivante datée de 1712, et qui est la première où il est fait mention de lui, en cette dernière qualité (1) :

« A Pierre-Antoine Fiocco, maistre de la musique de la chapelle royale de la cour, la
« somme de quatre mille quatre cent cinquante livres dudit prix, en une lettre de
« descharge de pareille somme datée du trente-siesiesme de mai mille sept-cent douze, levée
« sur Nicolas Le Blon, receveur des droits à Gand, dont il est fait recepte cy-devant.... pour
« et à quoy monte une demie année des gages de ceux de la chapelle royale, y compris ceux
« des trois prédicateurs de Sa Majesté, échus le vingt-cinq de novembre dernier, etc. »

Ce qui prouve la considération dont jouissait Fiocco, à cette époque, c'est qu'un pamphlet de l'époque, spécialement relatif au Grand Théâtre de Bruxelles, en fait un éloge pompeux, alors qu'il est loin d'en faire autant pour les autres sujets de la troupe (2). Voici ce qu'il en dit :

« Trop bon, qui est un bel homme blond, d'une belle phisionomie et de la taille ordinaire,
« prompt à servir ses amis également comme ceux qui, sans l'être, ont quelque mérite d'eux-
« mêmes. Aisé à persuader, sincère dans ses promesses, tant qu'il a agi seul, mais que le
« grand accès qu'il a donné à deux ou trois flatteurs, a fait passer parmi bien des gens pour
« fourbe par leurs pernicieux conseils, ausquels, aïant ajouté trop de foy, il n'a pu s'empêcher
« de se détourner de sa droiture ordinaire sous les prétextes inventez par les mêmes flatteurs
« dont ses intérêts propres ont été la victime. Timide dans ses entreprises, cherchant à
« contenter tout le monde, ce qui est très-difficile dans un corps composé de tant de têtes,
« qui rarement se trouvent d'accord. Les personnes éclairées ont sçu toujours lui rendre
« justice malgré la calomnie, dont quelques génies de travers ont voulu noircir sa réputa-
« tion. Merveilleux dans les productions de son art. »

Quand un pamphlétaire parle ainsi d'un musicien que tout le monde admirait à cette époque, on peut ajouter foi à ce qu'il dit. D'ordinaire le fait contraire se produit : les folliculaires ont l'habitude de chercher à détruire les réputations faites. Nous pouvons donc parfaitement admettre la dénomination de *Trop bon*, et ce qu'il dit du talent de Fiocco quand il constate qu'il était *merveilleux dans les productions de son art.*

---

(1) Extrait des registres de la recette générale des finances.
(2) *Parnasse Belgique*, ou portraits caractérisez des principaux sujets qui l'ont composé, depuis le 1er de janv. 1705 jusqu'au 16 may 1706. A Cologne, chez les héritiers de Pierre le Sincère, 1706. In-18 de 48 pages,

Fiocco produisit d'autres œuvres musicales, qui certainement contribuèrent à établir sa réputation autant que ses prologues d'opéras, mais comme elles sortent du cadre que nous nous sommes tracé, nous n'en ferons pas mention.

Pierre-Antoine Fiocco mourut le 3 novembre 1714, ainsi que cela ressort du document suivant :

« A la vefve de Pierre-Antoine Fiocco, vivant maistre de la musicque de la chapelle royale, la somme de six cent livres dudit prix en une lettre de descharge de pareille somme levée ce jourd'huy sur François-Xavier Borrens, receveur desdits droits à Bruxelles, dont est fait recepte cy-devant fol. 125, pour une demie année des gages de feu sondit marit de maistre de musicque susdit, commencée le vingt-sixiesme de may XVIIe quattorze et finie le vingt-cincquiesme de novembre ensuivant, et ce sans prendre qu'il est venu à mourir le troisiesme de novembre dernier, selon l'ordonnance de relievement en dépeschée le vingt-troisiesme d'octobre XVIIe quattorze, par icelle ordonnance y servante vueues en l'estat dudit mois, fol. 31 v° cy rendues, laditte somme, etc. (1) »

Ce musicien dont les biographes se sont peu occupés, a joué un assez grand rôle dans les origines de notre opéra pour que nous nous soyions quelque peu appesantis sur les détails qui le concernent. M. Vanderstraeten (2) a cherché à débrouiller la confusion qui régnait entre ce musicien et ses fils, et nous avons tiré, de son travail, les principaux renseignements qui précèdent.

A la Cour de Bruxelles, en dehors des grandes exécutions d'opéras, on représentait également des drames sacrés ou oratorios, à l'exemple de ce qui se passait en Italie. Le premier ouvrage de l'espèce était dû à Pierre Thori qui était maître de la chapelle avant Fiocco le vieux. Les *Relations véritables* parlent de cette solennité, en ces termes :

« 1706. — Vendredi, 5 de ce mois (mars), S. A. S. assista dans la chapelle roïale du palais à un oratoire, chanté par la musique de la cour, sur la *Vanité du monde*, de la composition du sr Pietro Thori.

« Le 12 au soir, on répéta par ordre de S. A. S., dans la chapelle roïale du palais, l'oratoire en musique sur la *Vanité du monde*, de la composition du sr Pietro Thori, maître de la chapelle roïale, conseiller et surintendant de la musique de S. A. S., qui y assista avec les seigneurs et dames de la cour, et un grand concours de monde.

« Vendredi, 19 de ce mois, S. A. S. fit répéter pour la troisième fois, dans la chapelle du palais, l'oratoire sur la *Vanité du monde*. »

Ce fut un fait isolé qui ne se renouvela plus, ou du moins on n'en fit plus mention dans la gazette du temps. Nous verrons beaucoup plus tard, ce genre de production se reproduire, mais ceci appartient à une autre période, et nous en parlerons en son temps et lieu.

Il nous reste, pour terminer cet exposé des origines de l'opéra en Belgique, à relater les dernières représentations que mentionnent les *Relations véritables*, avant l'installation du théâtre régulier, à Bruxelles.

---

(1) Extrait des registres de la recette générale des finances.
(2) Ouvrage cité.

« 1698, le 5 décembre. — Mardi dernier, S. A. S. fut prendre le divertissement de la
« chasse, et le soir elle fut avec madame l'Électrice voir la première représentation de
« l'opéra intitulé *les Quatre Saisons*. Madame l'Électrice palatine s'y est aussi trouvée avec
« les dames et seigneurs de sa suite. »

Il n'est plus fait mention de représentations d'opéras jusqu'en 1700 :

« 1700, le 19 octobre. — Dimanche au soir, S. A. S. donna aux Altesses Electrices de
« Brandenbourg et de Brunswick-Lunenbourg le divertissement d'une répétition de l'opéra
« d'*Atis*, au grand théâtre.

« Le 23 novembre. — Vendredi au soir, Leurs Altesses Electorales et toute la noblesse
« furent au grand théâtre voir la représentation de l'opéra d'*Atis*. »

On remarquera qu'il est fait mention d'une représentation au *grand théâtre*. La présence de toute la Cour à la répétition d'un opéra, et, ensuite, à son exécution définitive, indiquerait-elle que ce fut à cette date que fut inauguré le théâtre édifié par Bombarda ? Il est certain que des représentations y eurent lieu avant qu'il ait obtenu son octroi exclusif de trente années, puisque, dans ce document (1), il est dit : « ..... sur lequel il at jusques à présent fait représenter l'opéra... » Les représentations d'*Atis* y eurent certainement lieu, on peut donc, sans trop se tromper, reporter à cette date l'inauguration de cette salle, qui fut commencée en 1698.

Il n'est plus fait mention, ensuite, que d'une représentation, avant l'octroi de Bombarda :

« 1703, le 21 décembre. — Mercredi, 19 de ce mois, Son Excellence se rendit au Grand
« Théâtre, où toute la noblesse parut très-magnifique, et, après la comédie, il y eut divertis-
« sement d'un ballet, dont la musique était du s^r Brochet, et la fête se termina par un magni-
« fique bal (2) »

Nous avons cherché à réunir pour les origines de l'opéra, dans notre pays, tous les documents qu'il nous a été possible de recueillir. Ces données présentent assez d'intérêt, en ce sens qu'elles groupent une série de faits isolés qui permettront aux chercheurs futurs de préciser peut-être davantage que nous n'avons pu le faire.

Quand des découvertes nouvelles se feront, et il s'en fera certainement, on pourra redresser certaines erreurs que nous aurons pu commettre par induction. Il sera possible alors de déterminer la part qui reviendra à chacun dans ce grand enfantement de l'art dramatique.

La rareté des documents sérieux, le petit nombre d'auteurs spéciaux qui se sont occupés de cette question, ont rendu la tâche extrêmement ardue et difficile. Nous supposons, cependant, avoir exposé la matière assez méthodiquement pour attirer l'attention de tous ceux que la chose intéresse.

---

(1) Voir chapitre V.
(2) *Relations véritables.*

CHAPITRE V.

INSTALLATION DU THÉATRE RÉGULIER.

Comme nous venons de le voir, le théâtre eut quelque peine à s'acclimater chez nous. Des tentatives eurent lieu dans tout le pays, mais aucune installation régulière ne s'établit définitivement.

Cependant, à Bruxelles, on comprit la nécessité de suivre ce qui s'était déjà fait en France, depuis longtemps. Après la déconfiture de Petrucci, on attendit plusieurs années avant de rien tenter, quand un sieur Paul de Bombarda, architecte, obtint de l'Électeur de Bavière, gouverneur-général des Pays-Bas, l'autorisation de construire une salle de spectacle. Ceci se passait en 1698, trois années après le bombardement qui détruisit une partie de la ville de Bruxelles.

Ce théâtre fut édifié vers 1700, car, ainsi qu'on vient de le constater, des représentations d'opéras y avaient eu lieu, en cette dernière année. Celles-ci étaient probablement données par des troupes de passage.

Ce fait serait, au reste, établi par le document suivant émanant d'une troupe de comédiens :

" A Son Excellence,

" Remontre avec respect la compaignie des comediens dans cette ville de Bruxelles, que
" non obstant qu'elle est passagere, sans fixe résidence ou domicile, logeant dans des caba-
" rets comme font les estrangers, estant venue en ville pour donner le divertissement à la
" noblesse et autres inhabitans, il se trouve a present, qu'on l'a mis et tauxé dans la capitation,
" et quelqu'unes d'entre eux a de grosses et considerables sommes, mesme sans vouloir con-

« siderer que leur proffit est si mediocre qu'elle est au contraire fort arriérée, mais comme il
« est porté par l'acte d'aggregation de Votre Excellence qu'elle a le pouvoir et faculté de
« declarer franc et libre tous ceux, qu'il trouvera convenir, cause que laditte compaignie se
« iette aux pieds de Votre Excellence.

« La suppliant très-humblement que son bon plaisir soit de declarer que laditte compaignie
« est franc, libre et exempt de laditte capitation, ordonnant à tous ceux, a qui il pourroit
« appartenir de se regler a l'advenant, quoy faisant, etc. »

Adresse : « *Au Magistrat de la ville.* — 20 janvier 1703 » (1).

Ce qui nous confirme dans cette opinion, c'est que parmi ces comédiens se trouvait cité un certain Fonpré, le même qui obtint un octroi pour l'exploitation du théâtre de Bruxelles, ainsi qu'on le verra plus loin.

Bombarda lui avait donné la dénomination de *Grand-Opéra*. L'emplacement qu'il occupait était à peu près le même que celui du théâtre actuel. Les terrains nécessaires à son édification, avaient coûté 18,000 florins argent fort, ou 21,000 florins argent courant.

Le bâtiment était contigu de droite et de gauche aux maisons de la place de la Monnaie. Son frontispice était assez remarquable, il représentait la Muse de la Comédie et le groupe des Arts.

La rue Léopold actuelle était fermée aux deux bouts, par des maisons. Le pâté formé par la Montagne-aux-Herbes-Potagères, la rue des Fossés-aux-Loups, la place de la Monnaie et la rue de l'Ecuyer, n'offrait aucune solution de continuité. Le centre, qu'occupent aujourd'hui le nouveau théâtre et les rues adjacentes, était un vaste terrain où paissaient des chèvres et des ânes, et où les ménagères étendaient du linge au milieu des décombres de l'ancien couvent des Dominicains, et des hangars servant de magasin de décors.

Par contre, l'intérieur de la salle offrait un certain caractère de distinction. Point de colonnes, sinon à l'avant-scène. Le pourtour, en forme de guitare, les loges assez basses, sans séparation apparente, donnaient aux toilettes l'air d'un cercle de salon.

A partir de l'emplacement du *Café des Mille colonnes*, se trouvait le *Café de la Monnaie* ; puis, dans le bâtiment du théâtre, la porte des voitures, l'estaminet de la *Lunette* et la porte des piétons.

Bombarda n'avait rien négligé pour en faire un des plus beaux théâtres de l'époque. Il avait fait peindre plusieurs décorations par Servandoni, le célèbre artiste de Paris. Enfin, l'ensemble des dépenses que cela lui occasionna, dépassa la somme de 100,000 écus, chiffre considérable à cette époque (2).

Pour assurer son entreprise, Bombarda demanda un octroi qui lui permît

---

(1) Archives générales du royaume. — *Conseil d'État.* — Carton n° 113, intitulé : *Comédies, Théâtres.*
(2) Henne et Wauters, *Histoire de Bruxelles.*

d'exploiter seul l'opéra à Bruxelles. Il lui fut accordé le 20 janvier 1705 (1), pour un terme de trente années consécutives, moyennant une reconnaissance annuelle de 50 florins. Cet octroi était exclusif à son profit ; il lui permettait, en outre, de mettre certaines personnes, en son lieu et place, moyennant, bien entendu, l'obtention d'un nouvel acte de l'espèce en leur faveur.

Le premier directeur qui en fut favorisé, fut un sieur de Fonpré qui obtint, le 3 avril 1705, le droit « de pouvoir représenter la Commedie dans « toutes les villes du pays de l'obéissance du Roy, *à l'exclusion de toutes* « *autres troupes* (2)... »

Ce furent donc les acteurs, placés sous cette direction, qui occupaient le théâtre de Bruxelles, en 1705. Les représentations furent probablement nombreuses, pendant cette année, et plus nombreuses certainement que celles que citent les *Relations véritables* qui n'en mentionnent que quatre, en ces termes :

« Le 4 de ce mois (mai), on représenta au grand theatre la pièce de Comedie entremelée « de musique et de balets que S. A. E. avoit fait preparer pour le jour du nom du Roi, « toute la Noblesse y parut en des habits magnifiques. Il y eut ensuite collation et bal. »

« Le 11 (juillet) jour de naissance de S. A. E. on fit dans l'église ducale de Caubergue « une Messe solemnelle... Les Ministres, et les Seigneurs et Dames de la Cour se trouverent « à cette fonction en habits de fête, et furent le soir au grand theatre voir l'opéra d'*Acis et* « *Galatée*, qui fut representé par l'Academie Roïale de Musique, à l'occasion de cette fête. »

« On célébra hier (12 octobre) avec beaucoup d'éclat la fête de St Maximilien... et le soir « il y eut à cette occasion opéra au grand theatre. »

« Samedi 19 de ce mois (décembre) on celebra avec beaucoup de magnificence le jour de « la naissance du roi .. Le soir Sadite Alt. Elect. se rendit avec le serenissime Electeur de « Cologne au grand theatre, où l'on representa l'opera en musique d'*Alceste* sous la direc- « tion du sr. Fioco, qui reussit a la satisfaction de Leurs Alt. Electorales et de tout le « monde. »

Ceci nous apprend que Pierre-Antoine Fiocco était chef d'orchestre de l'Académie royale de musique de Bruxelles. Ce fait important n'a pas été renseigné par Fétis (3), dans la biographie qu'il a donnée de ce compositeur.

A ce sujet, un opuscule, dont nous avons déjà fait mention, donne quelques détails que nous ne pouvons passer sous silence (4). Voici ce qu'il en dit :

« Son Altesse Electorale de Bavière, aïant formé le dessein de se délasser pendant l'hiver

---

(1) Voir aux Documents.
(2) Archives générales du royaume. — *Octroi de Maximilien-Emmanuel*. — Voir aux Documents.
(3) F. Fétis. *Biographie générale des musiciens*. Art. *Fiocco*.
(4) *Le Parnasse Belgique. Loc. cit.*

« des fatigues de la guerre, et voulant rendre sa cour, déjà fort brillante d'elle-même, encore
« plus magnifique, proposa, sur la fin de 1704, l'établissement d'une Académie de musique,
« et y joignant une somme considérable pour engager plus aisément et aider en même tems
« celui qui se croiroit capable d'une telle entreprise, trouva à propos, que celui que je nom-
« merai le *Trop bon* (1) en fût le chef, aïant non seulement la capacité d'établir ladite
« mais étant encore très-recommandable pour son mérite personnel dans l'art de la
« musique.

« Le bruit de cet établissement s'étant bientôt répandu de tous côtés, les sujets s'offrirent
« d'autant plus volontiers, que Son Altesse Electorale étant la cause première de cet éta-
« blissement, ce fut un empressement général à vouloir contribuer aux plaisirs d'un si
« grand prince; on ne trouvoit plus sur les routes de Paris, d'Hollande et du païs de Liége,
« que musiciens, musiciennes, danseurs, et enfin tout ce que l'on crut nécessaire pour rendre
« cette Académie au moins aussi parfaite en bons sujets que celle de Paris. »

En nous rapportant à cette citation, autant qu'on peut croire à un pamphlet, nous établissons que Fiocco fut chargé en 1704, de former une Académie de musique. Mais nous croyons qu'il ne fut chargé que de l'orchestre du théâtre, puisque l'octroi a été accordé à Bombarda, et ensuite à de Fonpré. En outre, les termes dont se servent les *Relations véritables,* sont précis : « ... où l'on
« représenta l'opéra en musique d'Alceste *sous la direction du s^r Fioco.* » C'est donc bien directeur de l'orchestre qu'il faut entendre par là, et nullement du théâtre.

Dans cet opuscule, il est question d'un autre personnage qui semble avoir été le conseiller de Fiocco. Il n'en est pas fait un portrait trop flatteur, mais nous devons, malgré cela, le donner ici :

L'Arbitre pernicieux. — *Brochet.*

Ecolier du *Trop bon,* et l'un des flatteurs en titre. Il s'est trouvé dans plusieurs Académies, et a de la capacité, dont il est tellement persuadé que par des discours étudiez, et
dans le fond intéressez, il prétend avoir un discernement infaillible ; ce qu'il n'a jamais pu
prouver en produisant *le Capricieux* et *la Bacchante,* dont nous parlerons ci-après. Cet
homme, dis-je, s'est rendu tellement nécessaire, que le *Trop bon* a préféré de mauvais sujets
à de médiocres, à sa persuasion, parce que ceux-ci n'étoient pas gens de bonne chère et de
jeu. Sa manière de persuader est d'un fin connoisseur ; ce qu'il ne fut jamais non plus que
sa femme, qui cent fois s'est trouvée seule dans le parterre à applaudir une mauvaise actrice
pour en imposer contre la vérité. Cet homme n'a rien de distingué ni dans sa taille, ni dans
sa mine. Ce qui fait le plus bel endroit de son histoire, c'est l'appui de la Synagogue ; ce
qu'il ne prouve que trop, lorsqu'il parle de religion.

D'après ce qui précède, nous sommes amenés à supposer que le sieur Brochet était le régisseur de l'Académie de musique.

Ce même pamphlet donne les noms des artistes composant la troupe du Grand-Opéra de Bruxelles pendant l'année 1705-1706. A l'aide de la *Clef du Parnasse Belgique,* qui se trouve à la fin du volume, il est permis de rétablir

---

(1) Nous avons fait connaître, plus haut, que le *Trop bon* désignait Pierre-Antoine Fiocco.

les noms à côté des sobriquets. Les voici, d'après la copie que nous en avons faite du volume qu'a bien voulu nous confier M. Vanderhaeghen, l'érudit bibliothécaire de l'Université de Gand :

La Gothique. — *La Barbier* (1).

Ainsi nommée par son ancienneté aux théâtres, et par son chant ; comme par les longs et pénibles voïages qu'elle a faits dans les Païs les plus éloignez sans en rapporter ni profit, ni soulagement. Elle est d'une médiocre taille, d'une apparence aussi noble que son nom. La voix assez nette, mais des plus fausses. Mauvaise actrice ; elle ne s'est fait connoître dans le monde, que par des endroits funestes à la trop grande crédulité de quantité de jeunes gens. Toujours équippée en coquette ridicule et mal propre ; affamée d'amans, qui l'ont toujours füie avec beaucoup d'empressement.

La Doucette. — *La Poirier*.

Est d'une taille ordinaire, assez bien faite, ni belle, ni laide, qui ne manque pas de bonne volonté de s'avancer dans son art ; mais qui par son indolence naturelle n'a pas l'air d'y parvenir jamais. Assez modeste dans ses entretiens, ne se piquant pas de dire de bons mots ; recevant avec plaisir les avis que l'on lui donne ; au reste disant assez juste. Bonne à ses amies, passablement libérale de ce qui ne lui coûte rien, et fort ménagère de ce qu'elle n'a même pas beaucoup de peine à acquérir. Propre dans ses habillemens, ménageant avec art ses intrigues.

L'Emportée. — *La Cocheval*.

Morte par l'excès de ses débauches. Elle étoit petite. Autrefois belle, bien prise dans sa petite taille, une apparence et une manière de s'énoncer fort douce. Soutenant bien pendant un certain tems les plaisirs de table, mais devenant furieuse et terrible même sur la fin du repas, dans lequel celui qui lui frappoit davantage l'imagination étoit l'amant fortuné pour cette nuit-là ; méprisant intrigues et de cœur et pécuniaires. Sachant les rattraper par un enjoüement dont elle disposoit à sa volonté, aïant toujours poussé toutes sortes de plaisirs aux derniers excès, dont plus d'un curieux se sont repentis longtemps.

La Balaefrée. — *La Guillet*.

Est d'une moïenne taille, ni belle ni laide, un peu gatée de petite vérole, et encore plus par un bouton suppuratif sur la joüe droite, qui a toujours exigé d'elle une mouche, à laquelle le public a trouvé à propos de donner le nom d'emplâtre pour sa largeur ; d'une humeur assez douce, entendant la raillerie sans pourtant se piquer de la repousser finement. Avouant facilement son peu d'expérience pour le Théâtre, et par conséquent se rendant fort justice ; étant très-désagréable actrice ; heureuse d'ailleurs de s'être acquise les bonnes grâces d'un riche Financier, dont les libéralités la peuvent mettre à l'abri des censeurs inexorables des spectacles.

---

(1) L'article *la* a été mis, par le pamphlétaire, devant le nom de chacune des actrices.

La Brillante. — *La Chateaulion.*

Est grande, assez bien faite, tous les traits du visage fort aimables, chantant aussi bien qu'elle sait ménager à propos peu de voix, possédant le Théâtre dans la perfection, beaucoup de bon sens, bonne à tout le monde, furieuse dans la colère, mais pardonnant aisément les injures; ne refusant rien à son plaisir, aimant la bonne chère et de durée, soutenant fort bien les plaisirs de table, y paraissant toujours fort enjouée, ne se refusant rien des commoditez de la vie, protectrice outrée des plus grands fourbes.

La Lubrique. — *La Voilier.*

Est entre deux tailles, ni grande ni petite, grosse de sa personne, dont la beauté consiste en deux gros yeux bleus. La première à soupirer, toujours abstraitte, même en présence de ceux qui croient seuls posséder son cœur. Si affamée de plaisir, qu'un Amant ne lui suffisant pas avec son Epoux, elle a ordinairement recours en leurs absences à la langue de son petit chien. Ne croïant personne au-dessus d'elle pour l'esprit, ne disant jamais quatre paroles suivies, médisante en titre d'office, bornée dans son geste en deux mouvements, chantante en chèvre, possédant beaucoup de Rolles, mais les exécutant sans art; d'une avarice sordide.

La Bacchante. — *La Cazal.*

Est d'une moïenne taille, bien faite par le défaut d'embonpoint, le regard toûjours effaré, la tête petite et maigre, libérale à s'incommoder envers ses Amans. Disant plus d'ordures que des bonnes choses, ce que l'on appelle en bon françois *forte-en-gueule,* bête, mauvaise actrice, aïant deux voix dont elle n'en peut faire une bonne; présomptueuse dans son ignorance, aimant la bouteille au-dessus de tout, modeste en ses habits, son mérite ne pouvant la mettre mieux.

L'Indolente. — *La Choiseau.*

Est de la taille ordinaire, assez bien faite, ni belle ni laide, aimant fort les ajustemens dont elle ne peut posséder le parfait usage; son génie est médiocre; fière, se croïant plus de mérite qu'elle n'en a; aimant assez les plaisirs de table, son ambition est bornée à aimer tantôt l'un, tantôt l'autre de ses camarades; très-froide actrice, son chant ne dément point sa phisionomie.

La Vieillotte. — *La Clément.*

Est plus petite que grande, les yeux vifs, le teint assez brillant, l'art y surpassant la nature; bien faite naturellement, l'esprit fort enjoué, fière, médiocre actrice, la voix fine et déliée, chantant un peu en vieille, son œconomie rigide et plus d'un talent l'ont mise en état de se passer du Théâtre, ne le fréquentant plus que pour ses menus plaisirs; connüe à Paris et à Bruxelles par l'excès de ses débauches, dont plus d'une personne distinguée prouveroient en cas de besoin des certificats authentiques.

L'Impertinente. — *La Montfort.*

Est d'une moïenne taille, dont la Phisionomie est le vrai miroir de ses actions, avide et ambitieuse de tout. De toutes les langues la plus pernicieuse, fort carressante en apparence, mais dans le fond traître, très-mauvaise actrice, chantant fort mal, et assez souvent faux; dont le mérite essentiel consiste au commerce infâme, qu'elle entretient depuis très-long-tems avec *le Scélérat,* dont elle a des enfans, le préférant à son mari légitime.

La Ridicule. — *La Honoré.*

Est d'une taille ordinaire, plus laide que belle, dont le regard fait douter, si l'on est bien ou mal avec elle, d'un esprit piquant, passablement médisante. Se croïant la meilleure de toutes les actrices, faisant rire tout le parterre dès qu'on la voit. Son mérite essentiel consiste à amasser sou sur sou, et dont l'infâme avarice la fait aller par la ville dans un équipage digne d'horreur; assez curieuse de hardes, mais craignant de les user, fort sage d'ailleurs.

La Médisante. — *La Renaud.*

Est petite, mal faite, laide, et tachettée de rousseur. Se faisant plutôt sentir que voir par la couleur de son poil. Ambitieuse de tous les troisièmes rolles et à peine capable d'en chanter aucun dans une gloire, chantant très-mal et faux, médisante à l'excès en particulier et turbulente en présence de ses camarades. Publiant fort sa sagesse au préjudice de ses camarades, ce que tout le monde croit en la voïant.

La Gratieuse. — *La Guyart.*

Est grande et bien faite. Ce n'est pas une beauté, mais elle a la tête et la bouche belles, les yeux vifs, parlant et écrivant poliment. Juste dans ses conceptions, brillante dans les conversations; elle passeroit les trois quarts de l'année dans une santé parfaite, si elle vouloit prendre plus sur ses passions, auxquelles il ne paroit pas jusqu'à présent, qu'elle ait fait grande attention. Libérale envers tous jusqu'à s'en incommoder, chantant fort bien, bonne actrice, si elle y vouloit faire réflexion; d'une tendresse peu commune, et fort constante; propre dans ses habillemens sans magnificence, le plus grand de ses défauts est de faire du bien à beaucoup de gens de mauvaise foi et ingrats, sans s'en procurer à elle-même.

Le Présomptueux. — *Bonnel.*

Est d'une fort médiocre taille, gâté de la petite vérole, sçavant dans son art, chantant bien, quand il y pense; dont le génie est borné à rire à chaque période, croïant avoir dit un bon mot. Parlant toujours mystérieusement, et ne s'entendant pas le plus souvent. Trop propre en habits; voulant y égaler les personnes de rang, magnifique en cela seul. Regardant ses égaux au-dessous de lui. Bon acteur, sa fortune lui a donné le moïen de païer ce qu'il voudroit faire passer pour faveur deües à son mérite, passionné joueur et toûjours duppe. Foible ami depuis son établissement, vérifiant le proverbe qui dit, que l'honneur change les mœurs.

Le Capricieux. — *Arnaut.*

Est d'une bonne taille, l'air vieux et toujours inquiet. Chantant à l'antique, ignorant et voulant disputer de ce qu'il n'a jamais connu. Médiocre acteur. Il croit avoir la voix fort étendüe, et le ton n'est jamais assez bas pour lui. Jamais content d'aucun acteur. Difficile à connoître, médisant de son meilleur ami, il médiroit de lui-même, s'il doutoit qu'il fût. Ses assiduitez auprès de quelques belles n'ont jamais pû prouver de bonnes fortunes, Répétant cent fois, et riant d'une pauvreté qu'il croit un bon mot. Son génie est borné à parler de l'Opéra de Lion, tirez-le de là, il faut disputer. Ne convenant jamais de rien; heureux d'être dans une société, qui a connu ses défauts, ce qui sans cela lui auroit attiré beaucoup de chagrin.

Le Circonspect outré. — *De Heuqueville.*

Est d'une taille ordinaire, la phisionomie assez avantageuse, possédant passablement son art, la voix belle et étendüe. Acteur froid, bon dans les caractères, chantant dans le goût moderne, plaisant dans la conversation, à charge à ses meilleurs amis par une attention perpétuelle du sçavoir-vivre, ennemi mortel des âmes basses. Toujours prêt à servir ses amis. Exact dans ses promesses. Fort emporté dans la colère mais à l'instant meilleur ami que jamais; sensible aux injustices jusqu'à reprocher les services qu'il a rendus. Simple en apparence, mais se défiant de tout. Ecrivant d'un stile bouffon.

Le Ridicule. — *Roussel.*

Est d'une belle taille, bien fait au Théâtre, dont le nombre d'années a diminué le mérite. Géné dans son geste, chantant à la mode de son tems, froid acteur. Peu sçavant dans son art, et aïant la voix fausse; opiniâtre dans ses idées, qui tiennent plus de la chimère que du solide; peu médisant, se récriant toujours contre le nombre des années, et parlant beaucoup de ses anciennes fortunes, dont le profit l'a mis en état de se passer du Théâtre, s'il ne se croioit encore capable d'y plaire. Ménager jusqu'à l'avarice, amateur passionné des bons repas, les mandiant aux personnes, auxquelles il n'est pas obligé de les rendre. Beau joueur dans le gain, mais brutal dans la perte. Très-foible ami.

Le Docile. — *Drot.*

Est d'une moïenne taille, assez bien fait, beau garçon, aisé dans ses manières, sa docilité le fera bon acteur, écoutant ses amis sur ses défauts. Possédant son art, aïant la voix belle, et chantant bien. Peu entreprenant, plaisant en compagnie. Sa timidité fait soupirer plus d'une belle. La fréquentation des gens d'esprits donnera la dernière main à de belles qualitez, dont il n'a pas encore l'usage. Sincère. N'aïant rien à lui, quand il s'agit de servir ses amis.

Le Pacifique. — *Choiseau.*

Est d'une taille ordinaire et remplie, ni beau ni laid, passablement sçavant dans son art, chantant médiocrement bien. La voix assez belle dans son espèce. Peu médisant. Flatteur outré. Froid acteur par le peu d'expérience qu'il a du Théâtre.

Le Scélérat. — *La Plante.*

Est petit et rempli. Fourbe dans sa phisionomie, encore plus fourbe dans ses actions : rempli de lui-même au point de mépriser tout le monde. Mauvais acteur, détestable chanteur, et fort ignorant, présomptueux dans toutes ses démarches, toujours inquiet, ne convenant de rien que de ses propres idées, semant la discorde partout. S'apropriant sans scrupule tout ce qu'il croit lui convenir. Avide de bons repas jusqu'à la friponnerie, docile aux coups de bâton. Le plus bel endroit de sa vie est, d'avoir répudié sa femme pour entretenir un commerce honteux avec *l'Impertinente,* à laquelle il a fait quitter son mari et de laquelle il a des enfans. Menteur outré, médisant à ne pas épargner les têtes couronnées. Il n'y a pas d'Académie, où il ne soit connu pour un fripon.

Le Tempéré. — *Honoré.*

Est petit, d'une assez bonne phisionomie, sçavant dans son art, chantant bien tout, peu de voix, mais jolie et la ménageant très-bien, meilleur acteur de Cathédrale que de Théâtre, toujours d'accord avec tout le monde non pas par bêtise, mais par principe de probité. Autant libéral, que *le Ridicule* est avare; son seul défaut est la colère, mais sans ressentiment. Sa trop grande crédulité lui a causé plus d'une infortune.

L'Orgueilleuse. — *La Deschars.*

Est grande, bien faite, par une maigreur outrée à laquelle l'art a sçeu donner la perfection, les yeux tendres; deux petites boulles de cire, qu'elle sçait tenir à propos dans chaque joüe, lui empêchent d'avoir le visage fort étroit; parlant fort doucement, crainte de les perdre, toujours composée dans ses mouvemens. L'admiration du Théâtre par une longue routine de pas répétez, dansant plutôt en danseuse de corde qu'en Subligny. S'étant formé une retraite de son appartement, par le mépris outré qu'elle a pour ses égales. Aussi ridicule qu'elle rencontre juste dans les modes nouvelles de ses habillemens, fière jusqu'à l'insolence. La quantité des romans qu'elle a leus lui a persuadé qu'elle étoit une héroïne des plus renommées; ce qu'elle veut prouver par une conduite fort régulière autrefois à trente sous, maintenant pour des bijoux de prix. Etudiée dans ses conversations romanesques, très-foible amie et cruelle ennemie. Parmi les passions, la vengeance tient une des meilleures places. Ses plaisirs sont diminuez depuis qu'elle a perdu *l'Impudique* qui lui tenoit lieu d'amant. Son histoire est sans fin.

La Fière Bête. — *La LeFèvre.*

Est petite, assez bien faite au Théâtre, dansant finement, sa manière de rire augmente sa laideur; dont l'esprit est borné à prendre tout du mauvais côté; minaudière à l'excès dans la conversation, magnifique par ses habillemens qu'elle a pour peu de chose de la Synagogue. Les bons repas et l'étude de la coquetterie sont tous ses soins, jalouse des adorations qu'elle exige même de ses égales, médisante sans délicatesse, insolente dans sa colère.

La Masse informe. — *La Boulogne.*

Est petite, très-grossière, le visage couporosé, fort douce dans son parler, faisant la niaise pour se faire croire plus fine, mais bête en perfection; médisante, présomptueuse d'elle-même, possédant son art. Son esprit ne paroît qu'entre deux vins par un nombre de chansons plaisantes, dissimulée dans ses intrigues. Le trop d'attention à les cacher les a fait connoître.

La Sotte. — *La Clément.*

Est petite, laide, grosse et médiocrement bien faite, gratieuse dans sa danse, qu'une très-médiocre intrigue a rendüe orgueilleuse jusqu'à l'insolence. Méprisant ses égaux, dont elle recherchoit ci-devant l'appui, l'envie de passer pour bel-esprit la fait parler depuis le commencement du repas jusqu'à la fin. S'applaudissant fort souvent elle-même, ne disant pas assez de bonnes choses pour l'être. Ambitieuse de toutes les nouveautez; ne pouvant faire la fortune des marchands, encore moins la sienne.

L'Impudique. — *La Minette.*

Est d'une taille moïenne, assez bien faite, autrefois jolie, l'esprit fort enjoué dans la conversation, entendant la raillerie et la repoussant finement. L'excès de ses débauches a diminué de sa beauté. Médiocre danseuse, plus sçavante au lit et à la table qu'au Théâtre. Longtemps duppe de ses amans par excès de générosité, de toutes nations dans la débauche. Elle est la troisième de ladite Académie, que la curiosité des belles étoffes n'a rien épargné à les faire venir de Judée. Bonne amie. Elle seroit encore dans le grand monde, si elle en avoit la force. Quand le diable ne sçut plus que faire, il se fit hermite.

La Messaline. — *La Duplessis.*

Est d'une médiocre taille, laide, maigre et très-bien faite, peu sçavante dans son art, sans politesse. Au contraire harangère, de toutes les femmes la plus malpropre dans ses habillemens. Un singe vêtu en homme est pour elle un Adonis pourvu qu'il ait de l'argent, elle n'aima jamais par tendresse de cœur. Assez fine. Cependant pour amuser un mari brutal et un amant duppe par ses débauches publiques, un scélérat et sa suite partagent ses faveurs, comme un honnête homme qui les paie. Elle n'a que deux défauts, l'yvresse et la lubricité

La Fausse Prude. — *La Paillard.*

Est assez grande, médiocrement bien faite, laide et bête, dansant par routine, d'un assez bon tempérament, affectant fort un air sévère dans les conversations un peu libres, faisant beaucoup valoir une prétendüe sagesse, dont le public a été détrompé par un coup de rasoir sur la préférence de ses amans. Elle voudroit suivre les modes, mais les amans puissans la fuient; elle est réduite à aimer ses égaux.

L'Ignorante. — *La Quincy.*

Est grande et jolie, passablement bien faite, le pié d'un porteur de chaises plutôt que d'une danseuse; la protection seule d'un commis l'a installée au Théâtre, ne sçachant qu'à peine faire la révérence. Elle a toujours passé pour une Vestale aux yeux de ceux auxquels la longue expérience de sa chère bonne a sçeu cacher son intrigue avec un gros seigneur. Le fort des Armes a borné ses entreprises, et un peu diminué de l'orgueil de sa naissante fortune. Ce qui pourra revenir un jour. Elle est à bonne école.

La Stupide. — *La Choisy.*

Est petite, assez bien faite et jolie de sa personne, autant de mérite pour le chant que pour la danse. Inspirant plutôt la tristesse que la joie au Théâtre par un air refrogné. La Chronique scandaleuse lui a attribué quelques intrigues, qui n'ont pu être avérées. D'un assez bon tempérament.

L'Effrontée. — *La Clément.*

Est d'une médiocre taille, le blanc et le rouge lui donnent les deux tiers de ses charmes; jolie, bête, sérieuse à contre-tems, possédant en perfection la vertu générative quoique fille, chantant médiocrement bien, et dansant très-mal. Elle se montre toujours au parterre et aux loges d'un air affecté, et négligé dans les coulisses pour se faire connoitre, prévenue qu'elle a un mérite infini. Aisée à connoitre pour être du théâtre par ses ajustements mal arrangés, fort avare, toutes sortes de gens lui conviennent l'argent en main.

Le Diseur de rien. — *Deschars.*

Est petit, mal fait; un peu déhanché, peu sçavant dans son art, n'y réussissant que par la capacité de ses sujets, brutal et emporté dans ses répétitions, un babil extraordinaire le fait passer pour habile aux yeux des foibles connoisseurs, grand conteur de nouvelles, très-prévenu sur son génie qui est borné à dire quantité de pauvretez, que les sots regardent comme de bons mots; très-mauvais railleur, médisant au suprême degré, de tous les hommes le plus fourbe et le plus étourdi, sans jugement, avide de bons repas, très-avare, autheur commode de la fortune, très-difficile à connoitre et très-foible ami.

Le Fat. — *Carillon*.

Est d'une médiocre taille; assez bien fait au Théâtre, d'un fort petit génie, il croit être fort habile parce qu'il a étudié peu de tems sous un habile maître; borné dans la danse à un petit nombre de pas, qu'il exécute avec assez mauvaise grâce; plus on le caresse, plus il trahit.

Le Flegmatique. — *Baouïno*.

Est grand et bien fait, réussissant dans son art, content de ce qu'il sçait, l'exécutant sans présomption. Bon ami de tout le monde, d'une phisionomie fort douce, tranquille surtout, un très-médiocre objet lui a rendu l'humeur gaie, si l'on en veut croire la médisance. Difficile à bien connoître.

Le Débauché. — *Dumay*.

Est de la taille ordinaire, assez rempli, la physionomie fourbe, très-caressant, passablement de bon sens; entêté de ses propres idées, qui lui font regarder tout du mauvais côté, possédant son art, l'exécutant assez bien suivant ses caprices. Mille petits soins l'ont fait aimer des femmes, leurs jouissances l'ont rendu brutal. A l'une a succédé l'autre, sa vie n'est qu'un tissu perpétuel d'un pareil commerce. Jamais personne n'a plus menti, ni plus hardiment que lui; les sermens ne lui coûtent rien quelque exécrables que l'on puisse se les imaginer.

Le Turbulent. — *Mercier*.

Est petit, laid, médiocre danseur. Il croit être le premier de son art pour avoir été quelque tems à la tête d'un nombre de mauvais sujets. Présomptueux de son propre mérite à ne pouvoir vivre longtems paisiblement dans aucune Académie. En apparence ennemi de la médisance. Faisant l'esprit fort. D'un assez bon tempérament, plaisant en compagnie; sa tendresse ne paroit que par une jalousie et une brutalité extraordinaire; libéral avec ses amis et peu avec ses maîtresses; il croit que les femmes doivent l'acheter.

Le Maître Jacques. — *Valentin*.

Est petit, la phisionomie bête; parlant peu crainte de dire des sottises, sage en cela; meilleur poète pour les Vaudevilles que pour le Théâtre, fade railleur. De poète devenu homme d'affaires, dont il s'acquitte aussi bien que de la poésie. Prétendu compositeur de musique, aussi fin dans ses productions musicales que poétiques. Son dernier métier fut celui d'Inspecteur de ladite Académie : Fonction dans laquelle il n'a pas mieux réussi que dans les précédentes, qui cependant lui devoit être plus lucrative, par beaucoup de promesses de coups de bâton. Heureux que l'on lui a toujours manqué de parole.

Nous demandons pardon à nos lecteurs, de ces détails un peu crus, mais ceci nous a paru offrir d'autant plus d'intérêt que le volume dont nous l'avons tiré, date de l'époque même.

On peut juger, d'après cette nomenclature, de l'importance de la troupe de Bruxelles, alors surtout que tout le personnel n'y est pas renseigné, puisque l'auteur nous dit *qu'il n'a mis que les acteurs les plus connus, ayant passé les autres sous silence, n'ayant rien trouvé en eux de remarquable et par conséquent digne d'attention.* C'était donc un grand théâtre dans toute l'acception du mot. On comprend qu'avec un tel personnel, on ait pu monter les opéras les plus compliqués de l'époque.

Il est cependant regrettable que nous ne puissions rien préciser à cet égard. Ainsi qu'on a pu le remarquer, les *Relations véritables* ne nous ont mis au courant que des représentations données dans des circonstances solennelles. Il ne nous est pas possible de nous renseigner sur d'autres, qui certainement eurent lieu, car il n'est pas admissible que l'on n'ait donné que quatre représentations pendant tout le cours de l'année 1705.

L'exploitation du sieur de Fonpré fut, paraît-il, heureuse, car nous voyons que, l'année suivante, le 18 mars 1706, un nouvel octroi lui est accordé pour sa troupe, « où sont les nommés *Prévost* et sa famille, *Prefleury* et sa « femme, *Ducormier* et sa femme, *Depressoir*, etc., etc. (1). »

Vers la même époque, un autre théâtre s'était établi à Bruxelles. Un bourgeois de cette ville, le sieur Martinus Van der Haeghen l'avait fait construire près de la Grand'place, dans un établissement intitulé *le Coffy*. Il dirigeait une troupe de comédiens-amateurs. En 1705, il adressa à Maximilien-Emmanuel, la requête suivante, à l'effet de pouvoir donner des représentations sur son théâtre, les jours où le *Grand-Opéra* ne jouerait pas.

« A Son Alteze Electorale.

« Remonstre très humblement Martinus Van der Haeghen, Directeur de la Trouppe des
« Bourgeois de cette ville de Bruxelles, représentant le Petit Opera au *Coffy*, assisté de
« quelques Amateurs Italiens, qu'ayant cy devant faict de grosses depences, jusques a s'estre
« exposé à sa ruine totale dans son entreprise, il a eu le malheur de se voir plusieurs fois
« traversé par quelques envieux, quoy qu'il n'estoit capable de donner le moindre ombrage a
« qui que ce soit, puis que le petit Passetemps qu'il auoit inventé, n'estoit propre que pour
« le Commun, qu'il y prend tant plus de goust, que chacun se peut diuertir a un petit
« frais. Or comme le remonstrant avecq sa Trouppe se trouve fort arriéré, il s'at trouvé
« conseillé de l'augmenter desdits Amateurs Italiens afin qu'ils puissent de temps en temps
« donner le petit Divertissement audit Commun, et cela dans le temps mesme lors que le
« Grand Theatre ne jouera pas. Pourquoy le remonstrant joinctement ceux de sa Trouppe
« souhaiteroient bien d'en obtenir la permission de Votre Alteze Electorale, sujet qu'il prend
« son recours vers Sa protection.

« La suppliant en toute humilité estre seroit d'accorder au suppliant et a ses consorts la
« Permission qu'Ils pourront jouer, les jours que le Grand Theatre ne jouera pas, c'est la
« Grace qu'ils espèrent de Votre Alteze Electorale, Quoy faisant, etc... (2) »

Cette autorisation lui fut accordée par avis du 22 mai 1705. Malgré cela, il ne put guère continuer ses représentations, sans être inquiété.

---

(1) Archives générales du royaume. — *Octroi de Maximilien-Emmanuel.*
(2) Archives générales du royaume. — *Conseil d'État.* — Carton n° 113, intitulé : *Théâtres, comédies, spectacles*, 1703-1725.

La direction du Grand-Théâtre était passée en d'autres mains. Par octroi, en date du 3 juillet 1706, un sieur de Pestel l'avait obtenue (1).

Il avait reçu cet octroi de Churchill. Dès que la domination autrichienne fut établie, il adressa la requête suivante, pour la faire ratifier :

« Au Roy.

« Remontre en tres-profond respect Joseph de Pestel que Milord Churchill luy aïant
« accordé la permission de faire representer l'opera en cette ville avant que le Conseil d'Estat
« de Votre Majesté fut establi, le Remonstrant s'étant reposé sur ladite permission, s'est
« engagé à la bonne foy dans l'entreprise dudit opera, pour l'execution duquel il a du s'en-
« gager dans plusieurs conventions avec les sujets qui doivent servir audit spectacle, et anti-
« ciper des tres grosses depenses pour former tous les preparatifs à ce necessaires lesquelles
« grosissent journelement de plus en plus par l'entretien et subsistence qu'il doit fournir
« à tant de personnes, à son interest et prejudice irreparable, sujet que pour en prevenir
« des ulterieurs, il prend son tres-humble recours vers Votre Majesté.

« La supliant tres respectueusement de luy accorder la permission de faire représenter
« le petit opera, ce faisant, etc. (2) »

L'autorisation resta quelque temps avant d'être donnée, car, à cette époque, on ne tolérait pas la présence, dans la troupe, d'acteurs étrangers, et principalement de Français. Cependant, on prit en considération les frais qu'avait faits de Pestel, et, le 8 novembre 1706, l'octroi royal lui fut accordé.

Il persécuta les comédiens-bourgeois du *Coffy*. Comme il y avait interdiction de tolérer des étrangers au pays, dans cette troupe, il demanda que défense fut faite de laisser continuer les représentations. A sa réclamation, il joignit la note suivante qui présente quelque intérêt au point de vue de la composition du personnel de ce petit théâtre :

« *Noms des artistes du Coffy.*

« Don Carlos,

« Machiniste, aujourd'huy Harlequin dans la comedie italienne.

« Pasqual et sa femme,

« Machiniste et sa femme danceante a l'opera, deserteurs pour l'opera de Gand.

« Robert,

« Faiseur de casques, deserteur pour l'opera de Gand, revenu à Bruxelles dans la troupe
« des Comediens.

---

(1) Ratifié par octroi royal du 8 novembre 1706. Voir aux Documents.
(2) Archives générales du royaume. — *Conseil d'État.* — Carton n° 113, intitulé : *Théâtres, comédies, spectacles,* 1703-1725.

« Henslin,

« Acteur de la comedie, autrefois chantant dans les cœurs (sic) de l'opera, deserteur avec
« les autres, aujourd'huy engagé dans lad⁶ comedie.

« La Femme Ré et son fils,

« Tous les deux sont françois de nation, nont d'autres titres, par consequent ne peuvent
« estre admis au nombre des bourgeois puisque la troupe naturelle n'a besoin que son droit
« de bourgeoisie pour representer quand bon leur semble (1). »

Toutes ces persécutions ruinèrent l'entreprise du *Coffy*. L'opéra y fut supprimé et la troupe se rendit à Gand, en 1707, où elle installa ce nouveau genre dramatique (2).

Nous sommes sans données sur le répertoire de ce théâtre. On n'y jouait évidemment que de petites pièces, de petits opéras italiens et des divertissements, à l'exemple de ce qui s'était fait, quelques années auparavant, à Paris. L'exiguité du local, et le peu d'importance de la troupe, indiquent clairement qu'on ne pouvait y aborder les pièces à spectacle.

Le petit théâtre du *Coffy* fut ensuite occupé par des troupes de danseurs de cordes et de faiseurs de tours. Cela durait ainsi depuis quelques années, lorsque, le 20 décembre 1714, les sieurs *Philippe Bax, Charles Laniolo et consorts* présentèrent une requête à l'effet « de pouvoir intercaler la comédie
« à leurs sauts et tours. »

L'autorisation leur en fut refusée dans les termes suivants (3) :

« *Au Magistrat de cette ville de Bruxelles.*

« Veu l'advis, Sa Majesté Impériale et Catholique déclare que les danseurs de corde ne
« pourront representer aucune comedie par forme d'accessoire, ou autrement, mais se
« contenteront de donner le divertissement par leurs sauts, et tours de corps sans rien de
« plus. Ordonne Sa Majesté à l'amman de cette ville de veiller à l'observance de cette ordon-
« nance. »

« 2 janvier 1715. »

Ce décret fut définitif, et ce petit établissement ne donna plus asile qu'à des troupes de l'espèce. Toutefois, de temps en temps, des comédies bourgeoises y étaient représentées.

Vers la fin de l'année 1706, les spectacles furent interdits par l'arrêté suivant dans lequel les causes ne sont point déterminées :

---

(1) Archives générales du royaume. — *Conseil d'État*. — Carton n° 113, intitulé : *Théâtres, comédies, spectacles*. 1703-1725.
(2) Piot. — *Les Origines de l'opéra dans les Pays-Bas espagnols*.
(3) Archives générales du royaume. — *Conseil d'État*. — Carton n° 113, intitulé : *Théâtres, comédies et spectacles*.

« SA MAJESTÉ en son conseil d'Estat commis au gouvernement général des Pays-Bas,
« interdit par cette aux entrepreneurs de l'opera et commédie, d'en faire aucunes représen-
« tations jusqu'à autre ordre. Fait à Bruxelles, le 23 de novembre 1706. Par ordonnance de
« Messeigneurs du conseil d'Estat commis au gouvernement des Pays-Bas, en l'absence de
« l'Audiencier.

« J. B. VAN ERP. »

Il est à remarquer que tous les octrois accordés à cette époque, portaient un caractère exclusif au profit du directeur. Ils autorisaient l'exploitation, non-seulement à Bruxelles, « *mais dans toutes les villes du pays de l'obéis-
« sance du Roy, à l'exclusion de toutes autres trouppes.* » Ceci viendrait donc corroborer ce que nous disions dans le chapitre précédent, que les acteurs du Grand-Opéra de Bruxelles, tout en exploitant la scène de cette dernière ville, allaient, de temps en temps, donner des représentations dans d'autres localités.

Nous sommes sans données précises sur les représentations qui eurent lieu pendant l'année 1706. Sous la direction de de Fonpré, nous avons connaissance de l'apparition de l'opéra d'*Alceste*, donnée le 16 février, jour du mardi-gras (1). Ce fut encore un spectacle gala, et il n'est fait mention d'aucun autre.

Les *Relations véritables* nous donnent à connaître que le 28 décembre, sous le directeur de Pestel, on représenta, pour la première fois, « l'opéra
« en musique de *Persée*, qui réussit à la satisfaction de tous ceux qui s'y
« trouvèrent. »

Les renseignements sont donc excessivement rares sur le répertoire de l'époque. L'année suivante, on nous signale deux représentations d'opéras, non désignés, la première, le 11 mars, jour du mardi-gras, et la seconde, le 1er octobre, jour de la naissance du Roi.

Pour ce qui concerne l'année 1708, nous sommes sans aucune espèce de données. Cela voudrait-il dire que le directeur du Grand-Théâtre abandonna son exploitation? Nous sommes tentés de le croire, vu que, dans les premiers mois de 1709, on voit celle-ci passer dans les mains d'un nouvel entrepreneur, le sieur Francisco d'Angelis (2).

Cette direction paraît avoir été plus florissante, car on nous renseigne sur deux représentations de l'opéra d'*Amadis*, pour le mois d'octobre 1709 (3), le 4 et le 15. A cette dernière, assista le prince Eugène de Savoie, qui venait de revenir de l'armée, à Bruxelles.

En 1710, le Grand-Théâtre paraît avoir eu une année exceptionnelle. Le

---

(1) *Relations véritables.*
(2) Archives générales du royaume. — *Conseil d'État.* — Carton n° 113, intitulé : *Théâtres, comédies, spectacles.* — Voir aux Documents.
(3) *Relations véritables.*

journaliste, toujours si réservé pour ces représentations, sort trois fois de son silence, le 18 février, le 19 septembre et le 3 octobre ; seulement, il ne nous donne pas les titres des pièces jouées. Un spectacle gala eut lieu le 21 novembre, ainsi que le rapportent les *Relations véritables* :

« 1710. — Le 21 novembre. — ...Hier, vers les deux heures de l'après-midi, Leurs
« Altesses le Prince Eugène de Savoie et le Prince et Duc de Malborough arrivèrent en
« cette ville... On fit monter la garde à une compagnie du régiment du Brigadier Devenitz,
« tambour battant et enseigne déploïée au Palais d'Orange, où on avoit préparé et meublé
« magnifiquement les appartements pour le logement desdits Princes, qui furent le soir au
« Grand Theatre voir la représentation de l'Opera des *Quatre saisons,* où il y eut un gran-
« dissime concours de seigneurs et de dames, et d'autres personnes. »

Le retour de l'armée et de ces seigneurs favorisa singulièrement l'exploitation du Grand-Théâtre. Les représentations y étaient fréquentes, comme il ressort de ce qui suit (1) :

« Le 25 novembre. — Depuis l'arrivée en cette ville de Leurs Altesses le Prince Eugène
« de Savoie, et le Prince et Duc de Malborough, il est arrivé beaucoup de généraux et
« d'officiers de distinction... Leurs dites Altesses ont été tous les soirs se divertir à l'opéra
« et à la comédie, où il y a toujours eu un grand concours de noblesse... »

Il est regrettable que nous soyions sans détails sur ces représentations. Il est évident que l'on a dû jouer d'autres pièces que celles qui nous été renseignées, et les données que nous aurions pu recueillir auraient été pleines d'intérêt sur la marche du répertoire et sur la valeur artistique de la troupe des comédiens du théâtre de Bruxelles. Toutefois, il est hors de doute, par le peu que nous en connaissons, que, pendant le commencement de la direction d'Angelis, il fut florissant et que la cour et les seigneurs, par leur présence, accordaient le plus grand appui à l'entrepreneur.

Nous possédons une autre pièce qui fut représentée au théâtre de Bruxelles en 1710 : *Hésione*, tragédie lyrique en 5 actes, paroles de Danchet et musique de Campra (2). Malheureusement, la brochure ne donne pas les noms des artistes qui chantèrent cet opéra chez nous. Il avait été donné pour la première fois, à l'Académie royale de musique de Paris, le 21 décembre 1700.

Le 2 janvier 1711, eut lieu la première représentation de l'opéra : *Amadis de Grèce.* Le journaliste en parle avec faveur, ce qui, vu sa réserve ordinaire, semble faire admettre un grand succès. Le libretto fut imprimé spécialement pour cette représentation (3).

Le ballet des *Muses*, paroles de Danchet et musique de Campra, fut égale-

---

(1) *Relations véritables.*
(2) Voir la Bibliographie.
(3)   Idem.

ment donné en 1711, à Bruxelles. Le libretto est imprimé (1), mais il ne donne pas, également, le nom des artistes qui remplissaient les différents rôles. Il avait été représenté, pour la première fois, à l'Académie de musique de Paris, le 28 octobre 1703.

D'après une pièce qui repose aux Archives générales du royaume, on sait que d'Angelis eut pour associé Jean-Baptiste Grimberghs, riche bourgeois de Bruxelles. Celui-ci, à la mort du premier, adressa la requête suivante :

« Au Roy.

« Remontre très-humblement Jean-Baptiste Grimberghs, que feu Francisco d'Angelis,
« son associé, a obtenu de Vostre Majesté la permission (cy-jointe en copie), de faire repré-
« senter en cette ville l'opéra et tenir bals, à l'exclusion de tous autres, pour le terme de
« trois années, qui viennent à expirer au mois de juin prochain ; et, comme le suppliant ne
« pourra, à beaucoup près, se rembourser des fraix et dépenses qu'il a esté obligé de faire
« pendant ledit temps, et beaucoup moins s'engager dans d'autres fraix très-considérables
« pour préparer des opéras nouveaux à représenter pendant l'hyver et année prochaine, ne
« fût que Sa Majesté luy fît la grace de luy accorder une autre permission pour un terme de
« six ans, à l'exclusion de tous autres, affin qu'il puisse disposer des représentations nou-
« velles et en quelque manière se désintéresser des fraix qu'il a fait jusques à présent ; c'est
« pourquoy il se retire vers Vostre Majesté, la suppliant très-humblement que son bon plaisir
« soit d'accorder au suppliant ladite permission de six années, à l'exclusion de tous autres.
« Quoy faisant, etc. »

Suscription : « Au Roy, — *Jean-Baptiste Grimberghs.* »

Quoique cette pièce soit sans date, nous la considérons comme ayant été écrite dans le second semestre de l'année 1711, parce que l'octroi d'Angelis étant pour trois ans, Grimberghs parle de son expiration « pour le mois de juin prochain » et que ce dernier obtint la permission qu'il sollicitait, le 15 octobre 1711 (2).

Dès qu'il fut en possession de son octroi, Grimberghs, dont la fortune lui permettait de donner beaucoup d'éclat à son entreprise, se mit courageusement à l'œuvre pour placer son théâtre au premier rang. Quoique les renseignements sur sa gestion soient rares, nous pouvons avancer avec certitude qu'au début elle fut brillante, quoique la suite ait été malheureuse, puisqu'il perdit toute sa fortune et fut obligé, en 1712, de passer en Angleterre.

Après le départ de Grimberghs, le Grand-Théâtre fut exploité par une certaine Madame Dujardin (3). Nous n'avons trouvé aucune trace de cette direction qui n'est renseignée que dans le petit almanach rarissime que nous

---

(1) Voir la Bibliographie.
(2) Voir aux Documents.
(3) *Spectacle français à Bruxelles, ou Calendrier historique du théâtre pour l'année 1767.* Bruxelles, J. J. Boucherie, 1767, p. 47.

citons ci-dessous en note. On y voit, en outre, qu'elle ne fut pas plus heureuse que son prédécesseur et qu'elle termina son entreprise par une banqueroute.

Les comédiens qui avaient été dirigés par Grimberghs, ayant été appelés en Allemagne, et ne pouvant quitter Bruxelles sans que la liquidation de la faillite de celui-ci fut terminée, adressèrent au Roi la requête suivante :

« Au Roy en son conseil.

« Sire, les comédiens françois remontrent avec un profond respect aux conseils suprêmes
« de V. M., qu'ils ont reçu ordre de S. A. monseigneur le prince héréditaire de Hesse-
« Cassel, de partir dans la semaine courante pour Darmstadt, que leurs légitimes créanciers
« ne manqueront pas de les inquiéter, le procès n'estant pas finy, la retenue entre les mains
« de monsieur Grimberg estant plus que suffisante pour les payer; c'est pourquoy ils sup-
« plient Vostre Majesté d'avoir la bonté d'y vouloir faire attention et les mettre à l'abry de
« touttes poursuites et procédures. C'est la grâce qu'ils attendent de Vostre Majesté, Sire,
« estant avec un profond respect les très-soumis et très-obéissants serviteurs,

« Les Comédiens françois. »

Suscription : « *A Sa Majesté le Roy en Son conseil* (1). »

Il est probable que cette requête eut une suite favorable, car il n'est plus fait mention de rien à cet égard.

Toujours dans le même petit almanach que nous venons de citer, nous trouvons le fait suivant, que nous rapporterons textuellement, n'ayant rien trouvé ailleurs à ce sujet. Voici ce qu'il dit :

« Après Madame Dujardin, le sieur Molin vint à Bruxelles, avec une
« troupe de comédiens français. Celui-ci, plus sensé que ses prédécesseurs,
« voulut augmenter le prix de l'abonnement, ce qui lui ayant été refusé, il
« n'abonna personne. Tout le monde s'entendit pendant l'été pour ne pas
« venir au spectacle, et n'y vint point en effet. Le sieur Molin, qui avait des
« fonds, tint bon, et faisait néanmoins représenter sa troupe trois fois par
« semaine. Il invitait ses amis à venir gratuitement au spectacle, où il venait
« lui-même s'étaler, disant qu'il faisait jouer la comédie pour lui seul. Vint
« l'hiver où l'on sentit la nécessité du spectacle. Alors tout le monde venait
« chez le sieur Molin pour traiter avec lui, et s'abonner au même prix qu'on
« lui avait refusé au commencement de l'année. Le sieur Molin refusa à son
« tour d'accepter l'abonnement, disant qu'il n'avait jamais joui tant à son
« aise du spectacle, que depuis qu'il avait des places à son choix, que s'en
« étant fait une habitude, il la voulait conserver coûte que coûte. Il ne fut
« pas dupe de la mauvaise humeur du public, qui ne se pouvant passer l'hiver
« du spectacle, fut obligé de payer à la porte, ce qui fit un gain de plus de

---

(1) Archives générales du royaume. Voir aux Documents.

« 8000 florins que le sieur Molin emporta de Bruxelles, tandis que ses prédé-
« cesseurs et successeurs s'y sont ruinés pour n'avoir point, ainsi que lui,
« entendu leurs intérêts. »

Cet épisode, s'il est réel, et nous avons tout lieu de le croire, est assez original pour être mentionné tout particulièrement. En tous cas, ce directeur ne dut rester qu'une année à Bruxelles, puisqu'il n'est parlé ci-dessus que du spectacle d'un hiver.

Toutefois, il nous est impossible de fixer des dates précises pour la durée de ces deux directions. Grimberghs ayant abandonné le théâtre, en 1712, nous devons supposer que Madame Dujardin l'a repris cette même année ou l'année suivante. Et en admettant qu'elle l'ait conservé deux ans, cela nous conduirait à 1715, époque à laquelle le sieur Molin lui aurait succédé. Celui-ci, ainsi que nous venons de l'établir, n'y serait resté qu'un an, ce qui ferait supposer que de 1716 à 1725, époque à laquelle Jean-Baptiste Meeus obtint son octroi, des troupes ambulantes non dénommées auraient exploité cet établissement. Cette supposition est la seule qui puisse être admise, puisque, sur les données que nous connaissons, nous trouvons une exploitation régulière jusqu'en 1716, et que, sans qu'on fasse mention d'aucune autre, des représentations sont signalées au Grand-Théâtre dans les journaux du temps.

En partant de l'hypothèse que nous venons d'établir, nous trouvons que sous la direction de Madame Dujardin, on donna plusieurs représentations importantes. Les *Relations véritables* signalent, au 1er janvier 1713, une reprise de *Thésée*, avec un prologue nouveau d'un auteur non cité. Puis, elles mentionnent, pour le 2 octobre 1714, « jour de la naissance de Sa Majesté Impériale et Catholique, » une représentation gala au Grand-Théâtre, où l'on donna *les Fêtes de Thalie*. Cet opéra de Lafont et Mouret, fut représenté pour la première fois à Paris, le 14 août de cette même année, sous la dénomination du *Triomphe de Thalie*.

Nous possédons un livret d'opéra, qui doit avoir été représenté, à l'Académie de musique de Bruxelles, il a pour titre : *Le Carnaval et la Folie*, comédie-ballet. Il fut édité, dans cette ville, en 1714 (1). C'est donc à cette année que doit être reportée sa représentation. Cette pièce est de La Motte pour les paroles, et de Destouches pour la musique ; elle fut jouée, pour la première fois à Paris, le 27 décembre 1703. Le sujet est tiré de l'*Éloge de la Folie*, d'Érasme. Malheureusement, ce libretto ne renseigne pas les noms des acteurs de la troupe de Bruxelles, il se borne à donner la distribution des personnages.

Nous rencontrons ensuite une représentation plus importante pour nous,

---

(1) Voir la Bibliographie.

en ce sens qu'il est question d'une pièce nouvelle jouée d'origine à Bruxelles. Le libretto, qui a pour titre : *Nouvelles fêtes vénitiennes et divertissements comiques, représentés par l'Académie de Musique* (1), est conservé à la Bibliothèque royale de Bruxelles.

Cette pièce étant la première qui nous permette d'avoir des renseignements précis sur la composition de la troupe à cette époque, nous allons donner les différentes entrées avec la distribution des personnages.

Le Triomphe de la Folie, *comédie*. — Première entrée.

Personnages chantants :

La Folie	Mlle Hucqueville.
Colombine	Mlle Aubert.
Arlequin philosophe	M. André.
Le Docteur	M. L'Abbé.
Un Espagnol	M. Demore.
Un François	M. Crété.
Un 2me Espagnol	M. Fieuvé.
Une Espagnolette	Mlle Potier.

Personnages dançants :

Un Allemand	M. Bauwens.
Une Allemande	Mlle Robert.
Chinois	MM Bax l'aîné, Bax cadet, Mlles Beaufort, Cremers.
Le Docteur	M. Fonsecq.
Colombine	Mlle Aubert.
Pierrot	M. Van Wichel.
Femme de Pierrot	Mlle Waubins.
Le Fol	M. Pérès.
La Folle	Mlle Desclaux.

La Méprise, *divertissement*. — Seconde entrée.

Mis en musique pour l'opéra de Bruxelles.

Les paroles sont de M. Demore, la musique de M. André (2).

Personnages chantants :

Eléonore, amoureuse de *Licidas*	Mlle Aubert.
Licidas, François habillé en Vénitien, amoureux d'*Eléonore*	Mlle Demore.
Céphise, amoureuse de *Licidas*	Mlle Hucqueville.
Léandre, jaloux, amant d'*Eléonore*	Mlle Crété.
Clorine, confidente de *Céphise*	Mlle André.
Eraste, valet de *Licidas*	M. L'Abbé.

(1 A Bruxelles, s. n., 1715. In-12 de 53 pp. Voir la Bibliographie.
(2) Tous deux acteurs de la troupe.

Personnages dançants :

Paysan	M. Pigeon.
Paysanne	Mlle Dimanche.
Bergers	MM. Bauwens, Bax.
Bergères	Mlles Robert, Beaufort.
Paysans	MM. Van Wichel, Bax cadet, Pérès, Fonsecq ; Mlles Waubins, Cremers, Desclaux, Aubert.

Le Bal. — Troisième entrée.

Les paroles sont de M. Danchet, la musique de M. Campra.
(C'est un acte des *Fêtes vénitiennes*.)

Personnages chantants :

Alamir, prince polonois	M. Crété.
Thémir, gentilhomme à la suite d'*Alamir*, déguisé en prince polonois	M. La Vigne.
Iphise, vénitienne	Mlle Hucqueville.
Un Maître de musique.	M. Demore.
Un Maître de dance	M. Pigeon.

Chœurs de Vénitiens et de Vénitiennes masqués.

Personnages dançants :

Vénitienne	Mlle Hucqueville.
Espagnols.	MM. Bauwens, Bax.
Espagnolettes	Mlles Beaufort, Robert.
Vénitiens	MM Van Wichel, Bax cadet.
Vénitiennes	Mlles Waubins, Cremers.
Mores	MM. Pérès, Fonsecq.
Moresques.	Mlles Desclaux, Waubins.

Le Docteur Barbacola. — Quatrième entrée, augmenté.

Les paroles par M. Demore, la musique par M. André (1).

Personnages chantants :

Barbacola, amoureux de *Calixte*. . . .	M. L'Abbé.
Clitidas, François	M. Demore.
Calixte, Vénitienne, amante de *Clitidas*.	Mlle Lambert.
Valère, domestique de *Clitidas*	M. La Vigne.
Lisandre, philosophe, ami de *Barbacola*.	M. Crété.
Un Magicien.	

---

(1) Les mêmes que plus haut.

Une Vénitienne, qui chante un air italien.   Mlle Aubert.
Troupe d'écoliers de Barbacola.
Troupe de magiciens et de sorcières.
Troupe de génies sous diverses figures comiques.

Personnages dançants :

Le Fol	M. Pigeon.
La Folle	Mlle Dimanche.
Scaramouche	M. Bauwens.
Scaramouchette	Mlle Beaufort.
Vieux	M. Van Wichel.
Vieille	Mlle Robert.
Polichinelles	MM. Pérès, Fonsecq.
	Mlles Waubins, Cremers
Arlequin	M. Bax.
Arlequine	Mlle Aubert.
Matassin	M. Bax cadet.
Matassine	Mlle Desclaux.

Il est probable que toute la troupe était mise à contribution pour représenter cette pièce. Dans ce cas, nous aurions la composition complète du personnel, ce qui nous permettrait de juger de l'importance du Grand-Théâtre de Bruxelles, relativement à d'autres scènes du même genre. A ce point de vue, nous croyons qu'il pouvait parfaitement soutenir la lutte, tous les emplois étant remplis.

Au mois d'octobre de cette même année, la direction faillit sombrer. On lut, à cette époque, l'avis suivant (1) :

« Le 4 novembre prochain, l'on vendra publiquement à Brusselle, dans l'Opera situé à la
« place de la Monnoie, depuis les neuf heures du matin jusques à midi, et depuis deux
« heures après-midi jusqu'à cinq, et les jours suivants, tous les beaux et riches habits avec
« leurs appendances et dépendances, décorations et tout ce qui a servi pour ledit Opera,
« même des habits très-beaux et magnifiques pour deux opéras qui n'ont jamais servi. »

Ceci nous fortifie encore dans l'opinion que nous avons émise plus haut, au sujet de Madame Dujardin. Il devient évident pour nous, que c'était cette dame qui avait la direction de l'Opéra à cette époque, puisqu'elle finit par une faillite, et que le sieur Molin, au contraire, fit de brillantes affaires.

Toutefois, elle parvint, à ce moment, à conjurer l'événement. Les *Relations véritables* mentionnent, le 29 octobre : « La vente des effets de l'Opéra « de Brusselle, qui devoit se faire le 4 du mois de novembre prochain, est « différée jusqu'à un autre temps. » Les représentations continuèrent leur cours, car nous en voyons deux renseignées, à peu d'intervalle, dans la même gazette :

---

(1) *Relations véritables.*

« Le 19 novembre.— Dimanche à 5 heures du soir, Son Excellence le comte de Konigsec,
« Ministre Plenipotentiaire de Sa Majesté Imp. et Cath. revint ici d'Anvers, et fut le même
« soir à l'Opera. »

« Le 22 novembre. — Le 19, fête de Ste Elizabeth, on célébra ici avec grand éclat le jour
« du nom de l'Impératrice régnante reine d'Espagne, les Seigneurs et Dames étant en
« habits de fête se trouvèrent à l'Opera préparé pour cette fête... »

Le libretto de l'opéra dont il est parlé ci-dessus, fut imprimé (1), seulement il porte, comme date de la représentation, le 4 novembre, fête de Sa Majesté Impériale et Catholique. Nous retrouvons, dans la nomenclature des artistes, les mêmes noms ou à peu près que ceux cités ci-dessus.

Ceci établit que les pièces représentées à Bruxelles furent imprimées, au moins pour la plupart. Il est certain que des recherches ultérieures feront sortir de l'obscurité quelques-uns de ces libretti et qu'avec eux, il nous sera possible d'établir, d'une manière plus précise, les travaux du Grand-Théâtre de Bruxelles, à cette époque.

Il nous est très-difficile d'avoir des données sérieuses sur l'intérieur de l'administration du théâtre. Nous ne pouvons guère que nous en rapporter à ce que l'on trouve dans le journal qui a déjà été cité à maintes reprises, seulement, il est à remarquer que l'opéra qui tenait la première ligne depuis l'ouverture de l'exploitation, est quelque peu détrôné par la comédie dès 1719. Pour éviter une nomenclature sèche et peu intéressante, nous avons groupé, à la fin de ce travail, l'énumération de toutes les représentations citées par les *Relations véritables* jusqu'en 1725, époque à laquelle l'administration du théâtre passa en d'autres mains (2).

Depuis nombre d'années, existait à Bruxelles une corporation de joueurs d'instruments, placée sous l'invocation de Saint-Job. Cette corporation avait le droit, en vertu d'anciens priviléges, d'exercer seule son métier dans la ville de Bruxelles. Elle s'alarma des empiétements que faisaient, à ce sujet, les directeurs du Grand-Théâtre, qui employaient, en général, des étrangers pour leurs représentations d'opéras. Elle se crut lésée dans ses prérogatives et s'adressa, le 3 décembre 1721, au magistrat pour faire cesser cet état de choses (3), en demandant « qu'aucun étranger ne pourroit point jouer dans la
« ditte commedie ou autres places ou lieux que ce puisse être, avec ordon-
« nance audit entrepenneur de ladite commedie et tous autres qu'il appar-
« tiendra, de ne point s'en servir doresnavant que de ceux de ladite con-
« frérie.... »

On leur enjoignit de désigner individuellement les personnes qui se trou-

---

(1) Cité par M. Vanderstraeten. *Loc. cit.* T. II, p. 193.
(2-3) Voir aux Documents.

vaient sous le coup de cette réclamation, afin de statuer avec connaissance de cause. Dans la réponse qui fut faite (1), nous trouvons les noms de : *Vitzy Dominœ, Camargo* le jeune, *Potter*.

L'avis du magistrat, en date du 11 novembre 1723, donna gain de cause à la confrérie de Saint-Job (2), en disant : « …Et comme les suppliants avoient
« demandé, par leur ditte première requete, de pouvoir deffendre et faire
« interdire, en vertu desdittes ordonnances (c'est-à-dire de nos prédécesseurs)
« et décret, à sçavoir de S. A. E. le duc de Bavière, etc., avec ordonnance
« à l'entreprenneur de la comedie et tous autres qu'il appartiendroit, de ne
« point se servir doresnavant d'aucun autre etranger que de ceux de la
« confrérie, on a raison de croire que les ordonnances de nos prédécesseurs
« n'étant pas extensibles aux commedies, ny aussy le décret du 5 de
« février 1699, Son Excellence n'avoit pas accordé la demande des supplians
« faite par leur première requête ; mais, s'ils avoient seulement demandé ce
« qu'ils avoient obtenu par ledit décret du 5 de février 1699, on a lieu de
« croire qu'on n'en auroit pas empêché l'exécution. Pour quelles raisons nous
« sommes d'advis que les ordonnances de nos prédécesseurs.... doivent sortir
« leur plein et entier effect.... »

Toutefois, le magistrat s'en référa à l'avis du Conseil souverain de Brabant qui émit une opinion diamétralement opposée (3), en exceptant formellement du monopole de la confrérie de Saint-Job, l'opéra, la comédie et les bals publics. Cette décision, au reste, était conforme à l'esprit du décret obtenu le 5 février 1699, dont voici le texte :

« Son Alteze Electorale, ayant eu rapport du contenu en cette requête et l'advis y
« rendu par ceux du conseil de Brabant, a permis et permet par cette, au nom de
« Sa Majesté, aux suppliants, qu'ils puissent et pourront deffendre et faire deffendre, par
« l'amman ou ceux du magistrat de cette ville, à touttes personnes instrumentistes étrangers,
« d'enseigner et montrer a danser et jouer aux festins, bals et gordinettes, dans telles
« maisons ou lieux que ce puisse être, à moins qu'ils ne soyent préallablement acquittez, faits
« bourgeois et le conformer aux ordonnances sur ce émanées, que S. A. E. a bien voulu
« confirmer pour autant que de besoin, sous les peines et amendes y statuées ou à statuer
« par ledit amman ou ceux du magistrat aux quels et à tous autres qu'il appartiendra. Elle
« ordonne d'ainsy le faire et se régler et conformer selon ce sans aucune dificultez.
« Fait à Bruxelles, le 5 du febvrier 1699. Etoit paraphé : Cox v^t. Plus bas : M. Emanuel,
« par ordonnance de S. A. E., signé : P. De Rivanegra, et cachetté *in formâ*. »

On voit donc bien qu'il s'agissait, dans l'espèce, d'instrumentistes purement et simplement, et que ce décret n'avait pas du tout eu en vue l'opéra ou la comédie.

Cependant, malgré cet avis si formel, la confrérie de Saint-Job ne se tint

---

(1-2-3) Voir aux Documents.

pas pour battue, et, quelques années plus tard, en 1725, elle recommença ses réclamations (1). On n'y donna alors aucune suite.

Cependant, les syndics de la confrérie n'abandonnèrent pas la partie. Cinq ans après, en 1730, ils adressèrent une nouvelle requête à l'archiduchesse Marie-Élisabeth, par laquelle ils remettaient tout en question au sujet des opéras, bals, etc. (2). Le Conseil de Brabant, auquel cette requête avait été transmise, rejeta de nouveau la demande des syndics, en écartant définitivement l'opéra et la comédie, des droits qui leur étaient acquis par leur monopole (3).

Les choses restèrent donc dans l'état ordinaire, en admettant des étrangers dans le personnel du théâtre. Ce fut un événement heureux pour l'art dramatique, car il est probable que, sans leur concours, notre pays serait resté longtemps, avant de posséder une exploitation régulière convenable.

Le 20 mars de cette année, un octroi accorda au sieur Jean-Baptiste Meeus l'autorisation d'exploiter le Grand-Théâtre de Bruxelles pendant dix ans, aux mêmes conditions que Bombarda l'avait obtenue en 1705 (4).

Dès le début de cette nouvelle administration, le théâtre semble avoir un regain de vie. En 1725, on signale une représentation du *Bourgeois gentilhomme*, avec tout son spectacle. L'année suivante, outre une apparition d'un opéra italien, on constate celle de plusieurs autres opéras : *Thétis et Pélée* (14 mai), *Iphigénie* (13 août), *Pirithoüs* (3 septembre). Ce dernier opéra a été imprimé à Bruxelles, et nous en possédons le livret (5). Grâce à ce document, nous pouvons être renseigné sur la composition de la majeure partie de la troupe. Voici la nomenclature des personnages, avec les noms des artistes qui les ont représentés :

Pirithoüs, Roi de Thessalie	M. Beaufort.
Eurite, Roi des Centaures	M. Museur.
Thésée	M. Creté.
Hipodamie, Amante de *Pirithoüs*	Mlle Rousseau.
Hermilis, sœur d'*Eurite*, et fameuse Enchanteresse.	Mlle du Jardin.
Acmène, Confident de *Pirithoüs*	M. Delsart.
Le Grand Prêtre de Mars	M. Vidy.
Un songe.	Mlle de Velois.
Une Bergère.	Mlle St Germain.
La Discorde.	M. Fievet.
Un Centaure.	M. Renaud.
L'Oracle	M. De Bret.

Chœurs :

Mesdemoiselles : Fievet, DeCamp, Choisi cadette, Ketel, Dandane, DeVelois, Du Pré mère, Brochet.

(1-2-3-4) Voir aux Documents.
(5) Voir la Bibliographie.

Messieurs : Vidy, Autro, Olivier, Renault, Van Halen, DeVelois, Weynincx, Guette, Scouteten, Michault.

Acteurs et Actrices de la danse :

(Premiers sujets.)

Mademoiselle Mimi Le Poste. — Monsieur De Camp.
Mesdemoiselles : Robert, Pontroland, Vilabelle, Florence, Choisi l'aînée, Du Pré fille.
Messieurs : Bayre, Pery, Van Wickel, Tillier, Du Fresne, Partouche.

Les autres opéras représentés en 1726, furent *Médée et Jason* (17 septembre), *le Jugement de Pâris* (4 octobre), *Roland* (11 octobre), *l'Europe gallante* (5 novembre), *Armide* (12 novembre), *Télégone* (22 novembre). Cette dernière pièce est encore signalée au 26 du même mois.

A cette énumération, donnée d'après les *Relations véritables,* il convient d'ajouter *Marthesie, première reine des Amazones,* tragédie lyrique en cinq actes, paroles de Lamotte, musique de Destouches, qui parut également en 1726, au théâtre de Bruxelles, d'après le libretto imprimé cette année pour la représentation dans cette dernière ville (1).

Nous possédons, en outre, une brochure intitulée : *Les Amours de Vénus,* ballet désigné pour avoir été représenté *pour la première fois par l'Académie de musique,* et qui porte la date de 1726. Les auteurs ne sont pas dénommés, et nous ne trouvons aucune trace de cette pièce dans le répertoire de l'Opéra de Paris. Il est donc à présumer qu'elle fut jouée d'origine à Bruxelles, et il est au moins étrange que le journaliste n'en ait fait aucune mention (2).

On peut remarquer l'influence immense qu'exerça l'opéra français chez nous. Rien d'original, rien du terroir n'avait surgi, l'on était entièrement tributaire de l'étranger. Au reste, ce fait n'a rien qui doive étonner. Les directeurs et les artistes nous arrivaient de France, d'où ils apportaient les productions les plus en vogue. De plus, l'art dramatique n'avait pas encore jeté d'assez profondes racines dans le pays, pour que des auteurs sérieux aient pu s'y adonner. Les exploitations malheureuses qui s'étaient succédé au Grand-Théâtre n'étaient pas faites pour encourager ceux qui auraient été assez hardis pour s'aventurer.

Au début de l'année 1726, on a constaté ci-dessus une représentation d'opéra italien. La troupe qui la donnait était dirigée par un certain Antoine Peruzzi, chanteur. Sa femme, Anna-Maria Peruzzi, était une célèbre cantatrice, venue de Prague. Il est probable que ces représentations furent très-suivies, car il en est fait souvent mention dans la gazette. On remarque

---

(1-2) Voir la Bibliographie.

même qu'elle ne parle plus d'autres opéras. La direction de Peruzzi est établie dans l'extrait suivant :

« 1727, le 29 avril. — On représenta dimanche pour la première fois, au Grand Théâtre « de cette ville, l'opéra de *Roland* (1) en italien, sous la direction du sieur Peruzzi (2). »

Nous devons supposer que la plus parfaite harmonie ne régna pas toujours parmi les comédiens italiens, car, le 16 mai 1727, parut un décret de Marie-Élisabeth qui instituait spécialement un conseiller au conseil de Brabant, le sieur Jean Fariseau, pour juger sommairement de tous les différends qui pourraient survenir (3). Cette détermination aplanit bien des difficultés et permit au directeur de poursuivre une campagne qui dut être brillante, si l'on en juge par l'attention qu'il sut attirer sur lui par le journaliste du temps. Celui-ci sortit entièrement de son laconisme habituel et rendit compte bien plus fréquemment des représentations.

Le conseiller Fariseau, absorbé par d'autres occupations, dut décliner le mandat qu'on lui avait octroyé, et, le 25 novembre de la même année, le chevalier Henry-Guillaume de Wynants, également conseiller au conseil de Brabant, fut nommé en son lieu et place (4).

L'opéra italien était fort suivi à Bruxelles, et le nombre de pièces représentées fut considérable. Beaucoup d'entre elles furent imprimées. Tout en ne nous appesantissant pas sur les détails concernant ce genre dramatique, nous étant donné la tâche de tracer l'historique du Théâtre Français en Belgique, nous tenons à citer l'ouvrage suivant qui se trouvait dans la magnifique bibliothèque dramatique de M. de Soleinne (t. IV, n° 4781), et qui a trait spécialement au théâtre italien établi à Bruxelles à cette époque :

— « *Pastorale, drammi per musica e intermezi comici representati in Brussela.* 2 vol. in-4°. » C'est un recueil factice de pièces italiennes contenant, toutes, une traduction française en regard. Ces pièces vont de 1727 à 1729, soit de la direction de Peruzzi à celle de Landi, dont nous allons parler.

Mais, avant cela, nous devons dire quelques mots d'une production indigène, qui parut au Grand-Théâtre, le 8 avril 1727, c'est-à-dire pendant la direction Peruzzi. Elle a pour titre : *La Passion de N.-S. Jésus-Christ*, tragédie sainte, ornée de musique et de tous ses spectacles, tirée des quatre évangélistes (5). La première représentation eut lieu, d'après la brochure, devant S. A. S. Marie-Élisabeth, archiduchesse d'Autriche, gouvernante des

---

(1) Le libretto italien est conservé à la Bibliothèque royale de Bruxelles.
(2) *Relations véritables*.
(3-4) Archives générales du royaume. — *Conseil privé*. — Carton n° 1090, intitulé : *Théâtres et comédies*. Voir aux Documents.
(5) Voir la Bibliographie.

Pays-Bas autrichiens. Cette pièce, s'il faut en croire l'éditeur, *a été jugée d'une édification si touchante, qu'on a jugé à propos de la rendre publique par l'impression*. Elle est due à un certain Kraff, et on en fit une nouvelle représentation, le 6 avril 1732. Cette tragédie, d'une grande rareté, est écrite en prose, quoique, dans le cours de l'action, certains personnages parlent en vers. Elle est du style des anciens mystères. Il n'est pas sans originalité de constater l'apparition d'une production de l'espèce, plus d'un siècle après que ces monuments de l'enfance de l'art avaient définitivement disparu.

Dans un petit volume que nous avons déjà cité (1), se trouve le renseignement suivant : « En 1729, le sieur Landy vint à Bruxelles avec un opéra
« italien, aux dépens duquel ne pouvant suffire, il fut arrêté et conduit à la
« *Tour Emberg* (Treurenberg), où il resta très-longtemps. »

Ceci n'est pas complétement exact. L'octroi, qu'il avait obtenu de l'archiduchesse Marie-Élisabeth, date de 1727 (2). Peu de temps après, il adressa la requête suivante qui, quoique écrite en italien, se comprend assez bien :

« SERENISSIMA ALTEZZA,

« Giovacchino Landi, impressario dell' opera, umilissimo servo di V. A. S., con tutto il
« piu profondo rispetto gl'espone come vertono alcune differenze tra esso e Gabrielle Costan-
« tini, capo della truppa de' comici Italiani, circa l'accomplimento d'un contratto passato
« tra l'esponente e detto Costantini, capo della sudetta truppa. Per tanto umilissimamente
« supplica V. A. S. di commettere un giudice, numito d'autorità sufficiente por decidere
« sommariamente e senza forma di processo, la sudette differenze e tutte le altre che potes-
« sero insorgere circa l'impresa accordatele dalla clemenza di V. A. S., per la prosperità e
« conservazione della quale porgerà sempre il supplicante caldissimi voti al Altissimo 3). »

Cette demande, tout en étant sans date, doit être rapportée à l'année 1728, puisque la commission donnée au chevalier de Wynants porte la date du 28 avril de cette année (4) et qu'elle cite, comme entrepreneur de l'opéra, Joachim Landi. Il n'y a donc pas de doute possible à cet égard. Au reste, si nous ne possédions pas ce document, l'extrait suivant suffirait pour nous fixer (5) :

« 1728, le 20 août. — M. Landi, *entrepenneur des opéras au service de S. A. S.*, est
« retourné en cette ville depuis avant-hier. Il a ammené plusieurs sujets, tant pour le
« théâtre que pour l'orchestre, et entre autres le célèbre Pasi, qui est le plus habile de
« tous les musiciens d'Italie, la Rosa Ungarelli et Ristorini, pour les intermèdes, et
« Martinetto dal hautbois; et on prépare l'opéra de *Griselide*, pour célébrer, le 29 de ce
« mois, le jour de naissance de l'impératrice régnante. »

---

(1) *Spectacle français à Bruxelles*. Loc. cit.
(2) Voir aux Documents.
(3) Archives générales du royaume. — *Conseil privé*, — Carton n° 1090, intitulé : *Comédies, théâtres*.
(4) Voir aux Documents.
(5) *Relations véritables*.

Il est évident, d'après ceci, que Landi était entrepreneur de l'opéra italien bien avant le mois d'août, puisqu'on en parle comme de quelqu'un que tout le monde est censé connaître.

Cet impresario avait loué le Grand-Théâtre de Bruxelles à Jean-Baptiste Meeus, par bail en date du 9 mars 1728 (1). La location était faite pour un an, moyennant le prix de 600 pistoles.

Pendant cette année, l'entreprise de Landi fut heureuse, car, l'année suivante, il renouvela son contrat, également pour un an, avec des clauses assez singulières, pour que nous en donnions le texte ci-dessous :

« Nous soubsignés, certifions d'estre convenu de nous comme nous convenons par cette
« pour le louage du Grand Theatre pour un nouveau terme à commencer à Pasques
« prochaines et à finir au grand carnaval prochain 1730, au mesme prix de six cent pistoles
« pour ledit terme et à tous les autres mesmes termes, clauses et conditions, tant pour en
« faire les payements aux ordres du sieur Meeus, que autres compris dans ledit contrat
« notarial du terme fini au carnaval passé, les quelles nous acceptons dans toute leur
« étendue, promettant de tenir le présent acte comme fait par notaire, sous obligation de
« nos personnes et biens et de promesse ultérieure du sr Landi de fournir et livrer par forme
« de présent au sr Meeus, pendant ce mois d'avril, *une pièce de bon vin de Bourgogne et*
« *une pièce de bon vin de Champagne,* en recognoissance du renouvellement dudit contrat.
« En foy de quoy, nous avons signé double de cette, en présence des témoins.

« Bruxelles, ce 8 avril 1729.

« DES GRANGES, L. DE NOËL, JEAN-BAPTISTE MEEUS (2). »

Ce véritable *pot-de-vin* donné à un propriétaire, au-dessus du prix de la location, est un fait qui se produisait assez fréquemment dans des baux relatifs à des cessions de terres, mais je crois qu'il se rencontre peu d'exemples d'une stipulation du genre de celle-ci, concernant le droit de louage d'un théâtre.

Depuis l'arrivée de Peruzzi, à Bruxelles, l'opéra italien y avait été fort brillant et très-suivi. Parmi les artistes que ce directeur et le sieur Landi avaient réunis, se trouvaient : *Pasi, Rosa Ungarelli, Antonia-Maria Ristorini, Giuseppe Galetti, Antonio Pasi, Girolama-Valeschi Madonis, Giuseppe Rossi* (de Mantoue), *Andrea Galetti, Luigi Antinori* (de Bologne), *Allessandro Veroni* (id.), *Anna Dotti* (id.), *Giustina Eberard* (de Venise), *Margherita Staggi* (de Mantoue). Tous ces chanteurs étaient sous la direction spéciale d'un certain Gio-Sebastiano Brillandi, sorte de nom prédestiné qui semble caractériser la période brillante du théâtre de Bruxelles, à cette époque. On pourra juger de ce qu'étaient les représentations par l'extrait suivant (3) :

---

(1) Voir aux Documents.
(2) Archives générales du royaume. — *Conseil privé.* — Carton n° 1090, intitulé : *Comédies, théâtres.*
(3) Castil-Blaze. *Le Théâtre italien,* pp. 128 et 129.

« Des chanteurs italiens, dirigés par Lucio Papirio (1), donnaient des représentations à
« Bruxelles en 1729, époque où le Prince de Carignan avait la haute inspection de l'Aca-
« démie royale de musique. Sur l'invitation de ce prince, ils arrivèrent à Paris, et débu-
« tèrent à l'opéra, le 7 juin 1729, par *Serpilla e Bajocco, ovvero il Marito giocatore e la
« Moglie bacchetona*. Le 17, ils représentèrent *Don Micco e Lesbina*, intermède en trois
« actes, à deux acteurs principaux. Cette nouveauté, favorablement accueillie, n'eut aucun
« résultat pour le progrès de l'art. Chacun de ces opéras bouffons parut quatre fois de suite.
« Ristorini (Antonia-Maria), Mlle Ungarelli (Rosa), du théâtre de Darmstadt (2), figuraient
« en première ligne dans l'une et l'autre pièce, dont les entr'actes et le dénouement étaient
« ornés de danses exécutées par Laval, Malter, Dumoulin, Mlles Sallé, de Camargo,
« Mariette (3). On joignit à *Serpilla* des chœurs italiens tirés des opéras de Campra, de
« Batistin; Dumas et Mlle Roze, acteurs français, y chantaient des solos. Des sonates, des
« concertos mêlés à ces divertissements firent briller Guignon, fameux violoniste de ce
« temps... L'exécution vive et précise des Italiens fut généralement admirée, dit le *Mercure
« de France* (de juin 1729). »

Ce début exceptionnellement remarquable sur la première scène musicale de l'époque, doit donner la plus haute idée de la troupe italienne de Bruxelles. Au reste, pour qu'on l'ait appelée à Paris, il fallait que sa réputation fut solidement établie et que le bruit de ses succès, chez nous, ait éveillé la curiosité de nos voisins de France.

Landi, malgré l'excellence de sa troupe, ne fit pas de bonnes affaires. Il abandonna l'exploitation du théâtre et fut obligé de quitter la ville pour échapper à ses créanciers. Toutefois, il n'est dit nulle part qu'il fut appréhendé au corps et enfermé à la Tour-Emberg, ainsi que l'avance un ouvrage cité plus haut (4). Il reçut de l'archiduchesse Marie-Elisabeth, gouvernante des Pays-Bas, une pension de 250 florins; de plus, il était vice-maître de la chapelle de la Cour à Bruxelles. Au moment où il fut forcé de quitter sa direction théâtrale, on répartit, entre ses créanciers, le montant de sa place de vice-maître, en lui conservant sa pension. Ceci avait été ordonné par le souverain, pour solder entièrement le déficit de Landi, qui s'élevait à 3497 florins 12 sous. Il paraît, cependant, que ce chiffre n'était pas exact, car, à peine ces dettes furent-elles payées, que de nouvelles réclamations surgirent, et, de plus, les demoiselles Marguerite et Catherine Stordeur, se disant co-associées de Landi, réclamèrent une somme de 3897 florins, qui leur était due, disaient-elles, pour les avances qu'elles avaient faites « tant pour « les voyages des acteurs qu'il faisoit venir d'Italie, que pour leurs gages et « autres différents fraix. » Cette dette avait été contractée dès le début de la direction de Landi, ajoutaient-elles, depuis qu'il avait obtenu « de feue « S. A. I. l'archiduchesse, *vers l'an 1727*, un octroi pour l'établissement

---

(1) Artistes cités plus haut dans la composition de la troupe de Bruxelles.
(2-3) Artistes de l'Académie royale de musique de Paris.
(4) *Spectacle de Bruxelles*. Loc. cit.

« d'un opéra italien. » Ces dettes furent-elles payées ? Nous l'ignorons, toujours est-il que le souverain ne voulut pas admettre ces nouvelles créances, et qu'il déclara ne pas vouloir aller au-delà de ce qu'il avait fait.

Landi, à ce qu'il paraît, voulut ensuite embrasser l'état ecclésiastique. Comme il ne possédait pas la pension nécessaire pour entrer dans les ordres, il s'adressa à la gouvernante, qui lui octroya une rente viagère de 250 florins (1); c'est celle dont il est fait mention ci-dessus. Cet ancien impresario quitta le pays. On le retrouve à Vienne en 1737, et à Milan en 1739. Ensuite, on perd ses traces. Au reste, notre dessein n'est nullement de le suivre. Il ne nous concerne qu'en ce qui regarde le théâtre de Bruxelles. Si nous nous sommes un peu appesantis sur la liquidation de sa faillite, ce fut seulement pour établir la date précise de l'obtention de son octroi.

Peu de temps après que Jean-Baptiste Meeus eut obtenu un octroi pour l'exploitation du Grand-Théâtre de Bruxelles, l'autorisant à donner des représentations « à l'exclusion de tous autres, » un certain Jacques Van Schoonendonck transforma en théâtre un jeu de paume qu'il possédait sur le Gracht (Fossés-aux-Loups), en cette ville. Il demanda et obtint, le 5 février 1727 (2), un octroi l'autorisant à y « faire toutes sortes de représentations », ce à quoi Meeus s'opposa. De là, réclamations de Van Schoonendonck qui adressa à la gouvernante la requête suivante :

« A Son Altesse Serenissime.

« Remonstre en tres profond respect Jacque Van Schoonendonck propriétaire du theatre
« sur le Gracht, que V. A. S. a été servie d'accorder au remonstrant qu'il pourroit laisser
« jouer toutes sortes de spectacles pendant tout le temps du carneval de l'an 1727 comme il
« conste par le decret cy joint, avec cette clause, le tout par provision et jusqu'a ce qu'apres
« avoir examiné les raisons du remonstrant autrement seroit ordonné pour l'avenir. Et comme
« le remonstrant depuis ce tems, a fait plusieurs devoirs pour obtenir une fin de ses préten-
« tions sans l'avoir obtenu jusques a present, nonobstant qu'il a été de plus d'un siècle en
« paisible possession pour y faire jouer sur ledit theatre toutes sortes de spectacles, raisons
« qu'il prend son tres humble recours vers Votre Altesse Serenissime.

« La suppliant en tout respect d'être servie d'accorder au suppliant que les danseurs de
« cordes, comediens tant italiens que français qui se presenteront pour louer ledit theatre
« pourront sans aucun empeschement faire leurs representations sur ledit theâtre du moins
« et par provision et jusqu'a ce que V. A. S. sera disposé sur la representation primitive.

« Ce faisant, etc. (3) »

Quelque temps après, il demanda de pouvoir représenter des opéras, ce qui lui fut refusé. Mais Meeus, se fondant sur les prérogatives que lui accor-

---

(1-2) Voir aux Documents.
(3) Archives générales du royaume. — *Papiers du Conseiller au Conseil privé Beckers.*

dait son octroi, répondit à la requête introduite par Van Schoonendonck en demandant qu'on s'en réfère à ce qui lui avait été accordé précédemment et que toutes autres représentations soient interdites. Il termine en disant :

« ..... Ledit insinué espère que Sa Majesté interdira audit J. Van Schoonendonck et tous
« autres de la plus fatiguer par des demandes aussi obstatives a un decret aussi solemnel et
« positif, notament sur le titre qu'il ose avancer d'une possession immemorable dans le
« tems que la jeunesse même se souvient qu'il n'a jamais servy cy-devant que d'un jeu de
« peaume que lon méprisoit meme par sa petitesse et qu'il a voulu par promotion de son
« caprice faire changer en Theatre..... Il espere aussi qu'il plaira a Sa Majesté d'inserer dans
« le decret ou appostille donné par Son Excellence le general Comte de Daun en date le
« 28 septembre 1725 reclamé cy-devant luy permettant de louer seulement son theatre sur le
« *Gracht* pour y representer des comedies par les bourgeois de Bruxelles, les danseurs de
« cordes et marionnettes. Quoy faisant, etc..... (signé) Jean-Bapt. Meeus, 1731 (1). »

A la suite de cette requête, on s'en tint au décret primitif et le théâtre de Van Schoonendonck ne donna plus asile qu'à des troupes nomades et à des sociétés bourgeoises.

Jean-Baptiste Meeus, malgré son octroi et malgré les prérogatives qu'il lui accordait, ne put se soutenir. Le 28 juillet 1730, il fut saisi dans ses biens, et ses filles lui furent substituées. Les créanciers avaient commis en leur lieu et place, le conseiller de Brabant Hemptines et le sieur Philippe-Joseph Robyns, qui avaient la direction des affaires et qui pouvaient traiter directement avec les personnes désirant exploiter le Grand-Théâtre.

Le premier directeur qui se présenta fut un certain Joseph Bruseau de la Roche qui contracta bail pour un terme de trois années (2). Il est fait mention (3) de deux autres entrepreneurs, les sieurs Camars et Durand, qui seraient venus, à Bruxelles, en 1731, avec une troupe française, et qui n'y auraient séjourné qu'un an, après avoir très-mal fait leurs affaires.

Après eux, est-il également dit, le sieur Brisot (*sic*) vint en 1732, diriger le spectacle français.

Le premier fait est exact; il est constaté dans « *l'État des biens, immeubiliaires et rentes* », qui fut dressé au moment de la faillite de Jean-Baptiste Meeus, où il est dit :

« Le Grand Theatre sur la Monnoye avec tous ses ustenciles usage des habits du magazin,
« etc., *loué à la troupe du Sr Durard* à raison de 800 pistolles par an en argent aux condi-
« tions reprises dans le contract passé pardevant le notaire De Boeck *en date du 10 mars
« 1730*, portant en argent.. . . . . fl. 8400 par an. »

Seulement ici il est fait mention d'un sieur *Durard* et non *Durand*, et l'on

---

(1) Archives générales du royaume. — *Papiers du Conseiller au Conseil privé Bechers.*
(2) Voir aux Documents.
(3) *Spectacle français à Bruxelles. Loc. cit.*

ne parle pas du nommé *Camars*. Ceci n'a, du reste, que peu d'importance. Il suffit de constater la présence d'une troupe de comédiens au Grand-Théâtre de Bruxelles, en 1730.

Quant au second fait, il est essentiellement faux. Le sieur Bruseau de la Roche, ainsi que le constate son bail, commença son exploitation le 15 septembre 1731. Il y aura probablement eu confusion de dates. La troupe italienne de Landi quitta Bruxelles, en 1729; l'année suivante, Durard occupa le théâtre, et le directeur ci-dessus désigné y vint en 1731.

Pendant l'année 1730, on ne trouve de traces que de représentations de comédies et de tragédies. Il en fut de même pendant 1731, 1732 et 1733 (1).

Le sieur Bruseau de la Roche inaugura sa direction par une pièce de son cru, qu'il intitula : *Le Jugement comique, ou la Revue des spectacles de Bruxelles* (2). La musique en fut faite par Fievet. Cette revue était en un acte en prose et en vaudevilles, ornée de musique et de danses. Il est inutile de s'appesantir sur cette production qui est de peu de valeur, mais elle montre que l'on cherchait à s'affranchir du joug de l'étranger, en donnant au théâtre de Bruxelles, des pièces non encore représentées ailleurs.

La direction de Bruseau de la Roche ne fut pas plus heureuse que celle de ses prédécesseurs. Il se soutint pendant une couple d'années, mais il finit par faire faillite. Toutefois, dit-on (3), il resta à Bruxelles, et il fut attaché aux différentes troupes qui se succédèrent au Grand Théâtre. Il mourut, dans cette dernière ville, en 1751.

Il publia en 1744, sous le voile de l'anonyme, une pièce intitulée : *Arlequin larron, prevost et juge*, comédie italienne en trois actes, sujet italien dirigé par le s^r B. D. L. R (4). Il est à supposer qu'elle fut représentée pendant la direction qui succéda à la sienne, celle du sieur Francisque, qui débuta en 1734 (5). Sa troupe, composée d'acteurs italiens, ne donna pour ainsi dire que des comédies de ce genre, et comme Bruseau de la Roche était attaché au spectacle, il est probable que, pour se faire bien venir, il composa cette petite pièce, qu'il ne livra à l'impression que plus tard.

La troupe de Francisque eut assez de succès, surtout à cause de son directeur qui remplissait, d'une manière charmante, les rôles d'*Arlequin*. Ce genre était revenu complétement à la mode, depuis la réouverture de la comédie italienne, à Paris.

Ce Francisque est-il le même que celui qui parut à la Foire Saint-Germain, dans cette dernière ville? Nous l'ignorons; cependant, c'est une hypothèse qui pourrait fort bien être admise.

---

(1) Voir aux Documents, les titres des pièces représentées.
(2) Voir à la Bibliographie.
(3) *Spectacle français à Bruxelles*. Loc. cit.
(4) Voir la Bibliographie.
(5) *Spectacle français à Bruxelles*. Loc. cit.

Francisque Molin, plus connu sous le nom de *Francisque*, était acteur forain et entrepreneur de spectacles. Il parut, en 1715, à la Foire Saint-Germain, au jeu de Pellegrin. Après avoir fait partie de différentes troupes, il devint directeur à son tour. Piron fit, pour lui, *Arlequin Deucalion*, et l'on raconte que Francisque qui jouait, dans cette pièce, le rôle d'Arlequin, s'y montra parfait et qu'il exécuta des tours d'adresse et d'agilité qui passaient pour le chef-d'œuvre du genre. En 1722, il quitta Paris avec une troupe, pour aller parcourir la province (1).

Il est donc établi que le grand succès de Francisque consistait dans la manière dont il remplissait les rôles d'Arlequin, exactement la même remarque que celle que nous avons renseignée plus haut. Il devient donc évident, pour nous, que ce fut cet acteur qui se trouvait à Bruxelles en 1734.

Quoiqu'il en soit, cette troupe ne resta que pendant un an à Bruxelles, malgré le succès qu'elle obtenait, et Francisque reprit la route de la France.

En 1735, un certain Huot lui succéda (2). A ce qu'il paraît, il ne séjourna qu'un an à Bruxelles, et partit avec sa troupe pour la Hollande. Ceci est probablement exact, mais toujours est-il que jusqu'en 1739, il n'existe plus aucun document qui constate la reprise de la direction du Grand-Théâtre, et cependant nous trouvons les traces de représentations régulières de tragédies et de comédies, dans les journaux de l'époque (3). On signale même, en 1738, l'apparition d'une pièce nouvelle (4), qui fut représentée au théâtre de Bruxelles, le 4 novembre, jour de la St-Charles, fête de l'empereur. Elle a pour titre : *Divertissement de chants et de dances (sic)*. C'est un prétexte à louanges à l'adresse du souverain. Elle n'a de mérite réel que par sa rareté. Cette représentation donnerait à supposer que cette scène possédait alors une troupe d'opéra.

On pourrait donc admettre que ce directeur resta plusieurs années à Bruxelles, jusqu'au moment où le théâtre passa entre les mains des sieurs Plante et Ribou, qui en obtinrent l'exploitation pour l'année 1739-1740.

Ce fut en cette année 1739, que l'on trouve encore un renseignement relatif au petit théâtre du *Coffy*. Les héritiers de François VandenDyck, en son vivant directeur de cet établissement, demandèrent l'autorisation de pouvoir y faire représenter la comédie. Cette permission leur fut refusée, le 23 janvier 1739, dans les termes suivants (5):

« S. A. S. aïant eu raport du contenu de cette requête, de l'advis du magistrat de cette
« ville et de celui du curateur de la maison mortuaire de feu Jean-Baptiste Meeus, déclare,

---

(1) Emile Campardon. *Les Spectacles de la Foire*. T. I, pp. 337 à 340.
(2) *Spectacle français à Bruxelles. Loc. cit.*
(3) Voir aux Documents.
(4) Voir la Bibliographie.
(5) Archives générales du royaume. — *Conseil privé*. — Carton n° 1000, intitulé : *Comédies, théâtres*.

« par advis du conseil privé de Sa Majesté Impériale et Catholique, ce que les supplians
« demandent ne peut s'accorder, néanmoins qu'ils pourront employer leur theatre, dit *Coffy*,
« pour les comédies bourgeoises, pour les danseurs de cordes, marionettes et semblables
« divertissements publicques, par permission de l'amman comme d'ordinaire. »

Depuis lors, il ne fut plus question de ce théâtre, qui fut supprimé quelques années plus tard, pour faire place à une auberge qui existe encore de nos jours, sous la même dénomination.

Nous venons de dire que les sieurs Plante et Ribou occupèrent le théâtre de la Monnaie, pendant l'année 1739-1740, cela ressort de l'octroi qui fut accordé au seul Jacques Ribou de Ricard, le 11 décembre 1739, pour 1740-1741, et dans lequel nous trouvons la phrase suivante : « ...... pour repré-
« senter l'année prochaine en cette ville de Bruxelles (1740-1741), *aux mêmes*
« *charges, droits et prérogatives que le comédien Ribou, auquel nous avons*
« *donné un pareil octroy pour la présente année...* » (1). Il n'y a donc aucun doute à avoir à ce sujet. Au reste, l'extrait ci-dessous confirmera encore ce fait :

« Les spectacles sont ouverts en cette ville depuis le 1er de ce mois (de septembre 1740).
« Le Sr Ribou de Ricar, entrepreneur de la comédie et en même temps de l'opéra, donna
« hier l'opéra des *Fêtes de Thalie*, où il se trouva une assemblée nombreuse (2). »

Un nouvel octroi lui fut donné, le 6 février 1740, pour l'année 1741-1742, et, ensuite, le 5 août 1740, pour 1742-1743, ayant, pour cette dernière année, les sieurs Pierre Fierville et N. Deschamps, pour associés (3).

La précision des faits ci-dessus met à néant les renseignements fournis par un petit volume que nous avons déjà cité bien souvent (4), relatifs aux diverses directions qui se sont succédé de 1736 à 1743. Il y est parlé de Plante et de Madame Belhomme, qui auraient dirigé le théâtre de 1741 à 1743, or, nous venons de voir que ce fut matériellement impossible. Ce qui est à présumer, et probablement c'est ce qui se produisit, c'est qu'ils succédèrent à Ribou de Ricard, en 1743, et qu'après une exploitation de deux ans environ, ils firent banqueroute, et que, pour échapper à leurs créanciers, ils se réfugièrent au Borgendael, lieu de franchise, à cette époque, où les mauvais gueux et les banqueroutiers pouvaient se cacher, sans que les autorités puissent saisir ni leurs personnes, ni leurs biens.

Pendant le cours de sa troisième année d'exploitation, Ribou de Ricard fit faillite. Dans le dossier qui est relatif à la liquidation de ses dettes et qui repose aux Archives générales du royaume, se trouvent des documents

---

(1) Voir aux Documents.
(2) *Relations véritables*.
(3) Archives générales du royaume. — *Conseil privé.* — Carton n° 1090, intitulé : *Comédies, théâtres*.
(4) *Spectacle français à Bruxelles. Loc. cit.*

8.

excessivement curieux. Nous y avons rencontré entre autres, l'inventaire des *parties d'opéra*, contenant : *Rolland*, *l'Europe galante*, *les Festes de Thalie*, *les Talens lyriques*, *Atis*, *les Festes grecques et romaines*, *les Amours des dieux* et *Philomeles*. Ces pièces constituaient probablement la majeure partie du répertoire.

Mais la pièce la plus intéressante est celle qui nous fournit les noms des comédiens avec le montant de leurs appointements respectifs. La voici :

Raymond	Fl.	2,400
Terodak	—	1,800
Barier	—	1,600
Plante	—	1,200
Prevost	—	1,050
Dartenay	—	900
Manneville	—	440
La dem^lle *Bonnelle*	—	400
Bonnelle	—	700
La Motte	—	800
La dem^lle *Belhomme*	—	800
La dem^lle *Audigé*	—	175
Mme *Ribou*	—	1,575
Ribou de Ricard	—	953 - 15^s

Dans cette nomenclature, nous voyons figurer un certain *Terodak* qui n'est que l'anagramme de *Cadoret*, nom véritable de cet acteur. A son talent de comédien, il joignait celui d'auteur, et nous lui sommes redevables d'une pièce qu'il fit jouer d'origine au théâtre de Bruxelles : *les Fourberies d'Arlequin, ou le double dénouement*, comédie en un acte (1). Nous ignorons la date de la première représentation, mais la pièce ayant été imprimée en 1742, c'est à cette année que nous pouvons la rapporter, sans grandement nous tromper, d'autant plus qu'alors il faisait partie de la troupe.

Au sujet de Terodak, on raconte qu'après avoir quitté Bruxelles, lors de la faillite de Ribou de Ricard, il se rendit à Paris, où il s'engagea dans la troupe de l'Opéra-Comique, à la foire Saint-Germain. Cet acteur possédait tellement le talent de l'imitation, que l'on croyait réellement voir et entendre les acteurs de la Comédie-Française qu'il parodiait. Le chose était même poussée à un tel point que, dans le rôle du *Métromane*, la vérité était si grande qu'elle fut une des causes principales qui fit défendre aux acteurs de l'Opéra-Comique, de parler, en ne les autorisant plus qu'à chanter. Mais les auteurs notèrent la déclamation de telle sorte que cette fameuse scène du *Métromane* se rapprochait tellement des inflexions de voix des acteurs tragiques que la ressemblance n'en fut que plus parfaite. Aussi cette défense, loin

---

(1) Voir la Bibliographie.

d'entraver le succès de l'Opéra-Comique, ne fit qu'y ajouter un élément de plus (1). Ceci se passait en 1744, c'est-à-dire, l'année qui suivit la déconfiture de Ribou de Ricard.

On a remarqué, dans l'énumération ci-dessus, le sieur Plante et la demoiselle Belhomme. Ce sont eux que l'on désigne comme ayant repris la direction du Grand-Théâtre de Bruxelles, après la faillite du dernier directeur. Ce fut donc en 1743, comme nous l'avons dit, et nullement en 1741, ainsi qu'on l'avait avancé erronément (2).

Il ressortirait donc de ceci, puisqu'on dit qu'il conservèrent cette direction pendant deux ans, que Bruxelles ne se trouvait pas sans spectacle depuis longtemps, lorsque D'Hannetaire y arriva en 1745 : il y eut peut-être une fermeture de quelques mois. Il y a donc loin de ceci à une suspension de deux années, comme on pourrait l'admettre, d'après les renseignements que l'on possédait.

D'Hannetaire, dont il sera fait amplement mention dans la suite de cet ouvrage, ne conserva pas longtemps la direction, à ce moment. Il venait d'Aix-la-Chapelle avec sa troupe, et son exploitation datait à peine de quelques mois, lorsque le Maréchal de Saxe entra dans Bruxelles, et fit brusquement fermer le théâtre. Cette circonstance ne fut pas aussi préjudiciable à D'Hannetaire qu'on pourrait le supposer. Sa troupe se fondit dans celle qu'organisa Maurice de Saxe, et lui-même y remplit l'un des premiers emplois.

Comme on a pu le remarquer, les différentes directions qui se succédèrent au théâtre de Bruxelles, furent aussi malheureuses les unes que les autres. Peu d'entrepreneurs réussirent à se maintenir longtemps. A quelle cause faut-il attribuer cet état de choses ? A une seule, croyons-nous, et qui domine toutes les autres, c'est que les directeurs devaient user de leurs ressources particulières et n'avaient pas, comme de nos jours, des subsides pour leur permettre de faire face aux exigences du public. Aujourd'hui même, que des sommes considérables sont annuellement allouées à ce genre de divertissement, il est peu de directions qui parviennent à mener leur entreprise à bon port, à plus forte raison donc si l'on doit trouver en soi tous les éléments nécessaires. Au reste, nous n'avons pas à nous appesantir là-dessus en ce moment, qu'il nous suffise d'avoir constaté le fait. Nous allons, maintenant, examiner l'établissement du théâtre régulier dans les autres villes du pays.

Occupons-nous, en premier lieu, de son apparition à Namur. Les premières traces de spectacles réguliers, dans cette ville, remontent au commencement du XVIIIe siècle. Jusqu'alors les Rhétoriciens avaient, seuls, le privilége de

---

(1) *Anecdotes dramatiques.* T. I, p. 9.
(2) *Spectacle français à Bruxelles.* Loc. cit.

représenter des *moralités*, des *farces* et des *sotties*. On voit que cet état de choses avait duré assez longtemps, dans cette localité, et que, malgré sa position géographique voisine de la France, le théâtre y était toujours à l'état d'embryon.

Ce fut seulement lors du séjour, à Namur, de l'Électeur de Bavière, Maximilien-Emmanuel, que les premières tentatives furent faites. Il aimait beaucoup les fêtes, les plaisirs, et, à cet effet, il avait une troupe de comédiens attachée à sa personne (1). Dès son arrivée, il résolut de faire jouer la comédie dans cette ville. Aucun local n'existait alors pour ce genre de divertissement. Toutes les représentations données par les Chambres de rhétorique, avaient eu lieu en plein air, sur la place publique, ou dans des salles qu'on aménageait spécialement pour la circonstance. L'Électeur décida de faire disposer à cet usage l'École dominicale (2). Les directeurs de cet établissement se récrièrent contre cette usurpation. Ils protestèrent surtout contre l'inconvenance qu'il y aurait à faire servir à des spectacles profanes, une fondation pieuse. Ils ajoutaient, en outre, que l'emplacement était mal choisi, qu'on pouvait craindre des accidents, attendu que les rues étaient si étroites qu'un carrosse pouvait difficilement y passer. Le 19 juillet 1711, le Conseil d'État, cédant à ces observations, pensa un instant à la Halle au blé, mais, après réflexion, il revint à son premier projet. Pour éviter l'encombrement que pourraient occasionner les voitures, on leur ménagea une entrée dans les allées des maisons des avocats Douchamps et Beaujoz, situées vis-à-vis du collège des Jésuites, et qui, par derrière, touchaient à la salle de l'École dominicale (3).

Les travaux d'appropriation coûtèrent beaucoup d'argent; on évalue la dépense à près de 6,000 florins. La salle n'était pas encore complétement en état, en 1712.

Nous avons vu précédemment (4) que des comédiens étaient venus à Namur, le 3 décembre 1711, par ordre de Maximilien-Emmanuel. Ils devaient constituer une troupe complète, puisqu'il y est question de « huit chariots, « attelés chacun de six chevaux... pour transporter... les effets appartenants « aux comédiens de Sadite Altesse... » Ce furent probablement ces acteurs qui représentèrent, à Namur, à ce moment.

L'électeur leur fit donner d'abord 1,800 livres de France, puis 7,000 livres pour venir jouer devant lui pendant l'année théâtrale, depuis le 15 novembre 1711 jusqu'au carême 1712.

Il serait donc établi, d'après ce qui précède, que ces comédiens, appelés à

---

(1) Archives de l'État, à Namur. — *Résolutions du Magistrat*, V, 82-98.
(2) Archives de l'État, à Namur. — *Résolutions du Conseil d'État*, fol. 16.
(3) S. Bormans. *Notice sur Maximilien Emmanuel*. Bulletins de l'Académie royale de Belgique. 2ᵉ série, t. XL, n° 8. Juin 1875, pp. 193-194.
(4) Chapitre IV, p. 69.

Namur, pour la fête qui eut lieu dans cette ville en 1711, en l'honneur de Maximilien-Emmanuel, s'y fixèrent et furent définitivement attachés à sa personne.

Au reste, les libéralités qu'il fit en leur faveur, ne s'arrêtèrent pas là. Il leur alloua encore une somme de 2,000 livres « au défaut de ce que la garni- « son a fait difficulté de s'abonner. »

Enfin, pour les conserver complètement sous sa dépendance, il leur fit allouer, par ordonnance du 6 juillet 1712, un traitement annuel de 12,000 livres « à tirer hors des revenus de ce pays. »

Là ne se bornèrent pas ses exigences pour sa troupe de comédiens. Il les fit loger, aux frais de l'État, dans une maison que les Jésuites avaient mise, précédemment, à la disposition d'une nommée Marie Du Pont, pour apprendre à lire aux enfants. Elle reçut, comme dédommagement, une somme de 40 florins (1).

La ville de Namur posséda donc, à ce moment, un spectacle régulier établi dans un local disposé spécialement à cette fin.

Le 17 mai 1712, lors de l'inauguration de Maximilien-Emmanuel comme comte de Namur, il y eut des divertissements qui se prolongèrent pendant huit jours. Ce ne fut que banquets, bals, chasses pour la cour, et fêtes dans la ville. Le 18, il y eut une représentation dramatique en plein air, sur les remparts « pour le divertissement des dames. » Enfin, le 19, il y en eut une nouvelle, le soir (2).

Tout le monde connaît le luxe que déployait Maximilien-Emmanuel dans sa cour, on peut donc s'imaginer le faste qu'eurent ces diverses solennités, dans lesquelles, on le voit, le théâtre tint largement sa place.

Mais quand l'Électeur de Bavière quitta Namur, cette ville resta sans spectacle, au moins n'en trouve-t-on plus de trace avant l'année 1723. A cette époque un certain Antoine Fonprez, directeur d'une troupe de comédiens italiens et de danseurs de corde, sollicita du magistrat « la permission de » paroître dans cette ville pour y représenter la commedie, sauter, voltiger, « danser sur la corde, et faire tous ces exercices avec sa trouppe, pour « l'espace de trois mois tant seulement, et, à cet effet, faire construire un « théâtre dans l'endroit qu'il pourra trouver luy estre convenable. » On l'autorisa à faire ce qu'il demandait, à la condition, pour les comédiens « de ne rien représenter ni faire contre les « bonnes mœurs (3). »

Ce *Fonprez* est-il celui que nous avons vu, en 1705, à la direction du

---

(1) « 40 florins à Marie Du Pont pour dédommagement d'avoir dû déloger d'une petite maison que les « PP. Jésuites lui avoient laissé suivre pour enseigner les enfans, pour être occupée par les comédiens. » Archives de l'État, à Namur. — *Comptes du domaine*, 1711, fol. 240, 242 v°.

(2) S. Bormans. *Loc. cit.*

(3) Archives de l'État, à Namur. — *Résolutions du Magistrat*, VI, 70.

théâtre de Bruxelles? Dans l'affirmative, cela prouverait une décadence. Après avoir dirigé une *Académie royale de musique*, se trouver à la tête d'une troupe de comédiens nomades et de saltimbanques, cela ne militerait pas en sa faveur.

Pendant cette même année, le magistrat permit également à Louis Galand, « estranger de nation, de montrer certains tours curieux, » toujours sous cette même restriction, de ne rien représenter contre les bonnes mœurs (1).

Comme on vient de le voir, les troupes de comédiens dressaient, à leur arrivée à Namur, un théâtre provisoire pour leurs représentations. Cet état de choses n'était pas en faveur auprès de la population et, surtout, de la garnison. Le goût de l'art dramatique était entré dans les mœurs, et l'on désirait posséder un local plus convenable pour les acteurs qui viendraient, à l'avenir, se produire dans cette ville.

Ce fait engagea l'un des habitants, le sieur Braconnier, à ériger un nouveau théâtre, bien agencé et plus commode que tout ce que l'on avait possédé jusqu'alors. Il fut établi dans un des bâtiments de l'ancien palais des gouverneurs. On en fit l'inauguration en 1723. Ce ne fut évidemment pas dans cette salle que se produisit la troupe du directeur Fonprez. Nous ne possédons pas de données, au sujet de celle qui l'occupa, ni des comédiens qui s'y succédèrent jusqu'en 1725.

En cette année, c'est-à dire deux ans après son ouverture, un fait déplorable se produisit.

Le 20 avril 1725, le comte de Lannoy, gouverneur de Namur, autorisa la troupe italienne dirigée par les sieurs *Louys* et *Nicolas Bienfait*, à donner des représentations. Ceci ne fut pas du goût du mayeur, paraît-il, car celui-ci, par contre, refusa son approbation, et fit signifier défense au sieur Braconnier d'ouvrir son théâtre. Les comédiens italiens, parmi lesquels on cite les nommés *Charles-Camille Saron, Jacques Beauvais* et *Laurent-Bernard Dubuisson,* n'en tinrent aucun compte et, forts de l'appui du gouverneur, ils donnèrent leur représentation devant une foule considérable.

Ce fait donna lieu, quelques jours après, à des scènes de violence qui sont parfaitement établies dans le récit suivant fait par le comte de Lannoy lui-même, et que nous transcrivons d'après la pièce originale (2) :

« *Monsieur* (3),

« J'ai l'honneur d'informer V. E. qu'une trouppe de commédiens m'ayant demandé la per-
« mission de représenter leurs commédies en cette ville, je la leur ay accordée le 20 d'août
« dernier, comme j'ai toujours fait, depuis que S. M. I. et C. at bien voulu me confier l'ad-

---

(1) Archives de l'État, à Namur. — *Résolutions du Magistrat.* VI, 72.
(2) Archives générales du royaume. — *Conseil privé.* — Carton nº 1090, intitulé : *Comédies, théâtres.*
(3) Le comte de Daun, gouverneur-général des Pays-Bas.

« ministration et gouvernement de cette ville et province, et à l'exemple de mes prédéces-
« seurs, leur ordonnant de donner part au mayeur de cette ville de madite permission, ce
« qu'un de la susdite trouppe en la luy présentant, at effectué après mon départ. Le mayeur
« n'a pas voulu la regarder, et, au lieu d'y déférer, a été assez insolent que de donner pour
« reponce auxdits commédiens, qu'il ne falloit autre permission que la sienne ; que je faisois
« ce que je trouvois bon, et luy ce qu'il luy plaisoit, comme Votre Excellence reconnoîtra, s'il
« luy plait bien, par la déclaration du commédien Seron (c'est Saron, cité ci-dessus).

« Le mayeur, point content de ce disespect, at osé pousser sa témérité jusqu'aux points
« que, secouant avec le magistrat la subordination et l'obéissance qu'ils doivent aux ordres
« d'un gouverneur, de faire faire, le 16 du passé, une défense à la susditte trouppe de repré-
« senter la commédie, le 17 ont porté un décret de prise de corps à leur charge, le 18, par
« une cruauté inouïe, ont envoyé leur sergent à la maison desdits commédiens (cette maison
« est une maison bourgeoise dans la neufville, endroit où le mayeur et eschevins de cette
« ville n'ont aucune jurisdiction, qui a son officier particulier patenté de S. M. I. et C.), y
« ont blessé dangereusement une fille à la tête d'un coup de crosse de pistolet, ont saisi deux
« de laditte trouppe et les ont traîné ignominieusement en prison, sans qu'ils aient eu la
« liberté de pouvoir parler pendant deux jours à qui que ce fût, quoique l'un d'eux fût dan-
« gereusement malade, comme il conste du tout par les déclarations susdites.

« Ayant été, peu de jours après, informé de cet indigne procédé, par un exprès qui me
« fut envoyé à Clervaux, j'écrivis aux dits du magistrat et les priai « de vouloir surceoir le
« tout jusques à mon retour en cette ville, de laisser jouer cette trouppe », et leur dis « qu'à
« mon arrivée, je les avertirois, pour entendre leurs raisons afin de leur donner satisfaction
« selon la justice. » Cette lettre eût pu avoir ses effets et ralentir la rigueur avec laquelle ils
« agissoient anvers cette trouppe, qu'ils ont ruinée, si l'ambition demesurée et intollérable
« du mayeur n'eut tourné le magistrat à suivre ses caprices.

« Le mépris de ma permission et de mon authorité, accompagné d'une animosité insuppor-
« table contre ces pauvres gens, à un tel point d'excès, que, malgré touttes les instances que
« je leur ay réitérées, depuis mon retour en cette ville, de ne plus inquiéter cette trouppe
« dans l'exercice de sa profession, d'élargir lesdits deux prisonniers, et que je leur ay
« promis que cet élargissement ne préjudicieroit en rien au droit qu'ils prétendoient ne pou-
« voir donner ou refuser pareille permission, le dit mayeur, dont l'humeur hautaine ne peut
« souffrir de supérieur, et les échevins par luy instigués, ont été assez hardis et téméraires
« que de vouloir, avant tout, avoir exécution des points contenus dans le mémoire qu'ils
« m'ont fait remettre, et nommément prétendre que je donnasse aussi, avant tout et par écrit
« une déclaration que « par la permission que j'avois donnée, le 20 d'août dernier, je n'avois
« pas entendu de préjudicier aux prérogatives et aux droits que ledit mayeur de Namur a
« d'admettre ou refuser les commédiens et autres semblables personnes en cette ville, non
« plus qu'à ceux du magistrat. »

« Cette manière d'agir étant une désobéissance manifeste et un refus absolu de déférer à
« ma permission et de réparer les attentats qu'ils avoient donné à mon authorité, je me
« rendis, le 30 du passé, vers les cincq heures du soir, à l'hôtel de ville, pour être présent,
« comme d'ordinaire, à la passée et adjudication des gabelles des vins ; après quoy, je dis aux
« deux plus anciens eschevins, Hessel et Boville, de me suivre, ce qu'ils firent ; et, étant
« parvenu à la cour des conciergeries, j'ordonnai au cipier d'ouvrir les portes de la prison
« où lesdits deux commédiens étoient, et de les laisser sortir (ce que lesdits deux eschevins
« entendant, dirent de ne pouvoir être présents à cecy, et se retirèrent), pour pouvoir aller du
« même pas jouer leur rolle à la commédie, à laquelle j'avois dit et fait dire au magistrat
« que je voulois assister, et qui ne pouvoit cependant se représenter sans ces deux commé-
« diens, qui en sont les principaux acteurs.

« Le cipier obéit à mes ordres, mais lorsque ces deux prisonniers vinrent chez eux, ils y
« trouvèrent une nouvelle défence desdits mayeur et eschevins à leur trouppe, de pouvoir
« faire aucunes représentations, à peine qu'il seroit pourveu à leur charge.

« Et comme, par un refus aussy méprisant et despectueux, lesdits mayeur et eschevins ont
« donné une atteinte manifeste à mon authorité, à mes droits et prérogatives de pouvoir

« donner ou refuser permission pareille de représenter la comédie en cette ville, et que ce
« n'est pas l'intention de Sa Majesté ny celle de Votre Excellence que les gouverneurs de pro-
« vince soient vilipendés et méprisés, que leur authorité soit foulée par ceux qui doivent
« leur être soumis et subordonnés, j'espère que V. E. voudra bien me faire rendre une
« prompte justice et faire donner la réparation que leurs excès et désobéissance méritent,
« leur ordonnant qu'à l'avenir, ils aient toute attention à l'obéissance et respect que
« Sa Majesté Impériale et Catholique veut être rendus à celuy qui a l'honneur de la repré-
« senter comme chef et principal officier de cette ville et province, et les condamner, en outre,
« à restituer à laditte troupe tous les dépens, dommages et intérêts résultés de leur auda-
« cieux procédé, d'autant plus qu'elle est hors d'état de pouvoir les y obliger par voye ordi-
« naire de justice. J'ay l'honneur d'être, avec un profond respect, etc.

« Comte DE LANNOY. »

« Namur, le 5 octobre 1725. »

Ce conflit d'autorités fut préjudiciable au théâtre élevé par Braconnier. Le magistrat soutint toujours énergiquement qu'au mayeur seul appartenait le droit d'octroyer, aux troupes de comédiens, l'autorisation de donner des représentations dans la ville de Namur. Le gouverneur n'obtint donc pas gain de cause, malgré toutes ses allégations.

A dater de cette époque on usa de ce droit, et, pour toutes les troupes qui se présentèrent, on transforma, à diverses reprises, en théâtre, la grande salle du rez-de-chaussée de la boucherie (1).

Il résulterait donc, de ce qui précède, que l'on jouait la comédie dans deux locaux différents à Namur. Toujours est-il que ce fut la salle du rez-de-chaussée actuel du musée de cette ville, qui servait ordinairement de salle de spectacle.

Au reste, les représentations n'étaient pas régulières, dans cette localité. Des troupes de passage y venaient, de temps en temps, mais cela ne constituait nullement une exploitation permanente.

En s'en rapportant à l'acte par lequel la confrérie de Saint-Sébastien fut réintégrée dans ses anciens droits, il serait établi que le théâtre de Gand, dont nous avons parlé précédemment, aurait été incendié en 1708, et que, depuis lors, aucune autre salle de spectacle n'aurait été érigée jusqu'en 1737. Ceci ressort évidemment des termes de la requête adressée en 1735 aux échevins de la Keure de Gand, dans laquelle il est dit : « ... ils ont reconnu
« qu'ils avoient besoin du terrain ou jardin dudit serment supprimé qui
« avec les batimens ont été vendus par Sa Majesté à la ville, lequel terrain
« est resté entièrement vague et inculte depuis la date de la dite suppression,
« arrivée en 1708, à l'exception qu'on y avoit *une place pour l'Opéra ou*
« *Comédie, qui peu après a été ruinée par le feu*, et comme les Remontrans
« ont par provision fait former un plan ou modèle qui vous a été présenté et

---

(1) Archives de l'État, à Namur. — *Conseil de ville*, 1746, fol. 351 notamment.

« communiqué et qui est icy à la main par lequel l'on voit que sur ledit
« terrain restant dudit vieux serment on y peut faire bâtir un *Opéra ou place*
« *de Comédie...* »

Il n'y a donc pas de doute possible, de 1708 à 1737, année où fut érigée la nouvelle salle de spectacle, la ville de Gand ne posséda pas de théâtre. La confrérie de Saint-Sébastien adressa une requête, en 1735, à l'effet d'en construire un nouveau, et l'autorisation lui fut accordée le 18 juillet 1736 (1).

Les premiers comédiens français qui l'occupèrent, furent ceux de la troupe du théâtre d'Anvers, que dirigeait un certain *D'Erval,* ce fut, du moins ce dernier qui fut commis pour passer l'acte avec les doyens de Saint-Sébastien (2). Ce dernier est daté du 15 janvier 1738. Il portait que cette troupe commencerait ses représentations le 23 ou le 24 du mois courant jusqu'au dimanche des Rameaux exclusivement. Cette autorisation était accordée, moyennant paiement d'une somme de cent livres de gros argent de change, pour toute la durée de cette exploitation.

Le 15 décembre suivant, une autre troupe de comédiens français et italiens, venant de Londres, sous la direction des sieurs *Simon Moylin* et *Lesage,* obtint l'autorisation d'occuper la salle de spectacle, du 18 du même mois au dimanche des Rameaux 1739. Ces entrepreneurs devaient payer, de ce chef, une somme de huit cents florins argent de change (3).

Ces deux actes sont les seuls que renseigne le registre de la confrérie de Saint-Sébastien, relativement à la présence de comédiens français dans leur théâtre, avant l'arrivée du Maréchal de Saxe. Ils présentent d'autant plus d'intérêt que c'est la première fois qu'on les utilise.

A Tournai, de temps immémorial, les troupes de comédiens qui y venaient, soit à l'époque de la foire, soit dans d'autres circonstances, jouaient sur un théâtre que l'on dressait spécialement pour elles, dans une salle qui se trouvait au haut de la Bourse, sur la place, au-dessus de la grande garde (4). Cet état de choses subsista jusqu'en 1745.

A cette époque, sur les instances d'un sieur Bernard, lieutenant du roi, commandant la place, on construisit un théâtre, rue Perdue (5).

Quelles furent les directions qui s'y succédèrent, quelles pièces y furent données? Autant de questions auxquelles il ne nous est pas donné de répondre. Jusqu'aujourd'hui, rien n'est venu porter quelque lumière sur cette époque du théâtre de Tournai. Aucune brochure ne donne de traces de représentations particulières. Il est à espérer que des recherches intelligentes et persévérantes

---
(1-2-3) Archives de l'État, à Gand. Voir aux Documents.
(4) Hoverlant. *Essai chronologique pour servir à l'histoire de Tournay.* T. 84, p. 324.
(5) Bozière. *Tournay ancien et moderne.*

finiront par faire reconstituer l'historique de cette scène, qui ne manquera certainement pas d'intérêt.

Nous avons vu (1) qu'à Anvers, les aumôniers donnaient des représentations au *Tappissiers-pand*, dès 1709. Ce fut deux ans après que cette salle fut transformée en théâtre, ainsi qu'on le lit dans une ancienne chronique :

« L'antique propriété communale connue sous le nom de *Tapissiers-pand*, fut en 1711, transformée en partie en salle de spectacle par des acteurs français. En 1746, ce vieux bâtiment fut presqu'entièrement détruit par un incendie et reconstruit dix années plus tard au moyen des fonds fournis par un orphelin nommé Minda Broedas, qui légua toute sa fortune aux hospices civils.

« De ce chef, l'administration de ces établissements devint propriétaire de la salle de spectacle qu'elle donna en location aux directeurs exploitants et le surplus du bâtiment, converti en magasins, resta la propriété de la ville (2). »

S'il faut s'en rapporter à cette chronique, ce furent des acteurs français qui érigèrent un théâtre dans ce local. Cependant, M. Génard mentionne, à la date du 13 juillet 1711, une requête des aumôniers tendant à obtenir l'autorisation de contracter un emprunt de 10,000 florins, pour couvrir les frais d'érection d'un théâtre. Cette dernière pièce étant officielle, nous nous y arrêterons. Au reste, ce qui la confirme, ce fut une seconde requête introduite le 13 mars 1712, par les mêmes, en vue d'obtenir encore, pour l'achèvement du théâtre, la concession d'un autre local dépendant du *Tappissiers-pand*.

De plus, les comptes des hospices viennent corroborer ce que nous venons d'avancer (3) :

1712. Reçu de 52 représentations *au Nouvel Opéra* . . . . . . Fl. 436-16
1715. Reçu de la troupe de Van Duyn et Voorman, de 13 représentations *sur le grand théâtre*. . . . . Fl. 83-15 1/2
1717. Reçu de 18 représentations depuis le 23 mai, de la troupe de M. Denis (opéra). . . . . Fl. 216
1718. 29 septembre. Reçu d'un concert *au grand théâtre*, de Monsieur Guillaume Defesch . . . . Fl. 23-5
2 octobre. Du même, d'un concert. . . . . Fl. 28
1719. Reçu de M. Le Pine à l'Ours, d'une machine comme opéra . . Fl. 5-12
24-28 septembre. De deux concerts de M. Defesch . . . . . Fl. 40
Reçu de la comédie italienne, de la troupe d'Arlequin Loloche (ou Lalose) . . . . Fl. 465-10
1722. Reçu de 15 représentations opéra de Mme Dujardin . . . . Fl. 245-15 1/2
1726. Idem . . . . Fl. 392

En cette dernière année, les anciens aumôniers et directeurs de l'Opéra, adressèrent une requête tendant à obtenir une place dans le *Tappissiers-pand*,

---

(1) Voir chapitre V.
(2) Cité par M. Edouard Gregoir, *L'Opéra à Anvers*, pp. 14-15.
(3) Cité par M. Gregoir, *L'Opéra à Anvers*.

pour y établir un petit théâtre. Dans cette requête, ils exposent « que,
« non-seulement dans diverses maisons et locaux, mais même dans certaines
« auberges, se jouent des comédies et d'autres pièces, au grand préjudice des
« pauvres, vu que les acteurs refusent de payer le quatrième denier; que de
« vrais scandales ont surgi, lors de la représentation de la Passion de
« Jésus-Christ; que, pour servir, d'une part, l'intérêt des pauvres, et, de
« l'autre, la convenance des habitants et des étrangers désireux de donner
« des comédies, opéras et autres divertissements, les suppliants ont résolu
« d'ériger un petit théâtre, et demandent à cet effet l'emplacement susmen-
« tionné, avec le privilége d'y donner toutes sortes de représentations, à
« l'exclusion de celles qui ont lieu en d'autres quartiers (1). »

Il ressortirait donc de ceci, que, dans ce local, se trouvaient deux salles de spectacle, l'une pour l'opéra appelée grand théâtre, et l'autre pour les acteurs de société et les troupes étrangères.

Dans les comptes des hospices, il semble qu'on ait voulu établir une certaine distinction à cet égard :

1728. Reçu de deux concerts sur le cor, *au grand théâtre*	Fl. 35
1731. Reçu d'une représentation, d'une comédie, etc., sur le *grand théâtre*, à l'occasion... du duc de Lorraine	Fl. 42
1732. Reçu de douze représentations sur *le grand théâtre*, de la troupe de M. Ody	Fl. 168
1736. Reçu de 45 représentations comédie française de la troupe de M. Genois	Fl. 630
29 juin. Reçu de M. De Keyser pour un concert au *grand théâtre* .	Fl 7
1737. Reçu de M. Genois, 53 représentations depuis le 4 février jusqu'au 10 mars	Fl. 742
Reçu des Pères Augustins de 2 représentations	Fl. 28
Reçu de 44 représentations de la comédie française de la troupe d'Arlequin, de Genois	Fl. 616
1738. Reçu d'un concert italien	Fl. 11-4

Un nouveau théâtre fut édifié en 1743, ainsi que cela ressort du document suivant :

« 1743. — Situation administrative du théâtre de l'Opéra : frais de construction de l'édi-
« fice. Le quatrième denier a pu être levé, à partir de 1683, à condition d'en réserver le
« montant pour la construction d'un nouveau local, laquelle s'est faite, avec l'intervention
« des meilleurs architectes, dans d'excellentes conditions, de façon que le nouvel édifice est
« un vrai bijou. Il a coûté 40,000 florins (2). »

Ce théâtre se trouvait à la même place qu'occupe celui que l'on voit de nos jours.

(1-2) Génard. Ouvrage cité.

Les comptes des hospices mentionnent les deux articles suivants, pour l'année 1745 :

Reçu de la troupe de Nicolini. . . . . Fl. 378
13 septembre. Reçu de 40 représentations de la troupe de Chinois. . . . Fl. 560

L'année suivante, ainsi que l'a rapporté la chronique citée ci-dessus, ce théâtre devint la proie des flammes. Tout fut détruit. Les aumôniers, ne voulant pas perdre la source de profits que leur donnait cette exploitation, adressèrent, le 28 mars 1746, une requête afin d'obtenir la sanction relative à la création d'une loterie *pour la restauration du théâtre incendié*. Le 4 avril de cette même année, un octroi (1) leur accorda leur demande pour l'établissement d'une loterie de 80,000 florins.

De ce qui précède, on peut conclure que le théâtre d'Anvers n'était occupé que passagèrement. Aucune exploitation permanente ne s'y établit à cette époque. Les aumôniers, propriétaires, en faisaient purement et simplement une exploitation, au profit des pauvres de la ville.

Les documents relatifs à l'installation du théâtre régulier dans la ville de Mons, sont peu nombreux. Grâce à l'extrême obligeance de M. Léopold Devillers, archiviste de l'Etat, dans cette dernière ville, il nous est permis d'établir certains faits.

En 1588, s'était institué à Mons, le serment des *Escrimeurs de Saint-Michel*. Le magistrat leur avait accordé, pour leurs réunions et leurs exercices, la salle qui se trouvait au-dessus de la boucherie, dans un bâtiment élevé en 1589.

Il est probable que le serment autorisait, dans ce local, des représentations dramatiques et autres, cependant aucune pièce n'est venue, jusqu'à ce jour, infirmer ce fait. Toutefois, dans une résolution prise par le magistrat de Mons, le 4 décembre 1663, nous trouvons certaines expressions qui nous confirmeraient dans notre opinion.

Ce fonctionnaire déclara ne plus vouloir accorder désormais la salle au-dessus de la boucherie « à aultre usage que celui auquel elle est destinée,
« sçavoir : pour le simple exercice des maîtres du serment de Saint-Michel,
« interdisans à tous aultres escrimeurs, danseurs sur corde, joueurs de
« marionnettes, expositeurs de bestes et choses semblables, de s'en servir,
« nonobstant rétribution ou tel autre prétexte que ce soit. » Cette défense était faite à l'effet de mettre fin aux détériorations qui avaient été faites à ce bâtiment « à raison que, depuis plusieurs années, l'on y a souffert l'accès
« d'un grand concours de personnes, tant par exposition de diverses bestes,
« danseurs sur corde, et *aultres choses représentées au peuple*. »

---

(1) Voir aux Documents.

Ces dernières expressions pourraient bien avoir trait à des représentations dramatiques. Au reste, la salle qui se prêtait parfaitement, par sa grandeur, aux exercices des escrimeurs, devait être très-favorable à des spectacles de ce genre. Elle occupait l'étage entier qui avait, à la façade, sept fenêtres.

Cet état de choses resta subsister ainsi, pendant bien des années, puisque ce ne fut qu'en 1759 qu'on résolut d'y construire une salle de spectacle. Ces faits se rapportant à une époque postérieure à celle concernant le présent chapitre, seront développés plus tard.

Mais il existe d'autres traces de spectacles permanents, qui nous sont révélées par un dossier de procédure.

Pendant le séjour à Mons, de Maximilien-Emmanuel de Bavière, les comédiens de Son Altesse Électorale avaient donné régulièrement des représentations, de 1706 à 1709. Ceux-ci ayant contracté des dettes, le magistrat de la ville les fit arrêter et fit faire main-basse sur tous leurs effets. L'Électeur ayant été informé de ces faits, en témoigna son mécontentement, par la lettre suivante, qu'il adressa au comte de Dohna de Compienne, le 15 février 1710 (1) :

« J'apprends, Monsieur, avec desplaisir que le Conseil d'Haynaut a fait arrêter la trouppe
« des commédiens qui étoit à mon service avec tous leurs effets, pour les dettes qu'elle a
« contractées pendant le temps que la garnison ne la payoit qu'en billets de thrésorier. Le
« magistrat que j'avois fait consulter pour trouver un moyen de satisfaire les créanciers de
« la trouppe et qui convient que je pourrois leur ordonner d'accepter leurs dits billets à dix
« pour cent de perte, pourra vous informer qu'on n'a usé d'aucune violence pour les faire
« prendre aux dits créanciers, puisque c'est après mon départ qu'ils les ont acceptés aux con-
« ditions portées par mon ordre, et puis refusés quand ils se sont veus appuyés du Conseil
« d'Haynaut. Vous avez toujours eu, Monsieur, tant de considération pour tous ceux qui
« m'appartiennent et en dernier lieu pour ceux qui étoient restés après moy dans la ville de
« Mons, que j'espère que vous voudrez bien aussy à ma réquisition accorder votre protec-
« tion à la dite trouppe dans laquelle est compris un nommé Valois, maître de musicque que
« j'ai retenu auprès de moy, dont la femme est actuellement à Mons détenue pour même
« sujet. Vous me ferez par là beaucoup de plaisir et je suis, Monsieur, tout à vous. » Étoit signé : M. EMMANUEL. Avec cachet apposé sur cire rouge.

Le procès suivit son cours, et, le 28 novembre 1712, on remit à Mademoiselle Vasy, comédienne demeurant près de l'Opéra, à Bruxelles, des copies des arrêts et rencharges pratiqués à Mons par l'huissier Barbieux, les 16 et 24 septembre, sur les biens des comédiens de l'Électeur de Bavière, ensuite d'autorisation du conseil (2).

Cette troupe des comédiens de l'Électeur de Bavière était probablement prise dans celle qui occupait le théâtre de la Monnaie, à Bruxelles. Comme

---

(1) Archives de l'État, à Mons. — *Avis rendus au Gouvernement par le Conseil de Hainaut.* — Dossier n° 1117.
(2) Archives de l'État, à Mons. — *Procès jugés du Conseil souverain du Hainaut*, n° 36,462.

cette dernière avait été formée par ses ordres, il est à supposer qu'il en faisait voyager une partie avec lui.

Par les détails qui précèdent, on voit que le théâtre permament n'était pas encore installé à Mons, à l'époque où nous sommes arrivés. Pendant trois années seulement, lors du séjour de Maximilien-Emmanuel, il y eut des représentations régulières, mais, après son départ, ce sont des troupes de passage, seulement, qui y parurent. Nous devrons donc attendre encore pendant quelques années, avant de constater quelque chose de sérieux.

Ces troupes donnaient des représentations dans la grande salle de l'hôtel de ville, ainsi que cela résulte d'un document que nous citerons *in extenso*, plus loin, et dans lequel il est dit : « ... On ne verra plus les Archives de la « Province exposées à être consumées par le feu, *comme elles l'ont été tant « de fois lorsque le salon de l'Hôtel de Ville servoit au spectacle* (1)... »

Quoique la ville de Maestricht ne fasse plus partie du territoire de la Belgique actuelle, nous devons nous occuper de l'établissement du théâtre français dans cette localité, car, à l'époque que nous envisageons, elle appartenait à l'une des provinces belges.

Les premières traces que nous en trouvions, remontent à l'année 1673, au moment où le roi Louis XIV s'empara de cette ville. Une troupe de comédiens français, sous la direction d'un sieur Du Mont, vint s'y installer. Nous avons la bonne fortune de pouvoir donner la composition de cette troupe. La voici :

DIRECTEUR : DU MONT.

Acteurs.

Messieurs : LA VALLÉE. — DE QUERCI. — CLAINVAL. — DALCOURT. — QUEVREMONT. — VINCENT. — BROUIN. — LA FEINTE. — BRÉCOUR.

Actrices.

Mesdames : DU MONT. — BRIAMONT mère. — GOURDIN. — POIRSSON. — BRÉTAN mère.
Mesdemoiselles : JANON. — DE BARVILLE. — D'AUBERMONT. — ALLAIN.

Chanteurs.

Messieurs : DU PONT. — CLAINVAL. — DALCOURT. — VINCENT. — BRÉCOUR. — LA VALLÉE.

Chanteuses.

Madame : LA VALLÉE.
Mesdemoiselles : DE CHAUMONT. — D'ARRAS. — BRÉTAN fille. — BELLEMONT. — ALLAIN. JANON.

---

(1) L. Devillers. — *Analectes montois*, 4ᵉ fascicule, p. 17.

Danseurs et figurans.

Messieurs : BRIAMONT fils. — DE TOUVILLE. — BOISVAL. — VALCOURT. — PHILIPPE. — DE CHOIX.

Danseuses et figurantes.

Mesdames : DU MONT fille. — BOISVAL fille. — DOURLAN. — LA FÈRE. — HANCOURT.

Comme on le voit, c'était une troupe comique et lyrique. Seulement, la difficulté fut de lui donner un local pour ses représentations. Il n'existait pas de salle de spectacle à Maestricht. La ville fit construire sur le grand marché, à côté de l'hôtel de ville, une baraque en planches. Ce fut le premier théâtre de cette localité. Il avait son entrée vers la place ; la scène était ovale ; il n'y avait point de loges ; la distribution de la salle consistait en deux rangs : le premier derrière l'orchestre, et le second à sa suite, sous la dénomination de *parterre*. Il fut plus ou moins décoré. Le baron de Lemergelle, officier de l'état-major français, en fut nommé commissaire.

Ces comédiens donnèrent leur première représentation le 25 août, jour de la Saint-Louis. On joua *Héraclius*, tragédie de P. Corneille, un ballet et un divertissement en l'honneur de la fête du roi.

On donnait ordinairement quatre représentations par semaine, mais irrégulièrement, vu que l'on devait se baser sur les mouvements des troupes, dont les officiers étaient la principale clientèle du théâtre.

Le spectacle du jour était annoncé par les trompettes de la garnison, qui allaient, de carrefour en carrefour, publier les pièces qu'on allait représenter. Celles-ci étaient, principalement, les œuvres de R. Poisson, P. Corneille, Montfleuri, Boursault, Hauteroche.

Les représentations continuèrent ainsi jusqu'au moment où le comte d'Estrades, gouverneur, quitta Maestricht, le 25 juin 1676. Son successeur, le général de Calvo, était grand amateur de spectacle. Il s'occupa de compléter la troupe qui se trouvait alors en cette ville, et l'on cite, parmi ceux qu'il fit venir, les sieurs *Duchêne, de Riancourt, Vilmar* et *Quivry*, et les demoiselles *Berton* et *Suré*.

Cependant la guerre fut préjudiciable au spectacle. En 1677, la troupe se dispersa presqu'entièrement. Les choses en arrivèrent même à un tel point, que les officiers français et quelques dames se réunirent pour jouer la comédie en société. Ils ne donnèrent que quatre ou cinq représentations. On cite parmi les pièces qu'ils jouèrent : *l'École des jaloux*, comédie en trois actes et en vers de Montfleury.

Enfin, la petite troupe qui se trouvait encore à Maestricht, joua jusqu'au 2 novembre 1678. Elle termina ses représentations par : *Scévole*, tragédie de

Duryer, suivie d'un divertissement. Quelques officiers, même, parurent en scène avec les comédiens.

Après le départ des armées françaises, le 6 novembre 1678, on démolit la salle qui avait servi à ces diverses représentations.

Il n'existe, ensuite, plus de traces de spectacles réguliers jusqu'en 1713. On n'avait plus vu à Maestricht, que des bateleurs, des marionnettes, etc., mais aucune troupe de comédie.

Après la paix d'Utrecht, le 14 juin 1713, des *comédiens de campagne* sollicitèrent l'autorisation de donner quelques représentations. Comme il n'existait plus de salle disposée à cet usage, on appropria le vestibule de la vieille maison de ville, et l'espace laissé aux spectateurs fut trop petit pour les contenir tous. Voici les noms de ces acteurs :

DULIN, enrégisseur (?), sa femme et sa fille. — COULON et sa femme. — CHARDON et sa femme. — LE COMTE et sa femme. — LA HAYE et sa femme. — DE PLANTE (1). — LE JEUNE. — TOINON.

Ils donnèrent seize représentations. La première eut lieu le 19 juin, par *le Baron de la Crasse*, de Raimond Poisson, et la dernière, le 25 juillet suivant, par *le Flatteur*, de J.-B. Rousseau.

Voici, au reste, la nomenclature de toutes les pièces qu'ils représentèrent pendant ce court espace de temps :

Lubin, ou le sot vengé. — *Le Baron de la Crasse.* — *Les Faux Moscovites.*
de RAIMOND POISSON.

La Fille capitaine. — *Crispin gentilhomme.* — *L'École des filles.* — *Le Mari sans femme.*
de MONTFLEURI.

L'Étourdi. — *L'Avare.* — *Le Médecin malgré lui.* — *Les Fâcheux.* — *Le Festin de Pierre.*
de MOLIÈRE.

Le Geolier de soi-même. — *La Devineresse.*
de TH. CORNEILLE.

Le Flatteur, de J.-B. ROUSSEAU.

La Maison de campagne, de DANCOURT.

Le succès couronna leurs efforts, et tous les acteurs obtinrent un succès inespéré.

Tous ces comédiens avaient été obligés de s'incorporer dans le régiment des Dragons-Wallons du baron de Matha. Les jours de représentation, ils

---

(1) Est-ce celui qui fut directeur du théâtre de Bruxelles ?

parcouraient la ville, en costumes de théâtre, annonçant partout la pièce qu'ils devaient représenter le soir. Ils se faisaient précéder, dans cette montre, par la musique de leur régiment.

Ces comédiens-soldats furent remplacés par une troupe dirigée par le sieur Du Buisson. On appropria, pour ce spectacle, un ancien Jeu de Paume, situé rue des Trois Frères. Ils inaugurèrent leurs représentations le 14 janvier 1714, par l'*Avare,* comédie de Molière, et quelques vaudevilles. Elle donna également plusieurs opéras-comiques et des arlequinades de Ghérardi. Comme cette troupe séjourna cinq ans à Maestricht, il n'est pas sans intérêt d'en faire connaître la composition. Voici les noms de ces artistes :

DIRECTEUR : DU BUISSON.

Acteurs.

Messieurs : DE L'ARBRE. — BLONDEAU. — PIRON. — BIDARD. — LANNOI. — DU RIEU.

Actrices.

Mesdames : DU BUISSON mère. — RÉMY mère. — RASQUÉ.
Mesdemoiselles : DU BUISSON fille. — VARRE. — DE FRAYE. — MANI.

Chanteurs.

Messieurs : REMY. — DES JARDINS. — GAMBIER. — BIDARD. — DU RIEU.

Chanteuses.

Madame : DES JARDINS.
Mesdemoiselles : DU BUISSON fille. — DE FRAYE. — MANI.

Danseurs.

Messieurs : DELRUE, premier danseur. — DE L'ARBRE. — PIRON. — REMY. — MURRIN.

Danseuses.

Mesdames BEAUPRÉ, première danseuse. — RASQUÉ.
Mesdemoiselles : DU BUISSON, fille. — VARRÉ. — HENNIN.

Figurans.

Messieurs : DE MOUSTIER. — GAUBIN. — ROCHEMONT. — DALLONVILLE.

Figurantes.

Mesdemoiselles : REMY fille. — DUBOIS. — PARCQ. — BELLEMONT.

Dans cette troupe, se faisait principalement distinguer la demoiselle Du Buisson, qui était une comédienne accomplie, possédant tous les talents : chant, diction et danse. Aussi ne manqua-t-elle pas d'adorateurs, parmi

9.

lesquels, il faut citer, en première ligne, le gouverneur lui-même, le général baron de Dopff.

La clôture des représentations de ces comédiens eut lieu le 18 avril 1718, par *Le Départ des comédiens italiens*, comédie en un acte et en prose, de Rivière du Fresny, suivi du *Deuil*, comédie de Hauteroche, également en un acte et en prose : deux pièces de circonstance, comme on voit.

La ville de Maestricht resta ensuite sans spectacle. Le comte de Schlippenbach demanda et obtint la permission de dresser un théâtre dans la grande salle du palais du gouverneur. Il y fit jouer le 13 novembre 1719, par des jeunes gens de la ville, le *George Dandin*, de Molière, suivi d'un opéra de sa composition. Cette représentation fut la seule qu'on donna, car les parents ne permirent plus à leurs enfants, de se livrer à ce genre de divertissement.

Ensuite, jusqu'en 1728, il n'existe plus de traces que de troupes ambulantes, qui n'ont pas laissé souvenir de leur passage. En cette dernière année, des comédiens français vinrent passer trois semaines à Maestricht, pendant la foire de Saint-Servais. Elle était sous la direction du sieur Du Perron.

Elle fit l'inauguration de son spectacle par : *Ésope à la ville*, comédie de Boursault, et *Momus censeur des théâtres*, opéra-comique de Bailly. Nous possédons la composition complète de cette troupe, et nous la donnons ci-dessous :

DIRECTEUR : DU PERRON.

Acteurs et Chanteurs.

Messieurs : DE SPRÉMONT. — VALDIEU. — BOUGÉ. — LA MOTTE. — FONTAINE. — DU BAINE. — RACOIN. — RAINCAN. — FIRTON. — BOULOGNE.

Actrices et Chanteuses.

Mesdames : FONTAINE. — DU PERRON. — DE SPRÉMONT. — MIREPOIX mère. — BOUGÉ. Mesdemoiselles : MIREPOIX fille. — DU BAIN. — COURTAN. — FORBINET.

MAITRE DE L'ORCHESTRE : DU CARON.

Ils clôturèrent leurs représentations, le 23 du même mois, par *les Deux Suivantes*, opéra-comique de Pontau et Pannard, précédé de *Plutus*, comédie de Le Grand.

On signale, ensuite, la présence à Maestricht, de comédiens français, en 1735. Parmi ceux-ci, se trouvait la demoiselle De Cochoix. Son véritable nom était : Silvie Du Tremblai. Elle avait subjugué le célèbre Jean-Baptiste De Boyer, marquis d'Argens, qui vécut avec elle et la suivit dans toutes ses pérégrinations.

Voici le portrait qu'on fait de cette actrice, qui paraît avoir fait sensation dans cette ville : « ... Cette femme était belle et brune, d'une taille fine, jeune,

« les yeux grands et noirs, la voix sonore et touchante, l'esprit gai et fertile,
« et bonne danseuse (1)... » En voilà plus qu'il n'en faut pour séduire un
homme, qui, au reste, ne demandait pas mieux que de se laisser prendre.

Cette demoiselle De Cochoix était auteur. Pendant son séjour à Maestricht,
elle publia cinq ouvrages qui eurent quelque succès (2).

En 1737, arriva de Normandie, une troupe de comédiens français très-
remarquable. Nous en donnons, ici, la composition ainsi que la désignation de
chacun des emplois.

DIRECTEUR : DU VALLON.

Acteurs et Chanteurs.

Messieurs :

DU VALLON, financier et valet.
BERTIN, premier noble et haute-contre.
DE LA HARPE, les comiques et chanteur.
BOURJON, seconds rôles et chanteur.
BOURNONVILLE, basse-taille et les financiers.
DUBOIS, les accessoires dans l'opéra et la comédie.
MALHERBE, les comiques.
ANTERRE, les accessoires dans la comédie.
BRIONNIER, maître de musique.
DELAYE, machiniste.
BREVOIR, les pères.

Actrices et Chanteuses.

Mesdames :

DE L'ISLE, première actrice.
BOURJON, première chanteuse.
DES ROCHES, soubrette et chanteuse.
MALHERBE, les rôles de caractère.

Mesdemoiselles :

BELLEVILLE, les secondes amoureuses.
DUPIN, les accessoires dans l'opéra et la comédie.
HAYE, les accessoires dans l'opéra et la comédie.
BERTAIN, les accessoires dans la comédie.

Danseurs et figurans.

Messieurs :

MALHERBE, premier danseur.
CUSTON. — FIRMAN. — DORVILLE. — GASTION.

(1-2) *Tableau du spectacle français, ou Annales théâtrales de la ville de Mastrigt*, 1731 (1781). In-8°, p. 92.

Danseuses et figurantes.

Mesdemoiselles :
BELLEVILLE, première danseuse.
FIRVILLE. — DE LOSIN. — ORMONT. — RÉGART.

Dans cette troupe, assez complète, ainsi qu'on a pu s'en convaincre, on a surtout remarqué Madame De L'Isle, qui était, à ce qu'il paraît, une actrice hors ligne, ainsi que la basse-taille Bournonville; ce dernier eut un succès prodigieux et bien mérité, si l'on en croit la chronique du temps.

Ces comédiens donnèrent leurs représentations à la salle de la comédie (ancien Jeu de Paume). Ils débutèrent le 17 février, par *le Comédien poète*, comédie de Montfleury, suivie des *Nœuds*, opéra-comique de Fuzelier. Ils clôturèrent le 29 avril suivant, par l'*Irrésolu*, comédie de Destouches, et *Cydippe*, opéra-comique de Marignier. En outre, chaque représentation se terminait par un ballet.

Ces comédiens, en quittant Maestricht, se rendirent en Allemagne, où de nouveaux succès les attendaient. Ce fut l'une des troupes de campagne les plus remarquables qu'on ait signalées dans cette ville.

En 1739, vint une troupe de comédiens allemands. On leur refusa la salle de la comédie ; ils furent obligés de donner leurs représentations dans une grange.

La guerre avec la France ayant éclaté en 1741 et s'étant prolongée jusqu'en 1748, il ne fut plus guère question de spectacles. Toutefois, il est fait mention d'une troupe de comédiens français, à Maestricht, à la fin de 1742. Elle se trouvait sous la direction du sieur Dourdé, ancien maître de ballets du théâtre de l'Opéra-Comique, à la Foire Saint-Laurent de Paris. Elle ne séjourna dans Maestricht, qu'une dizaine de jours. Elle débuta le 28 décembre 1742, par une tragédie de Pierre Corneille, suivie d'un opéra-comique et d'un ballet. Elle clôtura ses représentations, le 7 janvier 1743, par *le Misanthrope*, comédie de Molière, suivie d'un concert et d'un ballet.

Nous donnerons, également, l'énumération des artistes composant cette troupe, que l'on qualifiait *d'excellente* :

DIRECTEUR : DOURDÉ.

Acteurs.

Messieurs : BREVAN, premier rôle. — VERMAND. — SAINT-LÉGER. — DELCOURT. — BOURMON père. — PHILAN. — TERVILLE. — AMONT.

Actrices.

Mesdames : DOURDÉ, première actrice. — SAINT-LÉGER mère. — AMONT mère. — DU BRION. — DU BUIS.
Mesdemoiselles : SAINT-LÉGER fille. — AMONT fille.

Chanteurs.

Messieurs : BOURNON, père, premier chanteur. — PHILAN. — BOURNON fils. — ABBÉ. — COURTOIS. — MONTDOR. — MORRIN. — NONGEANT.

Chanteuses.

Madame : AMONT, mère, première chanteuse.
Mesdemoiselles : AMONT fille. — SAINT-LÉGER fille. — BRIGNOL. — MARCHIN. — DE LAZARE. — ARMAIN.

Danseurs.

Messieurs : FIRTON, premier danseur. — MONVILLE. — BOISIN. — DE LANDE. — FLEURY

Danseuses.

Mesdames : CREQUIGNAN, première danseuse. — DE FLORIMONT. — DU PERVAL.
Mesdemoiselles : SIMON. — HEUNI.

Figurans.

Messieurs : ALCHIN. — DE FERMONT. — FLORIVAL. — FROICHIN.

Figurantes.

Mesdames : ARMANT. — DE LORGUE. — BOISROBERT. — BULAI.

On peut juger de l'importance de cette troupe, par l'énumération qui précède, d'autant plus que des écrits du temps s'accordent à en faire l'éloge.

Ensuite, il n'est plus fait mention d'aucune représentation dramatique jusqu'au moment de la prise de Maestricht, par l'armée française. Cette partie de notre histoire théâtrale concernant une autre période, il en sera question plus loin.

On s'étonnera peut-être de voir le théâtre français s'implanter ainsi dans cette ville, où il semblerait que la langue hollandaise dût être plus en faveur. La présence des armées de Louis XIV et de Louis XV, à Maestricht, donne l'explication de cet état de choses. Elle amena même ce fait assez singulier, c'est que, pendant toute l'occupation, la langue française détrôna l'autre.

Il est à remarquer que l'histoire du théâtre français dans cette partie du pays, est de beaucoup plus intéressante que celle des autres villes que nous venons d'envisager, à part, toutefois, Bruxelles.

Il résulte donc, de tout ce qui précède, que le théâtre cherchait à s'implanter, à l'état permanent, dans les principales villes du pays. Cependant, il n'y était régulièrement établi qu'à Bruxelles. Les villes de Gand, de Namur, d'Anvers et de Tournai possédaient de véritables salles de spectacles, mais aucune exploitation théâtrale n'y avait lieu d'une manière suivie. Ce n'est donc pas encore à dater de cette époque, que nous pouvons sérieusement établir l'installation régulière et permanente du théâtre français, en Belgique. L'arrivée du Maréchal de Saxe dans nos provinces, arrêta ensuite l'élan qui se produisait, mais sa présence eut pour résultat de propager le goût de l'art dramatique dans notre pays, et de l'y faire connaître sous un nouveau point de vue. Il sera fait mention des faits relatifs à ces quelques années de l'occupation française, dans un chapitre suivant.

CHAPITRE VI

LE THÉATRE FRANÇAIS DANS LA PRINCIPAUTÉ DE LIÉGE, DEPUIS SON ORIGINE JUSQU'A LA RÉVOLUTION DE 1789.

Il nous a semblé que la principauté de Liége devait occuper une place à part dans notre histoire. Ayant toujours été gouvernée par les princes-évêques, avec des lois, des coutumes et des usages spéciaux, elle forma, pour ainsi dire, un territoire distinct du reste de la Belgique. Nous allons donc tracer, spécialement pour elle, l'historique de son théâtre français.

Les premières traces que l'on trouve concernant l'art dramatique dans la principauté de Liége, remontent aux représentations des drames liturgiques. Des pèlerins, venant de France, traversaient en troupes ce pays et y donnaient en plein air ou dans des granges, des actions dialoguées entrecoupées d'interminables monodies. Le pays de Liége, à cette époque, était tourmenté par des guerres continuelles, aussi reste-t-il peu de traces de ces représentations. Il est certain pourtant, que, de loin en loin, dans des circonstances extraordinaires, on donnait de ces solennités semi-religieuses, semi-payennes.

Le 15 juin 1581, lors de la joyeuse entrée d'Ernest de Bavière, élu prince de Liége, on avait élevé des théâtres en divers endroits de la ville; mais ils étaient si nombreux qu'il est probable qu'au lieu d'y donner de ces solennelles représentations, comme il en existait en France, on s'était contenté d'une action mimée.

Les représentations théâtrales, soit de mystères, soit autres, avaient lieu de temps en temps, à Liége. Ce prince-évêque, dans un *Edit pour la conservation de la Religion catholique*, qu'il donna en 1589, en parle en ces termes ;

« Ernestus, *Dei gratiâ electus, et confirmatus Archiepiscopus Coloniensis ; Sacri Romani
« Imperii per Italiam Archicancellarius, et Princeps Elector ; confirmatus Episcopus
« Leodiensis, etc., etc.*

« . . . .

« XII. Nullæ comœdiæ, tragœdiæ, aut ludi sænici exhiberi possint nisi prius perlustren-
« tur, visitentur, et approbentur per nostros ad hæc, et similia deputatos, aut deputandos,
« sub pæna ut minimum trium florenorum aureorum, aut aliâ graviore a Judice secundum
« æquitatem, privilegia, leges, edicta, attentâ gravitate delicti, taxandâ.

« . . . .

« ...Datum in nostra Civitate Leod. sub nostris nomine et Sigillo secuto, 21 Martii 1589

« Ernestus. »

« Signatum.
« Sic vidinatum : Carondelet Vt.
« Et inferius scriptum.
« De Mandato speciali S. Celsit.

« Et signatum. « *D. Lampson.* »

Ce prince-évêque visait probablement, dans cet Edit, les troupes nomades qui venaient de France et qui donnaient des représentations en plein vent ou dans une grande salle appropriée à la circonstance.

Plus tard, en 1612, à l'occasion de la joyeuse entrée du prince Ferdinand, un manuscrit de l'Université de Liége rapporte qu'on éleva huit théâtres dans les rues et carrefours. Il y en eut quatre pour le premier jour, et autant pour le second. On n'y représentait que des symboles, des figures emblématiques : la Foi, Apollon, Vulcain, l'agneau Pascal, les Anges, Moïse, etc., etc.

Au sujet des mystères, on rapporte qu'un jour, un bon paysan chargé de représenter le Christ en croix, ne se rappelant pas ce qu'il avait à dire, y substitua une expression grossière qui faillit compromettre la gravité de la cérémonie, par le rire des spectateurs (1).

La ville de Liége était au commencement du règne de la maison de Bourgogne, une cité comportant une population d'environ cent vingt mille âmes. Elle fut brûlée et saccagée par le duc Charles-le-Téméraire, une partie notable de la population fut massacrée, et à peine trois cents maisons restèrent-elles debout.

Liége eut beaucoup de peine à sortir de ses ruines. Elle accorda droit de cité aux étrangers, pour augmenter le nombre de ses habitants et repeupler la ville. Mais l'agitation continua et elle ne lui permit pas de reprendre le rang qu'elle occupait précédemment.

Enfin, en 1691, le marquis de Boufflers, envoyé dans les Pays-Bas par Louis XIV, bombarda Liége pendant cinq jours et détruisit la plus grande partie de la ville.

---

(1) Rouveroy. *Scénologie de Liége.*

On conçoit aisément qu'au milieu de tous ces désastres, la population ne trouvait guère le moyen de se divertir. L'art dramatique n'eut donc pas l'occasion de s'installer dans la principauté, jusqu'à la fin du xviie siècle.

Nous avons fait mention, précédemment, d'une tragédie du père Coret, relative au jubilé de mille ans de saint Lambert, patron de Liége, qui fut célébré, dans cette dernière ville, le 17 septembre 1696. Mais ce fut un fait accidentel qui n'établit en rien l'installation du théâtre en cette ville.

Il est certain que si les Français, après avoir pris Liége, y avaient séjourné assez longtemps, au lieu des alliés qui l'occupèrent à différentes reprises, les arts et les lettres eussent prospéré. Mais il ne devait pas en être ainsi.

Pendant donc le séjour des alliés, vers 1702 ou 1703, une troupe italienne vint, à Liége, donner quelques représentations. On dressa pour eux un théâtre, dans un grenier qui se trouvait au-dessus du bâtiment de la douane. Quelle était cette troupe ? Quelles pièces donna-t-elle ? Je l'ignore, mais le fait a été constaté par un écrivain qui s'est spécialement occupé de l'histoire de la musique dans le pays de Liége (1).

Enfin, les alliés se retirèrent et la principauté rentra dans un certain calme. Ce fut à dater de cette époque que quelques essais furent faits pour installer à Liége, un théâtre. En avril 1718, les sieurs *Falcas* et *Gamba Curta* firent construire une baraque en bois près du bureau du poids au *Braz*. Ce bureau démoli en 1789, était établi contre le parapet de la Meuse, vis-à-vis d'une place où se tint le marché aux fruits. Cette baraque, qui fut le premier théâtre de Liége, servait à deux usages : on y jouait des farces italiennes et l'on y vendait des drogues.

Ce n'était certainement pas un théâtre comme on l'entend de nos jours, mais c'était un spectacle plus ou moins régulier, ou l'on donnait des représentations à jour fixe. Il est même probable que l'installation était des plus primitives et qu'il n'y avait aucun luxe de décorations, ni de costumes.

En 1735, en vertu d'un octroi en date du 5 août de cette année, on construisit une nouvelle baraque sur le bord de la Meuse. Ce fait est établi par le texte suivant :

« Etant informé que, par l'octroy accordé le 5 aoust 1735, *pour ériger la baraque de la
« comédie sur la Batte,* il est dit de consigner dix escus, à quoy on n'en at cependant donné
« jusqu'icy parition, le conseil ordonne à qui il touche, de consigner à notre grand greffe
« ladite somme de dix escus, sinon serat pourvu, ordonnant que le présent recès soit insinué
« à madame Armand, comédienne, et au sieur Pirotte, entrepreneur de la susdite
« baraque (2). »

---

(1) Manuscrit rédigé par Henri Hamal.
(2) *Registre aux recès de la magistrature liégeoise,* 1735-1738, f° 5 v°.

Mais il est probable que ce ne fut qu'une construction provisoire, comme celle dont il vient d'être fait mention. Elle était exploitée, croyons-nous, par une de ces troupes nomades appelées troupes de campagne, qui étaient si nombreuses à ce moment. L'époque de l'année où se fait ce produisit nous confirme même dans cette opinion, l'été étant plus favorable à ces sortes d'excursions.

L'année suivante, Gamba Curta revint seul, et fit construire une autre barraque sur le bord de la Meuse, presque en face de la rue Hougrée, un peu plus loin que l'emplacement où se trouvait celle qu'il occupa précédemment avec son associé. Ce théâtre, le second qui s'installa à Liége, eut quelque succès. Il était, au reste, mieux outillé que son aîné. Il possédait quelques décorations, et la troupe était assez bonne. On y jouait des farces italiennes, petites pièces qui étaient à la mode du jour, et, comme précédemment, on y vendait des drogues. L'entreprise réussit. Au bout de quelque temps, Gamba Curta se retira, et vécut en rentier à Liége, où il se fixa. Il mourut, en 1768, dans cette dernière ville, rue Sœurs-de-Hasque.

La période de calme, dont jouit Liége, après le départ des alliés, permit de s'occuper des arts qui avaient dû être forcément délaissés pendant les désastres précédents. On se mit passionnément à l'étude de la musique, et, à diverses occasions, on put faire des exécutions qui faisaient bien augurer de l'avenir. A l'arrivée d'un personnage marquant, pour l'élection d'un prince, on exécutait des *Te Deum*, ou des oratorios avec chœurs. On organisa même des concerts spirituels qui se donnaient pendant le Carême.

Ces concerts avaient lieu dans les salons de personnes riches, ou bien quelquefois aussi dans la salle qui existait au-dessus du collége (maintenant l'Université). C'est dans cette salle, disposée en théâtre, que les Jésuites faisaient quelquefois jouer la comédie à leurs élèves. On en donnait également à l'*École dominicale*, qui se trouvait à l'extrémité de la rue des Croisiers.

Le goût de la musique se répandit rapidement, et, de jour en jour, l'orchestre s'augmentait de nouvelles recrues, qui lui permirent plus de développement dans les exécutions.

Le manque de locaux convenables se faisait sentir de plus en plus, chaque jour. Le magistrat s'en émut et résolut de doter la ville d'une salle de spectacle définitive. Il s'empara de l'emplacement occupé par Gamba Curta, et il y fit construire, en 1740, un théâtre véritable, en briques et en bonne charpente. Ce théâtre, beaucoup mieux aménagé, était pourvu d'assez jolies décorations, et la salle, mieux distribuée, possédait des loges. Toutefois, il conserva le nom de *Barraque*, donné au bâtiment qui l'avait précédé. Cette dénomination même se maintint pendant les vingt années qu'il subsista.

Les représentations n'étaient pas régulières à la *Barraque*. Des troupes de passage y venaient de temps en temps. Plusieurs fois le spectacle fut interrompu par des cris, des querelles, etc., provoqués par les spectateurs, à telles enseignes même que le prince-évêque George-Louis rendit, le 3 décembre 1742, une ordonnance pour les réprimer (1).

Le 7 décembre 1744, le prince-évêque Jean-Théodore de Bavière renouvela l'ordonnance ci-dessus, en termes à peu près identiques.

Pendant l'été de 1745, un italien nommé Nicolini, arriva à Liége avec une troupe d'enfants, et donna des représentations à la *Barraque*. Ce spectacle nouveau dans cette ville, attira la foule, et dès quatre heures de l'après-midi toutes les places étaient occupées. Ces petits acteurs étaient fort bien disciplinés ; ils jouaient des pantomimes, des ballets et de petits opéras. Ce fut la première troupe enfantine qui parut à Liége.

Il est à supposer que malgré les ordonnances précédentes, le public liégeois n'était pas moins turbulent, car le même prince-évêque Jean-Théodore, les renouvela en lançant, le 31 janvier 1747, un nouveau mandement beaucoup plus sévère que les précédents (2), où il n'ordonnait rien moins que ceci : « *qu'il y ait quatre sentinelles placées au parterre, lesquelles devront admonester ceux qui feront du bruit ou du désordre, et les faire sortir à coups de bourades, en cas d'oposition.* »

Le prince-évêque Jean-Théodore donna à la ville de Liége, un aspect tout autre que celui auquel elle était accoutumée depuis quelque temps. Ce prince aimait la musique, et, étant musicien lui-même, il donnait au palais des divertissements et des concerts. Ces fêtes étaient magnifiques ; sa cour, au reste, était l'une des plus somptueuses de l'époque et elle pouvait lutter avec celles des autres monarques de l'Europe. On trouvera des détails à ce sujet dans la *Revue de Liége* (3).

En 1746, la chambre de Saint-Jean-Baptiste demanda et obtint, du conseil privé du prince-évêque Jean-Théodore, un octroi l'autorisant à construire un théâtre à la Halle des drapiers (4). Elle fut autorisée, en outre, à établir, à cet effet, une loterie de 60,000 florins. Cet acte portait la date du 12 mars. Une ordonnance additionnelle parut le 28 mars suivant, et tout fut mis en garde de loi, le 5 mai.

Cette chambre, d'après les termes mêmes de l'octroi, représentait la corporation des drapiers : « ... Et comme il importe, » y est-il dit, « que les « chartes et priviléges du Métier des Drapiers et Retondeurs, *qu'elle repré-* « *sente,* ne soient pas enfrains... » Il ne peut donc être question ici de *Chambre de rhétorique*; la date seule nous indiquerait le contraire.

---

(1) Voir aux Documents.
(2) Id.
(3) 1ᵉʳ numéro, pp. 35 à 40.
(4) Archives de l'État à Liége. — *Conseil privé,* — *Dépêches*, n° 59. — Voir aux Documents.

Elle était autorisée à traiter avec tous les comédiens ou troupes de comédiens qui pourraient se présenter.

Mais le conseil de la ville de Liége ne fut pas de cet avis. Nous trouvons, sous la date du 5 juin 1750 (1), ceci : « Le Conseil privé ayant approuvé un
« recès (2) de la chambre de Saint-Jean-Baptiste dans le but de construire
« une salle de théâtre, dans une rue qui seroit percée entre celles de Saint-
« Jean et de Hors-Château, le Conseil fait remarquer qu'il n'est pas en son
« pouvoir d'entreprendre un ouvrage de cette *conséquence,* et demande
« l'ajournement de ce projet en considération de la fâcheuse situation où se
« trouvent la cité et le pays, tant à cause de la cherté du grain que de la
« variation des monnoies... »

Ce théâtre ne fut donc pas édifié et l'on dut se contenter de *la Bàrraque,* tant pour les représentations dramatiques que pour certains concerts donnés par des artistes de passage.

Le 8 août 1749, le sieur J.-B. Leclair est autorisé, jusqu'au jour des Cendres, « à représenter la comédie » dans la cité (3).

Ce directeur est-il celui dont il a déjà été question pour le théâtre de Bruxelles et pour celui de Gand? Cela ne présenterait rien d'invraisemblable. Seulement, ainsi qu'on va le voir, il ne dut séjourner que peu de temps à la direction de cette dernière scène.

Leclair, ayant obtenu l'autorisation de donner des représentations dans la principauté de Liége, trouva le local trop petit. Il demanda d'occuper les greniers de la douane. Le conseil de la cité, par recès du 28 septembre 1750, lui refusa son autorisation (4).

Il ressortirait, de ceci, que Leclair, ayant séjourné avec sa troupe à Liége, du 8 août 1749 au jour des Cendres de l'année 1750, se serait associé avec Langlois pour exploiter la scène de Gand, à partir de cette dernière époque jusqu'au mois de septembre 1750.

Le théâtre construit en 1740 sur la Batte, par ordre de la cité, dut passer en d'autres mains, car le 26 octobre 1750, le magistrat résolut d'en faire l'acquisition, pour une somme de 2,500 florins, à l'effet de le louer à Leclair (5). On se rappellera qu'en 1740, il avait fait édifier celui-ci.

Enfin, le 22 janvier 1751, celui-ci obtint l'autorisation de donner des bals, masqués ou non, dans la salle de la comédie (6). Ce fut lui qui inaugura ce

---

(1) Bormans. *Tables des registres aux recès de la cité de Liége.*
(2) *Recès* signifie *délibération.*
(3) Bormans. *Tables des registres aux recès de la cité de Liége.*
(4) Id. *Id.* *id.*
(5) « 1750. — 26 octobre. — Projet de faire l'acquisition, pour 2,500 florins, de la maison de la comédie, « sur la Batte, pour la louer audit Leclair. Conditions dudit loyer. » Bormans. *Tables des registres aux recès de la cité de Liége.*
(6) Bormans. *Tables des registres aux recès de la cité de Liége.*

genre de divertissement dans la ville de Liége. Ces bals eurent le plus grand succès.

Pendant cette même année, deux cantatrices italiennes de renom, donnèrent des concerts à la salle de spectacle. Ce furent les premiers musiciens étrangers qui donnèrent des représentations à Liége. Ce fait ressort du texte suivant :

« Le conseil ayant vu la supplique très-humble présentée par deux virtuosi de musique de
« la première classe d'Italie, demandant de vouloir gratuitement ou autrement leur per-
« mettre de faire quelques concerts dans la salle où se joue la comédie sur la Batte, qui ne
« souffrira aucun préjudice par ces concerts, déclare de leur accorder leur demande jusqu'à
« révocation, voire que les seigneurs du magistrat pourront, s'ils le trouvent bon, y entrer
« gratis ; à quel effet, l'archer Pirard se placera à la porte, pour les recevoir (1). »

Ensuite, toujours en 1751, un voltigeur, nommé Cara Mustafa (?), vint danser sur un fil d'archat, également à la *Barraque*. Il est probable que c'est de cet acrobate qu'il est question dans l'autorisation ci-dessous :

« Le conseil ayant vu la suplique présentée par Bonaventure Fisty, italien, joint Jean
« Perghen, accorde qu'il puisse, avec sa troupe italienne des danseurs, danseuses et volti-
« geurs de cordes, faire ses représentations pendant le temps de quinze jours repris à l'octroy
« de Sa Sérénissime Eminence, dans la maison ou théâtre de la comédie sur la Batte, appar-
« tenant à la cité, parmi donnant à chaque représentation un ducat, voire que les seigneurs
« du magistrat pourront, s'ils le trouvent bon, y entrer gratis ; à quel effet, l'archer Pirard
« se placera à la porte, pour les reconnoître (2). »

L'Électeur de Bavière, neveu du prince-évêque, vint à Liége, en cette année. On organisa, à cette occasion, à l'hôtel de ville, le plus brillant concert qu'on eût encore donné à Liége. Les fêtes, bals, illuminations, etc., durèrent deux jours, et l'Électeur en fut tellement ravi, qu'il assura que la cour de Liége était plus brillante que celle de Bavière.

Leclair abandonna ensuite la direction qui, ainsi qu'on vient de le voir, dut être fructueuse. Un sieur Laminne lui succéda le 6 octobre 1751 (3). Ce directeur venait à Liége, avec la troupe des comédiens de Valenciennes. Les représentations qu'ils donnèrent furent-elles nombreuses? Nous l'ignorons. Toutefois, nous devons le supposer par les faits qui suivirent.

Le 29 octobre suivant, J.-B. Toscany, qui s'intitulait *artificier de S. M. le roi de Pologne et de Saxe*, fut autorisé à donner cinq ou six représentations

---

(1) Archives de l'État, à Liége. — *Registre aux recès de la magistrature liégeoise.* 1750-1752, f° 118.
(2) Id. Id. 1750-1752, f° 120.
(3) « 1751. — 6 octobre. — Le sieur Laminne, ayant obtenu de S. A. l'autorisation de faire venir à Liége la
« troupe des comédiens de Valenciennes, le conseil fixe à un ducat par représentation le prix de la loca-
« tion du théâtre, et se réserve le droit d'y assister. » Bormans. *Table des registres aux recès de la cité
de Liége.*

à la salle de la comédie (1). Ensuite, le 22 novembre, le conseil loua cette salle à un certain Princen « qui s'était arrangé avec les personnes que S. A. « avait honorées de ses ordres, pour les divertissements du carnaval pro- « chain (2). » Ceci semblerait avoir trait à Laminne. Toujours est-il qu'il n'est plus question d'un autre directeur, jusqu'au 6 octobre 1752, date à laquelle Delestres occupa la salle et fut autorisé à y donner des représentations (3).

En 1753, vint à Liége un nouvel impresario, le sieur François Ferrary. Il était accompagné d'une troupe italienne. L'autorisation de donner des représentations lui fut accordée dans les termes suivants :

« Le conseil, vu la supplique très-humble de François Ferrary, entrepreneur de l'opéra « italien, comme aussi l'octroy de Sa Sérénissime Eminence, en date de ce jourd'huy, « déclare de luy accorder jusqu'à révocation, de représenter dans la sale de la comédie, « appartenante à la cité, voir qu'il devra donner des billets gratis aux seigneurs bourgue- « maître et conseil, de même qu'a monsieur le grand greffier, ses substituts, mambour et « sindic (4). »

Pendant la direction de cet entrepreneur, le célèbre violoniste de Crémone, Dominique Ferrari, vint donner un concert à la *Barraque* (5). Était-ce le frère du directeur ? Rien ne l'indique, les deux noms n'étant pas écrits de même. Cette rencontre est toujours très-singulière à signaler. Le prix des places s'élevait à *huit escalins* au premier rang (6), prix fort élevé pour l'époque. Le goût de la musique était tellement répandu à Liége, que, malgré cette cherté, la salle regorgea de monde.

Le succès obtenu par Ferrari alléchа d'autres musiciens. Peu de temps après, un sieur Jacinthe Spinola obtint l'autorisation de donner des concerts en alternant avec la troupe des comédiens (7). Par ce fait, la ville de Liége posséda, pendant toute une saison, ce que beaucoup de grandes villes purent lui envier à cette époque.

Maintenant se présente un fait important pour l'histoire du théâtre à Liége. En 1754, deux directeurs, les sieurs Crosa et Resta, vinrent s'établir à la

---

(1). Bormans. *Table des registres aux recès de la cité de Liége*.
(2) Id. *Id*.
(3) Id. *Id*.
(4) Archives de l'État, à Liége. — *Registre aux recès de la magistrature liégeoise*. 1753-1755, f° 29, v°.
(5) « Le conseil, vu la supplique très-humble du sieur Ferari, violoniste, demandant pouvoir donner « concert, dimanche prochain, à la sale de comédie, appartenante à la cité, déclare de lui accorder sa « demande. » Id. — *Id.*, f° 81, v°
(6) L'escalin valait dix sous de Liége, soit 60 centimes.
(7) « Le conseil, vu la supplique très-humble de Jacinte Spinola, et l'octroy de Sa Serenissime Eminence, « en date du vingt-deux courant, déclare de luy accorder jusqu'à révocation, de donner concert, dans la « sale de comédie, appartenante à la cité, les jours que les comédiens ne représenteront, sans pouvoir en « rien déranger le théâtre, mais au contraire le tenir propre et donnant des billets gratis aux seigneurs « bourguemaitre, etc. »—Archives de l'État, à Liége. — *Registre aux recès de la magistrature liégeoise*. 1753-1755, f° 83, v°.

Barraque, avec une troupe italienne. Ils y donnèrent, pour la première fois, la *Serva Padrona* (la servante maîtresse) de Pergolèse (1).

Ce fut à cette première représentation que Grétry assista. Il était alors âgé de 12 à 13 ans. « L'on conçoit, » dit M. Van Hulst (2), « que la tête orga-
« nisée pour créer cette musique expressive, que M. de Gerlache a si bien
« caractérisée, en disant qu'elle rappelle les paroles et que les paroles la
« rappellent, devait tressaillir d'aise et se sentir comme au milieu d'un élé-
« ment fait pour lui, quand il entendit exécuter les mélodies, aujourd'hui
« encore si naturelles et si suaves de la *Serva Padrona*. Le père de Grétry
« avait obtenu pour lui du directeur une entrée à l'orchestre, où il assista
« pendant l'année théâtrale, comme il nous apprend lui-même, à toutes les
« représentations, souvent même aux répétitions. »

Ainsi donc, avec l'établissement, à Liége, du premier théâtre régulier, digne de ce nom, coïncide l'apparition d'un des plus grands musiciens dont la Belgique s'honore. Ce fait, que nous constatons tout particulièrement, prouve, que si Grétry a établi sa réputation en France, ce fut dans son pays natal qu'il en reçut les premières aspirations.

Ces directeurs se soutinrent pendant deux années. Ils donnèrent également plusieurs pièces italiennes, entre autres la *Tincta Cameriana* qui obtint un grand succès. Après leur départ, la ville de Liége resta sans théâtre régulier.

En 1755 et 1756, on exécuta des oratorios à grand orchestre. On donna plusieurs concerts, qui tous réussirent.

L'année suivante, en 1757, le sieur Antonio Perellino donna des représentations d'opéras à la *Barraque* (3). L'octroi était accordé à la condition de ne déranger en rien les concerts qu'y donnait la fameuse Pompeati. Celle-ci eut le privilége d'attirer la foule, et les relations du temps s'accordent à dire que ce fut la musicienne la plus parfaite que l'on ait entendue depuis longtemps.

L'autorisation accordée à Perellino parlait aussi de troupes de comédiens représentant dans cette salle. Ceci avait trait à l'octroi donné à un certain Baron Opris, à l'effet « de pouvoir représenter dans la salle de comédie appar-
« tenante à la cité (4). »

En 1760, un sieur Pitrot, directeur d'un opéra italien, vint également s'installer à la *Barraque* (5). Il y fut remplacé, l'année suivante, par Boutet de Monvel (6), qui donna des représentations de comédie.

Ceci doit être noté tout particulièrement. Ce Boutet de Monvel était-il le père d'un des premiers artistes de la Comédie-Française de Paris? En ce cas

---

(1) Cette pièce avait été donnée pour la première fois à Paris, aux Italiens, le 1er août 1752.
(2) *Grétry*. Liége, 1842, p. 9 et 10.
(3-4-5) Voir aux Documents.
(6) Voir aux Documents. L'autorisation porte : *d'Oulet de Monvel*.

il serait l'aïeul de Mademoiselle Mars. Il ne fut pas heureux, car il termina par une banqueroute.

Enfin, à celui-ci succéda Denis du Bois, qui occupa le dernier la salle de la *Barraque*, avant sa démolition (1). Aux termes de son autorisation, il ne devait donner qu'une seule représentation. Toutefois, il obtint probablement une prolongation, car nous trouvons traces de spectacles donnés sous sa direction, au mois de mars 1762. Le 4 de ce mois débutèrent à la *Barraque*, les sieurs *Neuville* et *Desmaretz*, dans *Mélanide* et *le Français à Londres*. Le 9, Mlle *Monvel* interpréta *Didon* avec beaucoup de talent (2).

L'*Observateur des spectacles*, qui semble ne pas aimer beaucoup le sieur Neuville, ajoute, au sujet de la représentation du 9 : « Le sieur Neuville qui
« court à pas de tortue après l'universalité des talens, donna le même jour
« un ballet de sa composition sous le titre de *la Guinguette*, c'est un habit
« retourné, qui n'a pas frappé ceux qui connoissent le bruyant *Vauxhall*,
« qu'il donna à Bruxelles l'été dernier, le médiocre corégraphe y dansa, et sa
« grosse infante qui s'apelle Mademoiselle *Des Cœurs* dans les Païs-Bas et
« *Madame de Neuville* à Liége, y marcha sans mesure comme à son ordinaire,
« la conformité de son corps ne lui permet pas de donner sur la scène toute
« l'élasticité des mouvemens dont elle est susceptible ; le sieur Neuville
« dansa aussi dans son ballet, et les amateurs (le) trouvèrent un *baladin*
« supportable, s'il avoit sur la tête l'excédant des chaires (sic) renfermées
« dans son énorme jarêt... »

Le 16 mars, on donna *Iphigénie en Tauride*. La comédie et la tragédie alternèrent ainsi jusqu'au 3 avril. Pendant la nuit du 3 au 4, le directeur disparut avec la recette, et Neuville et sa femme se trouvant sans ressources, durent faire argent de quelques nippes, afin de pouvoir gagner Bruxelles, où ils espéraient avoir un engagement.

La troupe se dispersa complétement. La demoiselle *Sequeval* partit pour Arras ; les demoiselles *Gauthier* et *Villeneuve* furent engagées à Munich ; la demoiselle *Monvel* eut un engagement de 3,600 livres à Toulouse, où elle fut accompagnée du sieur *Feuillée* ; enfin, la demoiselle *Chavannes* se contenta de mille francs en Languedoc (3).

On voit que la ville de Liége fut assez privilégiée pendant quelques années. Quand on considère que les concerts alternaient avec les représentations dramatiques, on conçoit combien dans cette cité était répandu le goût des solennités théâtrales.

De 1757 à 1759, Jean-Noël Hamal, *maître de chantres* à Saint-Lambert,

---

(1) Voir aux Documents.
(2) Chevrier. *L'Observateur des spectacles*. T. II, pp. 42-43.
(3)   Id.   Id.   T. II, p 43.

donna de brillants concerts à l'Hôtel de ville. Il y fit entendre son opéra liégeois *li Voëge di Chôfontaine.* Et, ensuite, dans d'autres salles, *li Ligeois égagi, li Fiess di Hoût si Ploût* et les *Ipocondes*, trois petits opéras, qui furent vivement applaudis. Le texte en fut réuni en un volume sous la dénomination de *Théâtre liégeois,* et publié chez Lemarié. Quant aux partitions, l'on n'en possède que des fragments.

Ceci soit dit en passant, car ce serait sortir de notre cadre que de nous y arrêter plus longtemps.

Les magistrats de Liège firent démolir, le 17 juin 1763, la *Barraque,* qui avait eu vingt années d'existence. Cela n'eût rien été, s'ils avaient fait construire une autre salle à sa place, mais ils laissèrent la ville sans théâtre, pendant plusieurs années.

Le 9 février 1762, un sieur Leclerc (1) fit l'inauguration d'une salle de concert, qu'il appela *Redoute.* C'est celle qui fut occupée, ensuite, par la Société d'Émulation. On y donnait également des bals et toutes les fêtes qui ne pouvaient avoir lieu à l'hôtel de ville, ou que le prince-évêque ne faisait pas donner au palais.

Quantité d'artistes parurent dans la salle de *redoutes,* mais nous n'avons pas connaissance d'une seule représentation dramatique.

Enfin, on se décida à remplacer l'ancienne *Barraque* que l'on avait si inopportunément fait disparaître. On choisit, pour la construction du nouveau théâtre, le dessus d'un bâtiment situé sur la Batte, lequel servait alors de douane et qui se trouvait à cinquante pas environ de l'ancienne.

Cette décision fut prise le 7 février 1767, par le conseil de la cité, dans un arrêt où il est dit que, voulant procurer au public l'agrément d'une salle de spectacle et satisfaire par là à une demande presque générale, considérant qu'une *comédie* procure aussi à la cité un avantage considérable, approuve le plan de l'architecte Digneffe pour approprier à cet effet le dessus de la douane qui a déjà servi à cet usage (2).

Il eut été difficile, sinon impossible, de trouver un autre emplacement. Quantité d'églises et de couvents occupaient la plus grande partie de la cité; les maisons et les rues qui étaient venues ensuite, s'étaient groupées un peu au hasard suivant l'emplacement qu'on avait bien voulu leur céder.

L'inauguration du nouveau théâtre se fit le 19 septembre 1767, par un magnifique concert et par une nouvelle audition du *Voëge di Chôfontaine.* La ville en fit tous les frais.

C'est à dater de cette époque seulement qu'on peut placer, à Liège, l'installation du théâtre régulier, dans la rigoureuse acception du mot.

---

(1) Est-ce le même Leclair que nous avons vu en 1750, et dont on aurait mal écrit le nom ?
(2) Bormans. *Tables des registres aux recès de la cité de Liège.*

Par délibération, en date du 24 juillet 1767, le conseil de la cité accorda *gratuitement* l'usage de la salle de la comédie à un sieur D. Dubois. Celui-ci s'associa avec Bernardi. Ce furent les premiers directeurs qui occupèrent la nouvelle scène (1).

Les sieurs Dubois (2) et Bernardi en prirent la direction le 17 octobre suivant, et ils y firent représenter des opéras français.

Ils en firent l'ouverture par un *Compliment* (3), ainsi qu'on en usait à la Comédie Italienne de Paris. C'était une manière aimable et polie de présenter la nouvelle troupe au public liégeois. Cette coutume s'est perdue, et c'est regrettable, car c'était un excellent usage théâtral qu'on a eu tort de laisser tomber en désuétude.

Le spectacle, dès lors, fut très-fréquenté chaque année pendant l'hiver, car on n'y jouait que du 3 novembre au carême. Les représentations avaient lieu les dimanche, mardi et jeudi de chaque semaine, pour l'opéra, et le samedi, en abonnement suspendu, on donnait la tragédie, genre très-goûté à cette époque.

Les directeurs qui se succédèrent au théâtre de Liége, firent tous leurs efforts pour varier leur répertoire. Ils donnèrent successivement plusieurs des opéras alors en vogue, de Philidor, de Duni, de Monsigny : *le Maréchal ferrant, les Deux chasseurs, le Bucheron, Rose et Colas, le Tonnelier, la Belle-Arsène, les Souliers Mordorés*, et, en outre, les comédies de Regnard, de Le Sage, et, surtout, les chefs-d'œuvre de Molière. Les tragédies, ce genre faux, un peu abandonné aujourd'hui, y étaient à la mode et avaient le privilége d'attirer la foule.

Le goût du théâtre se répandit rapidement, et, de nos jours encore, Liége est, après Bruxelles, la ville de Belgique, où les exploitations dramatiques obtiennent le plus de faveur. Beaucoup d'écrivains indigènes s'adonnent à ce genre de littérature et plusieurs même, ont obtenu des succès durables.

Toutefois, on ne négligea pas les concerts. De brillantes auditions eurent encore lieu. On fait remonter à l'année 1768, l'apparition du premier fortepiano, à Liége. Il détrôna la harpe, alors en grande faveur. Cependant ce dernier instrument avait bien son charme, et il est regrettable qu'il soit complétement abandonné.

Grétry, que nous avons vu assister à la première représentation de la *Serva Padrona*, avait quitté Liége, où il ne pouvait donner essor à son génie, pour Paris, la grande ville, qui lui offrait toutes les ressources nécessaires. Le bruit de ses triomphes n'avait pas tardé à pénétrer jusque dans sa ville

---

(1) Bormans. *Loc. cit.*
(2) C'est probablement le même Dubois cité en 1761.
(3) Voir la Bibliographie.

natale, aussi était-on désireux d'entendre une de ses productions. Ce moment tant désiré arriva, et le 26 janvier 1769 eut lieu, au théâtre de Liége, la première représentation du *Huron* (1), opéra en deux actes, de cet illustre compositeur, sur un poëme de Marmontel.

Ce fut une véritable solennité dramatique. La salle regorgeait de monde, et la mère de Grétry, ainsi que sa famille, y assistèrent dans la loge des magistrats. La musique fut acclamée et trois représentations successives ne lassèrent pas la foule.

Le théâtre étant installé régulièrement, les concerts, les bals continuèrent à avoir lieu à la salle de *Redoutes*. Tous les ans, ces amusements se renouvelaient aux mêmes époques, et constituaient des plaisirs permanents pour les Liégeois.

Le 18 octobre 1773, le conseil de la cité accorda la salle du théâtre à Bernardi, qui l'occupa avec une troupe de comédiens français (2).

Après cette saison théâtrale, le sieur Cressant eut l'autorisation de l'occuper à dater du 2 mai 1774 (3). Ce fut sous ce directeur que fut représenté le 29 octobre 1774, *Lucile*, le second opéra de Grétry. Il fut accueilli avec enthousiasme et fut l'occasion d'un nouveau triomphe pour notre compatriote. Cette pièce avait paru pour la première fois à Paris, aux Italiens, le 5 janvier 1769.

A l'exemple de ce qui se faisait à Paris, et de ce qui se fit également à Bruxelles, les acteurs du théâtre de Liége prirent le titre de *Comédiens de Son Altesse*. Toutefois, ils ne s'érigèrent pas en société, ainsi que cela eut lieu dans ces deux premières villes.

Le 28 janvier 1775, on représenta au théâtre de Liége, une pièce de deux auteurs liégeois : *Le Triomphe du sentiment*. Les paroles étaient de Joseph Bertrand, et la musique, du jeune Hamal. Cette comédie qui était mêlée de chant et de danses, était en trois actes, pour chacun desquels deux autres liégeois, les sieurs Defrance et Racle, avaient peint de nouvelles décorations. Tous les frais en furent faits par le compositeur lui-même. Cette pièce eut quatre représentations consécutives, et l'on refusa du monde chaque fois. Velbruck assista aux deux premières, et sa présence fut un grand encouragement pour les auteurs.

Il est à remarquer qu'à cette époque, distante de nous d'un siècle, les auteurs indigènes reçurent l'appui des plus hautes autorités. Le même fait ne se produit plus aujourd'hui. Nos écrivains sont forcés de se soumettre à toutes les exigences et quand, par eux-mêmes, ils ne trouvent pas le soutien qui

---

(1) Cette pièce avait été donnée, pour la première fois, à Paris, aux Italiens, le 20 août 1768.
(2) Bormans. *Tables des registres des recès de la cité de Liége.*
(3) Id.   Id.   id.

leur est nécessaire, ils peuvent remettre dans leur portefeuille leurs productions, souvent fruit de bien des peines et des veilles.

A dater du 2 octobre 1775, des concerts furent donnés, tous les mercredis, dans la salle de spectacle, par Madame Bierthe, née de Offhuys. Ces concerts eurent lieu pendant un mois. La salle fut ensuite louée à Rozelli, qui l'occupa avec une troupe de comédiens français (1).

Le conseil de la cité autorisa, le 17 novembre de la même année, un sieur Jos. Landiny, musicien, à donner trois ou quatre concerts « dans le genre de la flutte, » à la salle de spectacle (2).

Un an après, le 13 janvier 1776, surgit une nouvelle production due à deux auteurs liégeois : *Nicette, ou l'École de la vertu* (3), comédie en trois actes, mêlée d'ariettes, par le commissaire du Perron pour les paroles, et par de Lange pour la musique. Cette pièce ne réussit qu'à moitié.

Ce fut en cette même année 1776, que Grétry, qui avait quitté Liége depuis dix-sept ans, revint pour la première fois dans sa ville natale. Il arriva au mois d'août, accompagné de M. De Viltaneuse. On le reçut avec enthousiasme, et Velbruck l'accueillit avec la plus grande bonté. Il le nomma son conseiller intime, et l'admit tous les jours à sa table.

On organisa en son honneur, des fêtes et des concerts. Ce fut une succession de festivités, telles qu'on n'en avait vu de longtemps à Liége. On rapporte qu'un jour, en sortant de la cathédrale où l'on avait supérieurement exécuté la musique religieuse, Grétry aurait dit à M. de Viltaneuse : « Voilà, « mon ami, ce qui manque à Paris. » Cette opinion émise par un tel homme, a son poids.

Pendant son séjour à Liége, Grétry se rendit à Spa. Il s'y trouvait une troupe d'acteurs. On y représenta plusieurs de ses opéras : *Sylvain, les Deux Avares, etc.* Sa présence donna un élan tout particulier aux artistes et aux musiciens, et ses œuvres furent admirablement exécutées. On y intercala des couplets à sa louange, et à chaque audition, ils étaient acclamés par le public qui remplissait la salle.

Le théâtre continua à prospérer à Liége. Ce fait amena le goût des lettres et il fut résolu de former une réunion, un centre où elles pussent se développer aisément. A cet effet, quelques personnes notables se réunirent, et achetèrent la *Salle de Redoutes* pour y installer ce cercle qui prit la dénomination de : *Société d'Émulation*. L'édit qui l'autorisa porte la date du 29 avril 1779 (4), et l'installation eut lieu le 2 juin de la même année. Ce fut une solennité. Velbruck présida l'assemblée. Saint-Péravi, M. de Chestret et

---

(1) Bormans. *Tables des registres aux recès de la cité de Liége.*
(2) Id. *Id.* *id.*
(3) Voir la Bibliographie.
(4) Voir aux Documents.

d'autres lurent des pièces de poésie, et le secrétaire Legay lut le programme d'un prix de littérature à décerner au mois de janvier suivant.

Le conseil de la cité loua le 14 mai 1779, la salle de spectacle au sieur Clairville. Ce directeur est le même que celui que nous avons rencontré à Anvers et à Gand. Nous le retrouverons même dans d'autres villes, un peu plus tard (1).

Le retour de Grétry dans sa patrie et la réputation de plus en plus grande dont il jouissait dans la capitale de la France, avaient surexcité l'enthousiasme des Liégeois en sa faveur. Ils résolurent de lui élever un buste, et le 24 janvier 1780, le conseil de la ville de Liége prit une délibération (2) où il est décidé « que le buste de Grétry sera placé sur l'avant-scène du théâtre de la
« salle de spectacle appartenant à la cité, afin que par ce monument, la
« mémoire de cet auteur célèbre, qui fait honneur à la nation liégeoise, se
« transmette à la postérité la plus reculée, ordonnons en conséquence de
« faire faire le buste en marbre blanc. »

A peine cet arrêté fut-il rendu, que le sieur Alexandre, comédien de la troupe du sieur Clairville, composa un drame lyrique sur cet événement, sous le titre de : *Le second Apollon* (3). Il fut représenté au théâtre de Liége, le 28 janvier 1780, c'est-à-dire, quatre jours après la décision. Dans cette pièce, qui eut un grand succès, on couronna le buste du grand compositeur, à l'apothéose finale.

Le 31 de ce même mois, le conseil de la cité donna six louis au sieur Alexandre, « l'un des comédiens de la principauté de Liége, pour le drame
« lyrique qu'il a composé à l'occasion de l'érection du buste et couronnement
« de M. Grétry notre concitoyen (4). »

Enfin, le 23 septembre 1780, le buste en marbre fut inauguré solennellement, ainsi que le rapporte un témoin oculaire (5) :

« ... Le buste de Grétry, que les bourgmestre et conseillers régens avaient fait sculpter en
« marbre blanc par M. Everard d'après un modèle de Pajou, fut placé au théâtre de cette
« ville, le 23 septembre 1780. Les comédiens revinrent de Spa pour représenter quatre operas
« de ce célèbre artiste, entre autres *Lucile* et l'*Amant jaloux*. Ces pièces furent précédées
« d'un prologue en prose mêlé de chants relatifs au buste de M. Grétry. Le piédestal est
« partie en marbre noir avec cette inscription : *Grétry Léodius, sub consulato de Vivario*
« *et de Fossoul.*

« Le moment où la toile levée montra le buste aux spectateurs, fut celui des acclamations
« réitérées et des applaudissements les plus vifs. Cet hommage, le premier de ce genre dont
« la nation ait honoré un de ses artistes, est bien propre à exciter l'émulation.

« Entre les deux pièces, Fabre-D'Eglantine lut un poème de sa composition intitulé :
« *Triomphe de Grétry* (6), qui fut généralement goûté. »

(1-2) Bormans. *Tables des registres aux recès de la cité de Liége.*
(3) Voir la Bibliographie.
(4) Bormans. *Tables des registres aux recès de la cité de Liége.*
(5) Van Hulst. *Grétry.* Liége, 1842, p. 49-51.
(6) Voir la Bibliographie.

Au sujet de ce dernier fait, M. Van Hulst (1) rapporte une anecdote assez curieuse. Voici ce qu'il en dit :

« ... Elle avait été l'occasion d'une péripétie heureuse dans la vie fort agitée d'un jeune
« homme alors comédien au théâtre de cette ville et qui devint depuis auteur comique dis-
« tingué et acteur trop célèbre dans les scènes moins gaies de la révolution française : un
« talent dramatique peu goûté, tous les torts d'une mauvaise tête et beaucoup d'inexactitude
« dans ses devoirs, avaient attiré à Fabre-d'Eglantine non-seulement la disgrâce de son
« directeur, mais encore celle du magistrat, au point que, chassé avec éclat du théâtre, il
« lui était même défendu de prendre place parmi les spectateurs. Cette mésaventure n'avait
« pas arrangé ses affaires qui étaient en fort mauvais état, et l'on assure même que, ne pou-
« vant fuir, et cédant au chagrin et à la honte qui l'accablaient, il était sur le point d'attenter
« à ses jours, quand tout-à-coup il apprend que le buste de Grétry sera couronné sur le
« théâtre. Sa tête se monte, sa verve s'échauffe, en huit heures il crée une épître de cent
« quarante vers dans lesquels il a rappelé et caractérisé avec un rare bonheur le principal
« mérite de la plupart des œuvres de Grétry : armé de son manuscrit, les yeux remplis d'une
« noble audace, il se précipite vers le théâtre, repousse les gardiens qui veulent l'arrêter,
« s'élance sur la scène... On venait de couronner le buste : son air inspiré commande le
« silence ; on l'écoute, il lit son épître qui n'est interrompue que par le transport de la plus
« bruyante ivresse, et achève sa lecture au milieu des applaudissements. Son sort fut changé
« par cet élan de la joie commune. Les magistrats et le peuple ordonnèrent au directeur, au
« nom de Grétry, d'oublier le passé, et de rendre son état au comédien qui devait enrichir
« la scène française du *Philinte de Molière*, de l'*Intrigue épistolaire* et des *Précepteurs*. »

Cette circonstance de la vie de ce célèbre écrivain n'est pas rapportée autre part, et elle est assez intéressante pour être inscrite ici. Fabre d'Eglantine ne séjourna plus longtemps à Liége. Il se rendit à Paris, où il se livra exclusivement au culte des lettres et produisit les magnifiques pages que nous connaissons tous. Malheureusement, il se lança dans le mouvement de l'époque et il y périt de la manière qu'on sait.

La ville de Liége accorda, le 23 septembre 1780, cinq louis à Fabre d'Eglantine « pour son poème intitulé : *Éloge de Grétry*, qu'il va prononcer aujour- « d'hui au théâtre de cette cité. » (Texte de la délibération).

La veille, elle avait payé 80 louis au sculpteur Everard pour le buste en marbre blanc de Grétry, sur le moule en plâtre exécuté par le sieur Pajoux, de Paris (2).

Le 5 novembre 1781, le conseil de la cité accorda *gratuitement* la salle de spectacle, aux sieurs Dufrenel, Dupuis et Moreau, comédiens associés de la principauté de Liége (3).

Grétry revint pour la seconde et dernière fois, dans sa ville natale, le 21 décembre 1782. On le reçut avec le même enthousiasme, et Velbruck lui donna les marques les moins équivoques de sa bienveillance.

---

(1) *Grétry. Loc. cit.*
(2-3) Bormans. *Tables des registres aux recès de la cité de Liége.*

Le jour même de son arrivée, il assista à un spectacle gala donné en son honneur. On y représentait son opéra l'*Amant jaloux*, et l'*Heureuse Nouvelle*, comédie en un acte, en prose et en vaudevilles, écrite spécialement pour la circonstance par un sieur de Valbray (1). A la fin de cette pièce, un transparent descendit du haut du théâtre, et vint s'arrêter devant la loge magistrale où se trouvait l'illustre compositeur ; arrivé là, il s'ouvrit et l'on offrit à Grétry les fleurs qu'on y avait enfermées.

Le lendemain, une nouvelle représentation eut lieu, composée exclusivement d'opéras du maître. Toutes les autorités y assistèrent, et elle fut un nouveau triomphe pour Grétry.

La *Société d'Émulation*, récemment fondée, voulut également rendre hommage à cet éminent compatriote. Elle tint, le 23 décembre, une séance solennelle et publique. L'élite des musiciens exécuta des fragments d'opéras de Grétry, et Regnier, Bassenge et Henkart lurent des pièces de vers écrites en son honneur (2). On le nomma membre honoraire, et M. Louis, premier architecte du roi de Pologne, qui accompagnait Grétry à Liége, reçut un diplôme d'associé honoraire.

La séance terminée, tout le monde se rendit au théâtre, où l'on jouait le *Jugement de Midas* et *la Fausse Magie*.

Grétry quitta Liége : il ne devait plus y revenir. Il retourna à Paris, où il mourut le 24 septembre 1813.

Cependant Grétry voulut témoigner à sa ville natale, toute la reconnaissance qu'il avait de l'accueil qu'on lui avait fait. Il lui dédia le premier opéra qu'il fit, à son retour à Paris. C'était : *L'Embarras des richesses*. Un recès du conseil de la cité de Liége, en date du 21 novembre 1783, lui vota des remercîments à ce sujet (3).

En 1783, le théâtre de Liége était dirigé par les sieurs Lehr et Créci. Il nous est donné, pour la première fois, de connaître entièrement la troupe qui exploitait alors les scènes de la principauté. C'est une trop bonne fortune pour que nous n'en fassions pas profiter nos lecteurs. Voici donc exactement les noms de ces acteurs et actrices, tels que nous les avons trouvés (4) :

DIRECTEURS ASSOCIÉS : LEHR et CRÉCI.

Acteurs.

Messieurs :

DE VILLEPRÉ, premier rôle tragique et comique.
CRÉCI, jeune premier rôle tragique et comique et fort second.

---

(1) Voir la Bibliographie.
(2) Ces pièces ont été recueillies dans une petite brochure in-18 publiée en 1783.
(3) Bormans. *Loc. cit.*
(4) *Almanach ambigu-chantant pour l'année* 1783. Gand, Frères Gimblet, 1783, in-18.

Marc, second et troisième rôle tragique et comique, et les Trial.
Dufrénel, rois, pères nobles et grands raisonneurs.
Calmus, financier, paysan, manteaux et troisième rôle tragique.
Duprès, les premiers comiques.
Julien, les seconds comiques, et les Laruette.
Duvernet, première basse-taille.
Debatti, seconde basse-taille, et des tabliers.
Schruers, les premières et secondes hautes-contres } en partage.
De la Rue,   idem.
Julian, accessoires.

Actrices.

Mesdames et Mesdemoiselles :

De la Sablonne, premier rôle tragique et comique, à Liége et à Maestricht.
Créci, les premières amoureuses dans l'opéra, et les seconds rôles dans la comédie.
Duvernet, les seconds rôles dans l'opéra, et des amoureuses dans la comédie.
Gavaudan, seconds rôles dans l'opéra, et des amoureuses dans la comédie.
Marchand, première soubrette dans la comédie, et les premières duègnes dans l'opéra.
Lehr, les secondes soubrettes dans la comédie, et des duègnes dans l'opéra.
Dargonne, les caractères et les confidentes.
De Lisle, rôles d'utilité.
Chemit, } accessoires et chanteuses de chœurs.
Jonval,

Orchestre : M. LEHR, directeur et maître de musique.

Premiers violons : Sola aîné. — Sola cadet. — Dupont. — Hennevaux. — Duvivier. — Baneu cadet. — Corbeau.
Seconds violons : Faucau. — Senit. — André. — Robins. — Osmonde. — Alexandre — Delbouille.
Alto viola : Guillaume. — Libert. — Franck.
Violoncelles : Clément. — Dumarteau. — Bicrin.
Contre-basses : Tilkin. — Van der Berg. — Deviter.
Flûte et Haut-bois : Blavier aîné. — Blavier cadet.
Cors : Kars aîné. — Kars cadet.
Bassons : Baneu l'aîné. — Bachi.
Clarinettes : Latour. — Baneu.
Trompette : Baneu l'aîné.
Timballier : Delsaux.

Comme on peut en juger, c'est une troupe d'opéra et de comédie assez complète. Quant à l'orchestre, il était aussi important que ceux qui desservaient les théâtres de Bruxelles et de Gand.

Parmi les actrices, nous trouvons une demoiselle *Gavaudan*. Elle faisait probablement partie de cette famille qui a eu tant de réputation sur les théâtres de Paris.

Nous ignorons si la pièce intitulée : l'*Impromptu liégeois, ou la fête nationale*, fut représentée. L'auteur ne s'est pas fait connaître. Elle fut imprimée en 1784 (1), et se composait seulement d'un acte en prose mêlée de vaudevilles.

Le conseil de la cité accorda, le 7 octobre 1785, la salle de spectacle, aux sieurs Liberti et Dupuis, pour y donner des comédies, tragédies, opéras, bals, etc. (2).

Ceci nous indique que le théâtre de Liége fut continuellement occupé à cette époque. Outre les concerts qui avaient lieu fréquemment, les représentations de comédies et d'opéras ne chômaient pas.

Le théâtre de Liége continua à donner des représentations pendant l'hiver, comme précédemment. Le 24 avril 1786, le prince-évêque Constantin-François rendit une ordonnance (3), qui accordait à Charles Bernardi, le privilége exclusif de donner des représentations dramatiques dans la principauté de Liége, ainsi que des redoutes et des bals dans la cité (4).

Bernardi resta, pendant deux années, à la tête des comédiens de la principauté. Le 8 mai 1788, le sieur N. Malherbe obtint un octroi d'une année (5), aux mêmes conditions que son prédécesseur. Nous trouvons, dans ce document, une clause nouvelle relative à l'orchestre ; il y est dit :

« Ils (les directeurs, Malherbe avait obtenu l'octroi concurremment avec sa femme) devront
« fournir un bon orchestre, composé des meilleurs musiciens pour l'opéra, à la satisfaction
« du public, avec charge d'en répondre. »

Après cette année d'exploitation, le Théâtre de Liége passa entre les mains du sieur Guilminot Dugué, qui obtint à cet effet un octroi, le 16 avril 1789 (6). Le texte était le même que pour le précédent, et il n'avait trait également, qu'à une année d'exploitation.

Dans la troupe de ce directeur, se trouvait l'acteur Paris. Celui-ci eut, en 1789, un différend avec le public. Ce fait est relaté, à peu près en ces termes, dans les livres du Greffe de Justice (7) : « Attendu qu'il a eu hier un mauvais
« compliment du parterre à raison qu'il avait refusé de jouer dans *les Femmes*
« *vengées* (8), il a assuré au sieur Dugué qu'il jouerait demain dans la dite
« pièce parce qu'il l'avait promis au public, mais il avertit le directeur qu'il
« ne paraîtra plus au Théâtre de Liége, attendu qu'on l'a menacé de le jeter
« en bas de la scène. Toutefois, comme il est à la pension dudit sieur Dugué,
« il se déclare prêt à partir pour Maestricht ou tout autre endroit qui lui sera
« désigné. »

---

(1) Voir la Bibliographie.
(2) Bormans. *Loc. cit.*
(3) Conseil privé, protocole, 1785-1787, K. 181.
(4) Ce Charles Bernardi était l'ancien associé de Dubois.
(5) Archives de l'État, à Liége. — Voir aux Documents.
(6)   Id.   Id.
(7) Fait mentionné par M. Albin Body. *Loc. cit.*
(8) Opéra-Comique de Sedaine et Philidor.

Au reste, ces contestations étaient assez fréquentes dans les troupes de comédiens. Quand cela se bornait à un déplacement d'artiste, ce n'était que demi-mal, mais il y eut des choses bien plus fâcheuses, et l'on en a déjà trouvé quelques-unes dans le cours de cet ouvrage.

Nous retrouverons Dugué, un peu plus loin, et nous verrons que ce ne fut pas la fin qui couronna l'œuvre.

Il ressort de ce document, ainsi que de tout ce qui précède, que la troupe des comédiens de Liége desservait les autres villes de la principauté. Ainsi donc, c'est bien le théâtre de la ville de Liége que, seul, nous devons envisager dans les origines jusqu'au moment de la révolution brabançonne, qui n'était que le contre-coup de celle de France, et qui eut de l'écho dans tout le pays.

Notons, en passant, un singulier recès du conseil de la cité, relatif à une cabale montée par les musiciens de l'orchestre du théâtre. Voici le texte exact de ce document qui, pour ne pas être très-important, ne laisse pas que d'être très-curieux :

« 1788. — 4 septembre. — Le conseil ayant vu avec satisfaction la conduite honnête et
« respectueuse qu'ont tenue envers le magistrat les sieurs Decortis et Prévot, tous deux
« musiciens de l'orchestre de la comédie, lors de la cabale complotée entre huit violons dudit
« orchestre, inventée uniquement à dessein de forcer le magistrat à mettre les violons de leur
« goût, décide leur maintien pour l'année suivante (1). »

Ceci donnerait à entendre que l'orchestre du théâtre de Liége appartenait à la cité, et n'était pas sous la dépendance du directeur. Ce serait une singulière disposition, qui devait amener souvent un conflit d'autorités.

Il nous reste à noter pour terminer cet aperçu de l'installation du théâtre régulier à Liége, l'apparition en 1781, d'une troupe d'enfants, la seconde qui s'y présenta depuis celle dont nous avons fait mention plus haut, sous la date de 1745. Ceux-ci étaient mieux stylés. Ils donnèrent de nombreuses représentations, tant de comédies que d'opéras. On leur entendit exécuter avec un certain talent, des opéras de Dalayrac et de Grétry : *Mina, Blaise et Babet, les Petits Savoyards, la Dot, Richard Cœur-de-Lion*, et plusieurs autres. Ces enfants séjournèrent assez longtemps à Liége, et le théâtre fut très-fréquenté pendant leurs représentations.

Cette troupe était sous la direction de la dame Fleury, fille de Bernardi, qui fut à la tête de plusieurs de nos théâtres. Ce dernier avait paru, en 1775, avec une troupe d'enfants, au théâtre d'Anvers. Ce début fut tellement bien goûté du public qu'il continua ce genre d'exploitation, en parcourant toute la Belgique, la Hollande et, parfois même, la France, en augmentant conti-

---

(1) Bormans. *Loc. cit.*

nuellement son petit personnel, de sujets nouveaux. Voici quelle était la composition de sa troupe en 1781 (1) :

DIRECTRICE : Mme FLEURY.

Acteurs et Chanteurs.

Messieurs :

Du Puis, âgé de 18 ans, *les premières basses-tailles.*
Laurent, âgé de 16 ans, *la première Laruette.*
Massin, âgé de 15 ans, *premier rôle dans la comédie.*
Du Puis cadet, âgé de 12 ans, *première haute-contre.*
Bussier, âgé de 15 ans, *seconde haute-contre.*
Fleury, âgé de 11 ans, *Laruette en partage, et la basse-taille.*
Martin, âgé de 11 ans } *les accessoires dans l'opéra.*
Charles, âgé de 12 ans }

Actrices et Chanteuses.

Mesdemoiselles :

Florine Fleury, âgée de 14 ans } *premières chanteuses.*
Adélaïde Fleury, âgée de 13 ans }
Mimi Bernardi, âgée de 11 ans } *secondes chanteuses.*
Mimi Le Clair, âgée de 10 ans }
Lucie Payonne, âgée de 8 ans, *les jeunes secondes.*
Sophie de Rosier, âgée de 10 ans, *les jeunes premières dans la comédie.*
Trinette Masin, âgée de 6 ans, *les amoureuses dans la comédie.*
Marianne du Lac, âgée de 15 ans, *les duègnes dans l'opéra.*

Tous ces artistes en herbe avaient été formés au théâtre par Antoine Bernardi, maître de musique de la petite troupe. Le jeune Fleury, ainsi que Florine et Adélaïde Fleury, étaient enfants de la directrice; Mimi Bernardi était sa sœur, et Antoine Bernardi, son frère.

Ce fut Bernardi père qui produisit à Paris une troupe d'enfants connue sous la dénomination de *Petits comédiens du bois de Boulogne*. Son succès fut si grand qu'il fut jalousé par les grands théâtres de la capitale, qui intriguèrent de telle sorte qu'il fut obligé d'abandonner son exploitation.

Nous sommes très-heureux d'avoir pu découvrir la composition d'une de ces réunions de petits comédiens. C'est un document des plus intéressants pour l'histoire de notre théâtre.

Nous devons également dire quelques mots du théâtre de la ville de Spa. Quoiqu'à proprement parler, cette station thermale n'ait jamais eu de troupe de comédiens spéciale, que sa scène fut toujours desservie par celle de Liége, qui était celle de la principauté, il y a quelques faits qui demandent à être mis en lumière.

---

(1) *Tableau du spectacle français, ou Annales théâtrales de la ville de Mastrigt*, 1781, in-8e, pp. 243-244.

Nous ne pouvons guère préciser l'époque à laquelle ce genre de divertissement fit sa première apparition à Spa. En 1734, il est dit, dans une publication locale, à propos du régime à suivre par les buveurs d'eau, « à quatre heures, on va à la comédie (1) ».

On possède pourtant une pièce officielle qui permet de prendre date, au sujet de l'installation réelle de la comédie dans cette ville. Elle est assez intéressante pour être transcrite ici, en entier :

« En l'assemblée des bourguemestre et magistrats de Spa tenue sur la halle le 4ᵉ jour
« d'avril 1736, Nous les bourguemestre et magistrats de Spa ayant entendu les bons rap-
« ports nous faits de la conduite que les comédiens françois, qui sont depuis environ un an
« dans la ville de Liége, soub la protection de S. A. notre prince, ont tenu dans ladite ville
« et nous confiants entièrement dans icelle. Nous leur accordons et permettons par
« icelle, soub l'agréation cependant de Saditte Altesse de pouvoir faire pendant la saison de
« Spa et dans l'endroit qu'ils trouveront le plus à propos leurs représentations. En foy de
« quoy avons ordonnez à notre greffier de signer et cacheter la présente. Fait au dit Spa, le
« 4ᵉ d'avril 1736 (2) ».

En cette année, c'était Gamba Curta qui se trouvait à Liége, avec une troupe de comédiens. C'est donc à lui qu'il est fait allusion dans le document que nous venons de donner.

Nous sommes ensuite, sans aucun renseignement jusqu'en 1760. Il est probable cependant, que, pendant les années antérieures, des troupes de comédiens vinrent à Spa. Nous n'en voulons pour preuve que ce qu'en a dit un certain ouvrage spécial à cette ville (3), en cette dernière année : « ... On a « quelquefois la comédie à Spa, jusqu'ici on l'a donnée dans une place « affreuse, à la Pommelette... » Pendant la saison, il est hors de doute que les acteurs de Liége jouaient, de temps en temps, dans cette localité. La Pommelette était située à peu près où se trouve aujourd'hui, la librairie Bruch-Maréchal, place royale (4).

Ce fut en 1760, que le magistrat acheta une maison enseignée *la Rose blanche* (5), pour y faire édifier un théâtre. Il avait l'intention de la faire approprier, de façon à pouvoir y faire jouer la comédie, dans le courant de la même année. Cependant, la salle ne fut pas en état dans le délai fixé. Dans l'octroi des jeux accordé, en 1763, par le prince-évêque, il était question des spectacles. On devait, en même temps que les salles destinées aux jeux et aux bals, construire celle de spectacle. Tout cela demanda du temps, et l'on continua à représenter dans l'ancien local.

Le 17 juin 1769, la *Gazette de Liége* dit : « Hier on fit l'ouverture du

---
(1) *Amusements de Spa*.
(2) Albin Body. *Histoire anecdotique du Théâtre de Spa*, pp. 1 et 1 B.
(3) *Nouveaux amusements de Spa*.
(4) Albin Body. *Loc. cit.*
(5) Actuellement la Redoute.

théâtre, par *le Huron*, *les Chasseurs* (1) et le ballet des *Amadriades*. Ce début fut très-bien accueilli et généralement applaudi. »

Il n'est pas question, ici, de l'ouverture de la nouvelle salle, c'est de la saison théâtrale qu'on veut parler. Au reste, nous en verrons la preuve ci-dessous.

Le 26 juillet suivant, la *Gazette de Liége* parle encore du théâtre de Spa. Voici ce qu'on y trouve : « Hier, le premier danseur de la comédie eut le
« malheur de se casser le tendon d'Achille, dans une danse. La brillante
« compagnie qui s'y trouvait, touchée de cet accident, ne se borna pas à une
« compassion stérile, elle lui fit une somme de plus de cinquante louis ; cet
« acte de générosité qui adoucit le sort de cet infortuné, fait honneur à l'hu-
« manité : pour surcroît de consolation, M. Lyster, célèbre-chirurgien
« de Bath qui se trouve aux eaux, lui donne tous les soins qui dépendent de
« son art. »

Tout ceci indique que le spectacle était installé à Spa, pendant la saison des eaux, et que la société qui s'y trouvait, le suivait assiduement.

Nous arrivons maintenant à l'inauguration de la nouvelle salle, qui se fit, le 23 juin 1771 (2). La *Gazette de Liége* nous donne quelques détails sur ce qu'elle était. En faisant la part de l'exagération, nous pouvons admettre que c'était un joli petit théâtre, mais rien de plus. Ce journal s'exprime en ces termes : « On la regarde comme une des plus jolies et des mieux entendues
« de l'Europe (!). Le plan général de cet édifice a été donné par le sieur Di-
« gneffe, architecte, et entièrement exécuté sous ses ordres ; les décorations
« sont du sieur Candelli ; les termes et les autres ouvrages en stuc, du sieur
« Morretti, sculpteur ; tous les trois d'une réputation distinguée. On y débu-
« tera par *Mélanide* suivie de *Sylvain*. La troupe est très-bien choisie, surtout
« pour l'opéra-bouffon. »

M. Body (3) ajoute que la salle, assez vaste pour un théâtre de petite ville, était telle qu'elle existait encore il y a une dizaine d'années ; qu'elle comprenait deux rangs de loges, et que le paradis était soutenu par de gigantesques cariatides assez disgracieuses et surtout disproportionnées.

Ce fut la troupe de Bernardi qui fit l'ouverture du nouveau théâtre. Il conserva la direction de la comédie de la principauté, de 1768 à 1773. L'année suivante, le sieur Cressant, comédien, obtint le 18 mars, un octroi exclusif. Billiony fut directeur en 1777.

Clairville qui était directeur des spectacles de la principauté, en 1779 et en 1780, avait composé une pièce intitulée : *les Eaux minérales*, ayant trait évidemment à la ville de Spa. Nous ignorons si elle fut jouée dans cette ville,

---

1) Probablement l'opéra des *Deux Chasseurs et la Laitière*.
(2) Albin Body. *Loc. cit.*
(3) Ouvrage cité.

mais nous en doutons, à cause de la satire mordante qu'il fait des salles de jeu. Cette comédie parut en 1778, année pendant laquelle le chevalier de Lezaack était l'administrateur de la comédie. Nous trouvons parmi les acteurs de sa troupe, le sieur Plante, le même peut-être qui fut précédemment à la tête du théâtre de Bruxelles. On y mentionne également Duboulays, Mesdames Villemont et Lahaye.

MM. Lehr et Créci, qui eurent le privilége de la comédie, dans la principauté de Liége, de 1782 à 1784, se trouvaient à Spa, au moment du fameux orage du 22 août 1782. Les dégâts furent considérables et l'on organisa des représentations en faveur des malheureuses victimes de cet épouvantable cataclysme. Les directeurs ne firent pas d'excellentes affaires, car au mois d'août 1784, ils cédèrent leur privilége au sieur Clairançon, comédien. Les acteurs réunis en société terminèrent cette saison, à Spa.

L'année suivante en 1785, deux artistes, Dupuis et Lamberti, occupèrent ce théâtre, mais ils eurent beaucoup de déboires avec leur troupe.

En 1787 et 1788, nous voyons reparaître Bernardi, qui avait eu du prince-évêque Constantin-François, le 24 avril 1786, le privilége exclusif de donner des représentations dramatiques, ainsi que nous l'avons vu ci-dessus.

Un fait que nous devons mentionner tout particulièrement, c'est la présence de Grétry à Spa, au mois d'août 1776. Le grand compositeur, ainsi que nous l'avons dit, était revenu à cette époque, pour la première fois dans sa ville natale. Nécessairement, il assista aux représentations qui avaient lieu au théâtre de cette station thermale. Une gazette du temps nous raconte en ces termes, l'une de celles à laquelle Grétry se trouva : « ... Parmi les plaisirs
« inséparables de ce délicieux séjour du beau monde de l'Europe entière, le
« spectacle tient un des premiers rangs ; il est très-bien monté, il a été très-
« suivi et méritait de l'être. La présence du célèbre Monsieur Grétry a ajouté
« au zèle des acteurs qui se sont suspassés par la manière dont ils ont joué
« successivement diverses pièces de ce grand maître que la nation liégeoise
« s'applaudit de compter au nombre de ses concitoyens et en qui l'univers
« reconnaît et révère les qualités essentielles à une musique sublime : la science
« le talent et le sentiment qui le distinguent supérieurement dans toutes les
« pièces de sa composition. A chaque pièce qu'on a jouée ici, cet aimable
« auteur a reçu par les acclamations du public les preuves les plus flatteuses
« du cas qu'on fait de ses talents, et l'entrepreneur du spectacle, animé du
« même esprit que le public, fit ajouter dimanche dernier à la fin de l'opéra
« des *Deux Avares*, un couplet à sa louange qui fut chanté et répété par un
« chœur avec un applaudissement général et les cris de *Vivat Grétry*. »

Une pièce de vers fut dédiée à Grétry également. On y passait en revue ses principaux opéras. Elle commençait ainsi (1) :

---

(1) Albin Body. *Loc. cit.* — Nous avons tiré de son volume, les principaux détails qui se trouvent ici.

> « Enfin de nos Liégeois l'espérance est remplie,
> « Grétry nous te voyons au sein de ta patrie,
> « Chacun fait éclater les plus joyeux accens ;
>   « Permets que ma muse ravie
>   « Vienne aussi t'offrir son encens.
> « Dans mes vers, chez Grétry, que ne puis-je te rendre
>   « Le ravissement, le plaisir
> « Que ta musique harmonieuse et tendre
>   « Chaque jour me fait ressentir.
> « Ah ! si les chants que je vais faire entendre
>   « Egalaient tes sons séducteurs !
> « Mais c'est en vain qu'on l'oserait prétendre.
> « Il faut être Grétry pour enchanter les cœurs.
>   « Le Dieu même de l'harmonie
>   « Remit sa lire entre tes mains,
> « Il t'anima du feu de son génie,
> « Il t'ordonna de charmer les humains.
>   « Toujours le sentiment t'enflamme,
>   « Lui seul fait naître les accords ;
> « Ta musique est le langage de l'âme,
> « Tu nous fais éprouver ses différents transports... »

La date exacte de la présence de Grétry à Spa, est établie, d'une manière irréfutable par la *Liste des Étrangers* de 1776. On y trouve au n° 42, le 26 août :

> « *Monsieur Grétry, conseiller intime de S. A. C. Mgr. l'Évêque et Prince de Liége,*
> « *membre de l'Académie des Philarmoniques de Bologne. — A l'hôtel des Armes de Hol-*
> « *lande, rue du Waux-Hall.* »

L'illustre compositeur revint à Liége, en 1782, mais nous n'avons pas trouvé de traces de sa présence à Spa, en cette année.

Nous devons citer également les fêtes et les spectacles de gala, qui eurent lieu en 1780, à l'occasion de la présence, dans cette ville, du roi de Suède Gustave III. Ce souverain voyageait sous le nom de *comte de Haga*. Fabre d'Eglantine, alors comédien de la principauté, lui adressa une pièce de vers, intitulée : *L'Apparition du génie de la Suède*.

M. Body nous renseigne, d'après une note manuscrite du docteur de Limbourg, sur une représentation qui eut lieu à Spa, par ordre de ce monarque, le 6 septembre 1780. Voici le libellé de l'affiche.

Par octroi et privilège exclusif de S. A. C., les Comédiens-associés ordinaires de la Principauté de Liége donneront aujourd'hui mercredi 6 septembre 1780.

La Comtesse d'Escarbagnas,
comédie en un acte et en prose, de *Molière,*

SUIVIE DE :

l'Amant jaloux,
opéra en trois actes, musique du célèbre *Grétry.*

La composition de la salle était des plus aristocratiques. Les personnages suivants s'y trouvaient : le duc de Chartres, la margrave de Brandebourg-Bareuth, le prince de Nassau-Siegen, le prince Charles de Hesse-Rhinfels, le duc de Fronsac, le marquis de Cubière, le prince Camille de Rohan, le prince et la princesse Orloff, le général comte Alexis Orloff-Chesmenskoy, la princesse Gagarin, le comte de Choiseul-Gouffier, et d'autres qui ne le cédaient en rien à ceux que nous venons de citer.

Quand la salle de spectacle n'était pas occupée par les comédiens de la principauté, des amateurs y donnaient des représentations, au début et à la fin des saisons. Ainsi, on en constate une qui eut lieu le 24 août 1785, au bénéfice des personnes ruinées par un incendie terrible qui avait eu lieu rue de la Sauvenière. La recette totale s'éleva à 1,300 francs. Le prix des places était majoré : aux loges on payait une couronne, et au parquet, une demi-couronne. On représenta *le Barbier de Séville*, comédie de Beaumarchais, et *la Brouette du vinaigrier*, drame de Mercier. La distribution de la première de ces pièces avait été effectuée de la manière suivante :

Le comte Almaviva . . . . M. Deleau, mayeur.
Figaro . . . . M. Deleau, avocat.
Bartholo . . . . M. Wilkin (de l'État Noble).
Basile . . . . (Un comédien).
Rosine . . . . Mlle Wilkin (du Loup).

Dans le drame de Mercier, le rôle du Vinaigrier était rempli par l'avocat Deleau.

Enfin, en 1789, le théâtre de Spa fut occupé par la troupe du sieur Guilminot Dugué. L'exploitation de cette scène ne lui fut pas favorable, car, le 28 septembre de cette même année, on saisit tous les décors et les costumes se trouvant à la salle de spectacle, et appartenant au dit sieur Dugué.

Les représentations avaient lieu, à Spa, trois fois par semaine, savoir : le dimanche, le mardi et le vendredi. On commençait ordinairement à six heures. Le prix des places était de 3 florins ou 6 escalins aux premières et aux secondes loges, de 1 florin 10 sous au parquet, de 10 sous au parterre, et de 5 sous aux troisièmes loges ou paradis.

Grâce à un inventaire découvert par M. Body, nous sommes renseignés sur la majeure partie du répertoire de cette petite scène. Ce document date de 1785, il donne les titres des partitions et permet d'établir, à peu près, la composition de l'orchestre. Il s'y trouvait : *premier et second violon, basse, basson, alto, première et seconde flûte, hautbois, premier et second cor, clarinette, flageolet* et *timbale*. Voici la nomenclature de ces partitions, parmi lesquelles figurent beaucoup d'opéras de Grétry :

Sancho Pança, de Philidor. — *Le Bûcheron*, de Philidor. — *Le Milicien*, de Duni. — *L'Amant déguisé, ou le Jardinier supposé*, de Philidor. — *La Fausse Peur*, de Darcis. —

Sara, de Vachon. — *La Rosière de Salency*, de Grétry. — *Henri IV*, de Philidor. — *Acajou*, de Favart. — *La Fée Urgèle*, de Duni. — *Le Huron*, de Grétry. — *L'Amoureux de quinze ans*, de Martini. — *Tom Jones*, de Philidor. — *Le Roi et le Fermier*, de Monsigny. — *L'Ami de la maison*, de Grétry. — *Les Femmes vengées*, de Philidor. — *La Colonie*, de Sacchini. — *L'Amitié à l'épreuve*, de Grétry. — *Georget et Georgette*, d'Alexandre. — *Le Cadi dupé*, de Monsigny. — *Annette et Lubin*, de Blaise. — *Le Barbier de Séville*, de Paësiello. — *Toinon et Toinette*, de Gossec. — *Le Navigateur*, (anonyme). — *La Fausse Magie*, de Grétry. — *Les Deux Avares*, de Grétry. — *L'Erreur d'un moment*, de Dezède. — *Julie*, de Dezède. — *Zémire et Azor*, de Grétry. — *Le Magnifique*, de Grétry. — *Le Tableau parlant*, de Grétry. — *La Belle Arsène*, de Monsigny. — *Le Sorcier*, de Philidor. — *L'Ile des Fous*, de Duni. — *Lucile*, de Grétry. — *Sylvain*, de Grétry. — *Le peintre amoureux de son modèle*, de Duni. — *Le Devin de village*, de J.-J. Rousseau. — *Le Bon Fils*, de Philidor. — *Le Tonnelier*, d'Audinot. — *Les deux Chasseurs*, de Duni. — *L'Aveugle de Palmyre*, de Rodolphe. — *Le Déserteur*, de Monsigny. — *Bastien et Bastienne*, de Mme Favart et Harny. — *Le Maître de musique*, parodié de l'italien. — *Le Maître en droit*, de Monsigny. — *Baïocco et Serpilla*, de Sodi. — *Le Maréchal ferrant*, de Philidor. — *Les Souliers mordorés*, de Fridzeri. — *Isabelle et Gertrude*, de Blaise. — *Rose et Colas*, de Monsigny. — *La Clochette*, de Duni. — *On ne s'avise jamais de tout*, de Monsigny. — *Le Soldat magicien*, de Philidor. — *Les deux Miliciens*, de Fridzeri. — *Les Trois Fermiers*, de Dezède. — *Les Nymphes de Diane*, de Moulinghem. — *Laurette*, de Mereaux. — *Le Retour de tendresse*, de Mereaux. — *L'Olympiade*, de Sacchini. — *Mélitte*, de (?).

Cette énumération nous expose l'importance que s'était acquise cette petite scène. Il est peu de villes du même rang que Spa, qui puissent se vanter de posséder un répertoire aussi étendu. Il est à noter que nous ne possédons que les titres de la majeure partie des opéras représentés, et qu'il est hors de doute qu'on jouait également des comédies et des drames, peut-être même des tragédies.

Il nous a été permis d'entrer dans quelques détails sur le théâtre de Spa, grâce au curieux travail de M. Albin Body. Sans nous exagérer l'importance de cette scène, il est toujours intéressant de consigner quelques faits qui ne sont pas dénués d'intérêt et qui viennent compléter ceux que nous possédions déjà sur l'histoire de l'art dramatique dans la principauté de Liége.

Un fait digne de remarque, c'est que cette petite localité posséda un théâtre avant Verviers. Les comédiens, qui venaient dans cette dernière ville, y donnaient des représentations dans une maison particulière, où l'installation était toute primitive. Cet état de choses dura longtemps, car ce ne fut que le 19 septembre 1774, que le prince-évêque François-Charles accorda un octroi pour l'érection d'une salle de spectacle (1). Elle fut donnée à un certain Stanislas Dutz, à la condition expresse de ne pas y introduire des jeux de hasard « lesquels nous tenons ici pour défendus et interdits, en conformité des « lois et mandements généraux.... émanés pour notre bourg de Spa... » On y autorisait, par contre, les représentations dramatiques, les concerts et les

---

(1) Archives de l'État, à Liége. — Voir aux Documents.

bals. En outre, le bâtiment et les employés étaient placés sous la sauvegarde du souverain.

Ce fut donc à une époque assez rapprochée de nous que le théâtre français s'installa à Verviers. Au reste, cette scène était desservie par les comédiens de la principauté, et les représentations y étaient peu fréquentes.

Par tout ce que nous venons de détailler, on remarquera que si, dans la principauté de Liége, on possédait à cette époque un théâtre régulier, son exploitation laissait quelque peu à désirer. Les directions ne subsistaient pas longtemps, mais le goût des représentations dramatiques était très-répandu. On constatera, par contre, que la musique y avait un culte tout particulier. Depuis de longues années, elle était en faveur, et, du témoignage de Grétry lui-même, l'exécution pouvait rivaliser avec ce qui se faisait de mieux à Paris, à cette époque.

CHAPITRE VII

LE MARÉCHAL DE SAXE ET FAVART. — LES COMÉDIENS FRANÇAIS
DU COMTE DE LOWENDAHL

1745-1749

Les Français avaient envahi la Belgique et, après la bataille de Fontenoy, le 11 mai 1745, ils marchèrent sur Bruxelles, qu'ils investirent les 28 et 29 janvier 1746. Les tranchées furent ouvertes le 7 février, et la ville capitula le 20 du même mois.

Le Maréchal de Saxe, qui se trouvait à la tête de ces armées, avait à sa suite une troupe de comédiens que dirigeait un certain Parmentier. Celle-ci ne réalisant pas toutes ses espérances, le généralissime résolut de l'améliorer. Ayant appris la suppression de l'Opéra-Comique, à Paris, en 1745, et que Favart, l'un des fournisseurs habituels de ce spectacle, se trouvait réduit à faire représenter ses pièces à la Foire, il tenta de le décider à venir prendre en main la direction de ses comédiens.

Entretemps, il s'était emparé de l'administration du pays et avait fait supprimer la troupe qui occupait le théâtre de Bruxelles que dirigeait D'Hannetaire, à ce moment. Les journaux cessèrent de paraître : en un mot, il se mit en lieu et place de tout ce qui existait.

S'il faut en croire certaine chronique (1), l'arrivée des Français en Belgique causa des déboires à D'Hannetaire. Il y est dit, que s'étant rendu à Gand, en 1744, pendant l'occupation de cette ville par le Maréchal de Saxe,

---

(1) Chevrier. L'*Observateur des spectacles*. T. II, p. 118.

il avait cherché à enrôler quelques acteurs de la troupe de ce général. Celui-ci en ayant eu connaissance, le fit emprisonner. Mais, ajoute ce volume, « sa femme était aimable et jolie, on le délivra. » Ce fait, réel ou faux, est toujours intéressant à citer.

Avant d'entrer dans la capitale, le Maréchal de Saxe écrivit à Favart la lettre suivante :

« Sur le rapport avantageux que l'on m'a fait de vous, Monsieur, je vous ai choisi de préférence pour vous donner le privilége exclusif de ma comédie. Je suis persuadé que vous ferez tous vos efforts pour la rendre florissante ; *mais ne croyez pas que je la regarde comme un simple objet d'amusement : elle entre dans mes vues politiques et dans le plan de mes opérations militaires.* Je vous instruirai de ce que vous aurez à faire à cet égard, lorsqu'il en sera besoin. Je compte sur votre discrétion et sur votre exactitude. Dès à présent vous pouvez faire toutes vos dispositions pour ouvrir votre théâtre à Bruxelles au mois d'avril prochain. »

Ces troupes de comédiens à la suite des armées françaises ne sont pas un fait isolé. De nos jours encore, n'avons-nous pas vu, pendant la guerre de Crimée, les soldats jouer la comédie dans leurs camps ? Ce genre de divertissement, si en rapport avec l'esprit français, les distrayait des fatigues de la guerre, et entretenait, chez eux, cet entrain qui ne leur a jamais fait défaut.

Au reste, le Maréchal de Saxe avait connu Favart, à Paris, chez le fermier-général Bouret. C'était donc une ancienne connaissance qu'il allait rechercher et qui pouvait lui être d'une grande utilité dans les projets qu'il avait conçus.

Favart se rendit aux ordres du Maréchal. Il quitta Paris, le 29 janvier 1746, où il laissait sa femme, qu'il venait d'épouser le 10 décembre précédent. Celle-ci n'avait que 18 ans ; elle se nommait Marie-Justine-Benoîte Duronceray, mais elle était connue, au théâtre, sous le nom de *Mademoiselle de Chantilly*. Les époux se trouvaient donc en pleine lune de miel, lorsqu'ils se séparèrent, aussi comprend-on facilement, qu'à peine arrivé à Pont-Sainte-Maxence, c'est-à-dire à douze heures de Paris, Favart écrivait déjà à sa femme pour lui donner de ses nouvelles.

Il arriva à Gand et contracta, le 8 février, dans cette dernière ville, l'engagement que lui avait demandé Maurice de Saxe.

La troupe de comédiens fut partagée en deux : l'une, sous l'autorité du Maréchal, et l'autre, sous celle du comte de Lowendahl. Favart eut le privilége de la première, et Parmentier, celui de la seconde. Ce fait nous est signalé par Favart lui-même :

« 1746. Gand, 8 février.

« Ma chère petite femme, je n'ai pu terminer qu'aujourd'hui mardi, 8 de février. J'arrive de l'armée, où j'ai obtenu de M. le maréchal la direction de sa troupe, conjointement avec M. Parmentier, malgré une foule d'envieux. Je suis fort fêté dans ce pays-ci... »

Favart, honnête par dessus tout, comprit le tort que cet arrangement pouvait occasionner à Parmentier. Il n'hésita pas à l'indemniser, pour parer à toute éventualité.

Une fois ces dispositions définitivement prises, le nouveau directeur alla prendre possession de son poste. Il arriva à Bruxelles, le 23 février, deux jours avant l'arrivée du Maréchal. Le jour de l'entrée de ce dernier, toutes les dames de la haute société de la localité se trouvaient réunies à l'hôtel de ville. Favart s'y rendit également. Au moment où le vainqueur parut sur la place, un violent coup de tonnerre se fit entendre. Favart improvisa immédiatement le couplet suivant, qui fut transcrit par tout le monde :

AIR : *Nous jouissons dans nos hameaux.*

« Est-ce là notre général
« Que ramène Bellone ?
« — Eh ! oui, c'est ce grand maréchal,
« C'est lui-même en personne.
« — Non : je le vois à ses regards,
« C'est le dieu de la guerre,
« Et Jupiter annonce Mars
« Par un coup de tonnerre. »

On transmit le couplet au Maréchal, au moment où celui-ci se trouvait à table avec ses officiers-généraux. Il fit venir Favart et le félicita vivement. Cependant, un plaisant lui demanda ce qu'un poète, comme lui, venait faire à l'armée. Je viens, répondit Favart, chanter les exploits de nos guerriers, et chansonner leurs ennemis.

Le 4 mai suivant, le roi de France Louis XV fit son entrée triomphale à Bruxelles. Il y eut *Te Deum* à Sainte-Gudule. Le soir, on donna une représentation gala au théâtre, pour laquelle Favart composa plusieurs couplets de circonstance. Ce monarque résida à l'hôtel d'Egmont, aujourd'hui palais du duc d'Arenberg. Il séjourna dans la capitale jusqu'au 9 juin, puis il se rendit au camp des assiégeants devant Anvers. Après la prise de cette ville, il revint à Bruxelles, le 11 juin, mais il ne fit que traverser.

La direction de la troupe du Maréchal de Saxe était loin d'être une sinécure. On ne faisait qu'emménager et déménager ; à peine dans une ville, les comédiens devaient se porter dans une autre, selon la marche des armées. C'est Favart lui-même qui nous l'apprend, par une lettre à sa mère, datée de Lierre du 15 juillet 1746, dans laquelle il dit :

« ... Depuis que j'ai commencé cette lettre, voilà trois villes où nous séjournons, et d'où
« nous décampons au moment de jouer. Nous avons quitté Anvers en six heures, Lière (*sic*)
« en quatre, et nous sommes partis de Louvain au milieu de la nuit ; c'est apprendre à déménager promptement.

« J'avais fait construire en cette ville un théâtre qui m'avait coûté beaucoup d'argent, nous en aurions beaucoup gagné sans la mort de madame la dauphine. Le spectacle a été suspendu trois jours, et, au moment de recommencer, nous avons reçu la nouvelle du départ. Nous avons emporté jusqu'à la dernière planche du théâtre ; nous sommes à présent à Bruxelles, où nous attendons en sûreté le sort de la bataille que l'on est à la veille de donner... »

Une plaisante aventure arriva à l'une des comédiennes de la troupe de Favart, lors de son séjour à Louvain. Plusieurs acteurs qui se trouvaient avec elle aux environs de cette ville, furent surpris par un gros de hussards ennemis, qui les dépouillèrent de tous leurs vêtements et s'apprêtèrent à les tuer. La demoiselle Grimaldy, voulant s'épargner la vue du sang, rejeta précipitamment sur sa tête, l'unique chemise qu'on lui avait laissée, conjurant, dans cette posture assez singulière, le chef ennemi, de prendre pitié d'elle et de ses camarades. Le rire occasionné par cette vue, désarma les hussards, qui rendirent la liberté aux malheureux artistes (1).

La troupe qui occupait le théâtre de Bruxelles s'était fondue en partie dans celle de Favart. Celle-ci avait pour régisseur le sieur Bercaville. La femme de D'Hannetaire avait été désignée pour faire partie de celle dirigée par Parmentier, mais, par ordre du Maréchal, elle vint rejoindre son mari, et partagea, avec madame Bercaville, l'emploi des soubrettes, qu'elle eut en titre lors de la retraite de cette dernière. Dubois et Durancy furent, également, comédiens de Maurice de Saxe. Cette troupe se compléta, plus tard, d'autres sujets que nous aurons occasion de citer plus loin.

Le Maréchal avait bien auguré du but qu'il se proposait d'atteindre, en installant la comédie dans son camp. Elle devint le point de réunion de tous les officiers. Pendant qu'ils se distrayaient ainsi, ils ne se livraient pas à la passion du jeu, et ne commettaient aucun des excès que l'on eût pu craindre, s'ils n'en avaient été distraits par le spectacle. C'était là l'une de ses premières vues politiques, et elle avait été complétement remplie.

Si, de son côté, le généralissime était satisfait, Favart ne l'était pas moins du sien. Il était parvenu à payer une partie de ses dettes et commençait à amasser une petite fortune (2).

Le répertoire de cette troupe se composait, en majeure partie, des pièces de son directeur. Celui-ci variait les représentations avec les nouveautés qui se présentaient. Ainsi, il fit venir de Paris, le célèbre Turc Ali, qui faisait fureur à la Foire Saint-Germain (3). Au reste, toutes ces fantaisies ne lui coûtaient

---

(1) *Anecdotes dramatiques.*

(2) « *Mes affaires, grâce au ciel, prennent le tour le plus heureux que je pouvais désirer. Je me suis acquitté de la moitié de mes dettes. Je fais six cents livres par jour, l'un portant l'autre : si cela continue encore un mois, comme il y a beaucoup d'apparence, je n'aurai plus rien à désirer, que de partager avec vous ma petite fortune...* » (Lettre de Favart à sa mère.)

(3) Voir : CAMPARDON. *Les Spectacles de la foire*, Paris, 1877. 2 vol. in-8°.

pas cher, car il écrivait à sa mère, à ce sujet : « ... J'ai encore pour dernière
« ressource la bourse de M. le Maréchal qui m'a engagé d'y puiser toutes les
« fois que mes besoins le commanderoient ; mais je ne veux pas en abuser...
« Le Turc qui a paru à la Foire Saint-Germain a débuté hier sur mon
« théâtre. *M. le Maréchal le paye et j'en profite.* Il m'a produit hier huit
« cents livres, et aujourd'hui mille cinquante. C'est un homme extraordinaire ;
« et si je voulois croire aux sorciers, il ne tiendroit qu'à moi de me per-
« suader qu'il en est un des plus noirs... »

On conçoit qu'avec une telle facilité, Favart pouvait tout entreprendre sans crainte, et encore amasser de gros bénéfices.

Cependant, si les deux troupes étaient distinctes, les directeurs étaient associés. Parmentier, toutefois, ne se conduisit pas fort bien avec Favart. Il lui occasionna des difficultés, et, en fin de compte, abandonna sa direction, en laissant à son collègue, un assez grand déficit à combler. Celui-ci prit la chose assez philosophiquement, et, ayant soldé la plus grande partie des dettes, il reprit seul la gestion de tous les comédiens qui ne formèrent plus alors qu'une seule troupe (1).

Les distractions offertes à ses officiers par la comédie, n'étaient pas le seul but que se proposait le Maréchal de Saxe. Il voulait s'en servir également, pour stimuler leur courage à la veille d'une action.

Au mois de septembre 1746, l'armée se trouvait aux environs de Tongres. Favart avait fait élever un théâtre sur la grande place de cette ville. On était, à ce moment, dans l'attente d'une bataille décisive. L'état-major général était rassemblé et toutes les troupes se préparaient à l'action. Toutefois, rien n'était encore décidé. La salle de spectacle était le rendez-vous ordinaire des officiers, qui suivaient très-régulièrement les représentations. Le 9 octobre, vers deux heures, le Maréchal de Saxe fit venir Favart : « Demain, » lui dit-il, « je livrerai bataille ; on n'en n'est pas encore instruit. « Faites-la annoncer ce soir à la fin du spectacle par des couplets que vous « ferez à cette occasion. Que rien ne transpire jusqu'à ce moment. » Favart se rendit aux ordres du Maréchal. Le soir, la salle regorgeait d'officiers de toutes les armes ; une animation extraordinaire y régnait. Quand la représentation fut sur le point d'être terminée, une des actrices s'avança et chanta les deux couplets suivants, composés par Favart :

« Nous avons rempli notre tâche,
« Demain nous donnerons relâche ;
« Guerriers, Mars va guider vos pas ;
« Que votre ardeur se renouvelle :

---

(1) « ... *Je suis maintenant maître absolu de toute la direction ; je suis débarrassé de tous les monstres « qui m'environnoient ; ils devoient me faire beaucoup de chicanes et de procès, je n'en entends point « parler et je les en défie ; tous mes intérêts sont arrangés, il ne me reste plus qu'à calculer pour mon « profit...* » (Lettre de Favart à sa mère).

> « A des intrépides soldats
> « La victoire est toujours fidelle.
>
> « Demain bataille, jour de gloire,
> « Que dans les fastes de l'histoire
> « Triomphe encore le nom Français,
> « Digne d'éternelle mémoire !
> « Revenez après vos succès,
> « Jouir des fruits de la victoire. »

Ces couplets soulevèrent la salle. On courut à la loge du Maréchal, pour s'enquérir si ce n'était pas une témérité de Favart, mais il leur confirma ce qui venait d'être dit. Des applaudissements éclatèrent de toutes parts, et tout le monde retourna au camp, pour se préparer au combat du lendemain.

Effectivement, l'action s'engagea le jour suivant, et, le 11 octobre, la bataille de Roucoux était gagnée par les Français sur les troupes du prince Charles de Lorraine.

Au retour, on fêta joyeusement cet heureux succès. Il y eut spectacle extraordinaire, dans lequel Favart célébra, par deux ou trois scènes nouvelles, la victoire que l'on venait de remporter. L'une d'elles se terminait par ces vers :

> « . . . .
> « Anglais chéris de la victoire,
> « Vous ne cédez qu'aux seuls Français ;
> « Vous n'en avez pas moins de gloire ! »

Il est inutile d'ajouter que, dans un pareil moment, cet éloge fut accueilli avec enthousiasme.

Pendant que ceci se passait à l'armée de Maurice de Saxe, la troupe des comédiens français placée sous les ordres du Maréchal de Lowendahl, parcourait le pays de son côté. On signale sa présence à Malines, en 1747, par le document suivant :

> « L'hôte de *la Grue* logera Madame de Beauvais, actrice de la commedye, à la suitte du
> « corps de trouppe commandé par M. le comte Leuwendal (le maréchal de Lowendahl), et luy
> « fournira un lit de maitre et une chambre pour sa femme de chambre. A Malines, le
> « 30 juin 1747.
> « De Thiville. »

Si l'on s'en rapporte à la note de l'hôtelier, jointe à cette pièce, le séjour de ces comédiens se prolongea jusqu'au 9 juillet (1).

C'est peut-être la seule trace que l'on possède, relativement à cette troupe, à cette époque. Nous en parlerons longuement plus loin, au moment où le corps d'armée commandé par ce général, sera établi définitivement à Maes-

---

1) Archives générales du royaume.

tricht. Au reste, les données relatives à celle de Favart, sont très-rares, et c'est gràce à ses mémoires et à quelques documents isolés, qu'il nous est permis d'établir certains faits.

Un fait assez caractéristique se rapporte à la présence des comédiens, à la suite des troupes françaises. Dans le camp impérial, on était jaloux des plaisirs que l'on goûtait dans celui des ennemis. On voulut également en profiter, et les chefs de cette armée firent demander à Favart de venir donner des représentations chez eux. Le Maréchal de Saxe ne mit aucun obstacle à l'octroi de cette permission, et l'on assista à ce spectacle singulier, d'un directeur de théâtre appelé pour stimuler l'entrain et le courage des armées françaises, allant porter des distractions chez les adversaires qu'elles devaient combattre.

Au reste, ceci contribua beaucoup au rétablissement de la paix. Ces prévenances mutuelles, ces plaisirs partagés, amenèrent bientôt une entente et les hostilités cessèrent en 1748.

Comme on le voit, tout souriait à Favart. Il s'était acquis l'amitié et la confiance du Maréchal de Saxe, qui le comblait de faveurs. Son exploitation théâtrale était florissante. En un mot, il pouvait se considérer comme parfaitement heureux. Il n'en fut cependant pas ainsi, et un brandon de discorde vint semer le trouble où régnait une si bonne harmonie.

Afin de donner plus d'éclat à ses représentations, Favart fit venir de Paris, sa femme, qui était la meilleure actrice du Théâtre-Italien. Mal lui en prit. Les charmes et le talent de cette aimable comédienne subjuguèrent tout le monde et, en particulier, Maurice de Saxe. Celui-ci, ne considérant que l'actrice et ne doutant nullement de sa conquête, lui adressa, peu de temps après son arrivée dans la troupe de son mari, un billet ainsi conçu :

« A MADEMOISELLE DE CHANTILLY.

« *Mademoiselle de Chantilly, je prends congé de vous; vous êtes une enchanteresse plus*
« *dangereuse que feu madame Armide. Tantôt en Pierrot, tantôt travestie en Amour, et*
« *puis en simple Bergère, vous faites si bien que vous nous enchantez tous. Je me suis vu*
« *au moment de succomber aussi, moi dont l'art funeste effraie l'univers. Quel triomphe*
« *pour vous, si vous aviez pu me soumettre à vos lois ! Je vous rends grâce de n'avoir pas*
« *usé de tous vos avantages, vous ne l'entendez pas mal pour une jeune sorcière, avec votre*
« *houlette, qui n'est autre que la baguette dont fut frappé ce pauvre prince des Français,*
« *que Renaud l'on nommoit, je pense. Déjà je me suis vu entouré de fleurs et de fleurettes,*
« *équipage funeste pour tous les favoris de Mars. J'en frémis ; et qu'auroit dit le roi de*
« *France et de Navarre, si, au lieu du flambeau de sa vengeance, il m'avoit trouvé une*
« *guirlande à la main? Malgré le danger auquel vous m'avez exposé, je ne puis vous savoir*
« *mauvais gré de mon erreur, elle est charmante! Mais ce n'est qu'en fuyant que l'on peut*
« *éviter un péril si grand :*

 « *Adieu, divinité du parterre adorée ;*
 « *Faites le bien d'un seul et les désirs de tous :*
 « *Et puissent vos amours égaler la durée*
 « *De la tendre amitié que mon cœur a pour vous !*

« *Pardonnez, mademoiselle, à un reste d'ivresse cette prose rimée que vos talens*
« *m'inspirent ; la liqueur dont je suis abreuvé dure souvent, dit-on, plus longtemps qu'on*
« *ne pense.*

« M. DE SAXE. »

Ce n'était pas trop mal tourné pour un guerrier. Cependant, tous ces beaux sentiments, si bien exprimés, ne touchèrent nullement madame Favart. Elle résista à toutes ses avances, et lui, quoique ayant dit : *ce n'est qu'en fuyant que l'on peut éviter un péril si grand*, il n'en continua pas moins ses obsessions.

Cette résistance, à laquelle le Maréchal ne s'attendait pas, irrita ses désirs, et ce qui n'était, au début, qu'un caprice, devint une véritable passion. Il ne pouvait admettre que lui, devant qui tout cédait, dut battre en retraite vis-à-vis d'une comédienne.

Il mit tout en œuvre pour en arriver à ses fins, mais ce fut peine inutile : madame Favart résistait toujours.

Personne, soit au spectacle, soit aux armées, ne pouvait ignorer les tentatives du Maréchal, aussi l'actrice effrayée de cette situation et de l'éclat qui pouvait en résulter, résolut de fuir. Elle prétexta une indisposition, et se rendit à Bruxelles, chez madame la duchesse de Chevreuse, sa protectrice.

Le généralissime, toutefois, ne se tint pas pour battu. Il voulut la faire revenir au camp, et il employa même la menace pour obtenir ce qu'il désirait, ainsi qu'il résulte de la lettre que Favart écrivit, en ce moment, à sa femme :

« *Je suis arrivé en bonne santé, mon cher petit bouffe, la tienne m'inquiète beaucoup.*
« *Envoie moi le certificat du chirurgien pour le faire voir à M. le Maréchal. L'esprit comé-*
« *dien a fait courir ici le bruit que ta maladie n'étoit qu'une fourberie mal concertée pour*
« *cacher tes craintes et ma jalousie. J'ai répondu que je n'étois point dans le cas d'être*
« *jaloux, et que le soupçon te feroit injure. On doit écrire à M. de la Grolet pour savoir si*
« *tu es en état de partir pour l'armée ; on m'a même menacé de te faire venir de force par*
« *des grenadiers, et de me punir si j'en imposois sur ta maladie. Je crains peu pour moi*
« *les menaces ; mais je ne me pardonnerois pas de t'avoir amené dans un pays pour*
« *t'exposer à la tyrannie. Nous sommes ici fort mal, je ne suis pas encore logé, et j'ai couché*
« *sur la paille à la belle étoile depuis que je t'ai quittée. Si l'on te pressoit de partir,*
« *implore le secours de madame la duchesse de Chevreuse ; elle pense trop juste pour te*
« *refuser sa protection dans un point aussi essentiel, et les bontés dont elle nous a honorés,*
« *en sont une preuve certaine. Elle peut dire à M. de la Grolet que ta santé ne te permet pas*
« *de faire un voyage si pénible. Rien ne résistera à un pareil témoignage. Enfin, ma chère*
« *amie, quoique ta présence soit ici nécessaire pour le bien du spectacle, quoique je brûle*
« *d'impatience de te revoir, ta santé, plus précieuse que tous mes intérêts, plus chère que*
« *ma vie même, doit être préférée à tout. Donne au plus tôt de tes nouvelles à ton cher mari.*

« FAVART. »

Cette lettre, mieux que toutes les autres preuves, fait comprendre quels étaient alors les sentiments des deux époux.

Il paraît acquis que Madame Favart resta à Bruxelles, malgré toutes les instances du Maréchal. Au reste, le quartier général ne tarda pas à s'y rendre, et la troupe des comédiens s'installa au théâtre de la Monnaie. Maurice de Saxe tenait, dans la capitale, une véritable cour, et s'y donnait des airs de prince du sang. On aurait pu croire que Louis XV lui-même occupait la capitale.

Ici se place un doute que rien n'est encore venu éclaircir. Madame Favart, au retour du Maréchal à Bruxelles, lui céda-t-elle? Voici, à ce sujet, ce que nous trouvons dans un écrit du temps et que nous donnons sans commentaire :

«... Les demoiselles Navarre et Bline captivèrent successivement la bien-
« veillance du Maréchal; mais leur règne ne fut pas long; la Chantilly les
« débusqua toutes, et sut si bien, par ses minauderies, s'insinuer dans
« l'esprit du Maréchal, que toutes les grâces ne s'obtenaient que par son
« crédit... (1). »

Si cela se passait réellement, comment expliquer la disgrâce dans laquelle était tombé Favart vis-à-vis du Maréchal? Celui-ci était trop haut placé et avait un pouvoir trop illimité pour, s'il avait triomphé de la femme, se soucier pas mal du mari. Sa conduite, en suscitant des déboires à ce dernier, eût été plus que blâmable, dans une telle hypothèse. Au contraire, pour nous, cette manière de faire indiquerait plutôt le froissement qu'avait subi ce guerrier vainqueur partout, et que son caractère entier ne supportait que difficilement.

Jusqu'à preuve du contraire, nous maintenons notre opinion, qui est encore affirmée, par le départ de Madame Favart pour Paris, peu de temps après. Elle y vécut retirée, et donna le jour à un fils.

Ici, encore, ce même écrit donne à entendre que cet enfant serait la suite des œuvres du Maréchal. On ajoute même que ce dernier lui avait assuré une pension de deux mille quatre cents livres de rente, dont la mère avait la jouissance, sa vie durant.

Marmontel, dans ses *Mémoires*, en parlant du théâtre du Maréchal de Saxe à Bruxelles, semble également admettre que Madame Favart avait été à cette époque, la maîtresse de ce général :

«... Deux actrices de ce théâtre » dit-il (2), « Chantilly (Madame Favart)
« et Beaumenard, étaient ses maîtresses favorites, et leur rivalité, leur
« jalousie, leurs caprices lui donnaient, disait-il, *plus de tourmens que les*
« *hussards de la reine de Hongrie*. J'ai lu ces mots dans l'une de ses lettres.
« C'était pour elles que mademoiselle Navarre avait été négligée... »

Quoi qu'il en soit de ces allégations, il nous semble fort difficile d'admettre ainsi cette opinion. En voyant les sentiments des deux époux l'un pour l'autre,

---

(1) *Manuscrit trouvé à la Bastille*. Édition Poulet-Malassis, 1868. P. 5.
(2) *Marmontel, Mémoires*. Édit. Belin, 1819, T. I des Œuvres complètes. P. 103.

et surtout ceux de Favart, nous ne pouvons supposer que deux choses, ou une forfanterie du Maréchal, ou des propos jaloux émis contre cette actrice par les autres pensionnaires de la troupe.

Madame Favart ayant quitté Bruxelles, la comédie y subsista encore, tant bien que mal. On ne parvint pas à remplacer cette excellente actrice pendant tout le séjour des armées françaises dans les Pays-Bas, et les représentations s'en ressentirent.

Mais ce fut seulement en 1749, que surgirent les grands déboires de Favart. Le pays conquis ayant été remis aux troupes et aux magistrats de la reine Marie-Thérèse, le Maréchal de Saxe partit pour Paris, et laissa le pauvre directeur seul aux prises avec ses créanciers. La situation était pour lui des plus critiques, ainsi qu'on va en juger.

Le théâtre de Bruxelles appartenait, comme on l'a vu ailleurs, aux demoiselles Meeus. Elles avaient consenti à le louer moyennant la somme de 150 ducats par an, prix fixé par le Maréchal lui-même. Ce loyer avait été exactement payé par Favart, tant que lui dura la protection du généralissime, mais, après les faits que nous venons de détailler, il se trouva abandonné de son protecteur et livré à ses propres ressources. Les propriétaires, sans avoir fait signifier aucune demande, obtinrent de leurs tribunaux, un décret de prise de corps contre lui, et une saisie des effets de son magasin jusqu'à concurrence d'une somme de 26,000 francs, chiffre auquel avaient été fixés les loyers arriérés.

Favart partit précipitamment pour Paris, en laissant à son régisseur l'ordre écrit de payer tous les acteurs de sa troupe. Cet acte, dans un pareil moment, prouve en faveur de son caractère.

Il alla implorer la protection du Maréchal. Celui-ci lui donna un certificat, et lui fit obtenir un sauf-conduit de M. de Séchelles, intendant de l'armée française dans les Pays-Bas. Muni de ces pièces, il revint à Bruxelles et tenta de recouvrer les effets de son magasin. Toutes ses démarches furent inutiles. Il retourna à Paris, et il eut pour toute consolation, l'assurance de la protection de M. de Séchelles, contre les poursuites que les propriétaires lésés pourraient faire entreprendre contre lui, en France.

Il s'adressa de nouveau à Maurice de Saxe, et, le samedi 7 juin 1749, M. Bercaville, secrétaire de ce dernier, apporta à Madame Favart, la lettre suivante :

« 1749. Paris, 7 juin.

« Je suis informé, Mademoiselle, que les demoiselles Myesses (sic) veulent poursuivre
« Favart, en vertu du décret qu'elles ont obtenu contre lui à Bruxelles. Je pense que vous
« prendrez le parti de vous éloigner ; et comme votre situation n'est pas heureuse, je vous
« offre un secours de 500 livres qui vous seront payées tous les mois, jusqu'à ce que votre
« situation ait pris une autre tournure.

« Ayez la bonté de m'informer du parti que vous prendrez là-dessus, et du lieu que vous
« ou Favart avez choisi pour votre retraite.
« Vous connaissez, Mademoiselle, mes sentimens pour vous.

« M. DE SAXE. »

Ceci ressemblait quelque peu à une aumône, aussi Favart écrivit-il, le lendemain, au Maréchal, qu'il remerciait très-humblement Son Altesse de l'offre qu'elle avait la bonté de lui faire, que ses bienfaits devaient honorer, mais que ce serait une honte pour lui d'en recevoir, ne les ayant pas mérités, que sa protection était plus que suffisante pour le tirer d'embarras (1).

Ici se place encore une réflexion au sujet de l'opinion que nous avons émise plus haut. Si le Maréchal faisait à Madame Favart, *une pension de deux mille quatre cents livres*, somme considérable à cette époque, comment pouvait-il encore en offrir une autre de cinq cents par mois ? Elle devait être certainement à l'abri du besoin avec cette première largesse, et l'offre nouvelle qu'on lui faisait n'avait pas raison d'être.

Ensuite, les termes dans lesquels Favart refuse ce bienfait ne prouvent-ils pas une fois de plus, que sa femme ne se trouvait pas vis-à-vis du Maréchal, dans la situation qu'on a bien voulu lui prêter. Tout ceci nous confirme encore davantage dans notre dire.

Favart croyait que les demoiselles Meeus n'avaient pas de titres contre lui, qui leur permissent de le poursuivre en France même. Mais ces personnes, grâce à de puissantes protections, étaient parvenues à obtenir l'autorisation de faire exécuter, dans ce dernier pays, le décret de prise de corps rendu contre lui à Bruxelles.

Ce nouveau coup l'anéantit. Il alla de nouveau trouver le Maréchal, qui lui intima l'ordre de quitter Paris. La situation devenait de plus en plus tendue. Il était complétement ruiné ; il ne pouvait donc faire les dépenses nécessaires à son éloignement de la capitale. Sa femme écrivit à mademoiselle Lamotte, actrice de la Comédie-Française, pour la prier de lui avancer quelque argent. Cette dernière, cœur généreux comme en général beaucoup d'artistes, leur envoya immédiatement cinquante louis accompagnés d'une lettre charmante qui doublait encore le prix du service qu'elle leur rendait. Favart, avant son départ, s'arrangea avec sa mère et avec sa femme, de manière à reconnaître la dette qu'il venait de contracter envers mademoiselle Lamotte. Ce fait est encore un nouveau témoignage de l'élévation de ses sentiments.

Au reste, Favart n'eut guère le temps de prendre beaucoup de dispositions. Le 10 juin, une lettre de cachet l'obligea à quitter subitement Paris. Il alla se réfugier à Strasbourg, laissant derrière lui sa mère et sa femme. Dans

---

(1) *Mémoires de Favart.* T. I, p. XLIV

cette ville, il reçut de M. de Conigliano, avocat, la plus large hospitalité. Cet excellent ami le cacha chez lui pendant quatre mois. Favart, obligé de se dérober à tous les yeux, vivait dans une cave. Afin de ne pas être trop à charge à son généreux protecteur, il peignait des éventails à la lueur d'une lampe. Ce travail et le séjour malsain de l'endroit qu'il habitait, lui firent contracter un mal grave dont il ressentit des atteintes jusqu'à la fin de ses jours.

La mère de Favart, accablée de douleur, fit encore une nouvelle tentative auprès du Maréchal de Saxe, dont elle reçut la réponse suivante dans laquelle se trouve une proposition d'une perfidie bien caractérisée :

« 1749. Dresden, 22 juin.

« J'ai reçu, madame, la lettre que vous m'avez écrite le 11 de ce mois. Je seroi fort aise de
« rendre service à monsieur votre fils ; il trouvera ici un asile assuré pour autant de temps
« qu'il le désirera. Il y trouvera plusieurs Français, qui sont pensionnaires du roi. S'il s'y
« plaît, je pourrai lui procurer un emploi honnête : plusieurs d'entre eux ont fait fortune,
« qui n'ont pas ses talens ; enfin, vous pouvez compter que je lui rendrai tous les services qui
« dépendront de moi.
« Votre affectionné,

« M. DE SAXE. »

Il est inutile de dire que Favart n'accepta pas cette proposition. Il demeura dans sa retraite, comme nous l'avons dit plus haut.

Sa femme, restée à Paris, débuta au Théâtre Italien, le 5 août 1749, où son apparition fut pour elle, un véritable triomphe. Des écrits du temps constatent qu'il n'y a pas eu d'exemple d'un plus grand succès.

Cependant, malgré les palmes qu'elle recueillait chaque jour, elle se sentait isolée : elle résolut d'aller rejoindre son mari. Mal lui en prit, car une lettre de cachet fut lancée contre elle, et on l'enleva en route pour la conduire au couvent des Ursulines, aux Andelys, où elle fut enfermée le 17 octobre 1749. Comme on craignait qu'elle ne s'en échappât, on obtint une nouvelle lettre de cachet pour la transférer aux Pénitentes d'Angers, couvent où on l'emprisonna le 1er novembre suivant. Ce nouveau trait était évidemment dû à l'influence du Maréchal, et il prouverait une fois de plus, qu'il n'avait pas triomphé, en Belgique, de Madame Favart. Au reste, s'il en fallait une autre preuve, nous la trouverions dans une lettre que cette dernière adressait, de sa prison, à son persécuteur. Voici ce qu'elle dit :

« A Angers, le 5 décembre 1749 (1).

« ... J'ai cru qu'il étoit plus décent de vivre avec mon mari et mes parents que de me
« livrer à contenter, si j'en avois été capable, les caprices qui me seroient peut-être venus,
« ce qui auroit déshonoré ma conduite passée ; vous savez qu'elle est irréprochable de ce
« côté-là, et vous devez me rendre assez de justice pour le croire. Si j'ai usé de vos bienfaits

---

(1) *Manuscrit trouvé à la Bastille.* Édition Poulet-Malassis. P. 38-39.

« et de vos secours, j'y ai été forcée, n'étant pas la maîtresse de gagner ma vie, et vous savez
« que mes parents ni moi n'ont aucune fortune que mes talents et les leurs. Il valoit mieux
« faire ce que je vous ai dit tant de fois, me reprendre vos bienfaits et me laisser tranquille,
« que de me les laisser, et qu'ils me servent si peu, et de me faire autant de mal que vous
« nous en faites. Vous dites que ce n'est pas vous! mais c'est toujours vous qui en êtes la
« cause. Je ne connois point les gens de cour; je ne leur ai jamais rien fait, et ils ne sont pas
« assez injustes pour me faire du mal à propos de rien. Je ne puis que me plaindre amère-
« ment du sort cruel qui m'arrive; il n'y a que votre bonté, votre générosité et votre pitié
« qui me tireront d'ici : voilà le seul espoir qui me reste. Adieu. »

Ceci n'est pas le langage d'une maîtresse délaissée, c'est celui d'une femme persécutée qui réclame la justice qui lui est due, et qui ne trouve rien de mieux que de s'adresser à celui qui fut le protecteur de son mari et qui devint, par dépit, le tyran de la femme.

Cette actrice qui avait tant captivé le Maréchal de Saxe, devait, outre son talent de comédienne, posséder de grands charmes naturels. Il n'est pas admissible au reste, qu'il en ait été autrement, car le public est grand juge en ces matières, et les ovations qu'on lui faisait étaient aussi bien destinées à la femme qu'à l'artiste. Nous n'en voulons pour preuve que les vers suivants, dûs à M. Beauran, auteur de la *Servante maîtresse*, et qu'il composa pour mettre au-dessous du portrait de Madame Favart :

« Nature un jour épousa l'Art :
« De leur amour naquit Favart,
« Qui semble tenir de son père
« Tout ce qu'elle doit à sa mère. »

En voici également d'autres qui renferment la même idée :

« Pour orner la raison, l'amour l'ayant choisie,
« L'embellit de ses agrémens ;
« Et comme autant de fleurs fit naître ses talens,
« Pour en offrir un bouquet à Thalie. »

Ceci est bien loin du disgracieux portrait qu'on en a fait ailleurs (1), où il est dit :

« ... *Elle est âgée de vingt-deux à vingt-trois ans, petite, mal faite, seche,*
« *les cheveux bruns, le nez écrasé, les yeux vifs, la peau assez blanche,*
« *enjouée par caprice, minaudière, fourbe et dissimulée; elle chante et danse*
« *passablement bien...* »

On ne peut croire qu'avec aussi peu de charmes, elle ait pu inspirer au Maréchal de Saxe, une passion qui alla jusqu'à l'aveuglement. Nous admettrons plutôt que c'était une charmante actrice, et nous serons certainement dans le vrai.

---

(1) *Manuscrit trouvé à la Bastille*. Édition Poulet-Malassis. P. 3-4.

Il est probable cependant, que les persécutions eurent quelque effet. Le Maréchal, tout en poursuivant Madame Favart, faisait offrir à son mari, des sommes d'argent que celui-ci refusa toujours avec indignation. Il avait une confiance aveugle dans sa femme. Cette dernière, toutefois, dut succomber à la fin, aux obsessions dont elle était l'objet, car on trouve dans une lettre adressée par Favart à l'un de ses amis, le 30 août 1750, quelque chose qui le prouverait. Voici ce qu'il dit : « ... Il me paroît qu'on s'est lassé de me per-
« sécuter ; mon exil est expiré, mais je n'en suis pas plus heureux ; *mes*
« *chagrins sont d'une nature à ne finir qu'avec ma vie.* »

La conduite du Maréchal de Saxe est d'autant plus blâmable et ternit d'autant plus sa mémoire, qu'il est avéré, d'après des mémoires et d'autres écrits, que si d'une main il offrait des secours, de l'autre il faisait agir les persécuteurs des deux époux. Ayant l'air de s'apitoyer sur leur sort et de déplorer les peines qu'on leur occasionnait, il se réjouissait à part lui, voyant, dans ces circonstances, une facilité de plus de parvenir à ses fins.

La chronique scandaleuse rapporte que Madame Favart sortait du lit du Maréchal, le jour de la mort de ce dernier, le 30 novembre 1750. On fit, à ce sujet, les vers suivants :

« O toi, qui d'*Albion* défias le courage,
« Et qui fus des François l'unique boulevart,
« Toi qui portas par-tout la mort et le carnage,
« Devois-tu donc mourir sur le sein de Favart (1) »

Pour être impartial, nous devons mettre en regard de ces vers, ceux que fit Favart en apprenant cette mort :

« Qu'on parle bien ou mal du fameux Maréchal,
« Ma prose ni mes vers n'en diront jamais rien ;
« Il m'a fait trop de bien pour en dire du mal,
« Il m'a fait trop de mal pour en dire du bien. »

Enfin, voici au sujet de la mort du héros de Fontenoy, une tirade singulière et qui est assez originale pour être mise à la suite de celles que nous venons de citer (2) :

« Son courage se fit admirer de chaque 1
« Il avait des rivaux, mais il triompha 2
« Les combats qu'il gagna, sont au nombre de . . 3
« Pour Louis, son grand cœur se serait mis en . . 4
« En amour, c'était peu pour lui d'aller à . . . 5
« Nous l'aurions, s'il n'eût fait que le berger Usyr. 6
« Mais, pour avoir voulu passer douze, *hic ja* . . 7

---

(1) Chevrier. *Almanach des gens d'esprit, par un homme qui n'est pas sot*, calendrier pour toute la vie publié en l'année 1762.
(2) *L'Intermédiaire*. Réponse signée *Lector*. XI, 274.

> « L'an Mil sept cent cinquante, en Décembre, le . 8
> « Strasbourg tient le héros dans un Temple tout . 9
> « Mais, pour cent Te Deum, pas un De Profun. . 10
>
> *Total des années qu'il a vécu :* 55

L'opinion que nous venons d'émettre relativement aux rapports qui auraient existé entre Madame Favart et le Maréchal de Saxe, est conforme à celle de M. Saint-René-Taillandier, dans son excellente étude historique sur ce général (1). Au reste, d'après les rapports des deux époux entre eux, il serait difficile d'admettre une version contraire. Est-il à supposer que Favart, ayant connaissance de l'inconduite de sa femme, ait continué à lui écrire dans les termes que nous avons exposés plus haut? Nous ne pouvons nous ranger à cette opinion, et nous aimons mieux croire, pour la réputation de ces deux artistes, que Madame Favart n'a cédé qu'à la violence. Ceci est beaucoup plus digne et plus en rapport avec les faits qui sont venus à notre connaissance.

Nous avons dû nous étendre sur cet épisode de notre histoire dramatique, parce que Favart y tient une large place. Lui seul à cette époque, avait droit de représentation dans notre pays, et, après son départ, sa troupe s'étant dispersée, celui-ci resta pendant quelque temps sans spectacle.

Quels furent les artistes qui composèrent la troupe du Maréchal de Saxe ? Il nous est impossible d'être fixés avec certitude sur ce fait. Nous savons d'abord que *D'Hannetaire* et sa femme en firent partie, ainsi que *Bercaville* et la sienne, puis *Dubois* et *du Rancy* avec sa femme, appelée au théâtre *Darimat*. On cite encore les sieurs *Moly*, *Lécluse*, *Désormes* et *Dreuillon*, puis les demoiselles *Fleury*, *Amand*, *Verrière*, *Navarre*, *Bline*, *Auguste* et *Beauménard* ou *Gogo*, puis, enfin, *Madame Favart*.

Au sujet de la demoiselle Beauménard, à laquelle on avait donné le singulier surnom de *Gogo*, à cause du rôle qu'elle joua dans *le Coq du village*, nous avons certains renseignements sur la carrière qu'elle a suivie dans la suite. Cette actrice, qui avait débuté à l'Opéra-Comique de Paris, quitta ce spectacle en 1744, pour parcourir la province. Nous la trouvons ici, dans la troupe du Maréchal de Saxe, dont elle fut même, dit-on, l'une des préférées. En 1749 donc, après la dissolution de la comédie de Favart, elle débuta à la Cour de France, par le rôle de *Finette* dans *les Ménechmes*, et au Théâtre Français, par celui de *Dorine* du *Tartuffe*. Elle épousa le comédien Bellecour (2).

Quant aux autres artistes, nous aurons à nous en occuper plus tard. Toutefois, nous en rencontrerons quelques-uns dans la distribution des pièces qui furent représentées à cette époque.

---

(1) *Maurice de Saxe*. Étude historique, d'après des documents inédits. *Paris, Michel Lévy*, 1865, in-8°.
(2) *Anecdotes dramatiques*. T. III, p. 38.

A ce sujet, nous sommes encore dans le vague. Le répertoire de cette troupe de comédiens se composa dans le principe, des pièces dues à la plume de Favart. Ceci ne fait pas de doute. Placé à la tête des comédiens, cet auteur n'alla pas chercher ailleurs de quoi alimenter ses représentations. Ses œuvres avaient eu le plus grand succès à Paris, et il est conséquent qu'il cherchât encore à les produire devant un public nouveau, étant certain de leur réussite.

Nous pouvons citer : *les Amours grivois, le Coq de village, les Fêtes publiques* et *les Vendanges de Tempé*. Cette dernière pièce avait été représentée pour la première fois à Paris, à la Foire Saint-Laurent en 1744 ; mademoiselle Chantilly y remplissait le rôle du petit berger.

Toutes ces productions furent évidemment exécutées, d'après les brochures imprimées à Paris. Il est peu probable que le Maréchal de Saxe ait eu, à sa suite, une imprimerie dans son camp. Ceci est d'autant plus certain, que l'on changeait à chaque instant de résidence, et que l'on avait autre chose à faire que de s'occuper de publications de pièces de théâtre. On se servait de ce qui existait. La comédie était un délassement pour les armées, et le général ne s'en occupait pas autrement.

Ce fait est tellement vrai que la première pièce que nous connaissions de cette époque, fut imprimée à Liége, en 1746. Elle est intitulée : *la Brabançonne généreuse* (1). Nous y voyons qu'elle fut représentée *à l'armée, après la prise du château d'Anvers*. D'après une note inscrite au titre, elle aurait trait à une anecdote arrivée à Bruxelles, mais dont les détails ne sont pas parvenus jusqu'à nous. Cette pièce, fort rare, ne donnant pas le nom des artistes qui l'ont représentée, nous ne pouvons nous y arrêter davantage.

C'est la seule production que nous possédions de l'époque où les armées françaises tenaient la campagne. Celles qui nous sont parvenues depuis sont relatives au moment où la troupe de Favart était installée définitivement à Bruxelles. On imprima alors quelques-unes de ces pièces, dont nous allons nous occuper spécialement.

Ici se place encore un doute. A notre connaissance, quatre pièces furent éditées spécialement pour les représentations au théâtre de la Monnaie. Trois portent la marque théâtrale du Maréchal de Saxe (2), mais aucune ne mentionne le nom de la ville où elles virent le jour. Nous devons supposer que ce fut, dans la capitale ; mais chez quel éditeur ? Fut-ce chez Boucherie, qui imprimait beaucoup de pièces de théâtre à cette époque ? Nous ne pourrions

---

(1) Voir la Bibliographie.
(2) Cette marque théâtrale, gravée par Chedel d'après Boucher, représente des amours tenant des attributs de la comédie et entourant le blason du Maréchal de Saxe. On y trouve l'inscription : *Ludunt in armis*. Elle a déjà été reproduite deux fois : la première, dans le tome deuxième de la *Musique aux Pays-Bas*, de M. Vanderstraeten, et la seconde fois, dans la réimpression du *Manuscrit à la Bastille*.

rien affirmer à cet égard, mais nous penchons pour cette dernière hypothèse.

La première de ces pièces présente un intérêt tout particulier pour nous. C'est l'opéra-comique de Favart, *les Nymphes de Diane*, qui fut représenté d'origine à Bruxelles, le 1er juin 1747 (1). Ainsi donc, l'édition qui en fut donnée à cette époque, est-elle bien la première? Cette pièce devait être représentée à Paris, dès 1741, mais l'autorité refusa son consentement. Favart ne la produisit, dans cette dernière ville, qu'en 1753, à la Foire Saint-Laurent.

La distribution des rôles offre donc un attrait tout spécial. Elle nous donnera, en outre, de nouveaux renseignements sur le personnel de cette troupe :

Severine, grande prêtresse de Diane	Mlle Durancy.
Cyane, confidente de *Severine*	Mlle Danetaire *(sic.)*.¹
Eglé, nymphe	Mlle Jacmont.
Themire	Mlle Chantilli (Mme *Favart*).
L'Amour	La petite Evrard.
Agenor, amant de *Themire*	Le sr Durancy.
Cliton, valet d'*Agenor*	Le sr Lecluse.
Un Satyre	Le sr Rebours.
La Nymphe Gangan	Le sr Alexandre.
Chœur de Nymphes.	
Troupe de Bergers et de Satyres.	

On le voit, nous rencontrons plusieurs noms nouveaux. Il en sera, au reste, de même dans les pièces qui vont suivre.

La seconde est l'opéra-comique : *Cythère assiégée*, qui fut représenté à Bruxelles, le 7 juillet 1748. Il avait paru, pour la première fois, à la Foire Saint-Laurent, à Paris, la même année. La pièce avait été complétement remaniée par Favart, pour la produire au théâtre de la Monnaie. En voici la distribution :

Broutes, chef des Scites	Le sr Parent.
Olgar, Prince Scite	Le sr Durancy.
Barbarin, Aide de camp d'*Olgar*	Le sr Dreuillon.

Nymphes.

Daphné	Mlle Durancy.
Cloé	Mlle Beauménard.
Carite	Mlle Chantilli (Mme *Favart*).
Mirto	Mlle Jacmont.
Doris	Mlle Danetaire *(sic.)*.

Mademoiselle Beauménard, que nous voyons figurer ci-dessus, avait été longtemps la favorite du Maréchal de Saxe.

En troisième lieu, nous avons à citer : *Acajou*, opéra-comique qui avait

---

(1) *Anecdotes dramatiques.* T. II, p. 6.

paru, d'abord, à la Foire Saint-Germain de Paris, le 18 mars 1744. Nous trouvons dans la brochure la distribution suivante :

Acajou.	Mlle BEAUMÉNARD.
Zirphile	Mlle CHANTILLI *(Mme Favart)*.
La Fée Harpagine	Le s^r REBOURS.
La Fée Ninette	La petite ÉVRARD.
Podagrambo, Arlequin	} Le s^r DREUILLON.
Metromane, Géomètre	
Mortifer, Maître d'armes et Médecin	Le s^r L'ÉCLUSE.
Gueulard, Huissier	Le s^r BEAUMONT.
Glapissant, Avocat	Le s^r PARENT.
Fausset, Procureur	N.

Vient ensuite, l'opéra-comique : *Ragonde*, dont le livret ne porte pas la marque théâtrale du Maréchal de Saxe.

Enfin, en 1748, parut chez Boucherie, imprimeur à Bruxelles, un opéra-comique en un acte, ayant pour titre : *L'Époux par stratagème* (1). L'auteur, un certain Varoquier, conserva l'anonyme, il ne signa que V***, sur la brochure. Comme il n'existait à cette époque, à Bruxelles, d'autre théâtre que celui subsidié par le généralissime français, il est hors de doute qu'il y fut représenté.

Jusqu'à ce jour, ces comédiens étaient connus sous la dénomination de : *Troupe du Maréchal de Saxe* ; on ne lui en connaissait pas d'autre. Ceci vient d'être éclairci, grâce à un programme imprimé du temps, qui nous donne le titre exact sous lequel ils représentaient, qui était : *Compagnie de la Toison de Gédéon attitrée de l'Amour vainqueur*. Ceci rappelle bien l'époque où la mythologie jouait un si grand rôle, tant au théâtre que dans la littérature.

Comme ce document est peut-être la seule pièce de l'espèce que l'on possède, il nous a paru intéressant de le donner ici *in extenso*. Nous avons conservé, dans cette reproduction, la disposition complète du programme, tant pour le nombre de lignes que pour le choix des caractères. Ce n'est pas un *fac-simile*, dans le sens rigoureux du mot, mais c'est quelque chose qui s'en rapproche.

---

(1) Voir la Bibliographie.

ADALLAS
ROI DE TRACE,
OU LA CONSTANTE
OLIMPIE
TRAGI-COMEDIE

Ornée de Ballets, de Spectacles et de Danses, où M.le. CHANTILLI, attirera les Applaudissemens des Spectateurs;

Laquelle sera representée par la Compagnie de la

TOISON DE GEDEON
ATTITRÉE DE L'AMOUR VAINQUEUR
PORTANT POUR DEVISE

Ainsi que le Soleil parcourt son Hemisphére,
S'enfonçant dans la Mer, remontant sur la Terre,
De même la Toison de Gedeon décend,
Et reparoit encore avec plus de brillant.

DEDIÉE AU TRES NOBLE SEIGNEUR,

MESSIRE JEAN, EUGENE, NICOLAS
VANDER DILFT
DE BORCHVLIET, &.

Licentié ès Loix, ancien Amman, Bourguemaître et Echevin de la ville Ducale de Brusselles, et actuellement Sur-Intendant du Rivage.

```
Armes du sieur

VANDER DILFT.
```

C'est au grand Téatre sur la Monnoye, le 9. le 16. et le 23. de Janvier 1747. où l'on commencera juste à 5 heures.

ACTE I.

BALLET.

PREMIERE REPRESENTATION.

Où la Princesse Olimpie, *en se sauvant à cause de l'Amour dereglé de son frère* Adallas, *est jetté par une tempête sur le rivage d'une île, et y voyant* Ariobarzane *fils du Roi d'Armenie en danger d'être noyé, elle lui sauve la vie.*

DEUXIEME REPRESENTATION.

Où l'amoureux Adallas *poursuit sa sœur, et étant ataqué par des* Pirates, Ariobarzane, *qui se fit nommer* Ariaméne, *lui sauve la vie.*

TROISIEME REPRESENTATION.

Où Adallas *s'en retourne avec sa sœur dans ses Etats, et fait conduire* Ariaméne *dans l'île de Chipre.*

QUATRIEME REPRESENTATION.

Où Ariaméne, *s'étant joint aux Traciens, bat les ennemis d'*Adallas *dont il étoit haï.*

SCENE PREMIERE.

Es Princes Traciens annoncent au Roi *Adallas* la défaite de ses ennemis, par la bravoure d'*Ariaméne* pendant son absence, ce qui lui cause un très grand chagrin.

Scene 2. *Olimpie* fait connoître à son tuteur *Eurilas* la crainte qu'elle possede, pour la vie de son amant, ayant apris qu'il venoit au palais où on l'attendoit.

Scene 3. *Adallas* se voyant rebuté par sa sœur *Olimpie*, jure de faire mourir *Ariaméne* son rival, ce qui met cette Princesse au desespoir, mais son tuteur *Eurilas* la console.

Scene 4. *Ariaméne* arrive inconnu au palais, où *Olimpie* lui conseille de se retirer, y étant en danger de sa vie, sur quoi il prend la résolution d'aller combâtre les ennemis du Roi son frère.

BALLET.

ACTE II.

REPRESENTATION.

Où Ariaméne *défait les ennemis d'*Adallas.

SCENE PREMIERE.

A*Dallas* se plaint pour avoir été rebuté de sa sœur *Olimpie*. *Scene* 2. Il reçoit la nouvelle qu'*Ariaméne* vient d'obtenir la victoire sur ses ennemis.

Scene 3. *Ariaméne* est conduit en prison par ordre d'*Adallas* pour recompense de sa victoire.

Scene 4. *Olimpie* veut aller voir son Amant dans la prison, mais elle en est déconseillée par *Eurilas* son tuteur.

Scene 5. *Olimpie* meprise derechef les faveurs d'*Adallas*, ce qui oblige ce Prince à redoubler les menaces de faire mourir *Ariaméne*, après son retour de l'armée.

BALLET.

ACTE III.

REPRESENTATION.

*Où l'armée d'*Adallas *est batue et mise en fuite.*

SCENE PREMIERE.

O*Limpie* très inquiette, appelle *Urmand* à son secours.
Scene 2. *Eurilas* lui aprend que les armées sont aux mains.
Scene 3. *Irisméne* lui annonce un combat sanglant.
Scene 4. *Telemaque* lui vient dire qu'*Adallas* est totalement défait.

Scene 5. Les Bezantins choisissent *Ariaméne* pour leur Général, afin de se vanger de leurs ennemis.

Scene 6. Qui le vont tirer par force de la prison, celui-ci pour l'amour d'*Olimpie* prend la resolution d'aller délivrer *Adallas*.

Scene 7. *Ariaméne* étant recherché par le roi *Merodate* pour être le chef de son armée, le refuse, et se prepare pour le combâtre.

Scene 8. *Olimpie* voyant la generosité de son Amant, prend la resolution de le suivre au combat.

BALLET.

ACTE IV.

REPRESENTATION.

Où Ariaméne *défait le Roi* Merodate.

SCENE PREMIERE.

Olimpie est dans la derniére inquietude sur le sort de la bataille.

Scene 2. *Limardes* lui annonce la victoire remportée sur *Merodate*.

Scene 3. *Ariaméne* veut tirer *Adallas* de la captivité.

Scene 4. Il en est empêché par *Olimpie*, jusqu'à ce qu'il devienne plus raisonnable à son égard.

Scene 5. *Adallas* se plaint de sa captivité.

Scene 6. *Ariaméne* met ce Roi infortuné en Liberté, en lui demandant la Princesse *Olimpie* pour recompense.

Scene 7. *Adallas*, convaincu de la fidelité d'*Ariaméne* envers lui et sa sœur, lui accorde *Olimpie*.

Scene 8. *Olimpie* remercie son frére de cette faveur et accepte *Ariaméne* pour son Epoux, lequel se fait en même tems connoître qu'il est *Ariobarzane* Prince d'Armenie.

BALLET.

REPRESENTATION.

Où Ariobarzane *épouse* Olimpie *dans le palais d'*Adallas.

F I N.

LAQUELLE SERA SUIVIE

D'ARLEQUIN ET DE PIERROT
DESERTEURS.

A BRUSSELLES, chès G. JACOBS, Imprimeur, près du Pont de Barbe. 1747.

La pièce dont il est question ici, est parfaitement inconnue. Nous avons eu beau parcourir tous les ouvrages spéciaux, nous n'en avons pas trouvé de trace. Il en est de même de celle qui est renseignée en dernier lieu. Ce programme est donc une véritable trouvaille, de quelque côté qu'on l'envisage. Il fait partie de notre collection particulière.

Il est à espérer que des découvertes postérieures nous fixeront sur le répertoire de ces comédiens. Nous ne pourrons rien avoir de positif, sans les programmes ou les livrets que le hasard fera peut-être rencontrer un jour. Ceux que nous venons de signaler sont, croyons-nous, les seuls qu'on ait cités jusqu'à présent. Il y a donc encore beaucoup à faire pour préciser les diverses phases d'une des époques les plus intéressantes de notre histoire dramatique.

Si nous manquons de détails circonstanciés sur les comédiens placés sous la direction de Favart, il n'en est pas de même pour ceux appartenant au comte de Lowendahl, et qui furent primitivement dirigés par Parmentier. Nous avons trouvé une trace de leur passage à Malines, en 1747. A dater de ce moment, il n'en fut plus question, mais nous les retrouvons, dans le camp français, pendant le siège de Maestricht, le 5 avril 1748. Cette troupe de comédiens, qui avait pris le titre de *Comédiens français de Son Excellence Monseigneur le comte de Lowendahl*, était dirigée alors par un certain d'Orval. Elle donnait des représentations au quartier-général qui se trouvait à une lieue de la ville, au château de Petersheim. On avait converti une grange en salle de spectacle. Chose curieuse, l'abbaye de Hogt avait été obligée de fournir le bois pour la construction de ce théâtre.

La prise de Maestricht eut lieu le 7 mai 1748. Le Maréchal de Lowendahl fut nommé, par Louis XV, gouverneur de cette place. Il s'empressa, aussitôt sa prise de possession, d'y installer sa troupe de comédiens français. Mais il surgit alors quelques difficultés entre l'autorité militaire et les habitants de la ville. Le généralissime avait ordonné de loger tous les acteurs *gratis*, mais la population s'y opposa. Enfin, le magistrat aplanit le différend, en indemnisant les bourgeois, des frais que cet état de choses leur occasionnerait.

Plus heureux que pour la troupe de Favart, nous possédons la composition presque complète de celle-ci, et nous nous empressons de la donner ici :

Directeur : D'ORVAL.

Acteurs.

Messieurs : RAIMONT. — VILLE-DIEU. — ROCHEMONT. — DEBRISSON. — SAINT-RÉAL. — N... — N... — DUNY, premier rôle. — N... — N... — N..

Actrices.

Mesdames : D'Orval mère. — La Vallette. — Rochemont. — Ville-Dieu. — James. Mesdemoiselles : Villon — N... — N... — N...

Chanteurs.

Messieurs : D'Orgimont. — De Villanton. — N... — Courtenan.—Fildain.— Hartou. — Anchon. — N...

Chanteuses.

Mesdames : D'Orval.— Rochemont mère. — Rosan mère.— Rosan fille. — Almanville. Firville.— Hologne. — Fertan.

Danseurs.

Messieurs : De Renvoi, premier danseur. — N... — N... — N... — N... — Puisieux.

Danseuses.

Mesdemoiselles : Auguste, première danseuse. — N... — De Vitron. — De Londois. — N... — Bourbourg.

Figurans.

Messieurs : De Hurti. — N... — Philton. — N... — N... — Vermont.

Figurantes.

Mesdames : De Vilmont. — N... — N... — N...

Malgré les quelques noms qui nous manquent, cette énumération est assez complète pour faire juger de l'importance de cette réunion de comédiens.

Comme Maestricht ne possédait pas de salle de spectacle, on résolut de transformer à cet usage, un manége qui avait été construit en 1707. On travailla jour et nuit, mais l'impatience des officiers fut telle qu'on dût donner la première représentation dans cette salle inachevée, ne contenant encore aucune loge et n'ayant pas reçu les décors nécessaires. Cette représentation eut lieu le 19 mai. Le spectacle se composait de : *Œdipe*, tragédie de Voltaire, *le Bacha d'Alger*, opéra-comique de Favart, et *l'Art et la Nature*, grand ballet. Il commença par un compliment adressé au public par le directeur d'Orval.

Une particularité à noter, c'est que ce fut à dater de ce moment qu'on distribua des affiches renseignant le spectacle du jour. Précédemment, on le faisait annoncer, dans toute la ville, à son de trompes. Jusqu'à ce jour, l'on n'a pas encore signalé l'existence d'une seule de ces affiches.

Un autre fait singulier à signaler, c'est que, le mobilier de la salle n'étant pas prêt, le magistrat ordonna de faire transporter à la comédie, toutes les chaises de l'église réformée de Saint-Mathieu.

Ce fut une véritable solennité dramatique. On remarquait, parmi les spectateurs, le Maréchal de Lowendahl, le prince de Camille, le chevalier d'Hallot, lieutenant du roi, le comte de Périgord, colonel du régiment de Normandie, le comte d'Avrincourt, commandant de la ville, le chevalier de Lorme, major de la place, le chevalier de Fault, commissaire-général de la régie et des revenus du Roi et receveur-général de ses domaines dans les pays conquis, plus quantité d'autres généraux et seigneurs français.

Pour éviter toute difficulté et pour assurer la bonne gestion de l'administration de ces comédiens, le prix de l'abonnement avait été réglé au prix uniforme de 12 livres de France par mois et par compagnie. Quant aux officiers supérieurs, ils payaient ce qu'ils voulaient.

Ainsi que nous l'avons vu pour la troupe de Favart, dans celle-ci se trouvait également une favorite. Seulement, le comte de Lowendahl ne rencontra pas chez elle les mêmes difficultés à se soumettre à ses désirs, qu'avait trouvées le Maréchal de Saxe. Cette actrice, très-flattée d'être remarquée par le généralissime, ne fit pas la coquette et bien lui en prit, ainsi qu'on le verra par la suite. Elle se nommait *Auguste*, c'était la première danseuse de la troupe. Ce ne fut certainement pas sa beauté qui séduisit ce général, car sa laideur, au contraire, était telle que, pour danser en public, elle se couvrait le visage d'un masque, ce qui n'était pas du goût de tout le monde.

On rapporte que le Maréchal de Lowendahl en était tellement épris que, chaque fois que la demoiselle Auguste allait paraître dans un ballet, il quittait sa loge et allait se placer à l'orchestre, pour l'admirer de plus près.

Dès que les représentations furent commencées, elles se succédèrent régulièrement quatre fois par semaine : le dimanche, le mardi, le jeudi et le samedi. Le spectacle commençait ordinairement à six heures et demie.

Au mois de juillet, pendant l'armistice, il y eut de grandes fêtes à Maestricht, à l'occasion du séjour, dans cette ville, de la baronne de Rouvroi et de sa fille, ainsi que des baronnes de Stein et de Roscie, que le comte de Lowendahl avait fait gracieusement chercher à Namur. Ces dames honoraient fréquemment le spectacle de leur présence.

Elles avaient même le goût du théâtre poussé à un tel point qu'elles engagèrent quelques officiers des régiments de Normandie et de Custine, à donner une représentation avec elles. Ces amateurs débutèrent le 7 juillet, dans la salle même de la comédie, devant un public des plus nombreux et des mieux choisis. Le spectacle se composait de : *la Métromanie*, comédie de Piron, *Momus censeur des théâtres*, opéra-comique de Bailly, et un ballet. Le succès ayant couronné leurs efforts, ils donnèrent une seconde représentation, quelques jours après, le 19 du même mois, dans laquelle ils jouèrent : *le Naufrage au Port-à-l'Anglais*, comédie d'Autreau, *l'Occasion*, opéra-comique de Dominique, Romagnési et Riccoboni, et un ballet.

Dans les ballets que nous venons de citer, paraissait la demoiselle Auguste, que son intrigue avec le comte de Lowendahl faisait admettre dans cette aristocratique compagnie. Tout ce qui touchait cette actrice, intéressait tellement tous ces seigneurs, qu'on raconte que le 18 juillet, en dansant avec la jeune baronne de Rouvroi, le prince de Camille et le comte de Périgord, elle fit une chute assez sérieuse pour nécessiter son transport chez elle. Cet accident mit tout le cercle en émoi. Aussi, le lendemain, quand elle reparut dans le ballet qui terminait la représentation, on lui fit un accueil enthousiaste. On voit que les courtisans étaient tout aussi nombreux alors qu'aujourd'hui.

En quittant Maestricht, le 22, ces dames comblèrent de présents la demoiselle Auguste. Elles en donnèrent également au directeur d'Orval, ainsi qu'à certains autres sujets de la troupe.

Pour éviter toutes contestations, le Maréchal de Lowendahl nomma le comte de Périgord, commissaire du spectacle. On voit donc que c'était une organisation sérieuse, dont on cherchait à assurer la bonne exécution.

Les habitants s'étant plaint de ce que l'accès de la comédie leur était interdit, attendu qu'il n'y avait que des abonnements pour les officiers, on en établit également pour les bourgeois de la ville. La première représentation de ce genre eut lieu le 15 juillet. Le spectacle se composait de : *le Médecin par occasion*, comédie de Boissy, *la Mère embarrassée*, opéra-comique de Pannard, et un ballet.

Le 5 août, il se passa au théâtre, un fait assez scandaleux. Deux courtisanes de bas étage ayant été trouvées au paradis, les officiers les firent arrêter, et, le lendemain, à la parade du régiment de Normandie, ils ordonnèrent de les passer par les baguettes : ce qui fut fait.

Le Maréchal de Lowendahl quitta Maestricht, le 4 août, pour rejoindre, à Bruxelles, Maurice de Saxe. Le lendemain, la demoiselle Auguste le suivit dans cette dernière ville. Il fallait qu'elle fut excessivement bien en cour, pour priver ainsi la troupe de la première danseuse, sans qu'on trouvât à y faire la moindre observation.

Quelques jours après, certains régiments français quittèrent cette garnison, où ils furent remplacés par le régiment de cavalerie allemande de Rosen.

Comme ces officiers ne comprenaient pas le français, ils firent venir d'Aix-la-Chapelle une troupe de comédiens allemands. D'Orval, directeur des comédiens français, ne voulut pas leur céder sa salle de spectacle, à moins d'un demi-louis d'or par représentation, et M. de Lorm, le major de place, leur demanda, du même chef, un ducat. Ces comédiens, n'ayant pas accepté ces conditions, firent approprier, en théâtre, le grenier d'une maison enseignée *aux Trois Rois*, et située au Grand-Marché. Ils firent l'inauguration de leur salle le 22 août. L'abonnement était au même prix que celui de la comédie française. Le spectacle avait lieu trois fois par semaine.

Le 25, jour de la Saint-Louis, patron du roi, il y eut spectacle gala chez les comédiens français. On donna : *Œdipe*, tragédie de Voltaire, *la Barrière du Parnasse*, opéra-comique de Favart, et un ballet composé spécialement pour la circonstance. L'affluence du monde fut telle qu'une bonne partie des spectateurs ne put entrer dans la salle.

Le régiment de Rosen ayant quitté Maestricht, le 6 septembre, les comédiens allemands se trouvèrent sans public. Ils voulurent quitter la ville clandestinement, sans payer leurs créanciers, mais on eut vent de la chose et leur directeur fut emprisonné tant que leurs dettes furent complétement soldées (1).

Le Maréchal de Lowendahl, en partant, avait remis, pendant son absence, le commandement au chevalier d'Hallot. Celui-ci, étant d'une sévérité extrême, s'attira l'inimitié des officiers. Ces sentiments se manifestaient dans toutes les circonstances. Ainsi, le 12 septembre, au théâtre, pendant la représentation de *l'Avare* de Molière, on fit voler dans la salle une quantité de petits oiseaux, aux pattes desquels on avait attaché des petits papiers contenant les injures les plus grossières à l'adresse du commandant.

Le 18 septembre, eut lieu la première représentation d'une comédie en trois actes et en prose, écrite par quelques officiers français, à l'adresse d'une certaine dame de la ville de laquelle ils avaient à se plaindre. Elle avait pour titre : *la Capricieuse*. Cette pièce ne fut pas imprimée.

La danseuse Auguste revint à Maestricht, le 24 septembre, en compagnie de son adorateur, le généralissime. On la reçut avec enthousiasme, et le soir, après le spectacle, les officiers de la garnison lui donnèrent une sérénade. On n'en ferait pas davantage pour un personnage de la plus haute distinction. Mais c'était la favorite du Maréchal !...

Quatre jours après, elle reparut sur la scène, où elle dansa dans *la Foire de Bezons*, pièce de Pannard et Favart. Ce fut l'occasion d'un nouveau triomphe pour elle.

En dehors même de ces ovations du théâtre, elle en eut d'autres. Ainsi, quand le régiment des hussards de Berchini quitta Maestricht, les officiers firent présent à cette danseuse, d'une magnifique tabatière d'or enrichie de diamants.

Le 25 octobre, le Maréchal de Lowendahl quitta définitivement Maestricht et partit pour la France. Le comte d'Avrincourt lui succéda en qualité de gouverneur. Quant à la demoiselle Auguste, elle accompagna son amant, et laissa, dans la troupe, un vide qu'on ne parvint pas de suite à combler.

---

1) Voici quelle était la composition de cette troupe :
Acteurs et danseurs : MM. BOURBERG, premier acteur. — SCHNEIDER, premier danseur. — SPEISSER. — DEICHSTEIN. — KOFMAN. — LINDHEIM. — REUSCH. — UMSTAT. — VON LINDAU.
Actrices et danseuses : Mesdames VON LAMBERG, première actrice. — KRENGELBERG, première danseuse. — LINDSWORD. — KREMNITZ. — Mesdemoiselles RUPPEY. — SCHUTZING.

Les comédiens français continuèrent à donner leurs représentations, mais, de jour en jour, la garnison devenait moins nombreuse, et ils avaient toutes les peines imaginables de couvrir leurs frais. Ils eurent même quelques défections dans leur personnel.

Enfin, le 30 janvier 1749, le lieutenant-général comte de Courten, qui avait succédé au comte d'Avrincourt en qualité de gouverneur, le 13 novembre précédent, donna un dîner d'adieu au magistrat, pour prendre congé de tout le monde. Le soir, on se rendit au théâtre, où les comédiens français donnèrent leur dernière représentation qui se composait de : *la Guitare enchantée*, opéra-comique de Carolet, *Venise sauvée*, tragédie de La Place, et *les Dupes, ou rien n'est difficile en amour*, ballet de Mainbrai.

Le 3 février suivant, les Français quittèrent Maestricht. La troupe des comédiens se disloqua en partie. Ceux qui restèrent obtinrent, du magistrat, l'autorisation de s'établir sous la dénomination de : *Comédiens français*. Nous en parlerons dans un autre chapitre.

Il nous a semblé intéressant, pour terminer cette notice, de donner le répertoire des pièces jouées par les *Comédiens français de Son Excellence Monseigneur le comte de Lowendahl*. Voici les titres des pièces tels que nous avons pu les recueillir :

Tragédies.

Aben-Saïd	Abbé Le Blanc	1748
Agrippa	Quinault	1748
Alexandre	Racine	1748
Le Cid	P. Corneille	1748
Genseric	Mme des Houlières	1748
Mahomet II	Chateaubrun	1748
Œdipe	Voltaire	1748
Pharamond	de Cahusac	1748
Tancrède	Voltaire	1748

Comédies.

EN CINQ ACTES ET EN VERS.

Le Baron d'Albikrac	Th. Corneille	1748
Le Médecin par occasion	Boissy	1748
Mélanide	Nivelle de la Chaussée	1748
La Métromanie	Piron	1748

EN TROIS ACTES ET EN VERS.

Algerine	de Cahusac	1748
L'École des maris	Molière	1748
La Fausse Antipathie	Nivelle de la Chaussée	1748
La Gouvernante	Avisse	1748
Le Nouveau Monde	Abbé Pellegrin	1748
Paméla	Boissy	1748

EN DEUX ACTES ET EN VERS.

L'Époux par supercherie . .	Boissy	1748

EN UN ACTE ET EN VERS.

Le Florentin	La Fontaine	1748
Le Je ne sçai quoi	Boissy	1748
Le Rendez-vous	Fagan	1748
Le Retour de la Paix . . .	Boissy	1748
Le Triomphe de l'intérêt . .	Id.	1748

EN CINQ ACTES ET EN PROSE.

Les Sermens indiscrets . . .	Marivaux	1748

EN TROIS ACTES ET EN PROSE.

La Capricieuse	(Anonyme)	1748
La Fausse Agnès	Destouches	1748
Le Triomphe de l'intérêt . .	Croquet	1748

EN UN ACTE ET EN PROSE.

L'Apparence trompeuse . . .	Guyot de Merville . .	1748
Arlequin au sérail	Saint-Foix	1748
Les Comédiens de campagne .	Le Grand	1748
L'Épreuve	Marivaux	1748
Le Fat puni	Pont-de-Veyle . . .	1748
La Réunion des amours . . .	Marivaux	1748

Opéras-comiques.

EN TROIS ACTES.

Argenie	Marignier	1748
Le Malade par complaisance .	Fuzelier	1748

EN DEUX ACTES.

La Penelope moderne . . .	Le Sage	1748

EN UN ACTE.

L'Abondance	Valois	1748
Le Bacha d'Alger	Favart	1748
Le Bal bourgeois	Id.	1748
Cydippe	Marignier	1748
La Guitarre enchantée . . .	Carolet	1748
L'Heureux Retour	Fagan	1748
Les Jeunes Mariés	Favart	1748
La Lanterne véridique . . .	Carolet	1748
Le Magazin des modernes . .	Pannard	1748
Le Mariage du Canada . . .	Le Sage	1748
La Meunière de qualité . . .	Drouin	1748

L'Occasion	Dominique	1748
La Réunion des époux	Pannard	1748
Le Triomphe de l'hymen	Bailly	1749

Ballets, pantomimes, etc.

L'Art et la nature.	Ponteau.	1748
L'Augustrale	Rebel et Francœur	1748
Alcide et Hébé	Passerat	1748
Le Ballet des Sens	Monnet.	1748
Les Caractères de la folie	Bury	1748
Le Carnaval et la folie	Destouches	1748
Les Dupes	Mainbrai	1749
L'École des amans	Niel.	1748
Licaniers	(Anonyme).	1748
Les Petits-Maîtres	(Id.).	1749
Les Quatre Parties du monde.	Mion	1748
Les Romans	Niel.	1748
La Tarentule	Malezieu	1748
Le Temple de la gloire	Rameau	1748
Zaïde.	Royer	1748
Zaïs	Rameau	1748
Zelindor.	Rebel et Francœur.	1748
Zelisca	Jeliotte.	1748

Il est regrettable que nous ne possédions pas sur la troupe de Favart, des renseignements aussi complets. Cette époque de l'histoire de notre théâtre français est très-intéressante, et c'est réellement de ce moment que date sa véritable installation dans nos provinces. Ces comédiens à la suite des armées, allant de ville en ville, de bourgade en bourgade, donner des représentations, devaient nécessairement répandre le goût du théâtre dans les masses. Ce fait est indéniable, et nous en trouverons les conséquences dans les développements qui vont suivre.

CHAPITRE VIII

LE THÉATRE FRANÇAIS EN BELGIQUE, APRÈS LE DÉPART DU
MARÉCHAL DE SAXE, JUSQU'EN 1766.

Les Français quittèrent les Pays-Bas au commencement de l'année 1749. Le pays fatigué des guerres continuelles et de l'espèce de sujétion dans laquelle on l'avait tenu, célébra, par de grandes fêtes, le retour des Autrichiens. On reçut magnifiquement le prince Charles de Lorraine, qui fit son entrée à Bruxelles, le 23 janvier de cette même année. Ces fêtes durèrent longtemps ; les comédiens voulurent également célébrer cet heureux événement. Voici ce que nous trouvons à ce sujet :

« Dimanche (27 avril), S. A. R. assista à la grande messe chantée en actions de grâces « de son heureux retour, à l'église de Coudenberg, célébrée pontificalement par M. l'abbé « Nicolas Cloquet; après laquelle S. A. R. assista à un conseil de cabinet. Le soir, elle se « rendit au théâtre où on représentoit le *Retour de la paix*. Le concours de monde y étoit « si grand, qu'on ne pouvoit plus y trouver place. Les poissonniers ont fait, le même soir, « tirer un très-beau feu d'artifice, dans la place de la poissonnerie, où on avoit construit une « pyramide transparente, aussi ingénieuse qu'artistement inventée, avec des chronogrammes « et des inscriptions (1). »

La pièce dont il est fait mention ici, a pour titre véritable : *Le Retour de la paix dans les Pays-Bas* (2). L'auteur des paroles était Bruseau de la Roche, dont il a déjà été fait mention ci-dessus, et la musique était de la composition d'un sieur Le Clair, qui s'intitule *Directeur de la Comédie de Bruxelles*.

---

(1) *Gazette de Bruxelles*, n° 5 du mardi 29 avril 1749.
(2) Voir la Bibliographie.

Quel était ce Le Clair ? Était-ce Jean-Marie Le Clair, fils d'Antoine, qui fut attaché à la musique du roi Louis XIV, depuis 1731 ? On est amené à le supposer, quoique rien, dans ses biographies, n'ait trait à un séjour qu'il aurait fait en Belgique. Toutefois, depuis la représentation, à Paris, de son opéra de *Glaucus et Scylla*, le 4 octobre 1747, on perd ses traces, et il se pourrait fort bien qu'il soit venu à Bruxelles avec une troupe de comédiens, pour occuper le grand théâtre. L'occasion, au reste, était belle. Le Maréchal de Saxe étant parti, et Favart ayant également quitté la direction, la ville se trouvait sans spectacle au moment où tout faisait prévoir une abondante moisson pour celui qui voudrait en profiter. De plus, nous trouvons, en 1750, la direction du théâtre de Gand occupée par les sieurs *Le Clair* et Langlois (1). Il n'y a donc pas de doute sur la présence de ce musicien en Belgique ; jusqu'à preuve du contraire, nous maintenons cette hypothèse qui ne nous semble pas trop inadmissible. Au reste, nous le rencontrons également à la tête du théâtre de la principauté de Liége, vers la même époque (2).

Grâce au libretto de la pièce, il nous est donné de connaître une partie de la troupe qui occupait, à ce moment, le théâtre de la Monnaie. On y trouve d'abord, au premier rang, la famille du directeur : Mlle *Bocard Le Clair*, Mlle *Bocard Le Clair la jeune*, et M. *Le Clair le jeune*, puis Mlles *Roland* et *Villeneuve*, et les sieurs *de Villeneuve* et *Le Moyne*.

Ceci nous confirme encore dans l'opinion que nous venons d'émettre. Jean-Marie Le Clair était surnommé *l'aîné*. Or, nous trouvons, dans les noms ci-dessus, M. Le Clair *le jeune*. C'est donc encore une preuve de plus à ajouter à ce que nous avons déjà dit.

A la même époque, surgit une autre production portant un titre identique : *Le Retour désiré*, divertissement pour la paix (3). Charles-Joseph Van Helmont en était l'auteur. On ignore si ce divertissement fut représenté lors de l'entrée du prince Charles de Lorraine, mais toujours est-il qu'il fut composé à cette intention. Cette partition, car c'en est une et nullement un libretto, est citée et analysée par M. Vanderstraeten (4), qui en signale la rareté excessive, et l'absence complète dans nos bibliothèques publiques. Les personnages sont allégoriques et aucune distribution n'est renseignée.

Toutefois, la troupe du sieur Le Clair ne dut pas séjourner longtemps à Bruxelles, car, le 21 juin 1749, un octroi fut accordé à trois seigneurs bruxellois : le duc d'Arenberg, le duc d'Ursel et le marquis Deynse, pour l'exploitation du Grand-Théâtre (5). Leur premier acte d'administration fut

---

(1) *Revue historique, chronologique et anecdotique du théâtre de Gand, de l'année* 1750 à 1828, par A. Neuville. Gand, juillet 1828, p. 5.
(2) Voir chapitre VI.
(3) Voir la Bibliographie.
(4) *La Musique aux Pays-Bas*. T. I, p. 96.
(5) Archives générales du royaume. — Voir aux Documents

de faire venir une troupe d'opéra italien, dont la présence est confirmée par un journal du temps, dans lequel il est dit :

« Le 5 août (1749). — Le sieur Grosa, entrepreneur de l'opéra comique italien donnera
« aujourd'hui la première représentation, où le sieur Lasky jouera le rôle de bouffon. Cette
« troupe est aussi parfaite que nombreuse, tant pour les voix que pour les instrumens, dont
« l'orchestre est des plus accomplis. Le sieur Grosa ne donnera des représentations que
« pendant deux mois de suite, étant obligé de retourner pour le mois de novembre à
« Londres où il fait les délices du Théâtre, et où il y eut un concours extraordinaire de
« monde (1). »

A dater de ce moment, il est fait souvent mention de représentations de l'opéra-comique italien, jusqu'à l'époque de la clôture qui s'effectua dans la première quinzaine du mois d'octobre.

Ce fut alors que ces seigneurs firent venir de Rouen, la troupe des frères Hus, qui débuta en novembre (2). Cette troupe se dispersa à la fin de l'hiver de 1750, et fut remplacé par différents sujets sous la direction de ces mêmes seigneurs qui la continuèrent ainsi pendant trois années, et s'en démirent ensuite en faveur de M. et Mme Durancy, qui obtinrent un privilége pour trois autres années (3).

Ces directeurs-acteurs étaient donc à la tête de la troupe des comédiens du théâtre de Bruxelles, en 1753. D'après les renseignements que nous fournit le petit volume que nous venons de citer, cette première année d'exploitation fut brillante.

Cet almanach rend compte, jour par jour, des pièces données pendant le cours de cette année. Dans les préliminaires, nous trouvons que les représentations avaient lieu le dimanche, le mardi et le jeudi, et quelquefois le samedi. En outre, les jours où il n'y avait pas comédie, on donnait au théâtre, des opéras-comiques italiens et quelques concerts, également italiens, innovation que l'on devait, à ce qu'il paraît, aux nouveaux directeurs.

Il nous donne, également, la composition complète de la troupe, et comme c'est la première fois que cette bonne aubaine nous arrive pour le théâtre de Bruxelles, nous nous empressons de la transcrire ici :

---

(1) *Gazette de Bruxelles.*
(2) *Spectacle français à Bruxelles. Loc. cit.*
(3) *Almanach historique et chronologique de la Comédie françoise établie à Bruxelles, sous la protection de S. A. R. le Prince Charles de Lorraine.*

ÉTAT PRÉSENT DES COMÉDIENS

qui composent la Troupe de Bruxelles

Noms des actrices.

Mesdemoiselles :

DURANCY, Directrice, les rôles de caractères.
GOURVILLE, } Premier rôle.
DESTRELLE, }
LEONICE, Reine.
LE BRUN, } Seconde et troisième amoureuses.
DESCHAMPS, }
LA CHAUSSÉE, seconds rôles de caractère et première confidente.
D'HAINETAIRE *(sic)*, Première soubrette.
AGATHINE, Seconde soubrette.
SOPHIE (Lothaire), Confidente et rôles rompus.
ROSALIDE, Rôle de jeune fille.
CELESTE DURANCY, } Rôle d'Enfans.
EUGENIE D'HAINETAIRE, }

Noms des acteurs.

Messieurs :

DURANCY, Directeur et premier comique.
GOURVILLE, premier rôle en chef.
DERIGNI, second rôle en chef.
DUBOIS, Rois, raisonneurs et pères nobles.
D'HAINETAIRE, Rôles à manteaux, Crispins et grands troisièmes rôles
VILLENEUVE, Financiers, paysans et confidents.
DUFRESNE, Troisièmes amoureux et confidents.
BABRON, Arlequin, seconds comiques et confidents.
JULIEN, Les rôles de niais et confidents.
D'ARGENS, Chantant la basse-taille, et jouant la comedie.

Personnages dansans dans les ballets.

Maitres de ballets.

Messieurs :

LA COMME, premier danseur et maitre des ballets en chef.
LA MAIRE, } Danseurs seuls, et maitres des ballets en second.
JULIEN, }

Danseuses seules.

Mesdemoiselles :

CHATEAUNEUF, } Premières danseuses.
GOURVILLE, }
GREGOIRE, dansant seule.

Figurantes.

Mesdemoiselles : DUBUISSON. — AGATHINE (Rosalide). — LE BRUN — MANÜEL. — DUBZEUIL. — SOPHIE (Lothaire).

Figurans.

Messieurs : Villeneuve, fils. — Babron. — Piévot. — Vanderlinden. — Joardin.

ORCHESTRE : M. De Langellery, maître de musique.

Violoncelles ou basses : Vicidomini. — Godecharles. — Lartillon.
Hautbois : Vanderhagen. — Burbure.
Violons : L'Œillet. — Vandenhouten. — Van Malder. — Partzazi. — Cardon. — Bauwens. — Fauconnier. — N...

Comme on le voit, cette troupe était bien complète, mais seulement au point de vue de la comédie et de la tragédie. Nous y rencontrons d'anciennes connaissances; d'abord D'Hannetaire et sa femme, puis M. et Mme Du Rancy que nous avons déjà vus parmi les comédiens dirigés par Favart; ensuite Villeneuve, qui a été cité au commencement de ce chapitre.

Quant au répertoire, il fut principalement composé des comédies de Molière, de celles de Regnard, de Dancourt et de Marivaux, ainsi que des tragédies de Racine et de Corneille. L'opéra-comique italien n'apparaît que pendant deux mois à la fin de l'année, sous la direction du sieur Crosa (1).

La réputation de ces comédiens s'est parfaitement établie plus tard, et l'on peut avancer que ce fut à dater de ce moment que le théâtre de Bruxelles acquit un renom mérité à l'étranger.

Le sieur *La Comme* qui figure ici comme maître des ballets, ne fit pas un long séjour à Bruxelles, car le 11 novembre 1753, pendant la représentation, l'acteur Gourville vint annoncer au parterre, que ce danseur avait quitté la ville subitement et qu'on ne pouvait représenter le ballet des *Chasseurs,* qui était même de sa composition (2).

Les spectacles gratis étaient également de mode, à cette époque. On en signale un le 11 décembre de cette même année, jour anniversaire de la naissance du prince Charles de Lorraine, qui assista même à la représentation. Il y eut une telle affluence de monde qu'à cinq heures du soir toutes les places étaient envahies. On donnait : *La Ceinture magique, le Bal bourgeois* et *l'Entrée gratis.*

Le lendemain eut lieu une représentation assez originale. On fit jouer, par les plus jeunes filles de la troupe, *les Folies amoureuses* de Regnard. Les principaux rôles étaient tenus par Mlles *Du Rancy, D'Hannetaire, Deschamps, Sophie* et *Rosalide.* Avant de commencer la pièce, la petite *Céleste Du Rancy* prononça un discours au public, et *Eugénie D'Hannetaire* termina le spectacle en récitant au prince Charles de Lorraine un compliment composé, pour la circonstance, par D'Hannetaire son père.

---

(1) *Almanach historique et chronologique de la comédie françoise, etc. Loc. cit.*
(2). *Idem.*

La petite Céleste Durancy, que nous voyons débuter ici aussi jeune, était née à Paris, le 21 mai 1746. Son père s'appelait *Jean-François Fieuzal*, et sa mère, *Françoise-Marine Dessuslefour*. Ils avaient pris, au théâtre, le pseudonyme de *Durancy*. Nous avons même vu que, lorsqu'ils faisaient partie de la troupe du Maréchal de Saxe, cette dernière était connue sous le nom de *Darimat*.

Magdelaine-Céleste Fieuzal, dite Mademoiselle Durancy, débuta à Paris, à la Comédie-Française, à peine âgée de treize ans, le 19 juillet 1759, par le rôle de *Dorine* du *Tartuffe,* et celui de *Lisette* des *Folies amoureuses,* rôle dans lequel elle avait paru à Bruxelles. Elle continua ses débuts le 29, par *Babet* dans le *Jaloux désabusé*, et le 9 août, par *Cléantis* de *Démocrite amoureux*. Sa jeunesse fut un obstacle à son admission. Elle quitta la Comédie-Française et débuta, le 19 juin 1762, à l'Opéra. Enfin, lors de la retraite de Mademoiselle Clairon, elle revint dans la maison de Molière, et y reparut, le 13 octobre 1766, dans le rôle de *Pulchérie* d'*Héraclius* (1).

Il est étonnant que, dans la biographie que Monsieur De Manne a donnée de cette actrice, il n'y ait pas fait mention de ses succès sur la scène de Bruxelles. Ce fait aurait servi à expliquer comment, âgée seulement de treize ans, elle ait pu débuter à la Comédie-Française.

Voici l'opinion émise sur son talent, toujours d'après le même biographe :

« Le jeu de Mademoiselle Durancy, réunissoit au même degré l'énergie, l'in-
« telligence et la vérité; mais il lui manquoit la beauté du visage, et
« peut-être est-ce là qu'il faut chercher les motifs de cet excès de sévérité
« dont on la rendit victime. Les critiques contemporains, à l'exception du
« *Mercure*... lui ont aussi reproché une voix dure et sèche... »

La direction échut, en 1754, à D'Hannetaire. Quoique nous ne possédions pas le texte de son octroi, par la pièce suivante, émanant de lui, nous en trouvons la trace (2). C'est une réclamation qu'il faisait relativement au prix du loyer du théâtre :

« Remontre avec le plus profond respect Nicolas D'Hannetaire, que Votre
« Altesse Roïale aiant daigné lui accorder un octroi exclusif en date du
« ..... 1754 (la date manque) pour l'entreprise de la comédie pendant un
« terme de trois ans, il en a fait la représentation au Grand-Théâtre de cette
« ville de Bruxelles apres être convenu verbalement pour le louage avec les
« propriétaires au prix de trois cent pistolles par an.

« Et quoique ce prix surpasse de cent cinquante florins celui païé par feu
« le Duc d'Aremberg et les Seigneurs qui lui étoient associés dans l'entre-
« prise de la comedie, dont ils s'étoient bien voulus charger, comme il se
« voit des quittances de 1751 et 1752 ci-jointes avec respect... »

---

(1) De Manne et Hillemacher. *Troupe de Voltaire*, pp. 175-176.
(2) Archives générales du royaume. — *Conseil privé*. — Carton n° 1090, intitulé : *Comédies, théâtres,*

Ce document est précieux, en ce sens qu'il nous donne exactement le prix du loyer du théâtre, à cette époque, et la date certaine de la fin de la direction des seigneurs bruxellois.

D'après ceci, nous devons admettre que Du Rancy et sa femme se démirent de leur octroi avant son expiration. Ils n'ont donc dirigé le Grand-Théâtre que pendant dix-huit mois.

D'Hannetaire donna au théâtre de Bruxelles une grande impulsion. Cet acteur, avant de revenir aux Pays-Bas, s'était, à son retour de Bordeaux, arrêté quelque temps à Paris, où il fut appelé à débuter à la Comédie-Française. Il y remplit les rôles d'*Orgon* dans le *Tartuffe*, d'*Arnolphe* dans l'*École des femmes*, d'*Harpagon* dans l'*Avare*, et d'*Orgon* dans le *Consentement forcé*. Il y obtint, paraît-il, beaucoup de succès (1).

Au reste, D'Hannetaire n'était pas un acteur ordinaire. Avant même qu'il ait été question de lui comme directeur du théâtre de Bruxelles et même comme comédien dans la troupe qui l'exploitait, sa réputation l'avait précédé. Il avait pris sa profession du côté sérieux et il était parvenu à tenir les premiers emplois sur les diverses scènes où il s'était produit. Comme il occupe une place importante dans l'histoire de notre théâtre, nous lui avons consacré une notice spéciale dans le chapitre suivant.

Ainsi que pendant la direction de Du Rancy, le répertoire se composa principalement de comédies et de tragédies, l'opéra-comique y parut quelquefois, mais à titre accessoire. Ainsi l'on cite une représentation de ce genre, en 1754 : *Il était tems, ou l'Ecuyer téméraire*; une autre, l'année suivante, du *Maître de musique*, opéra-comique dans lequel les principaux rôles étaient tenus par MM. Lejeune, Du Rancy et D'Hannetaire, et par Mmes Détrel et Nonancourt; puis, le 28 juin de cette même année : *Le Trompeur trompé*, de Vadé, et, le 12 juillet, *La Servante maîtresse* (Serva padrona), de Pergolèse. Ce fut, en cette même année, que Grétry, enfant, assista à Liége à la première représentation de cette pièce (2).

Pour une cause qui n'est pas déterminée, D'Hannetaire quitta Bruxelles, en 1755, et alla donner des représentations à Gand, pendant les mois de novembre et de décembre (3). La capitale est-elle restée sans spectacle pendant ce temps ? Nous l'ignorons. Il peut être admis qu'une partie de la troupe se rendit en province avec le directeur, tandis que l'autre restait au Grand-Théâtre sous la gestion de Gourville qui paraît avoir été le bras droit de D'Hannetaire.

Le 30 janvier 1756, eut lieu la première représentation du *Caprice amou-*

---

(1) *Mercure de France*. Juin 1752.
(2) Voir chapitre VI.
(3) *Revue historique, chronologique et anecdotique du théâtre de Gand. Loc. cit.* P. 6.

reux de Favart, musique de Saint-Amans. Ce fait témoigne d'un progrès réel. La pièce était en trois actes et l'un des succès de l'époque. Les rôles étaient tenus de la manière suivante : Lejeune (*Astolphe*), Dubois (*Fabrice*), Mme D'Hannetaire (*Emilie*), Mlle Detrel (*Ninette*) et Eugénie D'Hannetaire (*Colas*).

On remarque encore, le 18 mars, une apparition de la comédie à ariettes : *Les Chinois*, et de l'opéra-comique en trois actes : *Les Amans trompés*, de Marcouville.

Le 20 avril de cette année, le théâtre fit son ouverture par une pièce écrite spécialement pour cette scène : *Le Triomphe de la musique italienne*, pièce en un acte en prose mêlée d'ariettes. Elle était due à un marquis de L*** (1) et à Gaubier de Barreau (2). C'est une espèce de prologue pour servir de prétexte à la présentation de la nouvelle troupe.

On trouve, dans la brochure, la distribution suivante :

Le Directeur . . . . M. *D'Hannetaire.*
Momus . . . . M. *Le Jeune.*
La Folie. . . . . Mlle *D'Hannetaire.*
La Musique . . . . Mlle *d'Estrelle.*
Le Sentiment . . . . M. *Gourville.*

Etc., etc. Les autres artistes ne sont pas désignés.

Nous retrouvons donc, à ce moment, tous les acteurs que nous avons déjà cités précédemment.

Après ses trois années d'exploitation, D'Hannetaire s'adjoignit à la direction le comédien Gourville. Ils obtinrent un octroi, le 24 octobre 1757 (3), par lequel ils étaient autorisés à occuper le théâtre de Bruxelles pendant un an, à dater de Pâques 1758, moment de l'expiration de celui du premier directeur. Nous remarquons, dans le texte de l'octroi, que, en dehors de l'exploitation du théâtre de la Monnaie, il leur était permis de faire venir, pendant l'été, des spectacles étrangers, *à l'exclusion de tous autres*. En outre, on leur permettait d'aller donner des représentations dans les autres villes du pays.

Pendant cette année, surgit un musicien qui s'acquit une certaine célébrité dans la suite, le sieur Van Malder. Il était déjà noté comme violoniste distingué, mais il se fit bientôt connaître comme compositeur. Le 12 décembre 1759, il fit représenter, au théâtre de Bruxelles, un opéra-comique en un acte, intitulé : *Le Déguisement pastoral* (4). Cette pièce, composée par Bret, avait été représentée, en 1744, à Paris, à la Foire

---

(1) Il sera question de ce personnage dans le chapitre suivant.
(2) Voir la Bibliographie.
(3) Archives générales du royaume. Voir aux Documents.
(4) Voir la Bibliographie.

Saint-Laurent; elle était alors tout en vaudevilles. Van Malder y adapta une musique nouvelle.

D'Hannetaire et Gourville, après leur année d'exploitation, se séparèrent et ce dernier obtint, le 20 août 1759, un nouvel octroi, mais pour le terme de six années consécutives (1).

Le théâtre de Bruxelles qui, jusqu'alors, avait semblé poursuivi par la fatalité, se remit quelque peu. On a pu remarquer que, depuis le départ des Français, les directeurs firent assez bien leurs affaires, et que la capitale jouit d'un spectacle permanent. On y signalait même des artistes d'un mérite reconnu et que n'auraient pas désavoués les théâtres de Paris. D'Hannetaire et sa famille viennent en première ligne, parmi ceux-ci on cite encore Mlle Destrelle, et les sieurs Gourville, Dubois et Lejeune, sans oublier Compain Despierrières qui appartenait à la scène de Bruxelles depuis 1757.

A la fin de l'année 1760, eût lieu le mariage de l'archiduc Joseph avec une princesse de Parme. On donna, à cette occasion, les 5, 6 et 7 octobre, des spectacles extraordinaires, dans lesquels fut exécuté un ballet du sieur Félicini, danseur et maître de ballets : *l'Impromptu du cœur*. On y remarqua principalement Mademoiselle Rosalide, la même que nous avons déjà rencontrée, enfant, dans la troupe de Du Rancy.

On représenta, le 15 janvier 1761, une pièce de Jean-Baptiste Rousseau, qui, quoique composée depuis 1751, n'avait encore paru sur aucune scène : *L'Hypocondre, ou la femme qui ne parle point*, tel est le titre de cette comédie. Elle ne réussit cependant qu'à moitié. Ce fut le talent de D'Hannetaire seul qui la sauva d'une chûte complète. Aussi en fit-on un éloge mérité dans les journaux du temps. Ce comédien ayant écrit une lettre de remerciment, à ce sujet, reçut du journaliste, la réponse rimée suivante :

« Quand j'ai parlé de l'*Hipocondre*,
« Qui de nos grands acteurs auroit été l'écueil ;
« Je n'ai point prétendu, j'ose vous en répondre,
« En vil adulateur caresser votre orgueil.
 « J'ai connu vos talens sur la scène où Molière
« Remplit avec éclat une double carrière,
« Sans manège odieux vous sçutes réussir,
« Hélas ! a-t-on besoin d'une cabale inique,
« Dès que l'on réunit au talent de sentir,
« La voix des connaisseurs et l'estime publique ? (2) »

On se rappellera que nous avons dit ci-dessus que D'Hannetaire avait débuté à Paris, à la Comédie-Française, et qu'il y eut même quelque succès.

Le 30 janvier 1761, un événement douloureux vint attrister les comédiens

---

(1) Archives générales du royaume. Voir aux Documents.
(2) *Gazetin*, n° 39, p. 156.

de Bruxelles. Madame D'Hannetaire, née Marguerite Huet, décéda à l'âge de 33 ans. Tout le monde était unanime à louer ses talents, et même le journal du temps, si sobre d'appréciations de l'espèce, se laissa aller à la louange : « actrice fameuse, » disait-il, « qui réunissait aux charmes de la figure un esprit aimable et des talents supérieurs (1). »

De toutes les pièces de vers qui parurent au sujet de cette perte regrettable, voici celle qui nous a paru la meilleure à être citée :

« Elle joignit à d'aimables talens
« L'art d'embellir la raison et de plaire;
« *Pallas* forma son caractère,
« *Vénus* pétrit ses agrémens,
« *L'Amour* anima sa figure,
« Et *Thalie* à son tour lui prêta ces accens
« Qui firent dans son jeu triompher la nature. »

Au reste, on n'avait pas attendu sa mort pour lui décerner des louanges. A l'époque où elle entra, pour la première fois au théâtre de Bruxelles, on lui adressa les vers suivants :

« Sous telle forme tour a tour
« Que tu paroisses sur la scène,
« Soit en soubrette, soit en reine,
« Tu charme la ville et la Cour :
« D'Hainetaire (*sic*), ta voix sonore
« Inspire à tous de tendres feux,
« Mais ce qui frappe plus encore
« C'est le brillant de tes beaux yeux. «

Ces vers flatteurs font comprendre combien la perte de cette excellente actrice fut préjudiciable au théâtre de Bruxelles. Elle avait heureusement des filles qui lui succédèrent favorablement et rendirent son absence moins pénible.

On clôtura l'année théâtrale le 7 février, par l'opéra-comique de Dauvergne : *les Troqueurs*, qui ne réussit qu'à moitié.

Le spectacle fit sa réouverture le 21 mars suivant, par les comédies du *Joueur* et du *Consentement forcé*. Le directeur Gourville, fidèle à l'ancienne coutume, prononça, entre les deux pièces, un discours destiné à prévenir le public en faveur de la troupe et des nouveaux artistes qui devaient se produire.

Au nombre de ces derniers, nous voyons figurer la demoiselle *Menassier* et le sieur *Duquency*, pour la danse. Puis, dans le genre tragique, *Cameli* et sa femme, ainsi que *Desmarets*. Ceux-ci débutèrent dans *Alzire*, le 31. Ces

---

(1) *Gazetin*. n° 40, p. 160.

débuts furent heureux. Toutefois, les époux *Cameli* ne firent qu'une courte apparition au théâtre de Bruxelles.

Nous voyons ensuite apparaître un personnage qui tint une place considérable dans l'histoire de notre théâtre, c'est le musicien Vitzthumb, qui était connu à Bruxelles sous le pseudonyme de *Fiston*, sans doute à cause de son nom allemand assez difficile à prononcer. La première fois qu'on fit mention de lui, fut au sujet d'un concert donné en présence de la Cour. Voici ce qu'en dit le journal du temps :

« Le 6 juin 1761, à la salle du concert, en présence de la Cour : *le Temple des Arts*, « paroles de (Chevrier), musique du sieur Vitzthumb. M. Van Maldere, homme de chambre « de S. A. R., et violon d'une célébrité que l'Italie enviait, y exécuta avec le plus grand « succès une symphonie de sa composition ; plusieurs autres artistes s'y distinguèrent « aussi (1). »

Ignace Vitzthumb, d'origine allemande, était venu en Belgique, dès l'âge de quinze ans. Il entra comme enfant de chœur, dans la chapelle de l'archiduchesse Marie-Élisabeth. Pendant la guerre de sept ans (1741-1748), il servit dans un régiment de hussards. Il fut ensuite nommé timbalier, puis maître de chapelle de la Cour.

Ce fut donc en 1761 qu'il se révéla, pour la première fois, comme compositeur. La production dont il est parlé ci-dessus, n'était probablement pas une pièce de théâtre ; il est à supposer que c'était une espèce de cantate ou d'oratorio, comme on en avait exécuté à la Cour, au commencement du siècle.

Vitzthumb, à cette époque, dirigeait une troupe d'enfants. On en a la certitude par la représentation donnée le 25 octobre 1761, de *la Fausse Esclave*, opéra-comique, où, disait-on, les enfants de la troupe de Vitzthumb ont joué avec succès.

Ce compositeur ne s'en tint pas là. Le 4 novembre de la même année, jour de la Saint-Charles, on donna une représentation extraordinaire au Grand Théâtre, où, en présence du prince Charles de Lorraine, on exécuta une pièce de circonstance : *l'Éloge de la vertu, ou le tribut des cœurs*, dont les paroles étaient de Compain Despierrières, artiste du théâtre, et la musique d'Ignace Vitzthumb. La *Gazette de Bruxelles* en fit un grand éloge. Cette pièce ne fut pas imprimée.

Cependant, ce petit à-propos ne fut pas du goût de tout le monde. Chevrier en parle avec un dédain que le journal de l'époque semble ne pas pouvoir faire admettre, d'après tout le bien qu'il en a dit. Voici la manière peu gracieuse dont le pamphlétaire en fait mention (1) :

---

(1) *Gazettin*, n° 6, p. 24.
(2) Chevrier. *Le Colporteur*, pp. 263-264.

« Les lettres de Bruxelles de ce matin me recommandent un *galimatias* prétendu lyrique, qu'un chanteur, nommé Compain, a composé à l'honneur d'un grand prince; ceux qui me demandent justice sur cette pièce, ignorent que le rimailleur, avouant son incapacité, se met, en se jugeant lui-même, à l'abri de mes coups; d'ailleurs Compain a de bonnes mœurs, et ce titre si rare dans le sanhédrin comique où il vit, nous engage à lui faire grâce, et à ne juger son verbiage rimé que par le motif qui l'a amené à demander de l'argent en vers. »

C'est juger bien sévèrement une production éphémère, qui fut probablement écrite rapidement et sans prétention aucune. Quant à accuser Compain de demander de l'argent en vers, c'est fort gratuitement que Chevrier le fait. En admettant même que cela fût, nous n'y voyons pas un grand crime.

Le 23 décembre, on signale une nouvelle représentation de la *Servante maîtresse*, de Pergolèse, où, dit-on, les demoiselles D'Hannetaire et Bultos, élèves de Vitzthumb, jouèrent les principaux rôles. Ces jeunes filles faisaient donc probablement partie de la troupe citée plus haut.

Les représentations de comédies et de tragédies se continuèrent jusqu'à la clôture de l'année théâtrale, le 27 février 1762. On rencontre, cependant, encore quelques apparitions d'opéras-comiques; ainsi, le 16 janvier, on donna *le Diable à quatre*, de Philidor; le 14 février, l'*Ile des foux*, de Duni, et le 25 février, *On ne s'avise jamais de tout*, de Monsigny.

Grâce à un écrit de l'époque (1), il nous est permis de connaître les comédiens qui composaient cette troupe.

Ce petit ouvrage dû à la plume du sieur Chevrier, auteur du *Colporteur*, est quelque peu satyrique, mais, malgré cela, les renseignements qu'il donne sur la troupe de Bruxelles, sont intéressants et méritent d'être reproduits. Il se fait adresser une lettre, de cette dernière ville, relativement aux acteurs de la susdite troupe, et voici ce que nous y trouvons :

« Le sieur *Gourville*, directeur, il a quitté la *Nonancourt* et vit actuellement avec la demoiselle *Dalilo*, qui l'honore de sa couche.

Chevrier traite assez mal ce directeur (2). Au sujet d'un portrait de ce dernier, il dit : « Le portrait du nommé G***, directeur expirant du spectacle mal ordonné de Bruxelles, avoit ces quatre vers qui font allusion à sa femme qui court le monde, à sa maîtresse qui l'a couru, et à un chirurgien habile, dont l'art bienfaisant peut être utile à tous trois, en cas de réunion :

« Dans ces yeux insolents qui font frémir l'amour,
« On voit un infâme A***,
« Qui, des bras de la Nonancourt,
« Va chercher chez Bouquet un secours salutaire. »

« *Dubois* joue les rois et les pères, toujours mauvais, mais toujours applaudi par les sots.

---

(1) *L'Observateur des spectacles.*
(2) *Le colporteur*, pp. 33-34.

« *Neuville*, les seconds amoureux dans les deux genres, vos feuilles l'ont fait connaître
« assés, sans que j'aille charger le tableau.
« *D'Hannetaire*, les rôles à manteau et quelques financiers.
« *Des Marets*, vous avés prédit dans le Gazetin qu'il acquereroit des talens, et vous avés
« eû raison, il joüe des peres nobles et quelques autres rôles avec vérité.
« *Monfleuri*, double *Neuville*, vaut moins que lui, quoiqu'il ait la manie de faire de
« l'esprit.
« *Durancy*, les comiques en chefs, excellent acteur et d'un caractère honnête.
« *Caron* double *Durancy*, c'est l'ombre au tableau ; il est on ne peut pas plus foible.

« MESDEMOISELLES,

« *Dalilo*, premier rôle, elle n'est pas sans talent, mais elle est trop *déclamatrice*, pour ne
« pas dire *chanteuse*.
« *Rosalie....* je m'arrête, personne ne sachant mieux cette histoire que vous. »

Cet écrivain veut parler ici de *Rosalide*, la sœur naturelle de *D'Hannetaire*. Il va, au reste, en être question plus loin.

« *Valcour*, les secondes amoureuses à la glace, continüe toujours de se monter sur le ton
« de la virginité dont elle n'a pas cependant la tendre pâleur.
« *Sophie*, joue indifféremment toutes sortes de rôles, elle partage par économie, le lit du
« sieur *Duranci*.
« *Rang*, les rôles de caractère.
« Elle ne m'aigrit (*sic*) point de l'embonpoint d'autrui.
« *Eugénie D'Hannetaire*, joue les soubrettes en chef ; malgré tout le mal que vous avés
« pû en dire avec raison, elle auroit mérité hier vos éloges, si vous l'aviés vû représenter la
« *Dorine du Tartuffe*.
« *Nonnancour*, VEUVE du directeur : les secondes soubrettes ; le public continue à la
« détester, elle entretient modestement et avec tempérance un *Chevalier François*, à qui elle
« vient de donner une de ses robes pour servir de doublure à un habit d'été.
« Malgré cet illustre favori, le sieur *Desmarets* voit cette actrice avec des yeux sacramen-
« taux, et on prévoit que les nœuds de l'himen si souvent salis par les amours clandestins
« de la comédie, vont lier ces deux cœurs ; le beau coup de filet ?

« PARTIE DU CHANT.

« *Les sieurs :*

« *Godard*, belle voix, vous l'avés dit, mais vous avés oublié d'ajouter qu'il étoit gauche
« au théâtre, et que droit à la ville, il n'étoit supportable, que lorsqu'il faisoit le Devin au
« village ; vous n'avés pas dit non plus qu'il avoit joüé de la guitare, qu'il a été hué, et que
« pour se vanger du public, il a dit qu'il faisoit froid au parterre ; le thermomètre étoit
« cependant ce jour-là, au soixante-unième degré.
« *Chatillon*, joli sujet, mais il faudroit qu'il vécut en Turquie où la prudence du prophète
« a deffendu cette liqueur traitresse qu'on vend si cher à Bruxelles, une marchande d'eau
« chaude qui demeure sur le Gré (Gracht, Fossés-aux-Loups), l'enchaîne au grand et notable
« préjudice de la belle *chrétienne*, qui est toujours ferue pour lui.
« Mademoiselle *Lucile*, dont vous avés déjà parlé, passe sa vie à disputer la préséance des
« rôles à la demoiselle *Nonancour*, le spectacle devient languissant par ses tristes querelles.

« PARTIE DE LA DANSE.

« *Les sieurs :*

« *Felicini*, premier danseur, excellent corégraphe et pantomime admirable.
« *La Rivière*, premier danseur, il a 4000 livres d'appointemens, il gagneroit son argent,

« s'il se bornoit à la danse, mais il a la fureur de faire des Ballets auxquels le public n'entend
« rien.

« *Hus*, premier danseur dans le genre sérieux, il fait bien de composer des programes
« pour les Ballets qu'il donne, c'est un *Fiat lux* très-nécessaire aux spectateurs.

« FIGURANS.

« *Jourdain, Vanderlin, Correti, Caron, Rang, Verdier, Delfir, Corrang, Michūe.*

« MESDEMOISELLES :

« *Victoire*, fille de la demoiselle *Agathine*, sœur du sieur *D'Hannetaire* et nés tous deux
« des œuvres galantes du fameux *Servandoni;* danse très-joliment dans le sérieux où elle
« occupe le premier rang.

« *Grenier*, première danseuse, elle a la manie du sérieux qui n'est pas son genre, nos
« dames qui portent l'austérité de la décence jusques dans leurs coups d'œil lui ont fait dire
« en dernier lieu qu'elle ouvroit trop ses jambes en dansant, mais la demoiselle *Grenier* a
« répondû que *dansant uniquement pour les hommes, elle n'avoit point de conseil à prendre
« des femmes,* la réponse a fait rire, et les rieurs ont été de son côté.

« *Eugénie*, mise, je ne sais trop pourquoi, au rang des premières danseuses.

FIGURANTES.

MESDEMOISELLES :

« *Bibi*, maîtresse du sieur *Hus*, cette danseuse qui fait des pas et des enfans est accouchée
« en dernier lieu : la belle Chrétienne et le comte de *** ont nommé l'enfant de l'amour,
« c'étoit un spectacle bien majestueux de voir une fille publique conduite à l'autel par un
« Cordon bleu, mais que ne fait-on pas pour la religion ?

« *Des Cœurs* (1), se traînant toujours au char brisé du petit *Neuville*.

« *La belle Chrétienne*, (nous venons de la faire connaître).

« *Nogrand*, paysanne lionnoise, ci-devant balayeuse de l'Opéra-Comique, à Paris; intri-
« guante adroite elle arrangeoit tous les soupés de six francs; depuis la translation de ce
« spectacle au Théâtre Italien, elle s'est rendüe dans les Pays-Bas où elle a trouvé un
« homme de nom qui en prend un charitable soin, la princesse n'en est pas moins infidèle,
« quoiqu'elle soutienne que sa grossesse soit un garant certain de son unique attachement à
« son tendre amant.

« L'oracle a cependant été consulté pour savoir qui a fait cette mauvaise plaisanterie à la
« demoiselle *Nogrand*, mais la crainte de compromettre quantité d'innocens, l'a empêché de
« s'expliquer sur une parenté aussi équivoque; s'il est important que vous sachiez que la
« demoiselle *Nogrand* ne sait ni lire ni écrire, je vous garantis ce fait.

« *Valcour, Catherine, Emilie, Vanderberg, Durant.*

« Ces quatre dernières sont des savantes parvenües par leur honnêteté.

« Et pour ne rien vous omettre, je finirai par le *souffleur* nommé *Jeannot* (2). »

On le voit, la pudeur et la moralité n'étaient pas les qualités dominantes de la troupe, surtout du côté des femmes. Si, cependant, elles rachetaient au théâtre, les vices qu'elles avaient au-dehors, le public de l'époque a dû se considérer comme bien servi.

---

(1) Autrement dit *Madame Neuville.*
(2) *L'Observateur des spectacles,* par M. de Chevrier. T. II., pp. 248-254.

En 1762, le sieur Gourville eut quelques difficultés avec les demoiselles Meeus, propriétaires du Grand-Théâtre. Son entreprise ne rapportant pas l'argent nécessaire aux frais, il fut en retard dans le paiement du loyer. Celles-ci ne trouvèrent rien de mieux que de faire fermer le théâtre et d'y empêcher tout accès. De là, contestations violentes, et recours du directeur au prince Charles de Lorraine, qui rendit le décret suivant :

« S. A. R. étant informée du refus que font les propriétaires du Grand-Théâtre de cette
« ville, de l'ouvrir et d'en laisser l'usage soit pour les répétitions ou pour les représentations
« des spectacles ; Elle a ordonné et ordonne auxdites propriétaires d'ouvrir sur-le-champ le
« théâtre, et d'en permettre l'usage toutes les fois que le directeur des spectacles le voudra,
« à peine que ledit théâtre sera ouvert par force ; sauf auxdites propriétaires de prendre les
« autres précautions convenables pour s'assurer le paiement de la somme que leur doit le
« directeur des spectacles pour le loier du théâtre ; et leur sera le présent décret signifié
« d'abord par l'un des huissiers de Sa Majesté, qui en donnera sa relation. Fait à Bruxelles,
« sous le cachet secret de Sa Majesté, le 10 avril 1762. Paraphé : Ne v^t, signé : C. de
« Lorraine, contresigné : de Reul (1). »

Ce décret souleva tous les obstacles et les représentations continuèrent sans entraves de la part des propriétaires. Gourville resta en possession de la direction du Grand-Théâtre de Bruxelles, jusqu'aux Pâques de l'année 1763, époque de l'expiration de son octroi.

L'exécution du répertoire devait se faire avec un certain soin. On en trouve une preuve dans le voyage que fit à Paris, le 9 janvier 1763, *Rosalide*, accompagnée de *D'Hannetaire*, pour aller entendre, à la Comédie Française, Mademoiselle Clairon, dans le rôle de *Zelmire*, qu'elle devait jouer quelques jours après, sur la scène de Bruxelles (2). Un départ pour Paris ne s'effectuait pas alors comme de nos jours, où grâce aux chemins de fer, nous ne connaissons plus les distances. Le public a donc dû lui savoir gré de son désir de lui plaire, en affrontant, à cette époque de l'année, les rigueurs de la saison et les fatigues d'une longue route, pour se perfectionner dans son art.

Gourville céda la place au sieur Guillaume Charliers, sieur de Borghravenbroeck, qui avait obtenu un octroi, le 30 novembre 1761 (3). Celui-ci s'adjoignit un certain Gamon et le musicien Van Malder, tous trois acquéreurs de la propriété des demoiselles Meeus.

Gourville, en quittant la direction du théâtre de Bruxelles, parcourut la province avec diverses troupes. Pendant la révolution française, nous le trouvons en 1791 et 1792, au théâtre de Nantes, où il remplissait l'emploi des financiers (4). Il y jouissait d'une réputation telle que la Comédie-Fran-

---

(1) Archives générales du royaume. — *Conseil privé*. — Carton n° 1090, intitulé : *Comédies, théâtres*.
(2) *L'Observateur des spectacles*, 1763. T. I, p. 45.
(3) Archives générales du royaume. — Voir aux Documents.
(4) *Spectacles de Paris*, années 1792 et 1793.

çaise de Paris tenta, à diverses reprises, de se l'attacher ; mais Gourville, déjà d'un certain âge, préféra finir sa carrière dans une ville où on l'aimait beaucoup.

Nantes était, à cette époque, en pleine effervescence révolutionnaire. C'était cependant avant l'arrivée de Carrier, qui y avait répandu la terreur, par ses noyades et l'épouvantable système qui décima tous les départements de l'ouest. Toutefois, l'échafaud ne chômait pas, et la société des sans-culottes *Vincent-la-Montagne* avait décrété, pour le 15 août 1792, une véritable hécatombe humaine : pendant deux heures consécutives, le bourreau guillotina.

Gourville qui était très-aimé du parterre et qui avait fait preuve de civisme, fut élu capitaine des grenadiers du bataillon Graslin. En cette qualité, il avait accès aux réunions du club de *Vincent-la-Montagne*. C'est là qu'il eut connaissance de l'affreux projet qu'on avait d'égorger les quatre cents prêtres détenus au château, et qui, au contraire, devaient s'embarquer pour la déportation. On aurait figuré une émeute dans les prisons. Les captifs auraient eu soi-disant l'intention d'égorger les geôliers, de se répandre ensuite dans la ville, pour y semer le désordre, l'incendie et le pillage. Tel était le mot d'ordre convenu, et qui fut communiqué en ville.

Gourville, indigné, résolut de sauver ces pauvres victimes. Il obtint, par un innocent subterfuge, de remplacer le capitaine qui devait commander le poste du château. A onze heures du soir, la populace se précipita vers la prison pour y pénétrer. Le comédien ne voulut ouvrir que sur la production d'un ordre écrit, pièce que le Comité s'était bien gardé de donner. Il subit, pendant plusieurs heures, les insultes de cette foule avinée et ivre de sang, qui se lassa enfin et se retira. Le lendemain, Gourville et sa compagnie escortèrent ces quatre cents malheureux jusqu'au lieu de leur embarquement, et ne les quittèrent que lorsqu'ils furent à l'abri de tout danger.

Le soir, quand il parut sur la scène, des sifflets se firent entendre, mais la masse des spectateurs protesta par des bravos. Ce n'était pas l'acteur qu'on voyait alors : c'était l'homme qu'on sifflait, c'était l'homme qu'on applaudissait.

Cette anecdote nous a semblé assez intéressante pour être mise ici, avant de quitter ce comédien qui avait tenu une certaine place dans l'histoire de notre théâtre.

La troupe des comédiens de Bruxelles ne paraît pas avoir été la réunion de toutes les vertus. Après les exploits amoureux du directeur, de la Nonancour, de Rosalide et d'autres, la belle Chrétienne semble avoir voulu dépasser ses camarades. Voici ce que nous trouvons dans un écrit du temps (1) :

---

(1) Chevrier. *L'Observateur des spectacles.* T. II, pp. 318-319.

« Bruxelles.

« Les acteurs gauches de ce théâtre continuent à fatiguer la Cour et la ville. La belle
« Chrétienne parfaitement rétablie de ses couches, recommence à faire les plaisirs du public.
« On nous apprend que ses chastes compagnes se sont scandalisées de l'enfant qu'elle vient
« de mettre au monde ; cette délicatesse est plaisante dans des filles de théâtre, de quoi en
« vérité s'avisent-elles de se scandaliser, un enfant est une si bonne chose ?

<blockquote>
« De son amant, Chrétienne a fait un père,
« Sexe malin pourquoi vous en ralier (sic) ?
« L'amour lui fit lever le tablier,
« Le vôtre est-il d'étoffe moins légère ? »
</blockquote>

L'octroi accordé à Charliers contient une disposition nouvelle qui semble avoir été le point de départ, en Belgique, des subventions accordées par la Cour, aux directeurs du théâtre de la Monnaie. Il y est dit :

« .... Et voulant par un effet de Notre bienveillance particulière favoriser et soulager ledit
« directeur et le mettre en état de faire face aux dépenses considérables auxquelles il s'est
« engagé à l'effet de remplir les différens objets que renferme le plan contenu dans le
« mémoire joint à la requête qu'il Nous a présentée, *Nous déclarons que Nous lui ferons*
« *payer, pendant les six années de sa direction, le prix annuel de la location du*
« *théâtre...* »

C'est donc bien une subvention en bonne et due forme, puisque nous venons de voir que les propriétaires du théâtre étaient associés à la direction.

A dater de ce moment la troupe porta le titre de *Comédiens ordinaires de Son Altesse Royale le Prince Charles de Lorraine* (termes de l'octroi) (1).

Au sujet de cette troupe, Chevrier nous donne quelques renseignements (2). Il cite d'abord :

« DIRECTEURS EXTRAORDINAIRES :

« Messieurs : CHARLIER (sic), GAMON et VAN MALDER.

« DIRECTEUR ORDINAIRE ET ENROLEUR.

« Le sieur BERCAVILLE.

« La place de la Monnoie, » dit-il, « est une nouvelle rue de Quinquempoix, c'est là où l'on
« traite toutes les affaires qui ont raport à la Comédie, et le dos du premier crocheteur sert
« de table pour rédiger les engagemens de tous ceux qui s'adressent par lettres ou en per-
« sonne au Directeur Ordinaire. »

Il ajoute ensuite, au sujet des acteurs :

« *Acteurs de la troupe actuelle retenue pour l'année prochaine.*

« Dubois, Durancy, Chatillon, Compain le transfuge.

« La demoiselle Sophie.

---

(1) Quoique rigoureusement le chapitre suivant eût dû commencer ici, nous ne l'avons fait partir que de la direction de D'Hannetaire qui ouvrit une phase nouvelle au théâtre de Bruxelles.
(2) *L'Observateur des Spectacles*, pp. 254-255.

14.

« La famille *D'Hannetaire* va, on ne sait pas où, le sieur Gourville travaille à lever une troupe, mais sa destination est encore un mistère. »

Quelque temps avant que Charliers prit les rênes de la direction du théâtre, l'Archevêque de Malines adressa une requête à la Cour, à l'effet de faire interdire la présence d'enfants dans la composition de la troupe, fait qui s'était déjà produit précédemment et que ce prélat considérait comme déplorable au point de vue de leur avenir. Il cite entre autres les enfants *Bultos* et *Isabau*, comme faisant partie des comédiens placés sous la direction de Gourville. Cette demande fut favorablement accueillie, et défense fut signifiée à Charliers, dans les termes suivants :

« *A MONSIEUR CHARLIERS DE BORGRAVENBROEK,*

« *Surintendant du canal de cette ville,*
« *Directeur des spectacles de Bruxelles.*

« CHARLES-ALEXANDRE, etc.

« Etant informé que des enfans de cette ville s'étoient ci-devant engagés dans la trouppe
« des comédiens françois qui y a representé ; et voulant arrêter un pareil penchant dans
« d'aussi jeunes gens et prevenir qu'un pareil exemple ne les entraine, Nous vous faisons la
« presente pour vous interdire comme Nous vous interdisons d'engager dans la trouppe que
« vous formez des enfants sujets de ces païs-ci, vous ordonnant d'en faire retirer et de ren-
« voier ceux qui pourroient y être déjà engagés à tort (1).

« Signé : C. DE LORRAINE.
« Bruxelles, le 26 février 1763. »

L'acte de vente porte la date du 16 mars 1763. Le théâtre y est appelé *Grand-Opéra*, ou *Grand-Théâtre de la Monnoie*. Il fut vendu avec loges, dépendances et appendances, avec tous les décors, magasins d'habillements, etc., excepté les habillements que Favart y avait laissés. Cette exception au sujet des costumes abandonnés par ce dernier, semblerait prouver que toute action à son égard n'était pas terminée, et que les anciens propriétaires se réservaient encore de poursuivre l'affaire. Ces habits étaient probablement restés en magasin hors de service ; ils devaient se trouver en assez bel état à l'époque dont nous nous occupons, c'est-à-dire près de vingt ans après le départ de ce directeur.

Les nouveaux entrepreneurs obtinrent de joindre aux différents plaisirs qu'offrait le théâtre, le *Jeu de Pharaon*. Cette autorisation leur fut donnée le 28 août 1764. Mais des abus s'étant glissés, et des désordres étant survenus, l'année suivante un décret l'abolit purement et simplement (2). Toute-

---

(1) Archives générales du royaume. — *Conseil privé*. — Carton n° 1090, intitulé : *Comédies, théâtres*.
(2) Archives générales du royaume. — Voir aux Documents.

fois, les directeurs reçurent, comme gratification, une somme de 400 pistoles de Brabant, soit environ 8,000 livres de France.

Ceci rectifie une erreur qui s'est perpétuée jusqu'à nous. Il avait été dit que l'installation du *Jeu de Pharaon* et sa suppression avaient eu lieu sous la direction de D'Hannetaire (1). Ce que nous venons de dire met les choses à leur place et prouve suffisamment que ces faits se passèrent au début de celle de Charliers, Gamon et Van Malder.

Ces entrepreneurs mirent le spectacle de Bruxelles sur un pied fort brillant. Ils apportèrent plusieurs innovations, entre autres celle d'un règlement pour la discipline de la troupe, chose qui jusqu'alors n'avait pas encore été faite. Le Tribunal Aulique en élabora un qui fut mis à exécution le 12 octobre 1764 (2).

Les renseignements manquent complétement sur la gestion de ces trois directeurs; nous savons seulement que les frais énormes que leur occasionnait l'exploitation du théâtre, les forcèrent à se démettre de leur octroi aux Pâques de l'année 1766, c'est-à-dire au bout de trois ans, soit la moitié du temps concédé.

Ils adressèrent, à cet effet, une requête au prince Charles de Lorraine, qui rendit un décret les déchargeant de leur direction. Ce document porte la date du 1er avril 1766 (3). Toutefois, il ne portait autorisation que pour les années 1768 et 1769, mais grâce à la combinaison faite par les comédiens eux-mêmes, on put anticiper d'une année, ainsi qu'il sera établi plus loin.

Au commencement de l'année 1766, on donna *la Partie de chasse de Henri IV*, comédie en trois actes et en prose, par Collé. Ce fut, à ce qu'il paraît, un grand succès. La pièce fut fort bien jouée, et l'on fit le plus grand éloge des costumes et des décorations.

Le 5 février, le prince Charles de Lorraine, relevant d'une maladie grave, assista à la représentation de cette pièce. Au moment où l'acteur dit : « ... C'est lorsqu'un prince est bien malade qu'on peut connaître jusqu'à quel « point il est aimé de ses sujets... », la salle entière se leva et fit au prince une ovation des plus enthousiastes (4). Ceci prouve combien il était populaire et combien sa bonté communicative lui avait attiré l'affection de tous.

C'est le seul fait saillant qu'il nous soit donné de connaître, relativement à la direction des sieurs Charliers, Gamon et Van Malder. Il est probable que des recherches ultérieures amèneront certaines découvertes, qui nous permettront de préciser mieux que nous n'avons pu le faire, l'exploitation brillante qu'on avait signalée.

---

(1) *Spectacle français à Bruxelles. Loc. cit.*
(2) Archives générales du royaume. — Voir aux Documents.
(3) Id. Id.
(4) *Spectacle français à Bruxelles. Loc. cit.* Seconde partie.

Nous sommes cependant renseignés sur le répertoire de l'année 1766, dernière de cette administration. En ne nous occupant que des opéras représentés, nous atteindrons mieux notre but, attendu que les comédies et les tragédies qu'on mit en scène sont uniquement celles des auteurs classiques du premier et du second ordre. Il n'en fut pas de même des représentations lyriques qui présentèrent quelques particularités.

Voici donc, à ce dernier point de vue, quel fut le répertoire (1) :

Le 20 avril 1766, eut lieu l'ouverture de l'année théâtrale.

Le 29 avril. — *Les Arianées, ou Fêtes de Bacchus en l'honneur d'Ariane*, ballet de Saint-Léger, danseur et maître de ballets du théâtre.

Le 1er mai. — *La Rencontre imprévue*, de Gluck. Voici la note qui accompagne cette pièce : « Sujet tiré d'un ancien opéra-comique, intitulé *les Péle-
« rins de la Mecque*, et qui a été mis en l'état où il est maintenant par
« M. Dancourt, qui pour lors était comédien de S. A. I. et R. à Vienne. Cet
« auteur, sans rien ôter à cette pièce de ses agréments, l'a purgée de toutes
« les obscénités dont elle était remplie, et l'a rendue digne d'être jouée en
« présence de LL. AA. RR. les archiduchesses. La musique qui en est magni-
« fique, est de la composition de M. le chevalier Gluck. Cette pièce a été
« donnée à Bruxelles avec le plus grand spectacle et couronnée du succès le
« plus brillant. On la revoit toujours avec un nouveau plaisir. »

Le 26 juillet. — *Tom Jones*, opéra en trois actes, de Philidor.

Le 15 octobre. — *Le Couronnement de Roxelane*, ballet de Saint-Léger.

Le 4 novembre. — *Le Soldat par amour*, opéra-bouffe en 2 actes, de Vitzthumb, officier de la musique de S. A. R., et de Van Malder, officier de la chambre de S. A. R. Les paroles étaient de Jean-François Bastide (2), qui fit représenter le même jour une comédie en cinq actes et en vers de sa composition : *Gezoncourt et Clémentine* (3).

Le 12 décembre. — *La Fée Urgèle, ou Ce qui plaît aux dames*, opéra en quatre actes, de Duni. Pièce composée par Favart.

Il existe un libretto d'opéra imprimé à Bruxelles en 1766, qui fut probablement représenté, mais sur lequel nous manquons de renseignements : *le Médecin de l'amour*, opéra-comique en un acte et en vers, remis en musique par M. Van Maldere (4). Il ne vit certainement le jour qu'après cette année, car, aux termes du privilège qui se trouve à la fin de la brochure, il est dit :
« ... Nous avons reçu la supplication de Jean-Joseph Boucherie... conte-
« nant qu'il souhaitoit de pouvoir imprimer, vendre et débiter toutes les
« pièces *qui n'avoient point été représentées sur le Théatre de cette notre-*

---

(1) Extrait du volume : *Spectacle français à Bruxelles*. 1767. *Loc. cit.*
(2-3) Voir la Bibliographie.
(4)   Id.

« *dite Ville de Bruxelles...* » Il n'y a donc point de doute possible à ce sujet.

Nous donnons, ensuite, d'après le même petit volume, le catalogue des opéras qui composaient le répertoire des comédiens ordinaires de S. A. R. et qui furent successivement représentés sur le théâtre de Bruxelles :

Æglé, de Blavet ; *Annette et Lubin*, de Blaise ; *les Amans trompés*, de Mareouville ; *les Aveux indiscrets*, de Monsigny.

Baiocco et Serpilla, de Sodi ; *la Bohémienne*, de Clément ; *le Bûcheron*, de Philidor ; *Bertholde à la ville*, du marquis de La Salle ; *Blaise le savetier*, de Philidor.

Les Chasseurs et la laitière, de Duni ; *le Cadi dupé*, de Monsigny ; *Cendrillon*, de Laruette.

Le Diable à quatre, de Philidor ; *le Docteur Sangrado*, de Duni et Laruette ; *le Devin de village*, de J.-J. Rousseau.

L'École de la jeunesse, de Duni.

La Fortune au village, de Gibert ; *la Fausse Aventurière*, de Laruette ; *la Fée Urgèle*, de Duni.

Georget et Georgette, d'Alexandre.

Isabelle et Gertrude, de Blaise ; *l'Isle des foux*, de Duni.

Le Jardinier et son Seigneur, de Philidor.

Le Maître de musique, (parodié de l'italien) ; *Mazet*, de Duni ; *le Milicien*, de Duni ; *le Magasin des modernes*, de Pannard (musique parodiée) ; *le Maître en droit*, de Monsigny ; *le Maréchal-ferrant*, de Philidor.

Ninette à la Cour, de Saint-Amans.

On ne s'avise jamais de tout, de Monsigny.

Le Prétendu, de Gaviniès ; *le Peintre amoureux de son modèle*, de Duni ; *les Précautions inutiles*, de Chrestien et Van Malder. Ce musicien avait ajouté quelques morceaux à la musique primitive, pour les représentations au théâtre de Bruxelles.

La Rencontre imprévue, de Gluck ; *le Roi et le Fermier*, de Monsigny ; *Rose et Colas*, de Monsigny.

Sancho Pança, de Philidor ; *le Serrurier*, de Kohault ; *la Servante maîtresse*, de Pergolèse ; *les Sœurs rivales*, de Desbrosses et Van Malder. Ce dernier, comme pour l'opéra ci-dessus, avait ajouté quelques morceaux à la musique ; *le Sorcier*, de Philidor ; *le Soldat magicien*, de Philidor.

Le Tonnelier, d'Audinot (musique parodiée) ; *Tom Jones*, de Philidor ; *les Troqueurs*, de Dauvergne.

Ceci représente donc le répertoire complet des opéras représentés au théâtre de Bruxelles, pendant la gestion des sieurs Charliers, Gamon et Van Malder. Il faut y ajouter : *la Clochette*, de Duni, qui fut donnée le 18 janvier 1767, peu de temps avant qu'ils se démissent de leur direction.

Comme on a pu s'en convaincre, ce sont exclusivement les pièces des théâtres Favart et Feydeau de Paris, qui étaient mises en scène à Bruxelles. On ne constate aucune représentation de grand-opéra ou de tragédie lyrique. Le répertoire était donc entièrement composé d'opéras comiques, fort à la mode, il est vrai, à cette époque, mais la grande musique n'avait aucun accès.

Ces pièces, d'après ce que nous devons admettre, étaient fort bien jouées, et ces représentations, au dire des écrits du moment, pouvaient rivaliser avec celles des théâtres de la capitale de la France.

Après Bruxelles, ce fut à Gand seulement qu'on trouva un théâtre régulier. Dans les autres villes, malgré l'existence d'une salle de spectacle, les représentations n'y avaient lieu que de loin en loin, et à des époques très-irrégulières.

En 1750, ainsi que nous l'avons constaté au commencement de ce chapitre, la direction du théâtre de Gand était aux mains des sieurs *Le Clair* et *Langlois*.

L'année suivante, nous y trouvons un certain *Ribou*, qui est probablement celui qui eut la direction du théâtre de Bruxelles, de 1740 à 1743. On cite dans cette troupe qu'on intitule *Troupe du prince d'Orange*, les sieurs *Quinault, Devos, Julien, Corbin, Brault* et les dames *Baptiste, Bernardy, Restier* et *Champfleur*. Elle séjourna à Gand, du mois de novembre 1751 au samedi des Rameaux 1752 (1).

Du mois d'octobre 1752 au samedi des Rameaux 1753, le sieur *Bernard* (2) fut directeur, et l'année suivante, aux mêmes époques, on y trouve, comme associés, *Fatigny, Baudour* et *Lescot*. Puis, du mois de novembre 1754 au 28 février 1755, la direction échut à une certaine dame *Mercier*. Ce fut, en cette même année 1755, en novembre et en décembre, que D'Hannetaire vint à Gand, avec la troupe de Bruxelles, ainsi que nous l'avons établi plus haut.

Le répertoire de ces différentes troupes devait probablement se composer des pièces représentées sur les théâtres de Paris. Aucune production originale n'a été signalée jusqu'à présent, et à moins que des découvertes futures ne viennent en décider autrement, nous maintenons cette supposition qui peut être raisonnablement admise.

En 1756, vint à Gand, la célèbre chanteuse italienne Pompeati, que nous avons déjà citée au chapitre relatif à la principauté de Liége. Elle resta à Gand jusqu'au samedi des Rameaux 1758.

Ce fut l'année suivante que cette cantatrice parut à Liége, à la *Barraque*. La réputation de cette comédienne devait être bien établie, à cette époque, puisqu'on lui décerna l'épithète de *fameuse*, fait qui ne se produisit que pour les acteurs ou les musiciens d'une notoriété solidement assise.

---

(1) *Revue historique, chronologique et anecdotique du théâtre de Gand*. Loc. cit. P. 6.
(2) C'est *Bernardi* qu'il faut lire. Voir à ce sujet : *Tableau du spectacle français*, etc. Loc. cit. P. 185.

Se présentent en 1758, les sieurs *Beaugrand, Pietro* et *Bienfait cadet*, ce dernier est probablement le frère de l'acteur qui dirigeait, en 1725, le théâtre de Namur, au moment de la triste aventure que nous avons racontée. Ce devait toujours être un parent de ce directeur, car, l'année suivante, nous voyons la direction entre les mains de *Bienfait aîné*, associé à un sieur *Roqueville*.

La fin de l'année 1760 est signalée par quatre représentations d'un opéra-bouffon-italien dirigé par M. *Deamicis*, qui céda son privilége à un certain *Baron*, directeur d'une troupe d'enfants, qui donnait également des opéras-bouffons. Puis parut à Gand la troupe de *Gourville*, qui était entrepreneur du théâtre de Bruxelles. Ce fut pendant la présence de ces comédiens qu'eut lieu la première redoute à celui de Gand. La troupe de Gourville séjourna dans cette dernière localité jusqu'aux Rameaux 1761.

Au mois de novembre de cette même année 1761, nous voyons reparaître *Bienfait cadet*, associé avec les sieurs *Patras, Pietro* et *Marinville*, qui restèrent à la direction jusqu'au milieu de l'année 1762.

L'année suivante jusqu'en 1763, un sieur *Lavoy* fut directeur. Puis, un fait singulier se produisit. La direction du théâtre de Bruxelles était tombée entre les mains de Charliers depuis le lundi de Pâques 1763, et nous voyons qu'à Gand, D'Hannetaire, *avec la troupe de Bruxelles* (1), fut directeur, du mois d'octobre 1763 au samedi des Rameaux 1764. Ceci ferait supposer que le nouveau directeur du théâtre de la Monnaie avait congédié toute la troupe de Gourville et que celle-ci s'était mise à parcourir la province sous la conduite de D'Hannetaire.

De 1764 à 1765 reparut le sieur *Lavoy*. Le 19 août, le décès de l'empereur François Ier, duc de Lorraine, etc., fit fermer tous les spectacles jusqu'au mois d'avril 1766. A la fin de cette dernière année, le théâtre de Gand fut dirigé par *Bernardy, Ferré* et *David*.

Ce fut probablement ce *Bernardy* qui occupa, en compagnie de *Dubois*, le théâtre de Liége, le 17 octobre 1767. Il abandonna la direction de celui de Gand, le samedi des Rameaux de cette dernière année, et la concordance des dates peut parfaitement confirmer ce fait.

On peut donc conclure de ce qui vient d'être exposé, que, depuis le départ du Maréchal de Saxe, jusqu'à l'époque à laquelle nous sommes arrivés, le théâtre fut régulièrement et définitivement établi. Les directions qui se succédèrent à Bruxelles, eurent plus de stabilité. De 1754, époque à laquelle D'Hannetaire l'occupa, jusqu'en 1763, année où Charliers la prit en main, le théâtre ne chôma jamais et même le nouveau directeur, en le reprenant, lui donna une impulsion plus grande, ainsi que l'établissent des écrits du temps.

---

(1) *Revue historique, chronologique et anecdotique du théâtre de Gand*, p. 7.

A Gand, également, le théâtre fut continuellement occupé, et le spectacle français y était en grand honneur.

A cause de son importance, nous devons toutefois nous occuper de ce que devint le théâtre français dans la ville de Maestricht, après le départ des armées de Louis XV.

Le 3 février 1749, les troupes hollandaises y firent leur entrée, et le général-baron d'Aylva en fut nommé gouverneur.

Les débris de la troupe des comédiens du Maréchal de Lowendahl, se reconstituèrent sous la direction du même D'Orval, et demandèrent l'autorisation de pouvoir, de nouveau, exploiter la salle de spectacle. Elle leur fut accordée par le gouverneur, de concert avec le magistrat.

Une fois cette permission obtenue, le directeur se mit en mesure de compléter sa troupe. Il fit venir, de France, de nouveaux sujets, et présenta au public de Maestricht les artistes suivants :

Directeur : D'ORVAL.

Acteurs.

Messieurs : Villedieu. — Duny, premier rôle. — Beauménil. — Saint-Amand. — Artain. — Grandville. — Le Grand.

Actrices.

Mesdames : D'Orval mère. — Villedieu.
Mesdemoiselles : Villon. — D'Orval fille. — Anchon. — Hartou.

Chanteurs.

Messieurs : D'Orgimont. — Artain. — Harton. — N... — Dangeville. — Le Grand. — Rauvin.

Chanteuses.

Mesdames : D'Orval fille. — Rosan. — N... — Hartou. — La Motte. — Bougain.

Danseurs et figurans.

Messieurs : Puisieux. — Massin. — Du Chateau. — Minet. — N...

Danseuses et figurantes.

Madame : L'Englet.
Mesdemoiselles : De Vitron. — N... — Bourbourg. — N...

Ils prirent le titre de *Comédiens français de la ville de Maestricht*. L'ouverture du théâtre eut lieu le 13 février 1749. On représenta : *Alcibiade*, tragédie de Campistron, *le Charivari*, comédie de Dancourt, *les Jeunes Mariés*, opéra-comique de Favart, et *les Ages*, ballet-pantomime. Le spectacle commença par le compliment suivant prononcé par le sieur D'Orval (1) :

« Messieurs et dames!

« Le soleil dans le cours de sa vaste carrière,
« Dérobe quelquefois son éclat à nos yeux ;
« Mais il franchit bientôt l'importune barrière,
« Des nuages confus, qui nous cachoient ses feux ;
    « Et d'une nouvelle lumière
    « Il embellit son front majestueux.

« L'aimable paix succède aux horreurs de la guerre.
« L'Europe trop longtems insensible à sa voix,
« Aux soins de la justice, a confié ses droits ;
« Un jour beau et serain vient éclairer la terre.

« Tout rentre enfin dans l'ordre et la tranquilité,
« La sagesse forçant Bellone à disparoître,
« Réserre les liens de la société,
« Sur l'équité des loix fonde la liberté,
    « Et pour règle la vérité !

« Précieuses vertus qui vont faire renoître
    « La publique félicité,
« Ce n'est que dans l'accès d'une erreur passagère,
    « Que la fureur peut s'allumer.
« Dans les cœurs des humains la haine est étrangère.
    « Ils furent créés pour s'aimer.
« Le caractère saint, l'amour de la patrie,
    « Que la nature avec égalité,
« Grave aux fonds de nos cœurs, en nous donnant la vie
    « Est le sceau de l'humanité.

« C'est cet amour dont la force agissante,
« Attache les amis, réunit les rivaux
« Fait qu'une âme bien née, en sa vertu touchante,
« Partage de l'État et les biens et les maux.

« L'univers entier s'intéresse
« A cette heureuse paix, objet de ses désirs,
« Et dans la commune allégresse,
« Tout Citoïen retrouve ses plaisirs.

« Nous n'osons nous flatter de réussir dans notre entreprise, que par l'espoir de vos
« bontés et de votre indulgence, qui daigneront agréer les efforts, que nous tenterons
« toujours sans cesse, pour avoir le bonheur de vous satisfaire. »

Cet amphigouri fut assez bien reçu, paraît-il, et les représentations se succédèrent régulièrement, à dater de ce moment. Dans toutes les occasions solennelles, le spectacle tint sa place et apporta sa quote-part à la magnificence des diverses réjouissances publiques.

---

(1) Bernard. *Tableau du spectacle français, etc.*, p. 141-143.

Ainsi, le 8 mars suivant, pour la proclamation du stadhoudérat-héréditaire du prince, il y eut de grandes fêtes. Le soir, toute la Cour assista à la représentation gala, qui se composait de : *Esope à la ville,* comédie de Boursault, *les Epoux réunis,* opéra-comique de Pannard, et *Arlequin peintre et musicien,* ballet.

Quelques jours après, le 13 du même mois, se fit la publication de la paix avec la France. Il y eut de grandes réjouissances, et les comédiens français jouèrent : *Idoménée,* tragédie de Crébillon, l'*Abondance,* opéra-comique de Valois, et un ballet.

Il en fut de même, lors de l'installation du gouverneur d'Aylva, le 26 mars suivant. On lui fit une réception magnifique et, le soir, il se rendit au spectacle, où l'on jouait : *Achmet et Almanzine,* opéra-comique de Lesage, Dorneval et Fuzelier, l'*Amour vengé,* comédie de La Font, et un ballet.

Un fait singulier à noter, fut l'anniversaire de l'évacuation de la ville de Maestricht par les armées françaises, célébré avec le concours d'une troupe de comédiens de cette nation. Il est vrai qu'ils étaient sous l'autorité du magistrat et du gouverneur et que, par le fait, ils faisaient cause commune avec eux. Ils jouèrent à cette occasion : *les Plaideurs,* comédie de Racine, *les Deux Suivantes,* opéra-comique de Pannard et Pontau, et un ballet. Toutes ces pièces sont également dues à des auteurs français. Cette représentation eut lieu le 3 février 1750.

Un certain Clavel, cadet volontaire au régiment des Mineurs du baron de Breda, publia, en 1751, une tragédie en cinq actes et en vers intitulée : *la Mort de Nadir, ou de Thomas Kouli-Khan, usurpateur de l'empire de Perse.* Il la présenta aux comédiens, mais ceux-ci, pour une cause qui n'est pas déterminée, la refusèrent. L'auteur, pour se venger, publia, sous le voile de l'anonyme, une comédie en un acte et en vers, sous le titre de : *l'Esprit acheté,* dans laquelle il malmène assez les artistes (1). Il se met lui-même en scène sous le nom de : *le Chevalier de Le Valc* (anagramme de *Clavel*). Cette pièce, quoique imprimée à Maestricht, chez Lekens, porte pour suscription : *Sur le Parnasse, aux dépens des Muses.*

La garnison de cette ville ayant été diminuée, les recettes de la comédie s'en ressentirent. Le directeur décida que sa troupe quitterait pour aller s'établir ailleurs, si cet état de choses continuait. Rien n'étant venu modifier cette situation, il fit donner, le samedi des Rameaux de l'année 1751, une dernière représentation composée de : *Bajazet,* tragédie de Racine, *la France galante,* opéra-comique de Boissy, et un ballet.

Ces comédiens avaient exploité le théâtre de Maestricht pendant deux années et demie. Après leur départ, cette ville fut sans spectacle français

---

(1) Bernard. Ouvrage cité, pp. 147-151.

pendant onze ans. Elle n'eut plus que des saltimbanques, qui s'y rendaient à l'époque de la foire.

En 1762, quand se présenta, à Maestricht, une nouvelle troupe de comédiens français, il se passa un fait assez singulier.

Au moment du départ de D'Orval et de ses acteurs, la salle de la comédie étant vacante, les Pères Jésuites la demandèrent au magistrat pour y faire représenter leurs élèves. On la leur accorda. Ils l'occupaient donc depuis environ onze ans, quand de nouveaux comédiens parurent pour s'y installer. Bien loin d'y mettre obstacle, les Pères s'arrangèrent avec le nouveau directeur, de telle manière que les répétitions et les représentations des comédiens et des élèves des Jésuites se donnaient dans le même local, et sans qu'il en résultât de gêne, ni pour les uns ni pour les autres. C'était le cas de dire : les extrêmes se touchent.

La nouvelle troupe de comédiens français était sous la direction du sieur De Bersac. En voici la composition, avec l'emploi de chacun d'eux :

DE BERSAC, directeur et premier rôle.

Acteurs.

Messieurs :

Drouillon, financier et valet.
Julien, les comiques.
Pesé, les comiques, danseur et figurant.
Forteville, seconds rôles et figurants.
Landois, père noble et Arlequin.
Bellemont, raisonneur.
Goyer, haute-contre.
Jourdan, basse-taille.
Bonnal, premier danseur.
L'Ore, maître des ballets et figurant.
Valcourt, second rôle et figurant.
Beaubeuf, danseur et figurant.
Dervilliers, danseur et figurant.
Des Rônes, danseur et figurant.

Actrices.

Mesdames :

Des Rônes mère, première actrice.
Bonnal, soubrette et chanteuse.
Julien, seconde amoureuse.
Du Buisson, les rôles de caractère.
Goyer, second rôle et figurante.
Forteville, danseuse et figurante.

Mesdemoiselles :

Thilly, soubrette et chanteuse.
Mouche, seconde amoureuse, danseuse et chanteuse.

VICTOIRE, seconde amoureuse et danseuse.
MARCHANT, première danseuse.
CAMILLE,
CAROLINE, } figurantes et danseuses.
THURIN,
DES RÔNES fille, figurante.

Cette troupe, paraît-il, était excellente. On fit l'éloge de plusieurs des artistes qui la composaient, en termes assez élogieux pour être rapportés ici (1) :

« Madame DES RÔNES *mère*, qui brillait supérieurement. Chaque fois qu'elle parût sur
« la scène, on croyait voir Mérope ou quelqu'autre héroïne dicter ses volontés à ses sujets.
« Bref, cette actrice transporta, par la noblesse de son jeu, le spectateur, dans tous les païs,
« où la scène se passa, enfin c'était une actrice parfaite.
« Mademoiselle MOUCHE (aujourd'hui Madame L'HER) était estimable par son jeu, son chant
« et sa cadence dans la danse, toujours neufs, variés et intéressans. »

Cette actrice avait fait partie de la troupe du théâtre de La Haye. Elle n'eut pas le bonheur de plaire à tout le monde, car, au moment où elle quitta cette dernière scène pour celle de Maestricht, voici ce qu'un pamphlétaire écrivit (2) :

« La demoiselle *Mouche* rompt la *neutralité*, et va combattre *d'estoc et de taille*, sur le
« Bas-Rhin, son père et sa mère qui l'accompagnent dans ses exploits qui seront plus mili-
« taires que dramatiques, seront placés l'un et l'autre avantageusement à la porte du spec-
« tacle de Dusseldorf, où ils jouiront du plaisir de recevoir les contre-marques de ceux qui,
« captivés par le bon goût, iront applaudir Mlle Mouche dite *Grégeois*, nom qu'on lui a donné
« relativement au feu dont elle embrase tous ceux qui l'entendent. »

Plus loin, le même pamphlétaire parle des débuts de cette actrice, sur cette scène, et il ne la ménage pas davantage (3). Voici ce qu'il en dit :

« On vient de donner *le Cadi dupé*. La demoiselle Mouche qui a fait pendant si longtems
« les plaisirs clandestins des amans honteux de Namur et de La Haye, y auroit été applaudie
« avec justice dans le rôle de Zelmire, si elle avoit moins grimacée... La demoiselle Mouche
« qui jouit ici des avantages du proverbe en faveur des *borgnes*, régna sur la scène, elle vient
« d'y faire le personnage de *Ninette à la Cour*. C'étoit exactement le singe de la demoi-
« selle Batiste, elle met des grimaces partout où l'autre met des grâces ! Ah quelle Ninette ! »

Après ce portrait peu flatteur, reprenons maintenant ceux plus agréables des autres artistes de la troupe :

« Madame DU BUISSON mérita les suffrages du public, par le feu dans plusieurs de ses
« morceaux, et par son intelligence continue.
« Mademoiselle MARCHANT, dont l'agilité du corps ressemblait à une *fée*, surprenait
« tellement le spectateur, qu'elle lui fit sentir les endroits frappans des pantomines, comme
« elle les sentait. »

---

(1) Bernard. *Tableau du Spectacle français*, etc., p. 157-158.
(2) Chevrier. *L'Observateur des spectacles*, t. II, p. 68.
(3) Id.   *Id.*   T. II, pp. 257-258.

Le folliculaire dont nous avons déjà parlé ci-dessus, avait probablement eu à se plaindre de cette danseuse, car il en fait mention dans des termes fort peu bienveillants (1). Voici la manière dont il s'exprime :

« ... Nous avons ici une première danseuse nommée *Marchand,* ah c'est bien la meilleure
« pâte de fille, la plus humaine et la moins chère (*sic*) qui soit au théâtre ; je ne sais si c'est
« désintéressement ou besoin, mais cette fille fait un grand cas d'une pièce de vingt-quatre
« sous, peut-être aussi agit-elle ainsi par ménagement pour le militaire que la guerre
« dérange. »

On n'est pas plus méchant. Aussi, passons vite aux articles élogieux qui sont toujours plus agréables que ces choses acerbes et malsonnantes qui sont presque évidemment dictées par le dépit.

« Monsieur De Bersac possédait une grande facilité dans l'expression, et un esprit vif, de
« sorte qu'il s'acquitta avec toute l'aisance désirable, et qu'il fit à chaque représentation un
« nouveau plaisir.
« Monsieur Goyer, dont la voix surprenait tout amateur, mérita l'estime du public.
« Messieurs Jourdan, Drouillon, Bellemont et Bonnal excellèrent dans leurs emplois.
« Monsieur Landois était un véritable père tendre, qui fait voir à son fils débordé, avec
« une véritable amitié paternelle, tous les désordres qu'il a commis, et les inquiétudes dans
« lesquelles il plonge un père, qui ne désire que le bien-être d'un fils. »

Cette troupe venait de Dusseldorf, où elle était placée sous la direction du sieur Drouillon. Elle débuta à Maestricht, le 3 mai 1762, par *le Cid,* tragédie de P. Corneille, *le Gage touché,* opéra-comique de Pannard, et un ballet.

Ils séjournèrent, dans cette dernière ville, pendant un an environ. La clôture de leurs représentations eut lieu le 8 mars 1763, par l'*Inconnu,* comédie de Th. Corneille, *les Deux Frères,* opéra-comique de Le Sage, un divertissement et un grand ballet. La troupe prit congé du public, par les quelques mots suivants, prononcés par un des acteurs :

« *Messieurs,*

« Les bontés dont vous nous avez honorés jusqu'à ce jour mettraient le comble à notre
« bonheur, si le regret de vous quitter n'offusquerait entièrement nos esprits ; cependant
« nous n'oublierons jamais que nous devons vos suffrages, à votre indulgence beaucoup plus
« qu'à nos faibles talens. »

Au départ de Maestricht, la troupe se disloqua. Madame Des Rônes et les siens s'engagèrent pour Saint-Pétersbourg. Quant aux autres artistes, ils se dispersèrent dans d'autres villes de France.

Nous retrouvons le sieur De Bersac à la tête du théâtre de Gand, depuis octobre 1772 jusqu'au samedi des Rameaux 1773, avec les sieurs Marion,

---

(1) Chevrier. *L'Observateur des spectacles.* T. II, p. 258.

Daubercour, Dumarret et Garderra. L'année suivante, il resta à cette direction avec le sieur Casimir (1).

Enfin, le sieur Goyer devint directeur des spectacles de la principauté de Liége, en 1780 et en 1781 (2).

Après le départ de ces comédiens, la ville de Maestricht resta sans spectacle pendant plus d'une année. Ce fut en 1764 seulement que vint s'y installer une nouvelle troupe dirigée par le sieur Marion et sa femme (3). Elle se produisit sous la dénomination de *Comédiens français et italiens*.

Voici quelle était la composition de cette troupe :

DIRECTEUR : MARION.

Acteurs.

Messieurs : NEVEN. — N... — ARTAIN. — HARTOU. — N... — DANGEVILLE. — LEGRAND. — ANCHON.

Actrices.

Mesdames : MARION. — BEAUMENIL. — SAINT-AMAND. — ARTAIN. — GRANDVILLE. — LE GRAND.
Mademoiselle : VILLE-DIEU.

Chanteurs et danseurs.

Messieurs : VILLE-DIEU. — D'ORVAL. — N... — HARTOU. — LA MOTTE. — BOUGAIN. — MASSIN. — DUCHATEAU. — MINET. — N...

Chanteuses et danseuses.

Mesdemoiselles : BOUQUET. — N... — ROSAN. — L'ENGLÈT. — DE VITRON. — N... — BOURBOURG. — N...

Comme on peut s'en convaincre, c'était, en grande partie, l'ancienne troupe dirigée par D'Orval, en 1749, et dans laquelle lui-même se trouvait comme simple artiste.

Ces comédiens donnaient leurs représentations quatre fois par semaine : le lundi, le mardi, le jeudi et le samedi. Ils débutèrent le 24 juillet 1764, par *le Joueur*, comédie de Regnard, *le Retour imprévu*, comédie du même, et *le Bouquet*, grand ballet. Le directeur Marion, au lieu du discours d'usage, se contenta de réciter le quatrain suivant, au lever du rideau :

« Spectateurs éclairés, bienfésans (*sic*), généreux,
« Vos seules bontés sont toute notre espérance,
« Vous bornez vos plaisirs à faire des heureux ;
« Nous fondons notre espoir sur cette connaissance. »

---

(1) *Revue historique, chronologique et anecdotique du théâtre de Gand*, p. 8.
(2) Voir chapitre VI.
(3) Le même que nous avons vu à la tête du théâtre de Gand.

Les représentations furent très-suivies. Il y en eût même quelques-unes qui eurent un grand succès. De ce nombre sont celles où les comédiens jouèrent avec la tragédie d'un auteur en renom, la parodie de cette même pièce. Ainsi, ils donnèrent *Inès de Castro*, tragédie de La Motte, suivie d'*Agnès de Chaillot*, parodie de Le Grand et Dominique; *Marianne*, tragédie de Voltaire, puis *la Méchante Femme*, de Le Grand, et quantité d'autres dont l'énumération serait trop longue.

Pendant la durée de l'occupation de la salle de comédie par ces acteurs, il y eut, au même local, des représentations données par des acteurs de passage. Le 17 décembre 1764, le sieur Vascor et sa femme, tous deux Italiens, donnèrent une représentation de *Baiocco et Serpilla*, parodie du *Joueur*, et de *la Serva Padrona* de Pergolèse.

L'année suivante, au mois de septembre, une troupe de chanteurs, chanteuses, danseurs et danseuses italiens, vint donner quatre représentations dans la salle de la comédie, le 14, le 17, le 21 et le 24. Ils donnèrent également la *Serva Padrona*. On remarquait, principalement, parmi ces artistes, la demoiselle Mingotti, qui excellait comme danseuse et comme chanteuse.

Les comédiens français et italiens sous la direction du sieur Marion, clôturèrent la série de leurs représentations, le 27 septembre 1765, par *Eugénie*, drame de Beaumarchais, *le Tonnelier*, opéra-bouffe d'Audinot, et un ballet. Cette troupe se dispersa. Toutefois, quelques sujets restèrent à Maestricht, entre autres le directeur et sa femme, la demoiselle Bouquet, etc. Ils s'associèrent et demandèrent l'autorisation d'occuper la salle de la comédie. L'ayant obtenue, ils firent l'ouverture de leur spectacle, le 23 novembre, par *le Siége de Calais*, tragédie de De Belloy, et *le Français à Londres*, comédie de Boissy.

Le 14 décembre suivant, survint un incident. Un des comédiens de la troupe, le sieur Vincent, ayant eu une altercation, dans les coulisses, avec son directeur, s'avisa de tirer son épée contre lui. On le désarma et il fut conduit en prison, où il fut enfermé pendant quinze jours. Il obtint son élargissement, mais à la condition de faire des excuses publiques. Il y acquiesça, et le 21 du même mois, au commencement du spectacle, s'avançant au bord de la scène, il adressa aux spectateurs le discours suivant (1) :

« *Messieurs,*

« Après la scène scandaleuse, occasionnée par le sieur Marion et moi, je craignis de ne
« pouvoir plus paraître décemment devant vous, cette crainte m'avait fait prendre le parti
« de renoncer tout-à-fait au théâtre, pour lequel je n'ai, ni les talens, ni les dispositions
« nécessaires, mais une personne, dont je n'oublierai jamais les soins généreux, m'a fait
« sentir, que tout faible comédien que j'étais, ma place ne pouvait pas être remplacée par un

---

(1) Bernard. *Tableau du spectacle français*, etc. pp. 165-166.

« autre, et que par conséquent ma retraite apporterait un préjudice considérable à mes
« camarades ; je me suis rendu, Messieurs, à une remontrance aussi sage, et cela avec
« d'autant plus de plaisir, qu'elle me procure des moïens de vous assurer aujourd'hui, com-
« bien je suis au désespoir de tout ce qui s'est passé ; je ne chercherai point à me justifier,
« parce que je ne pourrais le faire qu'aux dépens du sieur Marion, je me contenterai de vous
« dire, que je n'ai point eu recours le premier aux voies de fait, que mon éducation, mon
« propre penchant, et plus encore un sistème de vie, que je me suis formé, m'engage à fuir
« ces occasions, dont l'honnête homme rougit, lorsque ses sens appaisés lui permettent
« d'écouter la raison ; pendant le peu de tems qu'il me reste à jouer sur ce théâtre, Messieurs,
« je ne négligerai rien de tout ce qui peut dépendre de moi, pour faire réussir les pièces que
« nous devons représenter ; après cela, je serai content, si je vous entends dire : *Vincent
« était un faible comédien, mais il avait une belle âme.* C'est par là que je m'efforcerai
« toujours de plaire aux honnêtes gens, et partout je n'emploïrai jamais d'autres moïens,
« pour mériter leur estime et leur approbation. »

Cet événement fut suivi, quelques jours après, d'un autre, du même genre. La demoiselle *Bouquet*, première danseuse, ayant occasionné quelque scandale, fut arrêtée et emprisonnée à l'hôtel de ville. Comme sa présence était nécessaire pour la marche du répertoire, et qu'au reste son crime n'était pas grave, on lui rendit la liberté, après cinq jours de détention.

On signale une représentation extraordinaire, le 8 mars 1766, à l'occasion de la majorité du prince-stadhouder. On représenta *le Comte de Warwick*, tragédie de La Harpe, *le Poirier*, opéra-comique de Vadé, et un ballet, dans lequel la demoiselle Bouquet se surpassa. Enfin, le spectacle fut terminé par un dialogue de circonstance, entre *Mars* et *la Liberté*, représentés par le directeur et sa femme.

La représentation d'adieu de cette troupe eut lieu le 15 mars suivant. On donna, à cette occasion, *l'Enfant prodigue*, comédie de Voltaire, et *les Vacances des Procureurs*, comédie de Dancourt. Ces comédiens se dispersèrent et plusieurs restèrent dans les troupes qui exploitaient les diverses scènes des Pays-Bas.

En dernier lieu, des comédiens français et italiens vinrent, au mois de septembre, donner douze représentations à Maestricht. On nous a conservé la composition de ces divers spectacles et nous nous empressons de la donner ici, à titre de renseignement.

1. Jeudi 4 septembre.

La Gouvernante, comédie de La Chaussée. — *L'Anglais à Bordeaux*, comédie de Favart.

2. Samedi 6 septembre.

Démocrite amoureux, comédie de Regnard. — *L'Amant auteur et valet*, comédie de Cérou.

3. Lundi 8 septembre.

Mérope, tragédie de Voltaire. — *Le Philantrope*, comédie de Le Grand.

4. Jeudi 11 septembre.

Le Baron d'Albikrac, comédie de Th. Corneille. — *Le Bon Soldat*, comédie de R. Poisson et Dancourt.

5. Samedi 13 septembre.

Alzire ou les Américains, tragédie de Voltaire. — *Heureusement*, comédie de Rochon de Chabannes.

6. Lundi 15 septembre.

La Réconciliation normande, comédie de Du Fresny. — *Le Babillard*, comédie de Boissy.

7. Jeudi 18 septembre.

Le Philosophe marié, de Destouches. — *Heureusement*, de Rochon de Chabannes.

8. Samedi 20 septembre.

La Dame invisible, de Hauteroche. — *L'Aveugle clairvoyant*, de Le Grand.

9. Lundi 22 septembre.

Le Joueur, comédie de Regnard. — *L'Amour diable*, de Le Grand.

10. Jeudi 25 septembre.

Crispin médecin, comédie de Hauteroche. — *Arlequin maître et valet*, comédie de Marivaux.

11. Samedi 27 septembre.

Le Légataire universel, comédie de Regnard. — *L'Épreuve réciproque*, comédie de Le Grand.

12. Lundi 29 septembre.

Hypermnestre, tragédie de Le Mierre. — *La Sérénade*, comédie de Regnard.

Il est étonnant que ces comédiens ne représentèrent pas une seule des comédies de Molière. Celles de Regnard avaient eu le privilége de fixer leur attention, et nous ne nous expliquons pas trop pourquoi cette préférence.

Comme on a pu le remarquer, c'était une troupe purement comique ; elle ne possédait ni chanteurs, ni danseurs.

Après leur douzième et dernière représentation, ils retournèrent en Allemagne d'où ils étaient venus.

On vient de voir combien le théâtre français avait de succès dans la ville de Maestricht. Nous avons déjà dit comment cette langue s'était implantée dans ce pays essentiellement hollandais, et l'on a pu se convaincre qu'elle y avait gagné droit de cité. Ce qui alimentait principalement le théâtre et faisait la fortune des directeurs, fut la présence continuelle de nombreuses garnisons. Cette ville étant fortifiée et ayant une position à la tête du pays, demandant à être sérieusement défendue, occupait une grande partie de l'armée. Or, pour rendre le séjour agréable à tous ces militaires, le magistrat faisait le meilleur accueil à toutes les troupes de comédiens qui se présentèrent. De là, cette succession de jolies représentations, dont nous venons de parler.

Il ressort donc de tout ce qui précède, que l'on peut établir avec certitude, que ce fut à dater de 1749 que le théâtre français acquit son droit de cité en Belgique. Depuis lors, ainsi que la suite le démontrera, il ne fit que se consolider davantage, pour en arriver à devenir une véritable nécessité pour le public.

CHAPITRE IX

LES COMÉDIENS ORDINAIRES DE S. A. R. LE PRINCE CHARLES DE LORRAINE.

1766-1790

Il ne sera question ici que des faits relatifs au théâtre de Bruxelles, pendant cette période. Un chapitre spécial traitera de ceux qui concernent les autres théâtres du pays. Cette époque remarquable pour la scène de la capitale, demandait à être exposée séparément, afin de permettre d'entrer dans des détails plus circonstanciés. Ces vingt-cinq années mirent le théâtre de la Monnaie sur un pied si brillant qu'il put rivaliser avec les scènes de Paris, ainsi qu'on va le voir dans les développements qui vont suivre.

Les sieurs Charliers, Gamond et Van Malder ayant donné leur démission de directeurs au commencement d'avril 1766, la ville de Bruxelles menaçait d'être sans théâtre, lorsqu'une combinaison faite par les acteurs eux-mêmes empêcha cet événement de se produire. Ils se formèrent en société, à l'instar de ce qui existait à la Comédie-Française de Paris, et demandèrent d'exploiter la scène de Bruxelles. Cela leur fut accordé en vertu d'un octroi en date du 30 juin 1766 et d'un décret en interprétation et confirmation du 23 juillet suivant (1).

La société d'acteurs prit le titre de : *Comédiens ordinaires de S. A. R. le Prince Charles de Lorraine*, en continuation de ce qui s'était fait sous la direction précédente. Elle était fondée sur une base de quinze parts, et la direction était donnée, à tour de rôle, de quinzaine en quinzaine, à deux

---

(1) Voir aux Documents.

d'entre eux. Les premiers directeurs nommés furent les sieurs D'Hannetaire et Dubois.

C'est le moment, maintenant, de dire quelques mots de D'Hannetaire qui tient une si large place dans l'histoire de notre théâtre, et dont il a déjà été question dans les chapitres précédents.

Jean-Nicolas Servandoni-D'Hannetaire était descendant du fameux Servandoni, peintre-décorateur de Louis XIV. Il était né à Grenoble en 1718, et il mourut à Bruxelles en 1780. Il n'était nullement destiné à embrasser la carrière de comédien. Ses parents lui firent donner une excellente éducation et la firent diriger vers l'état ecclésiastique. Mais comme il ne se sentait aucune vocation pour cette profession, il se fit comédien. Grâce à des aptitudes spéciales et à une instruction soignée, il prit le côté sérieux de son art, et brilla constamment au premier rang. Il publia même un ouvrage, à ce sujet : *Observations sur l'art du comédien et sur d'autres objets concernant cette profession en général, avec quelques extraits de différents auteurs et des remarques analogues au même sujet.* Le succès de ce livre fut tel qu'il eut quatre éditions successives de 1764 à 1801.

Il tenait à Bruxelles salon ouvert où se réunissait l'élite de la société. Le prince de Ligne, surtout, était l'un de ses hôtes les plus assidus. Ce seigneur, ami et protecteur des arts et des artistes, trouvait chez D'Hannetaire un délassement au cérémonial que lui imposait le rang élevé qu'il occupait à la Cour. Tous les hommes de talent se réunissaient dans ce salon. L'un des passe-temps favoris de cette société distinguée était de jouer des comédies improvisées, dont le sujet était donné séance tenante. Les honneurs de la réunion étaient faits par les filles de D'Hannetaire, connues à Bruxelles sous le nom des *Trois Grâces* (1).

Ce directeur pouvait donner beaucoup de relief à ces assemblées, car, au dire d'un témoin oculaire (2), il possédait 80,000 livres de rente, ce qui constituait une fortune importante pour l'époque.

On conçoit que les acteurs placés sous sa direction durent se ressentir de l'impulsion donnée par un homme aussi remarquable. Aussi cette époque-là fut-elle l'une des plus glorieuses du théâtre de Bruxelles.

Ainsi que nous l'avons dit plus haut, la direction échut à D'Hannetaire et Dubois. Ce poste leur avait été octroyé d'une voix unanime, par tous leurs camarades.

Les Comédiens ordinaires de S. A. R. le Prince Charles de Lorraine débutèrent le 20 avril 1767. D'Hannetaire fit l'ouverture du théâtre par le discours suivant (3) :

---

(1) Nous parlerons, plus loin, de ces *Trois Grâces*.
(2) *Mémoires de Dazincourt*.
(3) *Spectacle français à Bruxelles.* Seconde partie pour l'année bissextile 1768.

« Messieurs,

« Il ne serait pas d'usage, à la rentrée des spectacles, de vous rendre, dans un discours, l'hommage qui vous est dû, que vos bontés et les circonstances nous en feraient aujourd'hui un devoir indispensable; non que je veuille ici me hasarder, Messieurs, à vous offrir un tribut de louanges, dont l'entreprise serait au-dessus de mes forces et de ma capacité : pour oser louer une assemblée aussi illustre et aussi éclairée, il faudrait une éloquence que je n'ai pas, et mes faibles éloges ne pourraient jamais paraître qu'infiniment au-dessous de leur objet respectable.

« Je me bornerai donc, Messieurs, à vous témoigner d'abord notre zèle et notre reconnaissance, que vous venez de ranimer de la manière la plus sensible, et aussi la mieux sentie; nous avons exposé les besoins du spectacle, et vous avez daigné y pourvoir avec autant de justice que de générosité : après tant de marques de bonté et de complaisance de votre part, Messieurs, quelques efforts que nous puissions faire, rien ne pourra jamais nous acquitter envers vous; c'est une vérité et un sentiment dont nous sommes tous pénétrés en général.

« Si cependant, Messieurs, la soumission la plus respectueuse à toutes vos volontés, l'attention la plus inquiète et l'empressement le plus vif à prévenir et à satisfaire vos désirs, peuvent nous être de quelque mérite, et nous tenir lieu des talens que nous n'avons pas, soyez persuadés que ce sont là les premières lois que s'imposera notre reconnaissance : nous espérons même, Messieurs, que notre zèle et notre activité à vous servir, seront un des plus forts liens de notre société; animés du même esprit, guidés par le même objet, qui est celui de vous plaire, cette noble émulation, plus efficace encore que notre propre intérêt, va resserrer de jour en jour les nœuds qui nous associent, et donner contre toute attente, de la stabilité à notre établissement : et nous osons enfin, vous promettre que l'union, la concorde, souvent si difficiles à conserver parmi nous, deviendront l'heureux effet de cette ardeur unanime et générale, qui nous fera rechercher sans cesse à mériter et à justifier de plus en plus l'honneur de votre bienveillance.

« Il me reste à vous prier, Messieurs, de vouloir bien ne pas nous juger sur les commencemens de notre spectacle ni même sur les acquisitions de notre première année : la rareté des talens de toute espèce, jointe au peu de temps que nous avons eu pour en faire la découverte, peut en quelque façon nous servir d'excuse à cet égard, et quant à nos premières représentations, la difficulté d'arranger convenablement un répertoire faute d'avoir toute la troupe rassemblée; les débuts d'ailleurs qu'il est d'usage d'accorder aux différens sujets qui arrivent : tous ces motifs, Messieurs, nous forceront sans doute à vous donner d'abord quelques pièces rebattues : mais dont nous travaillerons à vous dédommager, par des nouveautés, le plutôt qu'il nous sera possible.

« Le comique moderne ne nous ayant rien fourni qui fut digne de vous être présenté le premier jour, nous avons été obligés d'y suppléer par une tragédie. Celle que nous avons choisie, Messieurs, nous a semblé avoir un mérite particulier, qui la rend peut-être plus digne de vos regards que tout autre : nous vous supplions donc, Messieurs, de daigner l'écouter et de l'honorer même de toute votre attention.

« Si *la Partie de chasse de Henri IV* a produit sur vous un effet aussi prodigieux que bien mérité(1); si cet événement même est devenu une époque à jamais mémorable et des plus glorieuses à la nation; le portrait de Titus, quoique peint dans un autre genre, n'a pas moins le mérite d'une ressemblance qui ne pourra manquer de vous affecter vivement. « C'est une des principales raisons, Messieurs, qui nous ont déterminés à vous l'offrir; sachant par expérience, combien il est doux et flatteur pour des âmes sensibles comme les vôtres de revoir souvent sur la scène le portrait de tous ces bons princes, l'honneur de leur siècle et l'amour de tous les âges; surtout lorsqu'on a comme vous, Messieurs, le rare bonheur d'en posséder l'IMAGE VIVANTE. »

---

(1) Voir le chapitre précédent.

Ce discours fut parfaitement accueilli. Il disposa le public en faveur des comédiens. La représentation d'ouverture se composait de *Titus*, tragédie imitée de Métastase, par de Belloy, et du *Tonnelier*, opéra-bouffon en un acte, paroles de Quétant, musique de Gossec. La tragédie, grâce aux soins apportés par les directeurs, à la mise en scène, aux décors et à l'exactitude des costumes, réussit parfaitement, quoiqu'à Paris elle n'ait pas eu tout le succès que son auteur en attendait.

Ce début fit bien augurer de la troupe des comédiens. Aussi cette année fut-elle remarquable pour le théâtre. Toutefois, deux relâches forcés entravèrent la marche du répertoire. Ce fut d'abord la mort de l'impératrice Marie-Josèphe-Antoinette de Bavière, seconde femme de Joseph II, qui décéda le 28 mai 1767. Cet événement suspendit le spectacle depuis le mardi 2 jusqu'au mardi 30 juin inclusivement, c'est-à-dire pendant environ un mois. Ensuite, le décès de l'archiduchesse Josèphe, reine de Naples, occasionna une seconde interruption du 24 octobre au 5 novembre, pendant encore environ le même laps de temps.

Pendant le cours de cette année, les comédiens ordinaires organisèrent une troupe pour aller exploiter la scène de Gand (1). Un certain nombre des comédiens y jouaient trois fois par semaine, le dimanche, le mardi et le jeudi. L'acteur Grégoire en fut nommé directeur, et le début eut lieu le 1er octobre 1767, par le discours suivant prononcé par de Rozely (2) :

« En cherchant à vous procurer les agréments de la scène, nous avons désiré, Messieurs,
« de vous prouver notre zèle par nos efforts ; et si nous n'y avons réussi qu'imparfaitement,
« c'est qu'il est dans ces sortes d'entreprises des difficultés insurmontables que l'esprit de
« justice est obligé d'avouer. Daignez accueillir avec bienveillance les talens que nous osons
« vous présenter aujourd'hui; si tous ne s'élèvent pas au même degré, tous ont le même désir
« de vous plaire, et cette commune émulation semble annoncer un progrès général qui ne
« dépendra tous les jours que de l'encouragement. Nous osons vous montrer cette confiance
« parce qu'elle prend sa source dans nos sentimens et dans l'espoir de vos bontés. Nous
« souhaitons avec ardeur que ces moments de dissipation qu'on donne au tableau des ridi-
« cules et des passions, loin de tromper votre attente, soient pour vous des instans d'amuse-
« ment et d'intérêt.

« Votre intention est de contempler les actions de la vie dans les jeux de la scène, vous
« venez pour sourire et pour être attendris tour-à-tour. Quel motif d'ambition pour le comé-
« dien sensible qui sait s'honorer de son état : quel vaste sujet de gloire pour lui !

« En mon particulier, Messieurs, je sens en ce moment combien il est flatteur d'intéresser
« et de toucher un public éclairé. L'univers n'a rien qui ne soit soumis à la scène, rien que
« la représentation ne puisse offrir au cœur et à l'esprit; et c'est créer les objets que de les
« reproduire ainsi. L'acteur a besoin d'être encouragé par le spectateur, il ne peint bien les
« autres qu'en sortant hors de lui-même, et cet enthousiasme heureux est l'effet des applau-
« dissements que son amour-propre apprécie et que sa reconnaissance s'efforce de justifier.

« Daignez donc, Messieurs, animer les talents qui s'offrent à vous dans l'espoir de votre
« indulgence. Daignez leur faire entrevoir aujourd'hui le bonheur qui les attend s'ils ont
« celui de vous plaire. »

---

(1) Voir aux Documents.
(2) *Spectacle de Bruxelles*. Seconde partie, pour l'année bissextile 1768, pp. 111-113.

La troupe des comédiens ordinaires de S. A. R. le Prince Charles de Lorraine nous est entièrement connue, grâce à un petit volume déjà fréquemment cité dans cet ouvrage (1), et que l'on peut attribuer à D'Hannetaire, ou du moins qui fut inspiré par lui. Au reste, il était coutumier du fait. En 1754, lors de son second séjour en Belgique, un fait identique s'était produit; un petit almanach avait paru (2), donnant également des renseignements précieux sur la gestion du théâtre à cette époque. On peut également lui attribuer une certaine paternité dans l'enfantement de cet opuscule. D'Hannetaire était littérateur, il aimait son art, et il est certain qu'il a cherché à faire tout ce qui était en son pouvoir pour lui donner quelque éclat (3).

Comme la nomenclature de cette troupe présente certaines données intéressantes pour notre théâtre, nous la donnons ci-dessous *in extenso*.

ÉTAT
DES COMÉDIENS ORDINAIRES
DE
SON ALTESSE ROYALE

Établis à Bruxelles en vertu de l'octroi signé le 30 juin 1766, suivant leur rang d'ancienneté.

Acteurs à part.

D'HANNETAIRE,

a débuté pour la première fois à Bruxelles en 1745 par le rôle du *Comte d'Essex*, et a continué d'y remplir les premiers rôles tragiques jusqu'en 1746. Depuis s'étant borné au seul comique, il a tenu longtemps l'emploi des rôles à manteau et de Financiers, auquel il joignit l'emploi de Poisson. Il a chanté aussi les rôles de basse-taille dans les commencements de l'Opéra-Bouffon; actuellement il s'en tient aux seuls Financiers, et rôles à manteau caractérisés. Il a . . . . *Part entière.*

DUBOIS,

a débuté en l'année 1745 par le rôle de *Tartufe*. Il joue présentement les rôles de Rois et de Pères-Nobles. Il a. . . . . *Part entière.*

DURANCY,

a débuté en l'année 1746. Il était de la troupe du Maréchal de Saxe. Il chantait alors les rôles d'Amoureux dans l'Opéra-Comique; depuis il a changé d'emploi. Il joue maintenant les rôles de Valets et chante dans l'Opéra-Bouffon. Il a. . . . . *Part entière.*

---

(1) *Spectacle français à Bruxelles.* Loc. cit.
(2) *Almanach historique et chronologique de la Comédie française.* Loc. cit.
(3) Voir à la Bibliographie.

Compain des Pierrières,

a débuté l'année 1757 par le rôle du Prince dans *Ninette à la Cour*. Il a longtemps chanté les rôles d'Amoureux dans les Opéras Sérieux Comiques et Bouffons. Il a changé d'emploi et joue présentement les rôles de Paysans, chante les mêmes rôles et autres de basse-taille dans l'Opéra-Bouffon. Il a . . . . *Part entière.*

Jerville,

a débuté l'année 1758 par le rôle de *Crispin* des *Folies amoureuses*. Il continue de jouer les mêmes rôles et autres de caricature, ainsi que les Arlequins. Il a. . . . *Part entière.*

Prévost,

a débuté l'année 1763 par le *Jaloux désabusé*, il a continué son début par le rôle de *Gengiskan* dans l'*Orphelin de la Chine*. Il joue toujours les forts premiers rôles, tant dans la tragédie que dans la comédie. Il a. . . . . *Part entière.*

Grégoire,

a débuté l'an 1763 par le rôle d'*Hortensius* dans la *Surprise de l'amour*, il joue des rôles à manteau, des confidents et autres rôles de différents caractères. Il a. . . *Part entière.*

Le Petit,

a débuté l'année 1764 par *Colin* dans le *Devin de village*. Il joue des rôles d'amoureux et chante les mêmes rôles dans les Opéras-Bouffons. Il a . . . . *Part entière.*

D'Rozely,

a débuté l'année 1765 par le rôle du *Menteur* et celui de *Desronnais*. Il continue de jouer les premiers rôles d'amoureux. Il a . . . . *Part entière.*

Acteurs à pension.

Mainville,

joue des seconds rôles dans la Tragédie, les amoureux dans la Comédie et chante les mêmes rôles dans l'Opéra-Bouffon.

Louis,

joue les grands confidents et des rôles de rois dans la Tragédie, des raisonneurs et des pères dans la Comédie.

Chatillon,

chante dans l'Opéra-Bouffon, des rôles de paysans et autres de différents caractères ; il joue des confidents dans la Tragédie.

Lisis,

joue et chante des rôles accessoires.

Actrices à part.

Mesdames et Demoiselles :

Rosalide,

parente et élève du sieur D'Hannetaire, a commencé dès l'enfance à jouer des petits rôles sur ce théâtre où elle remplit actuellement les forts premiers rôles, tant dans le tragique que dans le comique. Elle a . . . . *Part entière.*

D'Hannetaire (Eugénie),

née à Bruxelles, a succédé à sa mère dans les rôles de soubrette qu'elle tient en chef. Elle a. . . . . *Part entière.*

Sophie (Lothaire),

a débuté l'année 1754 par le rôle de *Fatime* dans *Zaïre*. Elle continue de jouer les grandes confidentes dans la Tragédie et les soubrettes dans la Comédie. Elle a . . *Demi-part.*

D'Hannetaire (Angélique),

a commencé dès l'enfance à représenter sur ce théâtre. Elle joue les rôles d'amoureuses et chante ceux de duègnes dans les Opéras-Bouffons. Elle a . . . . *Part entière.*

Granier,

danse les premières entrées ; elle a débuté l'année 1762. Elle a . . . . *Part entière.*

Defoy,

a débuté l'année 1766 par la *Servante Maîtresse* ; elle continue de chanter les premiers rôles d'amoureuses dans l'Opéra-Bouffon. Elle a. . . . . *Part entière.*

Actrices à pension.

Mesdames et Demoiselles :

Marchainville,

joue les confidentes dans la Tragédie et les rôles de mères et de caractère dans la Comédie.

Bordier,

chante les rôles d'amoureuses dans l'Opéra-Bouffon.

M. Jannot, souffleur.

M. Bercaville, inspecteur, est nommé des acteurs à part, pour régir en leurs noms, veiller à leurs intérêts, au bon ordre et au service du spectacle.

ÉTAT DE LA DANSE.

M. St-Léger, maître des ballets et premier danseur.
Mme Granier, première danseuse.

Figurants.

Messieurs :

Vincent, danse les secondes entrées. — Lisis. — Jouardin. — L'Orange — Vanderlinde. — Vautier. — Normand. — Laure.

Figurantes.

Mesdames et Demoiselles :

Compain. — Lasis. — James. — Verneuille. — Durancy. — Massein. — Artus. — Nogentolle.

Surnuméraires.

Mesdemoiselles :

Anguel. — N...

ORCHESTRE.

L'orchestre est composé de 28 à 30 musiciens.
M. Granier, maître de musique (1).

Ainsi qu'on a pu s'en convaincre, nous trouvons parmi ces comédiens, d'anciennes connaissances. Outre D'Hannetaire, nous y rencontrons Durancy, l'ancien directeur du théâtre de Bruxelles, qui fit partie de la troupe du Maréchal de Saxe, ainsi que Dubois, que nous avons déjà cité précédemment. Compain Des Pierrières nous est également connu ; nous avons signalé une de ses productions à l'année 1761 (2).

Quant à Prévost, quoique nous n'en ayions pas encore fait mention, nous pouvons en parler spécialement d'après un de ses collègues (3). Ce comédien, nous apprend ce dernier, était un acteur tragique distingué par ses mœurs et par le plus précieux talent. Il venait de quitter le théâtre français de Saint-Pétersbourg, lorsqu'il parut sur celui de Bruxelles. Il aurait pu débuter à Paris, où, nul doute, il aurait eu le plus grand succès ; mais, pendant son séjour en Russie, il avait eu les pieds gelés, au point qu'on avait été obligé de lui faire l'amputation d'une partie des doigts, en sorte qu'il marchait très-difficilement sur la scène. Il redoutait l'attention sévère du public de Paris sur ses attitudes forcées par cet accident.

On voit que, du côté des hommes, cette troupe laissait peu à désirer. Quant aux femmes, on y trouve, d'abord, toute la famille de D'Hannetaire : ses deux filles, Eugénie et Angélique, et Rosalide, dont nous avons déjà parlé et dont il sera fait longuement mention plus loin.

Nous y voyons également figurer une certaine demoiselle Granier, qu'on dit avoir débuté en 1762. Ce doit être la même que l'*Observateur des Spectacles* appelait *Grenier*, en cette même année, et sur laquelle il raconte une anecdote très-plaisante que nous avons même rapportée.

Enfin, Sophie Lothaire figurait, en 1754, parmi les comédiens de Durancy.

Cette troupe était donc parfaitement composée et pourrait faire admettre comme n'étant pas entaché d'exagération, ce qui s'était dit à l'époque de sa formation (4) :

---

(1) *Spectacle français à Bruxelles.* Bruxelles, Boucherie, 1767-1768.
(2) Voir chapitre VIII.
(3) *Mémoires de Dazincourt.*
(4) *Spectacle français à Bruxelles. Loc.cit.*

« Après le théâtre de Paris, celui de Bruxelles peut sans contredit être regardé comme un
« des premiers et des plus considérables de l'Europe. Tout concourt à lui mériter cet
« honneur : le grand prince dont il porte le nom, les talents qu'il réunit en tout genre, la
« forme de sa constitution actuelle, la sagesse de ses réglements, l'esprit de paix et de con-
« corde qui règne dans la société, l'existence légale accordée par S. M. aux acteurs-associés
« dans un décret qui les fixe irrévocablement dans cette ville, et leur donne un rang parmi
« les citoyens. »

Les comédiens-sociétaires élaborèrent un nouveau règlement d'ordre intérieur (1). Ces statuts furent mis en vigueur le 15 décembre 1766. C'était une organisation sérieuse qui permettait de maintenir une bonne discipline entre les artistes. Tous les cas y étaient prévus, même ceux relatifs à la constitution des rentes viagères.

Ils se virent également obligés de changer le prix des places et voici les dispositions qu'ils prirent à cet égard :

« L'abonnement en général est augmenté d'un cinquième en sus de ce qui se payait précé-
« demment, à l'exception de celui du parterre.
« On peut aussi s'abonner par mois, moyennant trois ducats, payés d'avance pour aller
« partout.
« Pour ce qui est de ce qui se paie à la porte pour l'entrée, le prix fixé est d'une couronne
« neuve pour le parquet et autres premières places.
« D'une demi-couronne aux secondes loges et à l'amphithéâtre.
« De deux escalins aux 3ᵉ loges et au parterre, et d'un escalin au paradis.
« Pour une loge entière contenant six personnes au premier rang, on paie 36 escalins, au
« second rang 24 escalins, au troisième rang 12 escalins.
« Le spectacle de Bruxelles est gouverné par deux acteurs de la société, qui se succèdent
« les uns aux autres de quinzaine en quinzaine. L'un de ces deux acteurs se nomme Direc-
« teur, et lorsqu'il sort de fonctions à la fin de la quinzaine (ou même avant, en cas d'absence
« ou de maladie), il est remplacé par le second son substitut, auquel succède un autre associé
« et ainsi à tour de rôle de quinzaine en quinzaine.
« Il se tient une assemblée générale avec les comédiens-associés tous les dimanches à
« l'hôtel de la Comédie pour délibérer sur les afaires de la troupe. Cette délibération étant
« finie, les pensionnaires sont admis à l'assemblée tant pour former le nouveau répertoire
« des pièces qui doivent être jouées pendant la quinzaine que pour le reviser et y faire les
« changements jugés nécessaires. Le directeur en exercice préside à ces assemblées ; il peut
« même en indiquer d'extraordinaires suivant l'exigence des cas et l'importance des
« matières (2). »

On remarquera qu'une augmentation assez sensible était établie sur certaines places. Le public avait été prévenu de ce fait, attendu que la dernière année de la direction des sieurs Charliers, Gamon et Van Malder avait accusé un déficit de près de 24,000 livres avec les anciens prix, et que les entrepreneurs actuels, à cause des grands frais occasionnés par l'engagement de sujets nouveaux et la reprise du matériel, n'auraient pu mener à bien leur direction sans cette majoration des prix.

(1) Archives générales du royaume. — Voir aux Documents.
(2) *Spectacle français à Bruxelles*. Seconde partie, pp. 39-40.

Pour éviter les contestations entre artistes et tous les différends qui pourraient survenir, le gouvernement, à l'exemple de ce qu'il avait déjà fait précédemment, nomma un commissaire chargé de veiller à tout ce qui regardait le spectacle. Un décret, en date du 30 juin 1766, nomma à ce poste, Charliers de Borghravenbroek, l'ancien directeur (1).

Comme cela s'était produit en 1763, la Cour de Bruxelles maintint, dans son octroi, le subside qu'elle accordait au théâtre, en payant annuellement la location. Ceci passait donc, par le fait, presque à l'état de coutume admise.

Nous possédons, sur la première année d'occupation du théâtre par les comédiens-sociétaires, des données complètes (2), qui sont malheureusement les seules positives que nous ayions. A l'aide de quelques documents qui nous sont tombés entre les mains, il nous sera possible, plus loin, de donner un certain aperçu de la situation de cette exploitation vers la fin de son existence. Occupons-nous d'abord du répertoire de 1767, en ne renseignant, comme nous l'avons fait précédemment, que les opéras; les comédies et les tragédies représentées furent toujours celles des auteurs classiques du premier et du second ordre. Voici ce que nous sommes appelés à connaître :

Le 20 avril 1767, ouverture du théâtre sous la direction des comédiens-associés. — *Le Tonnelier*, opéra-comique en un acte, d'Audinot (musique parodiée).

Le 2 mai. — *La Fête chinoise*, grand ballet héroïque, renouvelé de Noverre, par de Saint-Léger. Le chroniqueur dit à ce sujet : Le spectacle en fut très-pompeux et très-coûteux. On fit faire à cet effet des habillemens et des décorations exprès. Tous les comédiens ont été employés dans ce ballet et s'y sont prêtés avec une bonne volonté et un zèle dont le public leur a su bon gré. Mlles Rosalide et Eugénie D'Hannetaire y ont exécuté un pas de trois avec Mme Granier, et on a remarqué qu'elles n'ont pas moins de talent pour les exploits joyeux de Terpsichore que pour les leçons de l'aimable Thalie et de la sévère Melpomène. — On remarquera combien on encense toujours la famille de D'Hannetaire. Ce fait viendrait à l'appui de ce que nous disions, que tous ces petits almanachs de théâtre ont été inspirés par lui.

Le 9 mai. — *Le Ballet turc*, de la composition du sieur d'Aigueville l'aîné, maître de ballets et premier danseur à Liége. D'Aigueville et Mme Granier y remplirent les principales entrées.

Le 19 mai. — *Les Iroquois*, ballet de Saint-Léger.

---

(1) Archives générales du royaume. — Voir aux Documents.
(2) *Spectacle français à Bruxelles*, seconde partie.

Le 1ᵉʳ août. — *Le Petit-Maître en province*, opéra-comique en un acte, d'Alexandre.

Le 8 août. — *La Pantomime du Marché-aux-Herbes*, ballet de Saint-Léger.

Le 20 août. — *Les Peintres*, ballet de Saint-Léger.

Le 10 septembre. — *Les Pêcheurs*, opéra-comique en un acte, de Gossec.

Le 22 septembre. — *Le Ballet des Chasseurs*, de Saint-Léger.

Le 18 octobre. — *La Nouvelle Annette*, opéra-bouffe en un acte, par...... Cette pièce, trop libre, ne fut représentée qu'une fois.

Le 5 novembre. — *Nanette et Lucas, ou la Paysanne curieuse*, opéra-comique en un acte, du chevalier d'Herbain.

Le 12 novembre. — *Arlequin fait magicien*, ballet de Saint-Léger.

A ce répertoire de pièces nouvelles, il convient d'ajouter la nomenclature que nous avons donnée plus haut, ce qui établira la composition réelle des représentations de l'année.

L'exploitation du théâtre de Gand par les comédiens-associés, ne dura qu'une saison, du mois d'octobre 1767 au samedi des Rameaux 1768 (1). Il est probable qu'elle n'a pas répondu à l'attente, et qu'on abandonna une entreprise qui pouvait devenir onéreuse.

Un abus qui était passé à l'état d'usage, fut supprimé pendant la gestion actuelle. Les laquais, qui venaient au théâtre à la suite de leurs maîtres, se plaçaient d'habitude gratuitement au quatrième rang; or, il arrivait fréquemment que, se basant sur cette tolérance, ils venaient au théâtre sans eux et allaient également se mettre, sans payer, à leur place accoutumée. On réforma tout cela, et le placart suivant fut affiché au théâtre :

« *Avertissement par les ordres de Son Altesse Royale.*

« L'on notifie au public, que désormais les laquais ne pourront plus se placer au quatrième
« rang de la sale de spectacles que l'on appelle *Paradis*, à moins qu'ils n'entrent à la suite
« de leurs maîtres, et que ceux qui viendront sans leurs maîtres devront paier leur entrée
« sur le pied accoutumé et comme le font d'autres personnes qui vont au quatrième. Fait à
« Bruxelles, le 22 mars 1769 (2). »

Ce fut en cette même année qu'on élabora le premier règlement relatif aux

---

(1) *Revue historique, chronologique et anecdotique du théâtre de Gand*, p. 8.
(2) Archives générales du royaume. — *Conseil privé*. — Carton n° 1090, intitulé : *Comédies, théâtres.* — En placard.

voitures allant au théâtre et en venant. C'est de cette époque que date la coutume de faire débarrasser complétement la place de la Monnaie, pendant le spectacle et d'obliger les cochers à se mettre, avec leurs voitures, le long du Fossé-aux-loups (Gracht). Ce fait est donc vieux de plus d'un siècle (1).

Beaucoup d'anciens habitués du Grand-Théâtre de Bruxelles se rappellent y avoir vu une boutique de librairie, où se débitaient exclusivement des pièces de théâtre. Bien peu, pour ne pas dire aucun, connaissent l'origine de cet établissement. La première autorisation de l'espèce fut donnée à *Jean-Louis de Boubers*, libraire bien connu à Bruxelles, et dont les publications étaient alors fort en vogue (2). C'était un monopole qui s'est perpétué jusque dans ces dernières années. Ce fait, qui peut paraître peu important en lui-même, témoigne cependant de l'état florissant de la comédie. Il est certain qu'une entreprise commerciale ne serait pas venue se placer là où elle n'aurait pas cru trouver quelque chance de réussite. Or, cette réussite ne pouvait être basée que sur celle du spectacle, et c'est certainement ce qui existait.

Dès le début de l'exploitation, nous trouvons quelques changements dans le personnel du théâtre. Nous avons donné, plus haut, les noms de tous les acteurs et actrices, composant la troupe, pour la première année de gestion. Voici ceux de la seconde, au moins les changements survenus (3) :

Parmi les acteurs à parts ou *brevetés*, nous retrouvons : *D'Hannetaire, Dubois, Durancy, Compain, Prévost, Grégoire, Le Petit* et *D'Rozely*. Il n'y manque que *Jerville*.

Quant aux acteurs à pension, on n'y trouve plus que *Louis* et *Lisis*. Par contre, les artistes suivants firent partie de la troupe :

BELNOS,

joue des seconds rôles dans la Tragédie, des amoureux dans la Comédie, et chante dans l'Opéra-Bouffon.

DU FEUILLE,

chante les rôles de taille dans l'Opéra-Bouffon et joue des amoureux dans la Comédie et des confidents dans la Tragédie.

D'AUBERCOURT,

joue des comiques et autres rôles de convenance.

Du côté des actrices à parts, il n'y eut aucun changement. Les deux actrices à pension, qui se trouvaient dans la troupe, l'année précédente, furent remplacées par les trois suivantes :

(1-2) Archives générales du royaume. — Voir aux Documents.
(3) *Spectacle français à Bruxelles*. Seconde partie, pp. 43-57.

Mesdames et Demoiselles :

D'Aubercourt,

joue les rôles de mères et de caractère dans la Comédie, et chante les duègnes dans l'Opéra-Bouffon.

De Rufosse,

joue des rôles d'amoureuses et chante les mêmes rôles dans l'Opéra-Bouffon.

Durancy,

joue et chante les rôles d'amoureuses.

Nous sommes assez étonnés de retrouver, ici, cette dernière comédienne. Nous avons vu, d'après un auteur digne de foi (1), qu'elle avait débuté pour la seconde fois à la Comédie-Française, en 1766, et qu'elle y réussit. Elle parcourut donc, ensuite, la province, malgré son admission sur cette scène.

L'état de la danse fut composé des mêmes artistes. Quant aux figurants et aux figurantes, voici les petites mutations qui se produisirent :

Figurants.

Les mêmes, excepté le sieur *L'Orange* qui fut remplacé par *Bouchet.*

Figurantes.

Les mêmes personnes s'y trouvent, à l'exception des demoiselles *James* et *Verneuille*, qui cédèrent la place aux demoiselles *D'Allincour* et *N.* .

Dans les figurantes surnuméraires, outre la demoiselle *Anguel*, nous trouvons les suivantes :

Normand. — Auguste. — De la Croix. — St-Yon.

Le sieur *Granier* resta chef d'orchestre. Nous pouvons donner la composition de cet orchestre, ou du moins les noms de la majeure partie des musiciens qui s'y trouvaient :

Premiers violons.

Messieurs :

Van Malder l'aîné. — Langlois, répétiteur. — Lamberti l'aîné. — Potdevin. — Vanderouten l'aîné. — N... — N... — N...

Seconds violons.

Van Malder cadet. — Pallet. — Maurice. — Pauwels. — Poiteau. — Bultos. — Lamberti cadet. — Bouvens.

---

(1) De Manne et Hillemacher. *Troupe de Voltaire. Loc. cit.*

Hautbois, flûtes et clarinettes

Borta. — Burbure. — Godecharle. — N... — N...

Cors de chasse.

Wyrts père. — Vander Eyken. — N...

Bassons.

Defoye. — Vanderouten cadet. — N...

Violoncelles

Vicedomini. — Vandenbrok. — Seaureon. — Isabeau.

Contrebasses.

Lartillon père. — N... - N...

Claveciniste.

Stoup.

Timbalier.

N...

Nous possédons une pièce qui fut, à coup sûr, représentée au théâtre de Bruxelles, mais nous ignorons à quelle date. La distribution que donne cette brochure et la date de son apparition, nous font admettre, avec certitude, qu'elle fut mise à la scène en 1769 ou en 1770. En voici le titre : *Le Combat nocturne, ou les morts vivans*, opéra-bouffon en un acte. Les paroles de M. Dancourt et la musique de M. Le Petit (acteur de la troupe). *A Bruxelles, chez Vanden Berghen*, 1770. In-8° (1). Nous en donnons ci-dessous la distribution :

Le Marquis	M. Van Hovre (?).
Colette, amoureuse de *Jeannot*	Mlle Le Roy.
Colas, frère de *Colette*	M. Compain.
Jeannot, amoureux de *Colette*	M. Le Petit.

Comme on le voit, ce sont bien les artistes du théâtre de Bruxelles. Ainsi que nous l'avons déjà dit, et nous le répétons, ce sera seulement à l'aide de ces brochures que l'on parviendra à établir sérieusement le répertoire de ce théâtre.

Nous sommes sans renseignements sur ce qui se passa depuis 1767, sur la scène de la capitale. Il y eut pourtant un fait important qui demande à être exposé avec quelques détails. Ce fut le début d'*Albouy*, dit *Dazincourt*, qui fit ses premières armes sur cette scène. Voici dans quelles circonstances (2) :

---

(1) Voir la Bibliographie.
(2) *Mémoires de Dazincourt.*

Albouy, né à Marseille, le 11 décembre 1747, était fils d'un négociant très-estimé. Ses parents le destinaient à la carrière diplomatique, et le confièrent, à cette fin, à M. de La Salle, ancien consul dans le Levant. C'était son parrain. Celui-ci étant mort, Madame Audibert, tante d'Albouy, le fit admettre en qualité de secrétaire du Maréchal de Richelieu. Dans ces nouvelles fonctions, il était en contact avec toutes les personnalités marquantes de l'époque, entre autres avec l'abbé de Voisenon, dont tout le monde connaît le rôle qu'il a joué dans l'histoire du théâtre.

Dans la société du Maréchal, la comédie d'amateurs était fort à la mode, et Albouy fut de ceux qui s'y adonnaient avec le plus de passion. Il y débuta sur le petit théâtre de la rue Popincourt, dans le rôle de *Crispin*, des *Folies amoureuses*. Il y eut même quelque succès.

Le poste qu'il occupait auprès du Maréchal étant plus honorifique que lucratif, Albouy tomba bientôt dans les mains des usuriers. Cette situation ne pouvait se prolonger indéfiniment, aussi, pour en sortir, résolut-il de mettre à exécution un projet qu'il caressait depuis longtemps : celui de se faire comédien. Il profita d'un moment où le Maréchal se rendait à Bordeaux, pour se rendre à Bruxelles avec un jeune officier de dragons, qu'il avait réussi à faire adopter ses idées. Il faut ajouter, qu'avant de partir, Albouy avait fait en sorte de solder tous ses créanciers.

Les deux fugitifs partirent d'abord à Lille, à l'effet de trouver Monvel, qu'Albouy avait connu à Marseille. Celui-ci, n'ayant pas réussi à les détourner de leur projet, leur donna une lettre pour D'Hannetaire.

Arrivés à Bruxelles, ils se rendirent immédiatement chez ce dernier, et lui remirent la missive de Monvel. D'Hannetaire chercha à leur prouver que la carrière qu'ils voulaient embrasser n'était pas leur fait, et qu'ils feraient beaucoup mieux de retourner dans leur famille. Albouy résista et finit par lui dire :
« Puisque vous nous refusez votre appui, nous allons nous rendre à la Haye ;
« là, nous trouverons sans doute dans Merillan, un homme qui nous donnera
« les seuls conseils que nous attendions de vous, et que nous nous serions
» fait une gloire de suivre. Il nous eût été agréable de débuter dans la carrière
« de la comédie, sous les auspices du plus grand maître qu'on reconnaisse
« aujourd'hui dans cet art. »

Cet à-propos porta ses fruits. D'Hannetaire, flatté du tribut que l'on payait à son talent, cessa de dissuader les jeunes gens, et se mit en mesure de les faire débuter. Il fit réciter au jeune officier le rôle d'*Egyste*, dans la tragédie de *Mérope*, et celui d'*Arviane* dans *Mélanide*. Albouy lui dit le rôle d'*Hector* dans la comédie du *Joueur*, et quelques scènes du *Crispin* des *Folies amoureuses*.

D'Hannetaire les avait écoutés avec la plus grande attention. Il remarqua, surtout dans Albouy, une diction pure, une manière originale. « De quelle

16.

« école sortez-vous donc? » lui dit-il, « et quel maître oserait vous donner des « leçons? Mon ami, je vous prédis... » Il s'arrêta et chercha encore à le dissuader; mais le comédien reprit le dessus sur l'homme, et il finit par leur dire à tous deux : « Revenez quand vous voudrez! »

Deux jours après, ils reparurent chez D'Hannetaire pour lui faire fixer le moment de leurs débuts. Ils répétèrent alors en scène les rôles qu'ils avaient récités, et l'on annonça leur première apparition en public pour la quinzaine.

Entre temps, la famille de l'officier de dragons ayant été avertie par l'envoyé de France à Bruxelles, fit telle diligence, que, la veille de son début, un ami particulier vint le trouver et parvint à le faire renoncer à son projet. Il partit pour la France.

Il n'en fut pas de même pour Albouy. Sa famille ne fut prévenue, par la même voie, qu'après ses débuts. La cause de ce retard s'explique. Pour débuter à Bruxelles, il avait changé son nom contre celui de *Dazincourt*, et l'envoyé de France n'en fut instruit que trop tard.

Dazincourt débuta dans le rôle de *Crispin* des *Folies amoureuses*. Ce début fut un véritable triomphe pour lui. Ses camarades eux-mêmes, chose rare, mêlèrent leurs applaudissements à ceux du public. Quant à D'Hannetaire, désireux de mieux juger sa nouvelle recrue, il s'était placé au milieu du parterre. Quand la pièce fut terminée : « Jamais, » dit-il à ses voisins, « début ne fut aussi brillant. »

Ceci se passait en 1771, et nullement en 1772, comme on l'a écrit par erreur. En cette dernière année, D'Hannetaire s'était retiré de la scène, ainsi qu'on le verra plus loin.

Comme les renseignements relatifs à la gestion des comédiens-sociétaires sont très clair-semés, il ne nous paraît pas hors de propos de mettre au jour deux pièces qui, tout en étant longues, sont assez curieuses pour donner une idée de ce qu'était cette communauté à la fin de son exploitation.

La première de ces pièces, quoique n'étant pas signée, est due à D'Hannetaire. Nous avons été confirmés dans cette opinion, en la comparant à une requête écrite entièrement de sa main, et reposant également aux archives générales du royaume (1). Celle-ci a pour titre : *Mémoire ou observations sur l'état actuel du spectacle*; elle n'est pas datée, mais elle doit être reportée à l'année 1770, comme la suite le prouvera. Voici comment s'exprime D'Hannetaire :

« Entr'autres inconvéniens, je crois appercevoir deux causes principales de
« la négligence et du désordre qu'on remarque journellement à notre
« spectacle.

---

(1) *Conseil privé.* — Carton n° 1090, intitulé : *Comédies, théâtres.*

« Premièrement, la constitution de la troupe en elle-même : et, ce qui en
« est une suite inséparable, la mauvaise manière dont elle est gou-
« vernée.

« Secondement (ce qui paroîtra peut-être singulier), le peu de police, de
« silence et d'attention qui règne parmi les spectateurs : d'où il résulte
« non-seulement beaucoup de nonchalance et de découragement de la
« part des acteurs, mais ce qui suffit même pour fournir à ceux-ci
« une excuse et un prétexte de leur négligence et de leur peu d'acti-
« vité.

« Voilà, si je ne me trompe, les deux principales sources du mal, *inde mali*
« *labes*. Or, avant que d'indiquer les remèdes qu'il conviendroit d'y
« apporter, il paroit à propos d'entrer dans quelques légers détails sur
« chaque objet en particulier.

« A l'égard du premier objet, tout le monde convient que cet assemblage de
« douze directeurs (dont la plupart même n'ont ni expérience ni capa-
« cité pour la conduite d'un spectacle) n'est rien qu'un brigandage
« anarchique, absolument contraire à une bonne administration.
« Effectivement ces douze directeurs (n'ayant souvent pour guide que
« leur caprice, leur amour-propres (*sic*) ou d'autres intérêts personnels)
« ne peuvent jamais s'entendre ni se concilier pour le bien de la chose
« en général, *tot capita, tot sensus*. Enfin il me semble voir douze
« généraux sans expérience, à la tête d'une armée mal disciplinée. A
« quoi on peut ajouter l'inconvénient d'une stabilité pernicieuse, au
« moyen de laquelle on fait supporter éternellement au public les
« mêmes acteurs, qui souvent lui sont désagréables, ou qui du moins
« le privent d'une variété de nouveaux sujets, parmi lesquels on trou-
« veroit peut-être des talens qui pourroient mériter la préférence :
« variété d'ailleurs nécessaire dans un spectacle permanent.

« On a bien prévu tous ces inconvéniens lorsqu'on a permis l'établissement
« de cette société ; plusieurs observations en conséquence ont été
« même communiquées, dans le tems, à feu Monsieur de Cobenzl ;
« mais ce ministre, faute de trouver alors un directeur qui voulut se
« charger *seul*, du fardeau de l'entreprise, crut devoir passer sur
« toutes ces considérations en acquiesçant à la forme de cet établisse-
« ment comme à un mal nécessaire. Peut-être étoit-ce aussi l'unique
« moyen de pouvoir indemniser le sieur Charliers qu'il protégeoit,
« en faisant rentrer dans les coffres de celui-ci quatre-vingt-dix mille
« livres pour l'achapt de son magasin qui, à le bien évaluer, n'en
« auroit pas valu dix mille pour un entrepreneur particulier, au lieu
« que les comédiens furent obligés de fermer les yeux sur le prix
« exorbitant de cette première somme.

« Quoiqu'il en soit, le mal fut fait; et il est question aujourd'huy d'y trouver
« un remède... Le meilleur et lo plus court (mais aussi le plus violent
« de tous) seroit sans doute de commencer par détruire l'établisse-
« ment et de couper ainsi le mal dans ses racines ; mais cette opéra-
« tion souffriroit peut-être quelques difficultés, vu l'octroi de
« Sa Majesté auquel ce seroit porter une atteinte préjudiciable à
« chaque membre de la société. Car enfin, pourroit-on dire, ayant pu
« et même dû compter là-dessus invariablement, chacun s'est arrangé
« en conséquence et a même négligé d'autres établissemens peut-être
« encore plus avantageux que celui-ci. Ainsi cette corde paroit assez
« délicate à toucher par raport à une apparance d'injustice qu'il
« pourroit y avoir. Mais au défaut de cet expédient, il y en a un
« autre très-facile, lequel, sans extirper le mal tout-à-fait, pourroit
« du moins lui servir de palliatif. Ce seroit de faire, ce qui se pratique
« dans tous les corps de magistrature ou autres, et dans presque tous
« les États du monde entier, enfin ce que faisoient les Romains dans
« les crises de la République, c'est-à-dire, de nommer un *Dictateur*
« ou chef de la troupe ; pris, si l'on veut, dans la société même à la
« pluralité des voix : Et afin que le Gouvernement, comme de rai-
« son, eut la prééminence pour faire ce choix, il seroit ordonné à la
« société de présenter trois personnes (élues au scrutin) entre
« lesquelles il en nommeroit une seule pour être à la tête du spec-
« tacle : laquelle personne étant responsable de la bonne ou mau-
« vaise régie de toute la machine, devroit être autorisée, soutenue et
« ne rendre compte de ses opérations qu'au ministre directement ou à
« tel autre supérieur respectable préposé à cet effet. En un mot ce ne
« seroit, à proprement parler, qu'une espèce de *Régisseur perpétuel*,
« sous les ordres du gouvernement. Il n'est pas douteux que ce choix
« d'un chef expérimenté, ne soit le parti le plus convenable à
« tous égards, ne fût-il même que *primus inter pares*. La crainte
« seule du *blâme*, jointe aux appas de *la louange*, seroit un double motif
« plus que suffisant pour exciter son zèle et son activité. Au lieu que,
« dans la régie actuelle, chaque associé n'y étant intéressé que pour
« sa douzième part, s'embarasse fort peu d'éviter l'*un*, et de mériter
« l'*autre*. Dailleurs ce choix d'un seul directeur répondroit au vœu
« du public en général et seroit même conforme au 1er article de
« l'octroy. Ce ne seroit donc y déroger en aucune façon et les choses
« pourroient toujours subsister dans le même état où elle sont actuel-
« lement. Et si quelqu'un de la société trouvoit à redire à ce nouvel
« établissement, il n'auroit qu'à s'en retirer, ce qui ne seroit pas un
« grand mal ; et au cas que ce fut un sujet agréable au public, on

« pourroit lui offrir des apointemens. De même si, dans le nombre, il
« s'en trouvoit qui eussent le malheur de déplaire, je crois que le parti
« le plus court seroit de les renvoyer moyennant la pension annuelle et
« viagère de six cents livres, prises sur la masse générale de la recette
« suivant le 2ᵉ article de l'octroi (aux grands maux, les grands
« remèdes). On pourroit, chaque année, indemniser le spectacle de
« cette petite charge par quelques abonnemens suspendus ou par le
« retranchement de quelques autres dépenses moins nécessaires. Il
« est à présumer que le public se prêteroit à cet arrangement d'autant
« plus volontiers, qu'il seroit par là délivré de certains sujets qui
« peuvent lui déplaire, joint à l'avantage d'en avoir de nouveaux qui
« pourroient lui être plus agréables. C'est ainsi qu'on en use à Paris
« quand on est dans le cas de remercier un acteur de ses services,
« on lui donne la pension et tout est dit.

« A propos de Paris, on pourroit objecter que les deux théâtres français et
« italien, y subsistent néanmoins depuis nombre d'années sans *chef*
« et à peu près dans la même forme d'établissement que celui-ci ;
« mais aussi en connaît-on tous les abus et les inconvéniens ; et le
« public, qui est mal servi, ne cesse de se plaindre et de clabauder.
« Souvent même on a été tenté de mettre ces deux spectacles en
« régie, ce qui auroit valu aux comédiens, à ce qu'on prétend, un bon
« tiers de plus en recette. Car s'ils font de l'argent, dit-on, c'est qu'ils
« n'en peuvent pas moins faire, vu l'influence prodigieuse de monde
« dans cette ville immense. Dailleurs il y a bien de la différence, de
« ces spectacles à celui de Bruxelles, on a que le public de Paris se
« renouvelle presque tous les jours, au lieu que celui-ci, restant con-
« stamment à peu près le même, exige bien plus de soins, de ména-
« gemens, et d'attentions et a besoin par conséquent de beaucoup plus
« de variétés.

« Passons maintenant au second inconvénient, c'est-à-dire, au défaut de
« silence de la part des spectateurs : auquel inconvénient il est peut-
« être encore plus essentiel de remédier qu'au premier. Bruxelles est,
« sans contredit, la seule ville au monde où il y ait le moins de police
« à cet égard ; ce dont tout le monde, et surtout les étrangers, se
« plaignent généralement.

« D'un autre côté, y a-t-il rien de désagréable et de plus décourageant pour
« un acteur, qui a quelques talens, que de s'égosiller en pure perte
« vis-à-vis d'une assemblée tumultueuse qui ne l'écoute pas. Peut-il
« alors, faute de s'entendre lui-même, ne pas sortir des bornes du
« naturel et de la vérité, et ne perd-il pas toute l'impression, tout le
« feu qui doit l'animer dans le caractère qu'il a à représenter. Enfin,

« si l'on n'est pas tout entier à soi-même, est-il possible de saisir l'em-
« preinte des choses et de les reproduire aux yeux du spectateur,
« avec autant de force et d'énergie qu'on est capable de les concevoir.
« J'en appelle à ceux qui ont joué la comédie pour leur plaisir, car ce
« sont de ces choses qu'il faut avoir éprouvées, pour les sentir.
« Or de cette attention du public une fois établie, naitroit bientôt cette cha-
« leur des applaudissemens si nécessaires pour échauffer le comédien
« et pour ajouter à son jeu plus de force et de vérité. Enfin il ne se
« verroit plus frustré de cette douce récompense si légitimement due
« aux talens et même aux seuls efforts qu'on fait pour en acquérir, et
« l'unique peut-être capable de dédomager un acteur de ses peines et
« de ses travaux. Si je parois m'appesantir un peu sur cet objet, c'est
« que je le sens vivement, et qu'enfin c'est ma propre cause que
« je deffens (1).
« Rien n'est plus facile que de remédier à cet inconvénient. On peut suivre
« ce qu'on a fait à cet égard dans les spectacles de Paris et dans tous
« ceux des autres villes de France où le silence est observé rigoureu-
« sement. Il suffiroit d'un simple décret du gouvernement comme il
« a été pratiqué pour la police, il n'y a pas plus d'un an (2). Ce der-
« nier arrangement que jusques là on avoit cru impraticable, n'a pas
« souffert la moindre difficulté et tout le public s'en trouve bien tous
« les jours. Enfin on sçait qu'on a qu'à vouloir lorsqu'on a l'autorité
« en main et que surtout ce qu'on ordonne est pour le bien général.
« Si on alléguoit que ce seroit peut-être gêner le public, ce seroit voir mal la
« chose; rien ne le gênant plus effectivement que ce brouhaha éternel
« qui regne à presque toutes les représentations, car sur 500 specta-
« teurs, il y en a toujours au moins les trois quarts et demi qui
« viennent pour entendre et qui ne le peuvent point par raport au
« bruit horrible que l'on fait de tous côtés. Quant à la forme qu'on
« employeroit pour remedier à cet abus, elle (est) aussi facile à
« trouver qu'à être mise en exécution. »

D'Hannetaire termine cet exposé par une : *Récapitulation des trois principaux objets contenus dans ce mémoire.*

« 1º Nommer un chef directeur de la troupe et détruire ce gouvernement
« anarchique, d'où provient tout le désordre.

« 2º Etablir la police dans le spectacle, objet aussi essentiel que le premier,

---

(1) Ce passage-ci seul fait conclure que cette pièce est bien de D'Hannetaire.
(2) Ce règlement étant du 13 février 1769, il est évident que ce mémoire date du courant de 1770.

« vu que cela seul est capable de faire naître l'émulation parmi les
« acteurs et de leur oter tout prétexte de négligence.

« 3° Remercier les acteurs de la société qui peuvent être désagréables au
« public, moyennant la pension de 600 £ ; et leur en substituer
« d'autres qui ayent plus de talens. »

Ce document nous fournit un renseignement précieux, que nous ne pourrions probablement trouver que là : c'est le prix d'achat de tout le matériel à Charliers et consorts, pour la somme de 90,000 livres, prix exorbitant ainsi que le dit D'Hannetaire, et qui ne fut payé que pour indemniser largement ce personnage qui était très-bien en cour.

Si nous ne possédions que ces observations, nous serions amenés à admettre que D'Hannetaire, en bon administrateur, voyant la gestion péricliter et le public fatigué de la troupe, toujours la même, recherchait les moyens de tirer l'administration d'un mauvais pas, en lui donnant une impulsion nouvelle par d'autres éléments. Il compare cette réunion de comédiens à celles du théâtre français et du théâtre italien, en faisant remarquer que le public, à Paris, se renouvelle davantage et, par suite, ne peut pas aussi facilement se fatiguer de voir toujours les mêmes artistes. Il constate l'inattention du public, eu égard à cet état de choses. Tout cela est parfaitement admissible, et parlerait en faveur de D'Hannetaire. Mais il n'exposait pas les faits sous leur véritable jour. Il se posait en réformateur et, d'après ce qu'on va lire, ce serait plutôt sur lui et sur sa famille que devraient retomber les principales objections qu'il a fait valoir contre l'organisation du spectacle de Bruxelles.

Les comédiens, vis-à-vis de l'initiative prise par D'Hannetaire, adressèrent, de leur côté, un mémoire qui présente les faits tout différemment. Ils combattirent, point par point, tout ce qu'il avait avancé et présentèrent des conclusions quelques peu différentes. Ce mémoire était intitulé : *Observations relatives à la conduite du spectacle de Bruxelles, dont peuvent suivre les propositions cy-après* (1).

D'abord, D'Hannetaire propose de réviser complétement l'organisation, disant que cette réunion de douze directeurs, la plupart incapables, n'était qu'une cause d'anarchie, et nuisait à la bonne harmonie de la troupe. Les comédiens furent d'un avis contraire. Voici ce qu'ils dirent :

---

(1) Archives générales du royaume. — *Conseil privé.* — Carton n° 1090, intitulé : *Comédies, Théâtres,*

« **Première observation.**

« Le spectacle de Bruxelles ne peut se soutenir dans la splendeur où il a été
« il y a trois ans (1), qu'au moyen de la continuation de l'établisse-
« ment fait aux comédiens en vertu de l'octroi de S. M. l'Impératrice-
« Reine. C'est un fait assez prouvé pour éviter d'entrer dans des
« détails superflus. On se contentera d'observer : 1° Que jusqu'à pré-
« sent personne n'a pu soutenir cette entreprise comme dans un temps
« où le spectacle était sur un pied bien inférieur à celui d'aujourd'huy;
« 2° que la sureté de l'établissement pour les principaux acteurs les
« déterminant à sacrifier leurs intérêts en vertu d'une place honorable
« et solide. (Les parts des acteurs de la troupe de Bruxelles, dans le
« temps des meilleures recettes, n'ont jamais passées (sic) cinq mille
« livres de France, et on peut faire voir qu'elles n'ont même pas été là
« qu'une année, au lieu qu'à Bordeaux, Lyon et dans d'autres villes de
« France et des pays étrangers, on voit tous les jours payer sept et
« huit mille francs). Il en résulte un bien manifeste pour l'économie
« du spectacle, dont la recette ne suffiroit jamais pour les payer si
« l'on étoit obligé de leur donner des appointements tels qu'ils gagne-
« roient ailleurs. »

Ceci réplique donc d'abord victorieusement à D'Hannetaire. Mais, quand ce dernier demande la cassation de l'octroi, les comédiens exposent des faits qui mettent l'exploitation théâtrale sous un jour inconnu jusqu'alors. On avait toujours considéré D'Hannetaire et sa famille comme les chevilles ouvrières de l'association, comme les sujets sans lesquels rien n'aurait pu marcher. Il n'en était, paraît-il, pas ainsi, comme on va s'en convaincre immédiatement.

« **Deuxième observation.**

« Si le spectacle degenere, on ne croit donc pas que ce soit une raison pour
« détruire l'établissement; mais on croit que c'en est une essentielle
« pour que le gouvernement fasse veiller à l'administration et à la
« conduite du spectacle en général, et en particulier on observera :
« 1° que la première année ayant été mal administrée, la part de
« chaque acteur n'a pas passée (sic) cent louis et même n'a pas
« montée (sic) à cette somme que la seconde année (qui est celle où
« M. D'Hannetaire a renoncé au théâtre), la recette a été bien supé-

---

(1) C'est-à-dire en 1767, première année de leur exploitation.

« rieure, que la part de chaque acteur a été bien plus forte qu'elle ne
« l'a été depuis, que les comédiens ont mis des nouveautés, et que le
« publique a paru satisfait ; 2° que depuis la rentrée de M. D'Hanne-
« taire, on a remarqué qu'on ne mettoit plus de nouveauté, que les
« directeurs ne s'entendoient plus dans l'administration du service, au
« moyen des protections accordées ou refusées par M. D'Hannetaire
« et (sa) famille aux pensionnaires de la troupe ; que par conséquent
« il a été impossible aux directeurs de former la trouppe comme ils
« l'auroient désirés (sic), et de faire l'acquisition des femmes à talent
« dans la crainte de déplaire à M. D'Hannetaire, car on n'ignore pas
« que pour peu qu'un acteur en prenant à cœur l'intérest général, ait
« rompu en visière à M. D'Hannetaire, il s'est vu tout de suite des
« ennemis de toute part ; 3° que les intrigues des filles de M. D'Han-
« netaire ont causé pareils désagréments aux acteurs qu'elles ont dis-
« graciés : de là sont venus les cabales, pour lesquelles elles ont
« employées (sic) le crédit de leurs amants (tel entre autres, l'affaire
« qui a fait tant de bruit, pour la tragédie où Mlle Angélique a joué le
« rôle d'*Andromaque*?) ; de là le refus de mettre des nouveautés, à
« moins que les principaux rôles ne fussent dans les emplois de leur
« famille, le tout dans l'intention de nuire à ceux ou celles qu'ils vou-
« loient perdre ; ou de dégouter tellement le public du spectacle qu'il
« demanda la cassation de l'octroi, afin d'exclure ceux qui pourroient
« leur donner de l'ombrage, étant bien assurés (comme elles s'en sont
« vantées publiquement plusieurs fois) qu'au moyen de leurs protec-
« tions, de leurs intrigues, elles se tireroient toujours d'affaire, et que
« M. D'Hannetaire parviendroit à être à la tête du spectacle. »

Ceci nous présente D'Hannetaire et les siens, sous un aspect tout nouveau. Il ne s'agit plus ici d'une bonne administration ; il y est question d'une famille qui veut s'ériger en maître, et qui ne tend à rien moins qu'à tout bouleverser pour tâcher de parvenir à la faveur du désordre. D'après l'organisation de cette société de comédiens, le public devait nécessairement subir souvent les mêmes artistes, mais ce n'était pas une raison pour que les D'Hannetaire accaparassent les meilleurs emplois, sans vouloir en céder quoique ce soit à leurs camarades. Cet état de choses devait nécessairement amener l'anarchie, et il fut cause de la dissolution de l'association.

Quelle est cette affaire relative au rôle d'*Andromaque*, et qui fit tant de bruit? Malheureusement, nous n'avons aucun renseignement à cet égard. C'est dommage, car, par un fait précis, il nous eut été possible de reconstituer une partie de la situation des comédiens entre eux. Il est probable qu'il s'agit ici d'un rôle qu'Angélique enleva à une autre actrice, grâce aux grandes influences qu'elle possédait à l'aide de ses amants.

Cette tendance de domination des D'Hannetaire, exposée ci-dessus par leurs collègues, reçoit encore une confirmation plus grande dans la troisième observation qui suit :

« Troisième observation.

« L'on se ressouvient très-bien que le genre tragique plaisoit, il y a cinq ans,
« et si ce genre de spectacle a dégénéré, on observera :
« 1° Que c'est parce que l'on a manqué d'actrice, jamais M. D'Hannetaire
« n'a voulu permettre qu'on engageat une femme à talents pour jouer
« les jeunes premiers rôles dans la crainte de porter ombrage à sa
« fille Angélique. Mademoiselle Rosalide a été obligée de jouer à elle
« seule toutes les tragédies à une femme; elles se sont épuisées, il a
« fallu en rester là, on recommence toujours les mêmes ce qui est
« devenu insipide;
« 2° Mademoiselle Rosalide ayant extrêmement gagné de l'embonpoint, elle
« ne peut plus jouer, ainsi qu'elle en convient, que les Reines, les
« mères-nobles, et quelques forts premiers rôles ; c'est donc par une
« adresse bien préjudiable au bien général que M. D'Hannetaire s'étoit
« hâté de faire engager M. Dufresne, parce qu'il sçavoit à n'en pou-
« voir douter que sa femme n'étoit point en état de jouer des rôles
« importants tels que *Zaïre*, *Rodogune*, *Adelaïde du Guesclin*, et
« autres jeunes que Mademoiselle Rosalide ne peut plus jouer ainsi
« qu'elle l'a annoncé en déclarant qu'elle prenoit l'emploi des reines,
« des mères-nobles, qui vraiment lui conviennent mieux. »

Le système d'absorption est donc indiscutable. Au point de vue de D'Hannetaire, cette association n'était formée que pour faire briller ses deux filles et Rosalide.

Au sujet de cette dernière, il nous a surgi une idée qui pourrait peut-être être admise, pour éclaircir certains doutes. Dans les mémoires et dans tous les écrits du temps, il est question des *Trois Grâces*, quand on parle des filles de D'Hannetaire. Or, il n'a jamais été fait mention que de deux : Eugénie et Angélique. Quelle était la troisième ? Rien ne nous renseigne à cet égard. Ne pourrait-on pas admettre que, sous cette dénomination, on ait toujours compris, les trois femmes parentes de ce directeur, et qu'on considérait Rosalide comme la troisième grâce ? Ceci n'est nullement impossible, et nous le tenons pour certain, jusqu'à preuve du contraire. Au reste, on en trouvera une preuve certaine plus loin.

Rosalide était, chez D'Hannetaire, une des personnes le plus en évidence, et il est probable que cette dénomination générale leur avait été donnée par leurs admirateurs et les familiers de la maison. Nous ne voyons donc, dans cette hypothèse, rien que de très-naturel, et qui peut parfaitement être admis.

Le système exclusif n'eut encore été que demi-mal, s'il n'eut porté que sur la distribution des rôles. Mais il portait sur tous les détails. Ainsi, pour les répétitions, cheville ouvrière de toute bonne exécution, cette famille ne prétendait pas se plier aux exigences du service, et ne répétait que nonchalamment quand elle voulait bien s'y soumettre. Ceci ressort des observations suivantes, qui touchent à un autre point capital :

« Quatrième observation.

« Il est impossible que la comédie soit bien jouée lorsqu'on observera :

« 1° Que les acteurs font très-peu de répétitions, parce que M. D'Hannetaire
  « et sa famille s'y refusent, ou n'y viennent qu'une heure après
  « qu'elle est indiquée, et repettent nonchalament assises, refusant
  « d'aller au théâtre, et surtout Mademoiselle Angélique, qui dit
  « toujours, *qu'elle sçait ce qu'elle a à faire.*
« C'est en partie pour ces raisons que M. D'Hannetaire a dit qu'il falloit
  « éviter de se donner des maîtres, lorsqu'on lui a représenté, à la
  « mort de feu S. E. le comte de Cobenzl, qu'il étoit convenable qu'on
  « se mit sous la protection de S. E. Monseigneur le Chef et Président,
  « et qu'il a fait pareil refus lorsque pareille proposition lui a été faite à
  « l'arrivée de S. A. Monseigneur le prince de Staremberg, en criant
  « toujours, *point de maîtres, messieurs, point de maîtres.* Ce sont ses
  « propres termes, ce qui a dû indisposer ces seigneurs contre les
  « comédiens, qui dans tout cela, n'ont eu d'autre tort que celuy de
  « suivre l'avis de M. D'Hannetaire dans la crainte de le contrecarrer.

« 2° Que tant que les cabales subsisteront, les acteurs qui s'appliquent à leurs
  « devoirs prendront du découragement, lorsqu'ils verront qu'on
  « applaudit Mademoiselle Angélique contre toute équité, et qu'on fera
  « des *chut... chut...* pour arreter les applaudissements vraiment
  « mérités par les talens, ou par le zèle.

« 3° Que tant que M. D'Hannetaire aura le privilége, ainsi qu'il l'annonce
  « hautement, de ne jouer que les rôles qu'il voudra, les autres acteurs
  « prendront du découragement, lorsqu'ils se verront obligés de tra-
  « vailler continuellement pour la seule satisfaction de M. D'Hannetaire
  « qui ne veut jouer que des pièces à son choix, de sorte qu'il arrive
  « qu'il jouera deux à trois fois dans un mois, tandis que ses cama-
  « rades le font tous les jours, »

Comme on le voit, D'Hannetaire tranchait du monarque absolu. Il tenait, chez lui une petite cour où se réunissaient tous les adorateurs de ses filles, et il se servait du théâtre comme d'un piédestal pour faire valoir ces dernières, au détriment des autres comédiens de la troupe. Cet état de choses ne pouvait évidemment pas durer ; il devait amener la division et, de là, à la dislocation il n'y avait qu'un pas, qui fut franchi ainsi qu'on le verra plus loin.

Nous allons terminer ces citations, en donnant les conclusions que les comédiens tirèrent des observations qui précèdent, et qui ne coïncident nullement avec celles de D'Hannetaire.

« *Propositions à faire d'après les quatres (sic) observations précédentes.*

« **Première proposition**.

« D'assurer la solidité de l'établissement afin que les premiers acteurs y
« trouvant une place honorable et stable, s'y contentent d'une part
« qui peut aller au plus à 2500 florins de ce pays, tandis qu'ils
« gagneroient sept et huit mille livres de France ailleurs, ce qui
« seroit impossible de leur donner à Bruxelles.

« **Deuxième proposition**.

« Que le gouvernement nomme une personne scrupuleuse et integre pour
« assister aux assemblées, pour veiller au bon ordre du spectacle,
« obliger les comédiens à mettre toutes les nouveautés quelconques
« lorsqu'elles auront été jouées à Paris, à faire régulièrement tous
« les mois un répertoire qu'ils ne seront pas absolument obligés de
« tenir mais qui leur servira de source dans laquelle ils puiseront tous
« les dimanches pour faire un répertoire de huit jours, qui sera inva-
« riable sous peine de punition et qu'enfin ce répertoire seroit porté
« chez S. A. le prince de Staremberg, au sortir de l'assemblée par le
« directeur en service.

« **Troisième proposition**.

« Que le jour de l'assemblée qui est le dimanche soit à l'avenir le lundi par
« la raison que le dimanche il y a spectacle, par conséquent répéti-
« tion, et que les acteurs qui sont à la répétition ne pouvant en même
« temps être à l'assemblée, il y en a qui profitent de cette occasion
« pour prétendre cause d'ignorance de ce qui s'y est fait, et faire
« manquer les pièces qui sont sur le répertoire.

« **Quatrième proposition.**

« Qu'il soit ordonné aux comédiens de supprimer toutes les entrées gratuites,
« qu'ils ont données eux-mêmes, par la raison que cela occupe des
« places qui seroient occupées par des payants, que d'ailleurs les
« personnes qui y ont leurs entrées favorisent ceux auxquels ils croient
« être redevables par des applaudissemens déplacés, que le même
« ordre deffende à tous les acteurs et actrices de donner plus d'un
« billet d'entrée gratuite, chaque jour de spectacle, par la raison que
« ces billets deviennent abusifs, et qu'enfin on ne se souvient pas
« qu'il y aye eu jamais des cabales à Bruxelles tant que les comédiens
« n'ont pas eu le droit d'y donner des entrées gratuites.

« **Cinquième proposition.**

« Que pour le bon ordre et le bien general du publique et des acteurs, le
« gouvernement donne des ordres pour faire observer le silence au
« spectacle, pour chercher à connoître les personnes mal intention-
« nées qui le troublent, soit en donnant des applaudissements déplacés,
« soit en voulant interrompre ceux qu'on accorde aux acteurs qui le
« méritent.

« **Sixième proposition.**

« Qu'il soit ordonné aux comédiens d'engager pour l'année prochaine une
« actrice à talents pour jouer les premiers rôles, avec deffense à
« M. D'Hannetaire de se meler de cette acquisition, qu'il soit enjoint
« aux directeurs de donner jusqu'à 3,000 livres de France de dedit
« au cas qu'ils n'en trouvent pas qui ne soit déjà engagée ailleurs, par la
« raison qu'on sçait que dans une même année ils ont reçus jusqu'à
« 5,000 livres de dedit de differens sujets, qu'ils avoient engagés, et
« qui leurs ont manqué.

« **Septième proposition.**

« Que par ordre du gouvernement on revoque un congé abusif donné par les
« comediens au sieur D'Hannetaire et à sa fille Eugénie, par la raison
« que ce congé n'est point limité, et qu'il peut durer un an ainsi qu'il
« est dit dans ledit congé, ce qui gêneroit beaucoup les comediens,
« non pas à cause de M. D'Hannetaire mais parcequ'il seroit possible
« qu'on manquat de soubrette pendant une année entière, ou qu'il n'y

« en aurait une que de la main de M. D'Hannetaire, qui aurait grand
« soin d'éviter qu'elle fut bonne (1).

« Huitième proposition.

« Qu'il soit ordonné à M. D'Hannetaire de jouer tous les rôles de son emploi
« tant dans les pièces anciennes que dans les nouveautés, ainsi que
« font tous ses camarades, ou bien qu'il demande sa retraite par la
« raison qu'il est injuste qu'il leur prenne une part qu'il ne gagne pas,
« tandis que ses confrères travaillent pour luy; et que pareil ordre
« soit donné à sa fille Angélique qui dit impertinemment, quand on
« veut mettre une pièce, *je ne veux pas jouer ce rôle-là, qu'on le fasse*
« *apprendre à une autre* (2).

« Neuvième proposition.

« Qu'il soit ajouté aux reglements de la comedie un nouvel article conforme-
« ment à celui des comédiens de Paris qui est que lorsqu'une actrice
« de la société qui ne sera point mariée, sera dans le cas de manquer
« le devoir par raison de grossesse, elle perdra le quart de sa part,
« qui sera réversible sur les autres en forme de dedomagement, et
« si elle reste plus de deux mois sans paroître sur la scène, elle en
« perde la moitié. »

Ce dernier article visait directement les filles de D'Hannetaire, qui, probablement, se sont trouvées dans ce cas, quoique la chronique se taise sur ce point.

Les propositions faites par les comédiens constituaient une réforme radicale dans l'association. Nous ignorons si le gouvernement leur accorda tout ce qu'ils demandaient, mais toujours est-il qu'il accéda à une partie de la requête en donnant une commission auprès de la comédie de Bruxelles, au comte de Maldeghem, par décret en date du 14 février 1771 (3), commission par laquelle il était chargé de « veiller à la régie générale du spectacle, ainsi que de toutes
« les parties de détail; assister aux délibérations des associés, soit en
« personne, ou par tel substitué qu'il jugera à propos de commettre pour cet
« effet; voir leurs comptes; accepter ou rejetter les nouveaux sujets qui
« seront proposés, soit pour membres de l'association, ou pour sujets à gages

---

(1) Ceci prouve tout simplement que D'Hannetaire, quoique lié par un engagement, ne jouait la comédie qu'en amateur.
(2) Il ressort évidemment de tout cela, que D'Hannetaire et ses filles étaient un obstacle réel à la bonne administration de la société.
(3) Archives générales du royaume. — Voir aux Documents.

« fixes; assurer le service, et une bonne police parmi les comédiens et autres
« suppôts du théâtre; faire emaner dans cette vue, un ou plusieurs régle-
« mens, qui devront être rigoureusement executés dans tous leurs points ;
« faire corriger et punir les négligences ou excès des dits comediens et autres
« suppôts du théâtre, par les moïens usités dans d'autres troupes de spec-
« tacle, et generalement pour tenir la main à l'exacte et entière exécution
« dudit octroi... » Ces pouvoirs, beaucoup plus étendus que tous ceux qui
avaient été donnés précédemment pour le même objet, atteignaient à peu près
le but que proposaient les comédiens. Grâce à cet espèce de ministre plénipotentiaire, on pouvait espérer voir l'association entrer dans une voie nouvelle,
cesser les abus et la gestion prendre une meilleure tournure. Tout semblait
le présager, mais la discorde avait surgi entre les associés, et la bonne entente
ne put être rétablie. Ce qui nuisait principalement à cette bonne entente,
c'était l'espèce de système d'absorption qu'exerçait la famille D'Hannetaire,
au détriment de leurs camarades. Une administration théâtrale ne peut avoir
quelque chance de réussite que lorsque chacun apporte de la bonne volonté
dans la gestion commune. Il n'en fut pas ainsi, et tout devait inévitablement
sombrer. Ce fut ce qui arriva.

Quelques mois après que le comte de Maldeghem fut revêtu de ses nouvelles
attributions, les comédiens-associés offrirent de se désister de leur octroi, par
la requête suivante (1) :

« Les comédiens directeurs associés du spectacle de cette ville, offrent de se désister de
« leur octroi, en faveur de quiconque voudra s'en charger, moyennant les conditions sui-
« vantes :
« Les dits comediens s'obligent à faire une cession entière et absolue, non-seulement du
« magasin, en total, pour lequel ils auront déjà compté, à M. Charliers, quarante-cinq mille
« livres à la fin de l'année ; mais encore de tous les effets quelconques, dont, depuis cinq
« ans, ils ont enrichi le dit magazin, et dont les déboursés montent à près de trente mille
« livres, tant en décorations, qu'en habillemens et autres dépenses nécessaires au spectacle :
« c'est-à-dire : que lesdits comediens proposent de substituer, à leur lieu et place, tel suc-
« cesseur, qu'on jugera à propos de nommer, moyennant :
« 1º Qu'en à-compte des sommes ci-dessus spécifiées, il leur soit compté un capital de
« vingt-quatre mille livres à partager entre eux ;
« 2º Que, pour l'excédent, ledit successeur s'engage à payer, à chacun des douze membres
« de la Société, une pension annuelle et viagère de trois cents livres hypothéquée sur ledit
« octroi; ce qui formeroit un objet annuel de trois mille six cents livres, lesquelles viendroient
« à s'éteindre successivement, par le décès de chaque tête pensionnée. En foi de quoi, ils ont
« tous signé la présente à Bruxelles, le 20 juin 1771.
« *Signé* : ANGÉLIQUE. — COMPAIN DESPIERRIÈRES. — SOPHIE LHOTAIRE. — J. VITZTHUMB.
« — DE GRAND-MÉNIL. — ROSALIDE. — D'HANNETAIRE, *tant pour moi que pour* EUGÉNIE.
« — DUGUÉ. — GRÉGOIRE. — DEFOY. — DUBOIS. »

---

(1) Archives générales du royaume. — *Conseil privé.* — Carton nº 1090, intitulé : *Comédies, théâtres.*

Parmi les associés, nous ne voyons plus figurer *Durancy, Jerville, Prévost, Le Petit, De Rozely*, ni mademoiselle *Granier*. Par contre, nous y trouvons, comme nouveaux, *Vitzthumb*, chef d'orchestre, *De Grand-Ménil* et *Dugué*. En outre, le nombre de parts qui était de quatorze et demie, en 1766, ne se trouva plus être que de douze, en 1771.

Quoiqu'il en soit, ce désistement fut admis, et la Cour ne voulant pas priver la ville de Bruxelles, de spectacle, accorda, le 14 août 1771, un octroi de dix années à Ignace Vitzthumb, chef d'orchestre du théâtre, et à Compain Despierrières, ancien comédien-associé (1).

L'octroi accordé aux deux nouveaux entrepreneurs, était beaucoup plus étendu que tous ceux que l'on avait donnés jusqu'alors. Outre les obligations pécuniaires relatées dans la requête des comédiens, on les obligeait à entretenir continuellement un bon orchestre, à donner des ballets au moins trois fois par semaine, à donner souvent des nouveautés. En outre, ils devaient présenter, tous les samedis, le répertoire des pièces à exécuter pendant la semaine. Enfin, tous les sujets composant la troupe ne pouvaient être engagés ou congédiés que du consentement du gouvernement.

En compensation de ces conditions assez sévères, on accordait à ces directeurs, le droit exclusif de représentations dramatiques à Bruxelles et dans ses faubourgs. En outre, ils ne devaient faire jouer que quatre fois par semaine : le dimanche, le mardi, le jeudi et le samedi.

Toujours est-il qu'avant de commencer leur entreprise, Vitzthumb et Compain se trouvèrent devant une dette de 24,000 livres de France à payer aux comédiens-associés, d'une autre de 300 à chacun d'eux pour pensions viagères, soit 3,600 livres, et d'une troisième, de 45,000 autres livres pour parfaire le paiement dû au sieur Charliers, pour l'achat de son magasin. Ce qui faisait un total de 72,600 livres de France dues en dehors des frais généraux de l'exploitation.

Ce fut à cette époque que D'Hannetaire se retira du théâtre. Les causes de cette retraite peuvent trouver une certaine explication dans les documents que nous avons produits ci-dessus. N'ayant pu parvenir à se poser en maitre omnipotent, il se dégoûta d'une position secondaire, et abandonna la scène définitivement, en laissant, toutefois, ses deux filles et Rosalide (la troisième grâce), dans la nouvelle exploitation.

Au reste, D'Hannetaire, par sa position de fortune, ne faisait du théâtre qu'en amateur. Il possédait au petit village de Haeren, près de Vilvorde, un château, dans lequel il recevait les plus grands seigneurs de l'époque. Lui-même s'intitulait *baron*, titre que lui décernaient avec la plus grande complaisance, tous les habitants de la petite localité, où il avait établi sa résidence.

---

(1) Archives générales du royaume. — Voir aux Documents.

Si l'on peut s'en rapporter au dire d'un pamphlétaire (1), voici comment D'Hannetaire acquit sa propriété de Haeren, et se donna la baronnie :

« ... L'histrion d'Hennetaire (sic), » dit-il, « eut une *manière* de femme : créature vraiment « aimable et faite pour plaire à un galant homme. Le mari acheta du patrimoine de cette « jolie personne une baronnie sous le titre *d'Haren*, située entre Malines et Bruxelles. « D'Hennetaire, devenu baron, n'en est pas plus fier, et il continue à divertir le peuple pour « deux *escalins*. »

Nous trouvons ensuite un renseignement qui nous fixe définitivement sur les *trois grâces* dont il a déjà été parlé précédemment. En admettant même que le fait dont il va être question soit quelque peu controuvé, ou seulement que D'Hannetaire ait manifesté le désir de l'accomplir, il n'en ressort pas moins que nous sommes complétement renseignés sur ses filles, et que bien certainement il n'en avait que deux : Eugénie et Angélique. Voici ce que nous dit le même pamphlet :

« Ce comédien *ingénieux*, voulant embellir le parc de sa baronnie, y a fait élever une « statue pédestre représentant un grand prince qui réunit l'amour de l'humanité au goût des « beaux-arts qu'il daigna cultiver lui-même (2). Jusque-là l'hommage de l'excellence *Postiche* « étoit respectueux, mais une maladie de famille à laquelle d'Hennetaire est sujet, a occa- « sionné une licence téméraire qui offenseroit le prince, si les héros n'étaient pas au-dessus « de ces indignités, le comédien, s'écartant du respect, a l'audace insolente de faire mettre « dans les nouvelles publiques, que les figures de ses *filles* et de ses *cousines* vont être placées « aux quatre coins de la statue. Ne rougit-on pas de donner une pareille compagnie à ce « grand prince? Sa statue devoit être entourée de *Minerve*, de *Thémis*, de la *Bienfaisance* « et de la *Prudence*; mais que veut-on substituer à ces quatre divinités, compagnes insépa- « rables de S. A. R.? Une *Rosalide*, nymphe *poulinière*, qui n'est point assez chaste pour « représenter une muse, une *Eugénie*, une *Victoire* (3) et une *Angélique*, disposées par la « nature et par leur état à ne jamais démentir les vertus de la famille. »

Ce fait dut courir le monde, car il donna naissance à deux épigrammes qui, quoique un peu crues, demandent à être reproduites ici :

« Possesseur d'un jardin payé du prix du crime,
« Un histrion crut à son protecteur
  « Offrir un tribut légitime,
« En plaçant dans le parc son portrait enchanteur :
« C'est bien fait, dit Damon, à l'homme des coulisses;
  « Mais près du héros immortel
  « Voyant figurer quatre actrices,
« Il se lève en fureur et renverse l'autel.
« Quelqu'un lui demandant raison de ses caprices,
« Je ne veux pas, dit-il, voir les dieux au ******. »

---

(1) Chevrier. *Le Colporteur*, pp. 261-262.
(2) Le prince Charles de Lorraine.
(3) Fille de Rosalide.

Comme on le voit, c'est fort peu gazé. Voici la seconde, qui est attribuée à l'acteur Garrick :

> « Peut-on ainsi de Mars profaner le rival?
> « Ces ornements pour lui sont une injure,
> « Et votre place enfin, filles de la luxure,
> « Est aux pieds de *Priape*, et non pas d'*Annibal*. »

Le fait en lui-même était réel. D'Hannetaire avait fait élever, dans son parc de Haeren, une statue en pierre de 15 pieds de haut, représentant le prince Charles de Lorraine, en costume romain. Sur les quatre faces du piédestal, se trouvaient les inscriptions suivantes, qui sont un peu trop adulatrices :

> « A cet air de bonté, l'on reconnaît sans peine
> « Le modèle des Grands, l'exemple des Vertus :
> « C'est Auguste, Antonin, Marc-Aurèle, Titus,
> « Sous les traits immortels de CHARLES DE LORRAINE.
>
> « C'est pour ce HÉROS seul que ce paisible lieu
> « Reçut le peu d'éclat que chacun y contemple :
> « Lorsque sur un autel on place un Demi-Dieu,
> « Le ZÈLE peut-il trop en décorer le temple?
>
> « De ces jardins rians l'heureux cultivateur,
> « A LA RECONNAISSANCE érigea cet hommage :
> « D'un PROTECTEUR chéri plaçant ici l'image,
> « C'est exposer aux yeux ce qu'il porte en son cœur.
>
> « Ce PRINCE couronné par le Dieu de la guerre,
> « Sans doute de Bellone ornera les autels :
> « A l'ombre des lauriers déposant son tonnerre,
> « Il ne se montre ici que l'Ami des Mortels. »

Ce qui occasionna les épigrammes que l'on vient de lire, c'est que D'Hannetaire fit sculpter quatre statues destinées à être placées aux coins du piédestal de celle du prince Charles. Elles représentaient quatre muses spéciales au théâtre, sous les traits de ses filles et de ses parentes : ROSALIDE figurait *Melpomène*, EUGÉNIE, *Thalie*, VICTOIRE, *Euterpe*, ANGÉLIQUE, *Terpsichore* (1). C'était un peu présomptueux, et nous ignorons si ce projet reçut pleine et entière exécution. Toujours est-il qu'il fut connu et qu'il donna lieu aux jolies choses que nous avons rapportées ci-dessus.

L'octroi ayant été accordé à Vitzthumb et Compain, un décret fut rendu, le 16 mars 1772, par lequel les pensions viagères des comédiens-associés étaient garanties, tant sur celui-ci que sur les octrois qui pourraient être donnés par la suite (2).

---

(1) *Gazetin*, n° 27, p. 108.
(2) Archives générales du royaume. — Voir aux Documents.

Maintenant que la nouvelle direction est parfaitement établie et que tout est réglé au gré de chacun, nous devons dire quelques mots des deux entrepreneurs, qui déjà ne sont plus des inconnus pour le lecteur.

Nous avons déjà fait mention de Vitzthumb, au chapitre précédent. Il est cependant un fait que nous devons relater et qui le produira sous un nouvel aspect.

Pendant l'exploitation du théâtre de Bruxelles par les comédiens-associés, Vitzthumb avait fait construire, sur la place Saint-Michel, aujourd'hui place des Martyrs, une grande salle en planches. Sur cette scène improvisée, il fit paraître des chanteurs exclusivement belges, et bientôt cette troupe rivalisa victorieusement avec celle de D'Hannetaire. Ce fut là que se produisit Henri Mees, plus connu à Bruxelles sous le nom de *Heintje* Mees. Ce chanteur, natif de Bruxelles, ruelle du Chien marin, avait été, jusqu'à l'âge de douze ans, un petit gamin courant les rues et vivant de la charité publique. Le soir, il allait quelquefois à la société de rhétorique, *la Fleur de Lis*, aider le machiniste. Ce fait décida de sa vocation. Il parvint à apprendre à solfier et à jouer la comédie, aux frais de la société. Enfin il fit des progrès si rapides qu'il dépassa tous ses camarades et qu'il fut remarqué de Vitzthumb, qui l'engagea, et le produisit dans sa salle en planches, devant son public mi-flamand, mi-français. Il alla même plus loin ; quelques années plus tard, il lui donna en mariage sa fille Marie, qui déjà brillait au théâtre (1). Cet opéra flamand eut une vogue réelle qui engagea son directeur à le produire ailleurs :

« L'entreprise de Fiston (Vitzthumb) ayant été couronnée de succès, et fier d'avoir réuni
« tant de talents, il voulut les faire admirer ailleurs. A cette fin, il fit construire deux
« navires, un pour les artistes, les musiciens, les malles, l'autre pour les gens de service, la
« baraque, le matériel de la scène. Tous les ans, après Pâques, ces navires quittèrent
« Bruxelles, et la troupe alla cueillir des lauriers dans nos principales villes et dans toute la
« Hollande (2). »

Vitzthumb quitta cette direction et entra au théâtre de Bruxelles, en qualité de chef d'orchestre, avec part entière, comme nous l'avons vu dans la requête citée plus haut.

Quant à Compain Despierrières, c'était un des meilleurs chanteurs du théâtre de Bruxelles. De plus, ainsi qu'on a déjà pu s'en convaincre, il était auteur. Outre les productions déjà citées, il existe encore de lui une feuille volante de quatre pages, sans lieu ni nom d'imprimeur, et datée de Bruxelles, 9 août 1774, intitulée : *Lettre à un inconnu, auteur d'une brochure intitulée : Essais sur l'étude du comédien, ou complainte sur le théâtre actuel*

---

(1) Delhasse. *L'Opéra de Bruxelles.* Ire période, p. 31-32.
(2) Popeliers. *Précis de l'histoire des Chambres de Rhétorique et des sociétés dramatiques belges.* Bruxelles, 1844, in-18°.

de Bruxelles (1). Réponse acerbe à un pamphlet peu spirituel. Enfin il publia : *Couplets pour MM. les bourgeois de Bruxelles, chantés par eux au bal qu'ils ont eu l'honneur de donner à S. A. R., à la maison du Roi, le 2 février 1775*, par M. Compain. (*Bruxelles*) *De l'imprimerie de J.-L. De Boubers*, pet. in-4º de 3 pp. avec mus. (2). Compain était, de plus, excellent connaisseur en matière d'art, et plus d'un de ses jugements était d'accord avec ceux des auteurs les plus estimés.

Le théâtre de Bruxelles ne pouvait que prospérer en de pareilles mains, aussi cette direction fut-elle une des plus brillantes tant sous le rapport du mérite des artistes que de l'exécution des œuvres.

Au moment où les comédiens-associés se désistèrent de leur octroi, et peu de temps avant que Vitzthumb obtînt le sien, Compain partit pour Paris, à la recherche de pièces nouvelles. Il écrivit à Vitzthumb ses impressions sur l'exécution dans les théâtres de musique de cette dernière ville; il lui dit :

« *De Paris, le 26 juillet* 1771. »

« Mon ami,

« ...Veux-tu bien présenter mes hommages à M. le comte de Maldeghem. Dis beaucoup
« de choses de ma part à Mlle Beaumenard, ainsi qu'à Dazincourt (3), de même qu'à Duvalon
« et Mlle Angélique.
« Je suis on ne peut plus mécontent des spectacles de Paris, excepté de la Comédie-
« Française..... J'ai été aux Italiens. On y a donné les *Aveux indiscrets* (pièce détestable),
« et *Tom Jones*. Oh! mon ami, qu'on a raison de dire que bonne renommée vaut mieux que
« ceinture dorée. En vérité cela est incroyable. Et il faut le voir pour en avoir une idée juste.
« Si nous donnions des pièces aussi mal exécutées que l'ont été celles-là, on nous enverrait
« coucher à la porte de Lack..... L'on chante mieux à Bruxelles qu'ici (4)... »

En mettant à part l'esprit de parti, il est avéré, d'après d'autres témoignages, ceux de Burney, du Prince de Ligne, de Favart, qu'à Bruxelles l'opéra-comique était mieux exécuté qu'à Paris, à cette époque. Au reste, toutes ces appréciations d'écrivains étrangers étaient confirmées largement par plusieurs lettres adressées de 1771 à 1774, à Franck, secrétaire du prince de Stahremberg, ministre plénipotentiaire des Pays-Bas autrichiens, et à Vitzthumb, par Compain Despierrières, et par d'autres correspondants.

« D'après les témoignages des auteurs contemporains et des correspondances inédites, » dit M. Piot (5), « l'opéra était sous certains rapports mieux rendu à Bruxelles qu'à Paris.
« Sachant répudier la méthode de nos voisins du midi, quand il ne s'agissait pas d'exécuter
« leur musique, les acteurs établis à Bruxelles se laissaient diriger par un chef d'orchestre
« instruit et capable. Vitzthumb, artiste de goût, avait bien saisi le caractère des Bruxellois.

---

(1) Cité par M. Piot. *La Méthode de chanter à l'opéra de Bruxelles et de Paris pendant le XVIIIe siècle*.
(2) Cité par le même.
(3) Ceci est une preuve nouvelle constatant que Dazincourt avait débuté à Bruxelles en 1771, et non en 1772.
(4-5) Piot. *La Méthode de chanter à l'opéra de Paris et de Bruxelles pendant le XVIIIe siècle. Loc. cit.*

« Très-cosmopolites par suite des changements continuels des gouvernements étrangers,
« appelés à diriger les affaires du pays, les habitants de Bruxelles avaient appris à connaître
« la musique de ces peuples et à l'apprécier sans prévention, comme sans sympathie exclu-
« sive. Les cours des gouverneurs-généraux envoyés en Belgique par l'Espagne, la France et
« l'Autriche, avaient laissé des traces de l'art musical de la nationalité à laquelle ils appar-
« tenaient, et l'influence qu'exercèrent dans notre pays leurs chapelles particulières ne
« saurait être contestée. »

Sans trop exagérer ce fait, nous pouvons admettre qu'à Bruxelles, grâce à Vitzthumb, l'opéra était parfaitement rendu, et que sa réputation était bien établie à l'étranger.

La troupe était excellente, et, par cela même, les exigences du public devenaient de jour en jour plus grandes. Il ne voulait presque plus de représentations de tragédies et de comédies ; il exigeait un nombre plus grand de pièces à musique, qui étaient beaucoup plus coûteuses pour la direction. Aussi, dès le début, voyons-nous celle-ci accuser un déficit assez considérable. Voici, pour l'année 1772-1773, la répartition des dépenses qui présente un chiffre très-élevé :

Acteurs et actrices	Fl.	38,050— 0—5
Opéra et ballet	"	27,563— 4—7
Pensionnaires et gagistes	"	6,553—10—9
Personnes sans emploi désigné	"	4,228—16—3
Orchestre	"	11,719— 3—9
TOTAL	Fl.	88,109—15—9

Comme corollaire à ceci, nous donnons ci-dessous le relevé des appointements des acteurs du théâtre de Bruxelles, à cette époque :

Acteurs et chanteurs.

Messieurs :

DE LARIVE, rôles de Le Kain et de Bellecour . . . . Liv.	6,000
DE GRAND MENIL, grande livrée	5,000
FARGÈS, jeunes premiers, emploi de Clairval	6,000
CHEVALIER, jeune premier rôle	6,000
DAZINCOURT, Armand, Poisson, les Crispins	3,000
DUBOIS, rois, pères nobles	3,000
FLORENCE, troisièmes amoureux	2,000
LOUIS, deuxièmes rois, troisièmes amoureux	2,400
LAMBERT, premier et deuxième rôle d'opéra	1,600
GRÉGOIRE, grandes utilités	2,200
DENIS DUBUS, utilités, rôles accessoires	1,600
CANEEL, accessoires	1,500
LISIS, utilités	800
BOCQUET, maître de ballets	1,200
D'HUMAINBOURG, souffleur	1,000

Actrices et chanteuses.

Mesdames et Mesdemoiselles :

Verteuil, jeune première et rôles de Mlle Clairon . . . . Liv.	8,000
Ang. D'Hannetaire, première amoureuse	5,000
Eug. D'Hannetaire, première soubrette.	5,000
Sophie Lothaire, confidentes	2,000
Gontier, première soubrette	2,400
Defoye, première amoureuse opéra	5,000
Eul. Durancy, deuxième et troisième amoureuse. . . .	1,800
De la Bernardière, deuxième amoureuse opéra	1,200
Beauménard, utilités.	600
Ros. D'Humainbourg, utilités opéra	300

Orchestre.

VAN MALDERE aîné, violon pour conduire l'orchestre . Fl. 760

Violons. — Langlois. . . 400 fl. — Pallet. . . 320 fl. — Moris. . . 450 fl. — Van Maldere cadet . . 400 fl. — Van Eeckhoudt . . 350 fl. — Bauwens . . 230 fl. — Poitiaux . . 230 fl. — Vandenhoute . . 230 fl. — Ipperseel . . 100 fl. — Seyffrith. . . 700 liv. — Sauerwein. . . 230 fl.

Altos-violas. — Borremans. . . 325 fl. — Vanderplaets. . . 280 fl.

Basses. — Vicedomini . . 760 fl. — Vandenbrock . . 350 fl. — Lartillon. . 350 fl. — Doudelet. . . 260 fl. — Hinne. . . 260 fl.

Cors. — Vandereycken. . . 340 fl. — Pris. . . 340 fl.

Clarinettes. — Gehot aîné. . . 450 fl. — Wirth. . . 317 fl.

Basson. — Gehot cadet. . . 300 fl.

Hautbois, petite et grande flûte. — De Burbure . . 230 fl. — Van Hamme fils. : 200 fl. — Godecharle. . . 440 fl.

Serpent. — Délai. . . 280 fl.

Ce relevé est établi d'après les documents authentiques (1) que nous avons trouvés aux Archives générales du royaume. Ceci nous donne toujours, comme renseignement précieux, le montant exact des appointements de chacun des artistes en cette année 1772-1773.

Parmi ces derniers, nous remarquons le comédien La Rive, qui devint sociétaire de la Comédie-Française, à Paris.

Jean Mauduit, dit *Delarive*, naquit à la Rochelle le 6 août 1747. Il eut quelque peine à réussir à la Comédie-Française, où florissait Le Kain. A la mort de ce dernier, il fut en possession des premiers rôles, mais il ne put le faire oublier. « La nature, si prodigue envers lui sous le rapport des dons « extérieurs, » dit M. De Manne (2), « lui avait refusé la sensibilité, et,

---

(1) Ce sont les engagements originaux signés par les artistes (*Conseil privé.* — Carton n° 1002, intitulé *Comédies, Théâtres*).

(2) *Galerie historique des portraits des comédiens de la troupe de Voltaire.* P. 296.

« disons-le, cette intelligence que possédait, à un degré si éminent, son pré-
« décesseur. Il ne s'échauffait que lorsqu'il était porté par la situation et il
« était loin de saisir l'esprit général d'un rôle. On se rappelait, en l'enten-
« dant, ce mot de Garrick, qui, voyant une actrice s'échauffer beaucoup dans
« un moment donné et se refroidir tout-à-coup, dès qu'elle avait fini le mor-
« ceau où elle devait peindre l'emportement, disait assez plaisamment :
« Voilà une femme qui a de la colère, mais qui n'a pas de rancune. »

Ce fut La Rive qui épousa, pendant son séjour à Bruxelles, Eugénie, fille aînée de D'Hannetaire. Il divorça à Paris, en 1795. Il est probable qu'à dater de cette époque, Eugénie resta habiter cette dernière ville, où elle finit ses jours, selon toute apparence. Rien n'est cependant établi à ce sujet, mais cette supposition peut parfaitement être admise.

Nous retrouvons également dans cette troupe, *Dazincourt*, qui avait débuté l'année précédente, sous la direction des comédiens-associés.

De plus, on y rencontre un artiste d'une tout aussi grande valeur, qui fit également ses premières armes au théâtre de Bruxelles. Nous voulons parler de Grand-Ménil.

Jean-Baptiste Fauchard, dit *De Grand-Ménil*, naquit à Paris, le 19 mars 1737, et il y mourut le 24 mai 1816. Son père était un chirurgien-dentiste distingué qui acquit une grande fortune. Il fit donner au jeune Jean-Baptiste une excellente instruction, grâce à laquelle il devint avocat au Parlement de Paris. Ce fut lui qui plaida, en 1760, la cause du fameux Ramponneau. Il fut nommé, ensuite, conseiller de l'Amirauté, fonctions dont il fut revêtu jusqu'à la dissolution du Parlement, en 1770. Il fut, en 1765, un des membres du Conseil de la Comédie-Française. Étant rentré dans la vie privée, il eut quelques démêlés avec sa famille, il quitta Paris et se rendit à Bruxelles, où il débuta dans les rôles de *valets*. Il y acquit de suite une grande réputation, puisque nous venons de voir ci-dessus qu'il avait 5,000 livres d'appointements, chiffre considérable à cette époque. Il ne séjourna pas longtemps dans notre ville. Le bruit de sa réputation s'étant répandu en France, il y fut rappelé. Il joua successivement sur les scènes de Marseille et de Bordeaux, où, en 1778, il obtint les plus brillants succès. Enfin, il reçut un ordre de début à la Comédie-Française, où il parut, pour la première fois, le 30 août 1790, dans le rôle d'*Arnolphe* de l'*École des Femmes*. « Doué d'une
« grande intelligence et d'une verve chaleureuse, » dit M. De Manne (1),
« il possédait en outre un masque tout à fait approprié à la nature de ses
« rôles; aussi fut-il regardé comme un des meilleurs interprètes de Molière.
« C'est principalement dans les rôles d'*Arnolphe* et d'*Harpagon* qu'il s'éleva
« à la hauteur de ses plus célèbres devanciers. »

---

(1) *Galerie historique des portraits des comédiens de la troupe de Voltaire.* P. 348.

Trois artistes de cette valeur dans cette troupe doit donner la plus haute idée de ce qu'était la scène de Bruxelles à cette époque. Aussi, était-ce à juste titre qu'on la considérait comme l'une des meilleures de l'Europe.

Comme complément à ce que nous venons d'exposer, nous donnons également ici le tableau des appointements des artistes de ce théâtre à une autre époque un peu plus éloignée, mais qui démontrera que, si le talent des artistes était grand, les sommes qu'on leur allouait n'augmentaient pas dans la même proportion (1) :

Emplois de la comédie.

Premier rôle tragique et comique. — *St-Fal* . . . . . Liv.	6,000
Fort premier, rois, raisonneurs, etc. — *Bursai*	4,000
Père noble, rois, etc. — *Vanhove* ou *N*	4,000
Jeune premier. — *N*	3,000
Premier comique. — *Bultos*	7,000
Manteau, financiers, etc. — *Pin*	5,000
Crispin, marquis ridicules et Poisson. — *N*.	3,600
Troisième rôle et à récits — *N*.	2,000
Liv.	34,600

Mesdames :

Premier rôle tragique et comique. — *Mme Bursai* . . . Liv.	4,000
Premier rôle en partage et grande coquette. — *Mme Goault*	6,600
Reine, mère noble. — *N*.	4,000
Première soubrette. — *N*	3,600
Premier caractère et deuxième duègne. — *N*	3,600
Deuxième soubrette. — *N*	1,500
Seconds caractères. — *N*	1,500
Liv.	20,800

Opéra.

Première haute-contre. — *N* . . . . Liv.	6,000
Seconde haute-contre et Colins. — *N*	3,000
Première basse-taille. — *Chenaud*	4,000
Première en partage. — *Mees*	4,000
Premier Laruette. — *Bultos*	—
Second Laruette. — *Berger*.	2,000

Mesdames :

Première chanteuse. — *Rogier* . . . . Liv.	5,000
Première en double. — *Schettiens*.	2,400
Rôles de Beaupré et Dugazon. — *Mees*	3,000
Première duègne. — *Gouault*	
Total général . . Liv	84,800

Quand on compare ces modiques appointements, à ceux que nos chanteurs exigent aujourd'hui, on est réellement stupéfait. Ainsi un premier ténor, à

---

(2) Archives générales du royaume. — *Conseil privé*. — Carton n° 1090, intitulé : *Comédies, théâtres*.

cette époque, ne demandait que 6,000 livres annuellement. De nos jours, c'est par 50,000 francs que l'on traite. Est-ce un bien de taxer le talent à un prix aussi exagéré ? Nous ne nous prononcerons pas à ce sujet, mais toujours est-il qu'il est une des causes principales du peu de stabilité des directions. Il est impossible, maintenant, sans d'énormes subsides, de pouvoir faire face aux frais considérables qu'entraîne une exploitation théâtrale.

Parmi les artistes que nous venons de citer, se rencontrent *Saint-Phal* et *Van Hove*, qui devinrent, tous deux, sociétaires de la Comédie-Française.

Étienne Meynier, dit Saint-Fal, naquit à Paris le 10 juin 1752. Il était destiné à devenir barbier-perruquier. Cet état ne lui souriait guère. Il le quitta pour s'engager dans la troupe de la Montansier, à Versailles. Il parcourut ensuite la France. Nous le trouvons à Bruxelles en 1772; il se rendit ensuite à Lyon. Il alla en Hollande, puis revint à Bruxelles en 1781, où un ordre de début l'appela à Paris, à la Comédie-Française (1).

Voici l'appréciation de M. De Manne, sur cet artiste :

« Saint-Fal était d'une taille avantageuse; les traits de son visage, agréables dans sa
« jeunesse, avaient conservé dans un âge plus avancé une expression de douceur et de bonté
« qui prévenait favorablement. Toutefois, il manquait d'aisance à la scène, et ce défaut ne
« s'atténua pas avec le temps. Sa voix, naturellement rude, le paraissait encore davantage,
« grâce à un système de déclamation gutturale qu'il s'était formé et qui ne laissait pas que
« d'affecter péniblement les oreilles de ses auditeurs. Tant qu'il joua la tragédie, son débit
« accusa une trop grande recherche des transitions, défaut qui disparaissait, il est vrai, dans
« les scènes dialoguées simplement. Lorsqu'il ne se croyait point obligé d'enfler le volume de
« sa voix, il en nuançait l'expression avec assez de bonheur. En résumé, cet acteur n'était pas
« dépourvu d'âme : il avait le jugement droit, et s'il n'a pas dépendu de lui de s'élever au
« sublime de l'art, il en a, du moins, pratiqué avec habileté les ressources connues. Il enten-
« dait bien le pathétique, et sa manière de dire la comédie était pleine de justesse et de
« vérité. »

Charles-Joseph Van Hove naquit à Lille le 8 novembre 1739. Il fut comédien fort jeune. Il séjourna longtemps en Hollande, où il figura comme acteur attaché au théâtre français de La Haye. Il vint ensuite à Bruxelles, et il y resta deux ans. Il débuta alors à la Comédie-Française (2).

« Un bel organe, de l'intelligence, de la sensibilité et de la vérité, » dit Le Vacher de
Charnois (3), « telles sont les qualités que nous avons cru apercevoir dans le sieur Vanhove ;
« mais il ne suffit pas d'avoir un bel organe et une prononciation facile, il faut encore
« connaître la prosodie et cet acteur pêche souvent contre elle. Il ne suffit pas non plus
« d'avoir l'intelligence de la scène; l'habitude du théâtre suffit presque toujours pour la
« donner : c'est dans le caractère de ses rôles qu'un comédien déploie son intelligence, et, sur
« cet article, le sieur Vanhove n'est pas exempt de reproche... Nous ne dirons que deux mots
« de quelques autres défauts qu'on a généralement remarqués. Ses gestes sont assez vrais,
« mais ils sont lourds et sans grâce ; sa démarche est pesante et son maintien n'est point
« assez imposant... »

---

(1) De Manne et Hillemacher. *Troupe de Talma.* Lyon, Scheuring, 1866. In-8°, pp. 57-58.
(2) Id. Id. Id. P. 27.
(3) *Journal des Théâtres* pour 1777.

Quoiqu'il en soit, ces deux artistes de premier ordre, devaient singulièrement rehausser les représentations de tragédies et de comédies. On peut donc admettre, sans exagération, que ce qui a été dit pour la bonne exécution de l'opéra au théâtre de Bruxelles, pouvait l'être également pour celle des autres genres dramatiques.

De nos jours, la réclame a atteint les dernières limites. On ne sait qu'inventer pour attirer la foule : affiches immenses, couleurs voyantes, caractères géants, tout est mis en œuvre pour allécher les curieux. A l'époque dont nous nous occupons, il n'en était pas ainsi. Voici la reproduction littérale d'une affiche ou programme, imprimée chez De Boubers, et ne mesurant que vingt-cinq centimètres carrés (1) :

« Les Comédiens ordinaires ds S. A. R. donneront aujourd'hui dimanche, 10 mai 1772.

« *Ninette à la Cour*, opéra en deux actes, précédé de :

« *L'École des Maris*, comédie en trois actes, de Molière.

« On prendra aux premières loges et parquet une couronne neuve ; aux secondes loges une demi-couronne ; aux loges du parterre quatre escalins, ou vingt escalins en louant la loge pour six personnes ; et à la grande du fond trois escalins par personne ; aux troisièmes loges et parterre deux escalins ; à l'amphithéâtre et aux loges du quatrième rang un escalin, et six escalins pour la loge entière.

« Ceux qui voudront retenir des loges ou s'abonner, pourront s'adresser au sieur Janeau, receveur, rue des Boiteux, près la Blanchisserie.

« Par ordre de S. A. R. la livrée n'entrera pas, même en payant.

« On commencera à six heures précises. »

Il serait difficile d'être plus laconique. On se contentait d'annoncer purement et simplement la représentation du jour sans y ajouter cette foule de circonlocutions et de trompe-l'œil dont on nous sature aujourd'hui.

Les directeurs, en présence du surcroît de dépenses que nous venons de constater, voulurent se désister de la direction. Toutefois, leur requête était faite en des termes si peu convenables qu'elle mécontenta la Cour et qu'on exigea, au contraire, l'exécution stricte des conditions de l'octroi. A ce qu'il paraît, les directeurs en prenaient assez à leur aise, à ce sujet. Ainsi, les représentations qui devaient commencer à 6 1/4 heures et finir, au plus tard, à 9 1/4 heures, ne duraient quelquefois pas jusque huit heures, et, d'autres fois, ne se terminaient qu'après dix heures. En outre, les directeurs se dispensaient, de leur propre chef, de faire connaître à la Cour le répertoire des pièces à représenter pendant chaque semaine. Ils se donnaient, à cet égard, liberté pleine et entière, malgré les termes précis de l'octroi. Enfin, ils annonçaient, à leur guise, des représentations à abonnement suspendu, sans souci de leurs engagements.

Ces procédés irritèrent la Cour et la disposèrent fort peu à leur accorder

---

(1) Citée par M. F. Delhasse. *L'Opéra à Bruxelles*, 1re période, p. 23.

quelque faveur. Toutefois, en présence de la situation peu florissante de l'exploitation, le prince Charles de Lorraine voulut bien leur faire quelques concessions. Vitzthumb et Compain avaient demandé de pouvoir supprimer les ballets, afin de diminuer d'autant leurs frais généraux. Cette demande, qui avait été rejetée une première fois, fut enfin favorablement accueillie, et l'autorisation nécessaire leur fut accordée le 15 avril 1773 (1).

Aux griefs que la Cour avait contre les deux entrepreneurs, venaient s'en joindre d'autres tout aussi préjudiciables aux intérêts du théâtre et à la bonne exécution du répertoire. Au mois d'octobre 1772, on avait autorisé les meilleurs musiciens de l'orchestre à aller prêter leur concours à une fête que donnait le duc d'Aremberg à Héverlé. Pendant leur absence, le public et la Cour devaient se contenter, à Bruxelles, de représentations plus que médiocres, ce qui amena nécessairement un mécontentement général. On en fit des remontrances à Vitzthumb qui s'empressa d'écrire au comte de Figuerola, pour demander le retour de son personnel. Celui-ci lui répondit par la lettre suivante (2) :

« De Héverlé, le 19 octobre 1772.

« J'ai reçu votre lettre, Monsieur, je l'ay communiquée à M. le duc; mais j'avais prévu
« sa réponse. Il ne m'a pas été possible d'obtenir le retour de vos messieurs. Il veut absolu-
« ment les garder icy pendant le temps que sa compagnie y restera.

« Pour moy, je pense, qu'en retardant encore de quelques jours votre représentation
« d'*Ernelinde*, ce retard ne pourra que vous être favorable, d'autant plus que je crois que les
« Anglais qui sont icy, s'arrêteront à Bruxelles. Je suis fâché de n'avoir pu dans ce moment-cy
« vous donner des preuves de l'envie que j'ay de vous faire plaisir.

« Je suis parfaitement, Monsieur, votre très-humble serviteur.

(Signé) « LE COMTE DE FIGUEROLA. »

On conçoit les difficultés que cet état de choses devait entraîner pour Vitzthumb. D'un côté, il n'osait refuser à un seigneur aussi puissant que le duc d'Aremberg, et de l'autre, la Cour exigeait que le spectacle de Bruxelles fût mis sur le pied que traçait l'octroi qu'elle avait accordé. C'était une situation pénible qui devait inévitablement amener un conflit. Les directeurs voulurent prévenir le coup et offrirent leur démission ; nous avons vu, plus haut, ce qu'il en advint.

Au sujet de la représentation d'*Ernelinde*, dont parle cette lettre, il se présenta un fait assez singulier. Le comte de Figuerola conseilla à Vitzthumb, le 19 octobre, d'en retarder la représentation, et la brochure que nous avons sous les yeux porte : *Représentée à Bruxelles par les Comédiens ordinaires de S. A. R. le 15 octobre* 1772. Ceci voudrait-il dire que le directeur passa

---

(1) *Archives générales du royaume.* — Voir aux Documents.
(2) C. Piot. *Quelques lettres de la correspondance de Grétry avec Vitzthumb.* Bulletin de l'Académie 44ᵉ année, 2ᵉ série, t. 40, pp. 408-435.

outre à la représentation, quitte à offrir une exécution médiocre? On ne peut guère admettre que cette hypothèse, car le libretto est positif et donne même la distribution de la pièce, qui est la suivante :

Ernelinde, princesse de Norwége	Mlle Angélique D'Hannetaire.
Rodoald, père d'*Ernelinde*, Roi de Norwége	M. Compain.
Sandomir, prince royal de Danemark.	M. Fargès.
Edelbert, ami de *Sandomir*.	M. Lambert.
Ricimer, Roi de Gothie et d'Ingrie	M. Dugué.
Une Norwégienne	Mlle Durancy.
Un Norwégien	M. Dubus.
Un Lieutenant de Ricimer	M. Grégoire.
Le Grand-Prêtre de Mars	M. Debatty.
La Grande-Prêtresse de Vénus	Mme Gontier.

Chœurs et danses.

Au reste, le libretto fut remanié et la pièce refaite fut représentée, plus tard, le 4 novembre 1774, en présence de Philidor (1).

Il est probable que les directeurs s'aperçurent qu'on désertait leur théâtre, les jours d'abonnement suspendu, qui furent de plus en plus fréquents, ainsi que nous venons de le dire. Pour parer aux éventualités fâcheuses qui pouvaient en résulter pour eux, et pour attirer le monde, ils firent afficher l'avis suivant :

« Avis au Public.

« Les Entrepreneurs du spectacle, jaloux de témoigner au Public, combien ils désirent
« mériter de plus en plus sa bienveillance, et l'engager à honorer le spectacle de sa pré-
« sence : prennent la liberté de le prévenir, qu'à commencer du Mercredi 18 novembre 1772,
« on ne payera plus, *les jours d'abonnemens suspendus, à leur profit*, que 5 escalins aux
« premières loges et au parquet, et 3 escalins aux secondes loges, ainsi qu'aux loges du par-
« terre (2). »

Tout cela ne les empêcha pas d'avoir des frais considérables, qui rendirent leur gestion de plus en plus difficile.

Il nous est tombé sous la main une brochure qui est une réimpression d'*Arlequin sauvage* de Delisle de la Drevetière. Cette pièce porte pour suscription : *Telle qu'elle a été représentée à Bruxelles, par les Comédiens ordinaires de S. A. R. Monseigneur le Prince Charles de Lorraine*, etc., etc., et elle est datée de 1772 (3). Cette comédie, en trois actes et en prose, fut représentée pour la première fois à Paris, au Théâtre Italien, en 1721. Fut-elle reprise sous la direction de Vitzthumb, ou précédemment? Nous l'igno-

---

(1) C. Piot. *Particularités inédites concernant les œuvres musicales de Gossec et de Philidor*. Bulletin de l'Académie, 2e série, t. 40, pp. 624-654.
(2) En imprimé aux Archives générales du royaume. — *Conseil privé*. — Carton n° 1090, intitulé *Comédies, Théâtres*.
(3) Voir la Bibliographie.

rons, d'autant plus que les noms des artistes ne sont pas renseignés. Toujours est-il que cette date de 1772 nous la fait reporter à cette dernière direction. Ce fait est peu important peut-être, mais il est toujours assez curieux de constater une réimpression, à Paris, d'une pièce française reprise à Bruxelles.

Cette première année d'exploitation, quoique présentant certains ennuis pour la direction, n'en fut pas moins assez belle pour le théâtre de Bruxelles. L'orchestre, sous l'excellente direction de Vitzthumb, acquit de précieuses qualités, et les représentations d'opéras furent très-suivies. Les grands frais résultant des directions précédentes furent une des principales causes du déficit constaté à la fin de l'exercice.

Malheureusement, l'année suivante 1773-1774 ne fut pas plus heureuse. On constate encore une perte de 5,818 florins, résultant d'une recette totale de 115,735 florins et de dépenses s'élevant à 121,553.

Nous ne possédons, sur la composition de la troupe pendant cette année, que des données incomplètes. Telles qu'elles sont nous les donnerons ci-dessous, car nous sommes de l'avis de ceux qui prétendent qu'il ne faut pas négliger un seul renseignement, quelque minime qu'il soit.

Les musiciens, dont nous avons donné l'énumération pour l'année 1772-1773, ont tous souscrit un nouvel engagement pour celle-ci, sur celui même qui avait été fait précédemment (1). Nous ne trouvons, en plus, que le sieur LAMBERT, qu'on désigne comme *maître de musique* avec un appointement de 760 florins plus 600 florins pour conduire l'orchestre. A ce compte-là, ce dernier aurait donc eu deux chefs, outre le directeur Vitzthumb.

Voici, maintenant, les noms des comédiens et des comédiennes :

Acteurs et chanteurs.

Messieurs :

ALEX. BULTOS, comiques et La Ruette . . . . Liv.	4,000
DUBUS, amoureux	2,000
CHEVALIER *aîné*, jeune premier rôle	6,000
DAZINCOURT, premier comique, Armand, Poisson	4,000
JEAN-BAPTISTE BROQUIN, premier et second comique . . .	4,000
DUBOULEIS, financiers, manteaux	5,000
CHEVALIER *le jeune* (2), deuxième et troisième rôle . . .	1,000
BOCQUET, maître de ballets	1,200

Actrices et chanteuses.

Mesdames et Mesdemoiselles :

DUMARAND, premier rôle en partage . . . . Liv.	3,300
ANG. D'HANNETAIRE, premier rôle d'opéra	5,000

---

(1) Archives générales du royaume. — *Conseil privé.* — Carton n° 1092, intitulé : *Comédies, théâtres.*
(2) Sur son engagement, il est mis entre parenthèses : *le libertin* (!).

Gontier, première soubrette	Liv.	3,000
Sophie Lothaire, caractères, mères		2,000
Nauroy, caractères, confidentes		2,400
Stéphanie, deuxième rôle d'opéra		1,800
Drouin, soubrette et travesti		5,000
Verteuil, premier rôle tragique (Clairon) et jeune première amoureuse		8,000
Bernardine Thiebaut, figurante		600

Il est impossible que ceci ait constitué la troupe entière du théâtre de Bruxelles. Évidemment, il y a des lacunes dans les documents reposant aux Archives, et c'est regrettable, car c'est là seulement que nous aurions pu trouver ce qui nous était nécessaire pour établir exactement le personnel existant à cette époque.

C'est ici que nous rencontrons, pour la première fois, Alexandre Bultos, en qualité de comédien de notre principale scène. Encore une date à noter spécialement.

Madame Drouin que nous trouvons dans la composition de cette troupe, appartenait au théâtre de Toulouse. Elle y avait laissé les meilleurs souvenirs. Aussi, au moment de son départ, un de ses admirateurs ne voulut pas la laisser partir sans lui adresser des vers de sa façon. Voici ceux que fit, en cette circonstance, un *Monsieur de la Louptière*, et qu'il lui dédia de la manière suivante :

« EPITRE A MADAME DROUIN,

« *qui, après avoir fait les délices du théâtre de Toulouse,*
« *et avoir habité aux environs de cette ville une maison*
« *de campagne appelée* Mon-Plaisir, *s'est engagée pour*
« *quelque temps à la Comédie de Bruxelles* (1).

« Vous dont la sagesse riante
« Aux Amans de Thalie offre un nouvel attrait :
« Vous, d'une soubrete piquante
« Le modèle le plus parfait,
« Avez-vous dans vos jeux oublié que Toulouse
» De ses droits fut toujours jalouse ?
« Je l'ai vue exhaler ses plaintes, ses regrets :
« Peut-on cueillir ailleurs des couronnes plus belles ?
« Depuis que vos talens, tels que des feux folets,
« Ont entraîné les Ris aux marais de Bruxelles,
« En vain vers la Garonne un champêtre manoir
« Rappelle leur troupe folâtre :
« Son bocage, qui fut leur plus digne théâtre,
« Renaît sans ranimer leurs jeux et leur espoir :
« Le nom de *Mon-plaisir* est tout ce qui lui reste.

(1) *Mercure de France*. Février 1774. PP. 38-40.

« Les concerts de ma Muse agreste
« Pouvoient-ils remplacer la douceur de vous voir ?
« Tout languit, tout ressent votre absence funeste.
« Quelquefois, au retour d'un paisible bosquet,
　« Et des erreurs d'un labyrinthe,
« Où des pas de Thalie on vient chercher l'empreinte,
　» Je ne sais quel trouble secret,
　« Me ramenant à l'hermitage,
« Fixoit sur un pastel mes yeux et mon hommage,
　« Si le crépuscule du soir
　« Au salon venoit me surprendre,
　« Lisant le roman le plus tendre,
　» J'allois rêver dans le boudoir ;
« Quel charme règne encor dans l'air qu'on y respire !
« Et qu'il méloit d'ivresse aux accens de ma lyre !
　« Pour chanter les feux de l'Amour
　« J'avois bien choisi mon séjour.
« Fidèle ami des arts, le Toulousain souhaite
　« Que cette agréable retraite
« Rentre en votre pouvoir à votre heureux retour :
　« C'est pour les Talens qu'elle est faite,
« Et, quoique je renonce à ce traité jaloux
　« Qui pour long-temps m'en rend le maitre,
« Les côteaux champenois où les dieux m'ont fait naitre,
« Paris même, Paris qui remplit tous mes goûts,
« N'offrent pas à ma Muse un asyle si doux :
« Elle n'est pas transfuge : est-on tenté de l'être,
« Lorsque l'on a signé des accords avec vous ? »

Ces résultats négatifs étaient peu engageants. Cependant les directeurs ne perdirent pas courage. Au commencement de 1774, Compain partit pour Paris, à la recherche d'artistes. Il se rendit au Théâtre Italien, dont il fait un bien piètre tableau : « ...Nous devons être bien orgueilleux, » écrivait-il le 26 février à Vitzthumb, « car je t'assure que notre spectacle n'est pas com-
« parable à celui des Italiens (en mal s'entend). Nous sommes délicieux auprès
« d'eux. Ils ont trois sujets bons et voilà tout..... Le théâtre est mal servi et
« a l'air d'une écurie. Je voudrais que notre public put se transporter
« ici (1). »

Compain, étant à Paris, entra en relations avec Grétry. Après d'assez longs pourparlers, les conditions de ce dernier furent admises, c'est-à-dire qu'il devait toucher 26 louis par partition quelle que fut son étendue (2).

Il obtint à ce prix, *la Rosière de Salency*, qu'il appela *la Nouvelle Rosière*, pour la distinguer de celle de Favart. Elle fut représentée à Bruxelles, le 20 mai 1774. L'opinion de Compain, au sujet de cette pièce, ne lui était pas très-favorable : « La musique est charmante, » écrivit-il le 26 février à

---

(1) C. Piot. *La Méthode de chanter à l'opéra de Paris et de Bruxelles pendant le XVIIIᵉ siecle.*
(2) C. Piot. *Quelques lettres de la correspondance de Grétry avec Vitzthumb.*

Vitzthumb, « mais je trouve le sujet un peu mesquin pour souffrir quatre
« actes... » Quelques jours après, Compain vit cette pièce aux Italiens, pour
la seconde fois, et voici ce qu'il en écrivit à Franck (1), le 5 mars 1774,
après avoir assisté à cette représentation : « ...La pièce n'a pas le sens
« commun. M. le Marquis de Pesé (Pezay), auteur des paroles, a cru qu'en
« surchargeant son poëme d'incidents, de coups de tonnerre, et de mille
« autres choses aussi inutiles, cela causerait plus de plaisir. Il s'est trompé.
« Tout le monde a plaint M. Grétry d'avoir fait de la belle musique sur un
« aussi mauvais poëme. Moi je trouve qu'il y a trop de morceaux d'ensemble
« et pas assez d'ariettes. Cependant je pense que cette pièce fera de l'effet
« chez nous, parce qu'elle est susceptible de beaucoup de spectacle (2)... »
Compain avait bien jugé, car la pièce plut et Vitzthumb continua à traiter
avec Grétry, sur le pied que celui-ci avait déterminé.

Ce fut à la fin de l'année 1774, qu'on redonna une nouvelle représentation
d'*Ernelinde*, de Philidor, revue et corrigée. Ces changements furent faits par
le musicien lui-même, ainsi qu'on en a la certitude par sa lettre du 13 mars à
Compain : « J'aurai l'honneur de vous attendre mercredi prochain pour
« dinner (sic) avec moi, étant le jour qui vous convient. Nous causerons sur
« le prix que vous m'offrez *pour les changements d'*ERNELINDE (3)... » Ainsi
que nous l'avons dit plus haut, cette représentation eut lieu le 4 novembre.
Philidor y assista, comme on peut le supposer d'après ce que Compain en
écrivait à Franck, le 22 mars : « ...M. Philidor viendra entendre la 1re repré-
« sentation de son *Ernelinde*, et m'a prié de l'en prévenir quand on la
« donnera (4)... »

Cette représentation fit un certain bruit, puisqu'un journal du temps (5)
en fait mention dans les termes les plus élogieux. Voici ce qu'il en dit :

« BRUXELLES.

« Le 4 novembre, jour de la St Charles, à l'occasion de la fête de Son Altesse Royale,
« MM. Vistumen (sic) et Compain, Directeurs du spectacle de Bruxelles, ont fait jouer
« *Ernelinde,* Tragédie lyrique de Poinsinet, corrigée et remise en cinq actes par M. Sedaine,
« et dont la musique est de M. Philidor. Cet opéra a été exécuté, joué et chanté avec beau-
« coup de précision et de talent. Il a eu un très-grand succès ; ce qui confirme le jugement
« que les amateurs français ont porté de ce bel opéra, qui peut reparoître avec avantage à
« Paris, après ceux qui y ont été le plus accueillis. »

Un grand événement se préparait à Bruxelles, pour les premiers jours de

---

(1) Franck était secrétaire du prince de Stahremberg, ministre plénipotentiaire aux Pays-Bas autrichiens.
(2) C. Piot. *La Méthode de chanter*, etc. Loc. cit.
(3) C. Piot. *Particularités inédites concernant les œuvres de Gossec et de Philidor.*
(4)   *Id.*   *id.*   *id.*
(5) *Mercure de France.* Décembre 1774. PP. 217-218.

l'année 1775. Le prince Charles de Lorraine s'était tellement attiré l'amour de son peuple, et avait acquis une telle popularité, qu'on résolut d'élever une statue en son honneur. De grandes fêtes devaient avoir lieu à cette occasion, et les directeurs du théâtre de Bruxelles voulurent également payer leur tribut au gouverneur-général des Pays-Bas. Ils résolurent de mettre à la scène une pièce écrite spécialement pour le théâtre de la Monnaie. Compain, étant à Paris, entra en relations avec un certain Regnard de Pleinchesne, littérateur dramatique dont plusieurs productions avaient déjà paru sur les théâtres de cette ville. Il tira un libretto d'opéra du roman de *Berte aux grans piés*, dû à un Belge, Adenis Li Rois, qui l'écrivit à la fin du XIIIe siècle. Le poëme terminé sous la dénomination de *Berthe*, Pleinchesne passa avec Gossec le traité suivant, pour qu'il en écrivit la musique :

« Je soussigné, m'engage et promets à MM. les directeurs du spectacle de Bruxelles, de
« mettre en musique le poëme de l'opéra de *Berthe*, paroles de M. Pleinchesne, moyennant
« la somme de douze cent livres, dont 600 livres me seront païés sur-le-champ à la réception
« du présent engagement, sans compter mes frais de voyage, si je suis nécessaire pour l'exé-
« cution de la pièce ; me réservant la propriété totale de ma musique tant pour la gravure,
« que pour le parti que je pourrai en tirer vis-à-vis de tout autre spectacle que celui de
« Bruxelles. Je m'engage de plus à fournir la partition entière, et les parties simples et les
« rôles à part, le tout d'ici au premier octobre. Fait et convenu avec M. Pleinchesne, chargé
« de ce traité par MM. les directeurs de Bruxelles.
    « A Paris, 17 aoust 1774.
                            (Signé) « GOSSEC (1). »

Cependant Gossec, accablé de besogne, déclara à Pleinchesne qu'il ne pouvait pas se charger seul de mener à bon port toute la partition. Le poëte se mit à la recherche d'un autre musicien et, après bien des courses inutiles, il finit par décider Philidor à y travailler de concert avec Gossec : « ...J'ai
« fait, » dit-il, « des pas, des démarches, des supplques vis-à-vis des trois ou
« quatre de nos amphions (*sic*) qui tous ont fait les difficiles et les renchéris,
» me demandant des sommes. Enfin par un chef-d'œuvre de mon génie et de
« mon bon génie, je suis parvenu à faire exécuter cette entreprise par Gossec
« et notre ami Philidor, que j'ai accroché, sermoné, persuadé, piqué d'hon-
« neur, et enfin mis à la besoigne. Dieu merci ! le tout conformément à la
« soumission que je vous ai envoyée de Gossec, qui dans la vérité n'est pas
« bien chier. Ils sont convenus de partager les 25 louis, que Gossec vous a
« demandés d'avance, qu'il attend et qui, probablement, sont en chemin. En
« un mot, ils mettent en communauté tous les bénéfices et toutes les charges.
« J'ai réduit les morceaux de musique à 18. Chacun en a pris neuf, le morceau
« d'ensemble et cinq ariettes. Gossec ne me paraît pas aussi enthousiasmé
« de cette association que Philidor et moi. »

---

(1) C. Piot. *Particularités inédites*, etc., brochure citée dont sont tirés tous les détails qui vont suivre.

L'idée première de Vitzthumb et de Compain était de faire représenter cette pièce le 12 décembre, jour anniversaire de la naissance du prince Charles de Lorraine. Il devait y avoir, à cette occasion, des fêtes plus brillantes que de coutume, à cause de la présence, à Bruxelles, de l'archiduc Maximilien. Ce projet ne put être mis à exécution, car, le moment arrivé, l'opéra ne fut pas terminé. Philidor, qui avait eu un accès de goutte, avait proposé de faire écrire les morceaux qu'il devait faire par Bianchi, mais cette combinaison n'eut pas de suite. Il s'adressa à un autre musicien : « Ils ont pris, » écrit Pleinchesne, « un musicien pour aide, qui est un jeune homme plein de zèle, « de talents et de docilité. Il joint à ces qualités essentielles celle d'être « aimable, d'avoir une jolie figure et dans le fait une basse-taille fort « agréable. » Ce compositeur se nommait Botson. Voilà donc une partition qui devait être écrite par Gossec seul, mise en œuvre par trois musiciens à la fois, et qui ne put être prête pour le jour auquel on la destinait.

Gossec, désireux de bien faire connaître ce qui lui était propre dans le travail entier, écrivit, le 19 janvier 1775, à Vitzthumb, quels étaient les morceaux dus à sa plume. Ce sont les suivants :

1. *Dans la prairie chaque matin.*	BERTHE.
2. *Onc des yeux on a vu*	BALMOND.
3. *Brillante aurore*	BALMOND.
4. *Que j'admire le délire*	RAINFROI.
5. *Fils de Vénus*	PEPIN.
6. *Nous n'avons qu'une âme*	Chœur.

Ainsi donc, il n'a écrit que le tiers de la partition, au lieu de la moitié, suivant la première détermination de Pleinchesne.

Un autre ennui attendait les directeurs bruxellois. Ils avaient fait parvenir à Pleinchesne les 600 livres convenues pour la mise en œuvre. Celui-ci abusa de la confiance qu'on avait en lui, et garda l'argent. Ce fait amena une perturbation dans les rapports, mais, enfin, tout s'arrangea, et l'on songea à mettre la pièce à la scène. Toutefois, les compositeurs ne furent complètement payés que longtemps après la représentation.

Ainsi que nous venons de le dire, elle ne put être terminée pour le 12 décembre ; on résolut alors de la donner pour l'inauguration de la statue du prince Charles de Lorraine. Tout fut mis en œuvre pour atteindre ce but, mais inutilement. Philidor qui s'était chargé de l'ouverture, ne put être prêt à temps, et la pièce parut, sans elle, le 18 janvier 1775, lendemain du jour de la fête précitée. Vitzthumb écrivit, le 24 du même mois, à Gossec pour lui rendre compte de la représentation : « J'ai l'honneur de vous remercier du « soin que vous avez bien voulu prendre d'engager M. Philidor à accélérer « l'ouverture de *Berthe*. Je l'ai reçue conformément à l'avis que vous m'en « donnez, mais pas assez tôt pour pouvoir l'exécuter à la première représen-

« tation de la pièce, qui s'est faite le 18 de ce mois. Toute la musique en a été
« trouvé charmante, et la pièce eut eu un succès achevé, si le poëme, que
« l'on a trouvé un peu froid, avait été goûté de même (1). Je n'en augure
« cependant point de mal pour cela, d'autant plus que les opéras qui plaisent
« le plus aujourd'hui sont précisément ceux que l'on a le moins accueillis
« d'abord. D'ailleurs une première représentation n'est guère qu'une répéti-
« tion générale. Et je n'épargnerai ni soins, ni peines pour lui donner le
« succès qu'il mérite de votre part et de celle de M. Philidor. Je suis on ne
« peut plus content des morceaux de musique dont vous êtes l'auteur ; et ils
« ont été parfaitement accueillis du public, ainsi que ceux de M. Philidor. Il
« n'y en a pas un dans toute la pièce qui n'ait été très-applaudi. J'ai reconnu
« les vôtres et ceux de M. Philidor, comme un connaisseur connait deux
« tableaux, qui quoique également bons, sont de maitres différents. Et j'ai
« l'honneur de vous en faire à tous deux mes plus sincères remercimens. »

Il est regrettable pour nous que nous ne puissions également faire connaissance avec cette partition. Celle-ci, jusqu'à ce jour, n'a pas été retrouvée. Il
est à espérer que des recherches ultérieures finiront par la mettre au jour.

Voici, d'après la brochure, quelle fut la distribution de cet opéra, que
l'auteur a intitulé : *Comédie héroï-pastorale* :

Berthe, Reine légale de France, et Bergère au
   service de *Rainfroi* . . . . Mlle ANGÉLIQUE D'HANNETAIRE.
Pepin, Roi de France . . . . M. DE SOLIGNI.
Rainfroi, Gentilhomme campagnard . . . . . M. COMPAIN DES PIERRIÈRES.
Alix, fausse Reine de France. . . . . Mme DE GONTIER.
Fulrad, Confident de *Pepin* . . . . M. DE BATTY.
Ralmond, Paysan et domestique de *Rainfroi* . M. BULTOS.
Eglente,) Filles de *Rainfroi* (. . . . . . Mlle D'HUMAINBOURG *l'ainée*.
Isabelle ( ) . . . . Mlle ST-QUENTIN.
Trois brigands . . . . MM. LAMBERT, MEES et BERGÉ.

Les deux principaux artistes, Angélique et Compain, donnèrent un relief
particulier à cette représentation, qui réussit au delà de toute attente, puisque
la recette atteignit le chiffre de 1,417 florins, plus élevé de beaucoup que tous
ceux constatés pendant l'année (2).

Le prince de Ligne, grand admirateur de la famille D'Hannetaire et
familier de la maison, adressa, en 1774, à Eugénie, ses *Lettres sur les spectacles* (3), dans lesquelles il dit, en parlant d'Angélique : « ...Votre char-
« mante sœur fait l'ornement du spectacle. Ses sons enchanteurs, sa méthode

---

(1) La brochure fut imprimée à Bruxelles, en 1774 (Voir la Bibliographie). Elle porte comme date de la
première représentation, le ... décembre 1774. Mais elle est bien différente de ce qu'elle devint après les
remâniements qui eurent lieu.
(2) F. Delhasse, *L'Opéra à Bruxelles*. P. 25.
(3) *Lettres sur les spectacles*. PP. 149 et suiv.

« à présent et son goût lui attirent la plus brillante réputation. Sa négligence
« même a des grâces ; et avec son air honnête et distingué, elle fait un grand
« tort à toutes ces actrices, qui jouent, chantent et mâchent tout, qui
« s'avancent avec la cadence du grand-opéra, qui font des bras partout, et
« qui ont l'air de ne chanter que pour le parterre... La douleur d'Angélique
« l'embellit encore s'il est possible ; et je l'aime autant désolée dans Louise
« (du *Déserteur*) que très-gaie et malicieuse sans indécence dans Colombine
« (du *Tableau parlant*)..... »

Nous avons dit, plus haut, qu'on jouait la comédie de société chez D'Hannetaire. Il en était de même dans les salons du prince de Ligne. Celui-ci était le directeur de cette petite troupe d'amateurs, qui, d'après les relations du temps, ne manquait pas de talent.

Ces réunions, tout en étant agréables et intéressantes, n'étaient guère exemptes de trouble. Cette familiarité permise, conséquence inévitable de la chose en elle-même, amena la jalousie et la discorde. Le prince de Ligne, tout le premier, en fut l'une des causes principales.

Parmi ces comédiens-amateurs, se trouvait une jeune et charmante personne chargée de l'emploi des amoureuses. Le prince-directeur en fut épris, mais il fut supplanté par le comte de Sparre, qui devint son rival préféré. Ce fait excita sa jalousie et, pour se venger de ce jeune seigneur, il le ridiculisa aux yeux des autres amateurs, en le persifflant sur son talent scénique. De Sparre, froissé dans son amour-propre, ne céda toutefois pas à son premier moment de colère, il prit un parti plus sage : il résolut de mettre fin, par des actes sérieux, aux sarcasmes que le prince répandait sur son talent.

Il prétexta un voyage et se rendit à Bordeaux. Dans cette ville, il s'annonça comme comédien français de la troupe de l'Électeur de Bavière. S'étant abouché avec le directeur du théâtre de cette ville, il obtint de pouvoir donner trois représentations. Il prit, à cet effet, un nom d'emprunt. Aux trois apparitions qu'il fit sur cette scène, il obtint un succès tel que le directeur lui-même vint lui proposer de donner trois autres représentations. Elles eurent lieu avec le même succès. Le directeur, enthousiasmé, vient trouver le comte chez lui, pour le féliciter lui-même et pour régler la somme que le soi-disant acteur désirait recevoir pour ces brillantes soirées. Il lui offrait une somme de six mille écus qui fut acceptée. Seulement, le comte demanda à son directeur de vouloir bien réunir, pour le lendemain, toute sa troupe, en un dîner que lui, comédien de passage, désirait offrir pour la remercier de son excellent concours. Cette proposition fut acceptée et, à l'heure dite, tous les artistes étaient réunis à l'hôtel où était descendu le comte. Avant de se mettre à table, celui-ci, par quelques paroles bien en situation, leur exprima toute sa gratitude pour leur bienveillant appui dans ces six représentations, et les engagea à se rendre dans la salle du festin, qui était élégamment parée. Le comte avait bien fait les choses. Outre un repas des plus fins, chaque actrice trouva à sa place un charmant bouquet, et tous les artistes, à part le directeur, découvrirent sous leur serviette, un rouleau de cinq cents francs en or. Ébahissement général qui se traduisit, pendant tout le repas, par la plus franche gaité.

Au dessert, le comédien de l'Électeur de Bavière, dénomination qu'il avait conservée, demanda un moment de silence, et s'adressant au directeur, il lui réclama, en échange de ce qu'il avait fait, un certificat attestant les succès réels qu'il avait obtenus sur la scène de Bordeaux. Il lui demanda, en outre, que cet acte soit revêtu de la signature de toutes les personnes présentes au festin. Cette proposition fut accueillie avec enthousiasme et le directeur s'apprêta à dresser l'acte. Quand il arriva au nom du comédien, il lui demanda ce qu'il devait mettre. Mettez, dit celui-ci, *Gustave Eric, comte de Sparre*. Qu'on juge de l'étonnement des convives à une pareille révélation! Tous se confondent en excuses sur les familiarités qu'ils ont pu se permettre, et témoignent de la satisfaction qu'ils éprouvent de s'être montrés sur la scène avec un seigneur d'un rang aussi élevé.

Enfin, l'acte est dressé et le comte de Sparre demanda, avant la séparation, de pouvoir embrasser toutes les actrices présentes, auxquelles il a dû une partie des succès qu'il a obtenus. Inutile de dire que celles-ci se prêtèrent de la meilleure grâce à cette dernière galanterie de leur ex-camarade.

La fête se termina, les artistes se retirèrent et le comte de Sparre reprit, dès le lendemain, la route de Bruxelles, muni de sa précieuse attestation.

A peine arrivé dans cette ville, il s'empressa de se rendre chez le prince de Ligne. Il y trouva les comédiens-amateurs occupés à répéter une pièce nouvelle que leur directeur mettait en scène. Tout le monde fut étonné de le revoir, sans que rien leur ait fait prévoir ce retour. Le comte de Sparre, après ces premiers moments donnés à l'amitié, s'approcha du prince de Ligne, pour le saluer et lui dit en substance les paroles suivantes : « Prince, j'ai
« appris que vous étiez un juge très-sévère à mon égard, relativement à ce
« que je n'ose appeler mes aptitudes dramatiques. Je vous avoue même que
« les arrêts d'un juge aussi redoutable que vous, m'avaient affligé, découragé.
« J'ai désiré en rappeler ; j'ai fait, pour cela, une tentative bien hardie sans
« doute : j'ai paru sur la scène de Bordeaux. Cela m'a réussi J'ai trouvé un
« Aréopage plus indulgent et je me suis rendu forcément à cet adage : *vox*
« *populi, vox Dei!* » En disant ces mots, il présenta son certificat au prince de Ligne. Celui-ci, après en avoir pris connaissance, le passa à toute la société. Il fut le premier à rire de cette aventure et à féliciter le comte de Sparre sur ses brillants succès. Tout le monde en fit autant, et, à dater de ce moment, ce jeune seigneur put faire la cour à toutes ses charmantes partenaires, sans que le prince de Ligne songeât à l'inquiéter : les rieurs n'étaient plus de son côté.

Cette charmante anecdote, entièrement inédite, trouve parfaitement sa place ici. Elle nous permet de faire connaissance avec ces artistes par occasion, et de nous initier quelque peu à leurs mœurs intérieures.

On a pu voir combien de difficultés il a fallu surmonter pour arriver à produire l'opéra de Berthe au théâtre de Bruxelles. Il faut rendre à Vitzthumb et à Compain, le tribut d'éloges qu'ils méritent pour avoir mené à bonne fin une telle entreprise.

Pour la fête qui eut lieu lors de l'inauguration de la statue du prince Charles de Lorraine, on dut se contenter d'un petit divertissement en un acte, intitulé : *La Fête du Cœur* (1), pièce sans importance, qui eut pour interprètes : Compain (*le Magister*). — Mlle Angélique (*la Mariée*). — Bultos (*le Bailli*). Des rondes furent, en outre, chantées par de Soligny, Dazincourt, Mesdames Gonthier, Rogier et Saint-Quentin.

Pendant l'année 1774, Compain Despierrières demanda par lettre en date du 26 décembre, à être déchargé de la direction « qu'il a en société avec Vitzthumb ». Sa demande fut accordée le 19 janvier 1775, et des précautions furent prises afin que cette mesure n'ait rien d'onéreux ni de dangereux pour Vitzthumb. On exigea, toutefois, que ce dernier fasse choix d'un autre associé, et qu'il le présentât à l'agrément du Gouvernement.

Vitzthumb n'ayant pas rempli cette formalité le 25 février suivant, ordre lui est donné de proposer, au plus tôt, la personne qu'il désirerait prendre pour associé, en remplacement de Compain dont la démission a été donnée et acceptée. Cependant, on n'en fit pas une condition *sine qua non*, car Vitzthumb conserva seul la direction, n'ayant probablement trouvé personne qui voulût courir les chances avec lui, et le gouvernement, eu égard au caractère honorable du musicien, n'insista pas davantage (2).

Cette année 1774-1775 ne fut pas heureuse, au point de vue pécunier. Elle se clôtura par un déficit de 2,081 florins, ce qui accuserait une certaine amélioration. Les recettes furent de 131,852 florins, et les dépenses de 133,933. La direction était donc arrivée à diminuer son découvert, de plus de moitié, ce qui témoigne d'un progrès réel.

Pour cette année 1774-1775, nous possédons des renseignements complets sur la composition de la troupe (3). Nous les donnons ci-contre, avec le montant des appointements de chacun des artistes.

---

(1) Voir la Bibliographie.
(2) Archives générales du royaume. — *Conseil privé.* — Carton n° 1090, intitulé : *Comédies, théâtres.*
(3) Archives générales du royaume. — *Conseil privé.* — Carton n° 1092, intitulé : *Comédies, théâtres.*

Acteurs et chanteurs.

Messieurs :

CHEVALIER aîné, premier rôle . . . . . . Liv.	6,000
DAZINCOURT, Crispins, Armand, Poisson. . . .	4,000
BIGOTTINI, Arlequins	5,000
PIN, financiers, manteaux	4,000
ALEX. BULTOS, deuxième comique, La Ruette . .	5,000
DE SOLIGNY, Clairval dans l'opéra	5,000
DE FLORENCE, jeune premier	2,600
DUBOIS, rois, pères nobles	2,400
CALMUS, grandes utilités	1,500
CHEVALIER jeune, deuxième et troisième rôle . .	1,200
GRÉGOIRE, utilités	2,200
LAMBERT aîné, Laruette	1,500
LECOMTE, rôles accessoires (1)	1,500
CANNEEL, rôles de convenance	1,600
DE BATTY, id. (2)	1,800
H. MEES, id. et pour battre la caisse. Fl.	500
BERGER, utilités	600
KEYSER, id. (3)	300
VINCENT, figurant et danseur seul . . . . Liv.	800
FISC, id.	900
BOCQUET, maître de ballets	1,200
D'HUMAINBOURG, souffleur	1,000
JACOBS, copiste . . . . Fl.	333 — 6 s. — 8 d.

Figurants.

Messieurs :

NORMAND. — JOARDIN — WAUTIER. — VANDERLINDEN. — A 600 livres chacun.

Actrices et chanteuses.

Mesdames et Mesdemoiselles :

LE CLAIR, premier rôle . . . . Liv.	6,000
CALMONT, reines, mères nobles	6,000
ANG. D'HANNETAIRE, première chanteuse . . .	5,000
GONTIER, première soubrette, et duègne dans l'opéra	4,000
DUMORAND, jeune premier rôle	3,500
SOPHIE LHOTAIRE, caractères	2,300
SAINT-QUENTIN, deuxième amoureuse	1,800
DE CLAGNY, id.	1,800
D'HUMAINBOURG cadette, grandes utilités . . .	1,000

---

(1) *Lecomte* était également peintre-décorateur aux appointements de 1,500 livres.
(2) *De Batty* était machiniste. Il touchait, en plus, de ce chef, 600 livres.
(3) *Keyser* était peintre de décors. Il n'avait pas d'appointements supplémentaires, de ce chef.

Borremans aînée, duègnes dans l'opéra . . . . Fl. 400
Borremans jeune, première amoureuse d'opéra . 600
Rogier, deuxième amoureuse d'opéra. 350
D'Humainbourg aînée, danseuse seule . . . Liv. 800

Figurantes.

Mesdemoiselles :

Delisle. . . 600 liv. — Dupuis. . . 500 liv. — Lucile. . . 400 liv. — Cambier. . . 400 liv. — Julie Vilen. . . 350 liv. — Forestier. . . 300 liv. — Joséphine Eck. . . 300 liv. — Roselli de Barras. . . 300 liv. — Laloux. . . 200 liv. — Heighers. . . 200 liv. — De Jonckheer. . . 200 liv. — Adélaïde. . . 200 liv. — Vandeleer. . . 200 liv.

Orchestre.

G. VAN MALDERE, aîné. — Violon et pour conduire l'orchestre. . . . Fl. 760.

Violons. — J.-F Dewinne. . . 272 fl. — C.-S Bauwens. . . 230 fl. — Poitiaux. . 230 fl. — Vandenhouten . 230 fl. — J.-B. Van Maldere cadet . 400 fl. — Van Eeckout. . . 380 fl. — Schot père. . . 200 fl. — S. Ipperseel. . . 150 fl. — Ambelang. . . 200 fl. — Pallet. . . 320 fl. — Langlois. . . 430 fl. — Seyfrith. . . 400 fl. — Moris. . . 450 fl. — Mechtler. . . 700 fl.

Altos-violas. — Vanderplasse. . . 300 fl. — C Borremans. . . 350 fl.

Violoncelles. — Laur. Vandenbroeck. . . 350 fl. — Vicedomini. . . 760 fl.

Contrebasses — Parent. . 250 fl. — Doudelet. . 300 fl. — P. Hinne. . 300 fl. — Lartillon. . . 350 fl.

Cors. — G. Kaysser. . . 641 liv. — Heinefetter. . . 700 liv. — Gram. . . 270 fl. Vandereycke. . . 390 fl,

Clarinettes. — Wirth fils. . . 350 fl. — Purscha. . . 641 liv.

Bassons. — De Burbure. . . 230 fl. — F. Gehot. . . 350 fl.

Hautbois, grande et petite flûte. — Gehot. . . 450 fl. — Van Hamme . . 300 fl. — Godecharle. . . 440 fl.

Serpent. — Dillay. . . 300 fl.

La nomenclature que nous venons de donner prouvera, mieux que tous les arguments possibles, l'importance de notre première scène. Outre un personnel considérable, tant par le nombre que par les qualités, on remarquera la valeur numérique de l'orchestre qui, on le voit, se renforce d'année en année.

Ce fut en cette année que parut, pour la première fois, à Bruxelles, l'acteur Pin, qui devint, plus tard, directeur. Il venait du théâtre de Valenciennes.

Henri Mees se produisit également en cette année, mais dans les emplois inférieurs. Ce ne fut que plus tard qu'il prit véritablement rang parmi ses camarades.

Vitzthumb avait donc accompli ce tour de force, d'avoir une troupe beaucoup plus considérable et, par suite, plus coûteuse, et de diminuer sa dette dans de fortes proportions. Il fit donc preuve de qualités de bon administrateur, tout en procurant, au public, des plaisirs plus complets.

Vitzthumb resté seul à la direction, s'empressa de renouer avec Grétry, les relations commencées par Compain. Les œuvres de ce musicien jouissaient à Paris, d'une grande vogue, et le théâtre de Bruxelles s'était mis à les produire à son public.

Vitzthumb entra en correspondance avec Grétry, au sujet de son opéra : *la Fausse Magie*. En envoyant la partition, Grétry lui donna quelques détails sur l'exécution de cette pièce à Paris, et du peu de succès du poème qui, par sa faiblesse, faillit tout compromettre. Voici ce qu'il dit, dans sa lettre du 21 février 1775 (1) : « ... La pièce que vous allez recevoir est susceptible de
« beaucoup de soin. Paris néglige tous les accessoires, et ils ont grand tort.
« Une personne nous avoit proposé d'exécuter une pantomime d'ombres der-
« rière un transparent. La place étoit après le chœur : *O grand Albert*.
« Nous n'avons pas osé risquer cette plaisanterie, qui peut-être auroit réussi.
« Le sujet de la pantomime auroit été en cérémonies de magie exécutées sur
« un second Dalin, pareil à celui qui est sur la scène. Enfin ce projet n'a pas
« été bien digéré. La nuit qu'il auroit fallu faire après le chœur, le jour qu'il
« auroit fallu faire revenir au dénouement, c'est-à-dire au morceau : *Ne trou-
« blons pas le mistère*, tout cela a paru embarassant. Au lieu de faire appor-
« ter la glace par M. Dalin, c'est les Bohémiens eux-mêmes qui apportent un
« miroir magique en cérémonie sur la marche; et au lieu de dire : *Ayez
« seulement une glace*, la Bohémienne dit : *Avec ce miroir ayez-moi seule-
« ment un ruban*, etc. Vous me ferez un sensible plaisir, Monsieur, de me
« faire part du succès de cet ouvrage. Je ne vous cache pas que les paroles
« ont été fort critiquées. On juge l'académicien dans un opéra-bouffon, et l'on
» est bien injuste sur le compte de M. Marmontel... » Cependant, Grétry reconnut bien les défauts du libretto de cet académicien (2). Il avoue parfaitement que ceux-ci étaient assez graves pour que le succès de la musique pût être contrebalancé.

Vitzthumb paya 25 louis cette partition. En accusant réception de l'ouvrage il écrivit à Grétry (3) : « ... Quant à cet opéra, j'en ferai exécuter la panto-
« mime indiquée par votre lettre, de manière à en espérer la réussite; et
« j'aurai soin, Monsieur, de vous mander quel succès en aura eu la première
« représentation..... Du reste, soyez assuré, Monsieur, que j'y emploierai
« tous mes soins, et que vous ne sauriez me faire un plus sensible plaisir que
« de venir entendre l'exécution de toutes les pièces de votre composition,
« goûtées et suivies universellement... »

Cependant, malgré toute sa bonne volonté, Vitzthumb ne put donner la première représentation de la *Fausse Magie*, dans la première quinzaine de

---

(1) C. Piot. *Quelques lettres de la correspondance de Grétry avec Vitzthumb*.
(2) Grétry. *Mémoires*, t. I, p. 261.
(3) Lettre du 25 février 1775, C. Piot. Brochure citée.

l'ouverture du théâtre, qui avait lieu alors à Pâques. Grétry s'en émut et en écrivit à Vitzthumb, ne s'expliquant pas les causes de ce retard. Ceci l'intéressait d'autant plus qu'il aimait particulièrement la musique de cette pièce : « Le premier acte de *la Fausse Magie*, » dit-il (1), « est peut-être ce qu'il y « a de plus essentiel dans mes ouvrages : en n'écoutant que le chant de cet « acte, on est tenté de le mettre au rang des compositions faciles ; mais le « travail des accompagnements, les routes harmoniques qu'ils parcourent, « arrêtent le jugement trop précipité ; et l'on sent enfin que le caractère « distinctif de cette production vient d'un certain équilibre entre la mélodie « et l'harmonie... »

Enfin, Vitzthumb lui annonça que la pièce serait représentée le 10 mai. Elle réussit entièrement, et Grétry en fut enchanté (2).

Il proposa, ensuite, l'acquisition de son opéra de *Céphale et Procris*, dont la première représentation devait avoir lieu le 2 mai suivant. Cet opéra ne réussit pas à Paris. Les causes de cet insuccès reposent principalement sur ce que Grétry avait changé son genre, en abandonnant l'opéra-bouffon pour la musique dramatique. Cette innovation ne plut pas, et la pièce fut médiocrement accueillie. Au reste, Vitzthumb, connaissant son public, avait demandé à Grétry : « ... Quand vous aurez quelque chose de nouveau dans le genre comique, je « vous prie, Monsieur, de vouloir bien vous souvenir de moi (3). » Il déclina donc l'offre de Grétry, et il fit bien.

D'autres opéras de notre compatriote furent représentés à Bruxelles. Outre ceux que nous venons de citer, on donna : *Lucile*, *le Tableau parlant*, *Sylvain*, *les Deux Avares*, *l'Amitié à l'épreuve*, *Zémire et Azor*, *l'Ami de la maison*, *le Magnifique*.

Au sujet de l'opéra de *Zémire et Azor*, il est assez intéressant de comparer l'opinion de deux hommes qui, certainement, ne s'étaient pas consultés pour se rencontrer sur le même terrain.

Lors de l'exécution de cette pièce à Bruxelles, Burney y assista. Il en trouva la musique généralement admirable, l'ouverture spirituelle et pleine d'effets, ainsi que les autres morceaux de symphonie qui fourmillent d'idées neuves et de poésie. A son avis, la mélodie en était plus italienne que française, les accompagnements bien choisis et exécutés de manière à laisser dominer complètement le chant. Répudiant en tout point la méthode française, l'actrice principale chantait sans crier. Enfin, l'exécution comparée à celle de Paris présentait un contraste frappant. Quant aux voix, elles étaient ordinaires. Aucun ne prit cependant le ton voulu. L'orchestre, conduit

---

(1) Grétry. *Mémoires*, t. I, p. 260.
(2) La *Fausse Magie* fut jouée pour la première fois, aux Italiens, à Paris, le 1ᵉʳ février 1775.
(3) Lettre du 30 avril 1775. C. Piot. Brochure citée.

d'une manière remarquable par Vitzthumb, exécutait toutes les parties avec un soin et un ensemble dignes d'éloges. De l'aveu de cet auteur, les artistes français fixés à Bruxelles, employaient pour exécuter les opéras étrangers à l'école de leur pays, une méthode différente de celle des chanteurs parisiens (1).

A cette appréciation, tout en faveur du théâtre de Bruxelles et de son excellent directeur Vitzthumb, il convient d'en joindre une autre relative à l'exécution de cet opéra au Théâtre-Italien de Paris. Celle-ci nous sera fournie par Compain Despierrières lui-même, qui assista à une représentation de *Zémire et Azor*, lors de son séjour dans cette dernière ville, au commencement de l'année 1774.

« Je sors des Italiens, » écrivait-il à Franck (2), « où j'ai vu représenter *Zémire et Azor*.
« Je vous avoue, sans aucune prévention, que j'ai été surpris ; mais ce n'est pas d'admira-
« tion. En vérité, voir cette pièce à Bruxelles ou ici sont deux choses bien opposées. On
« croirait que c'est chez nous qu'elle a été composée, jouée d'origine, sous les yeux des
« auteurs, et que les comédiens italiens n'en sont que des mauvais imitateurs. Enfin,
« Monsieur, plus je hante le spectacle italien, plus je tombe de mon haut en voyant la
« manière dont on applaudit les choses au-dessous du médiocre. Je n'ai été content ce soir
« que de Clerval (Clairval). Il a chanté et joué comme un dieu. C'est bien dommage que ses
« moyens diminuent chaque jour. M. Trial n'a point mal joué *Ali*; mais il lui donne un air
« imbécile que je n'aime pas. Mᵐᵉ Trial a chanté comme à son ordinaire, c'est-à-dire froide-
« ment, sèchement, sans nuances ny transitions. Avec une qualité de voix fraîche et mor-
« dante, on ne peut pas chanter plus platement. Pour M. Suin, ce serait perdre son temps
« que d'en parler. Il est pourtant l'heureux successeur de M. Caillaut. C'est bien la plus
« détestable voix, le chanteur le plus pitoyable, l'être le plus bête dans la société. Bon Dieu !
« qu'on est bête à Paris. Et cette pauvre ariette de *la Fauvette*, ah ! c'est cela qu'il faut
« entendre ! quels gargarismes ! quels chevrottements ! Allons, il y en a pour quatre... »

Il y a quelque peu d'exagération dans ce qu'écrit Compain, mais il n'en ressort pas moins qu'en fondant les deux opinions ci-dessus, on doit être convaincu que l'exécution des opéras bouffons au théâtre de Bruxelles était meilleure, dans certaines circonstances, qu'à Paris.

Le compositeur, enchanté de la bonne réception faite à ses œuvres à Bruxelles, désira en être témoin. Il écrivait, à ce sujet à Vitzthumb (3) :
« ... Si M. Franck vous a rendu un compte exact de notre conversation, il
« vous aura dit que je préméditois un voïage dans ma patrie. Quelques
« circonstances m'empêchent encore de me décider. Je désire cependant faire
« ce voïage, et c'est beaucoup pour un homme libre. Si mon voïage a lieu,
« comme je l'espère, j'aurai bien du plaisir, Monsieur, à vous entendre et
« vous admirer dans mes ouvrages mêmes, que vous savez faire exécuter, à
« ce que dit l'Europe entière, dans la plus grande perfection. J'aurai l'hon-

---

(1) Ch. Piot. *La Méthode de chanter*, etc. Brochure citée.
(2) Lettre du 16 mars 1774, Ch. Piot, Id.
(3) Lettre du 3 juillet 1776. C. Piot. Brochure citée.

« neur, Monsieur, de vous informer dans la huitaine si mon voïage de
« Bruxelles à Liège aura lieu. Je serai surtout enchanté de voir la *Fausse*
« *Magie*, que vous donnez, dit-on, mieux qu'à Paris... »

Ceci donne la mesure de la perfection à laquelle Vitzthumb était parvenu à arriver au théâtre de Bruxelles. De l'aveu même de Grétry qui faisait autorité à cette époque, on y rendait mieux ses ouvrages que dans la capitale de la France.

Pendant cette même année 1775, on mit au théâtre *le Barbier de Séville* de Beaumarchais. Une circonstance heureuse fit que l'auteur se trouvait justement à Bruxelles, à ce moment. Il eut connaissance de la chose, et il profita de l'occasion pour engager Vitzthumb, à faire chanter des ariettes et des couplets par les artistes chargés des rôles de Rosine et d'Almaviva, chose qu'il n'avait pu obtenir à Paris. Il lui adressa la lettre suivante, où il développe son idée :

« Bruxelles, le 21 juillet 1775.

« Le hazard, Monsieur, qui me fait passer à Bruxelles à l'instant où vous allés donner le
« *Barbier de Séville*, ne doit point présider à la distribution des rôles de cette pièce. Et c'est
« ce qui arriverait si un étranger abusait de la déférence que vous lui montrés, comme auteur
« pour faire ici des acceptions de personnes, peu flatteuses pour les unes, impérieuses aux
« autres, et surtout propres à nuire au succès de son ouvrage, par l'ignorance où il est des
« différens talens qui s'exercent à votre théâtre.

« La seule observation que je doive me permettre, est de vous indiquer les acteurs à qui
« j'ai donné les rôles à Paris, pour que vous et tous Messieurs les comédiens fassiés ensemble
« la distribution sur cet aperçu :

« *Le comte Almaviva* . . . . M. Belcourt (Bellecour).
« *Bartholo* . . . . M. Des Essarts.
« *Rosine* . . . . Mlle Doligni.
« *Figaro*. . . . . M. Préville.
« *D. Bazile* . . . . M. Auger.

« Le reste *ad libitum*.

« Il est seulement à désirer que l'actrice, qui remplira le rôle de *Rosine*, joué à Paris par
« Mlle Doligni, puisse au moins chanter une arriète *sic*), qui a toujours manqué à la pièce
« aux Français par la timidité de Mlle Doligni.

« Le comte Almaviva doit aussi pouvoir chanter trois couplets, essentiels à l'intrigue,
« avec accompagnement.

« Le reste ira de lui-mesme...

« Beaumarchais. »

« *A Monsieur Wiston* (Vitzthumb), *directeur du spectacle à Bruxelles.* »

Il est probable que Vitzthumb, en sa qualité de musicien, accueillit avec faveur cette demande de Beaumarchais, et qu'il fit chanter, par ses artistes les morceaux que celui-ci lui désignait. Rien ne vient, cependant, appuyer notre opinion. La représentation eut probablement lieu à la satisfaction de l'auteur, comme tout ce qui se faisait, à cette époque, au théâtre de Bruxelles (1).

Aucune édition du *Barbier de Séville* ne donne ces ariettes, avant la cinquième, où l'on en trouve deux. Ce sont peut-être ces morceaux dont Beaumarchais parlait (2).

En dehors des tragédies et des comédies, dont les représentations alternaient avec celles de l'opéra, on donna encore, pendant l'année 1775-1776, *les Femmes vengées*, opéra-comique en un acte, de Sedaine et Philidor, *Henri IV, ou la Bataille d'Ivry*, drame lyrique en trois actes, également de Philidor, paroles de du Rozoy, et *la Colonie*, opéra-comique en deux actes, imité de l'italien (*l'Isola d'Amore*), et parodié sur la musique de Sachini.

Le 19 février 1776, eut lieu la première représentation de *la Belle Arsène*, opéra-féerie en quatre actes, de Favart et Monsigny. Cette pièce eut, paraît-il, un grand succès et fut supérieurement rendue. C'est ce qui ressort de la lettre suivante adressée par De La Place à Favart, à cet égard (3) :

« ... La Cour et la ville entière assistaient à la représentation. Jamais spectacle ne m'a
« paru produire une sensation plus vive et plus marquée, et je ne vis jamais applaudir avec
« plus de discernement et de goût à toutes les beautés tant du poëme que de la musique
« d'aucun autre ouvrage.

« Le rôle d'*Arsène*, chanté et joué par Mlle Angélique d'Hannetaire, avec toute la noblesse,
« les grâces et l'intelligence qu'exigent les sentiments contrastés qu'elle éprouve, et rendus
« encore plus touchants par un organe aussi brillant et aussi léger que sensible, a réuni tous
« les suffrages en faveur d'une actrice dont les progrès, surtout depuis deux ans, semblaient
« même avant ce jour avoir rempli les vœux des plus délicats connaisseurs.

« M. Petit, dans celui d'*Alcindor*, a joint à la voix la plus agréable, et aussi flexible
« qu'étendue, les talens d'un acteur fait pour son rôle et pénétré de son sujet ; le rôle de la
« *Fée* a reçu de Mme Gonthier tout ce que le spectateur avait droit d'attendre de la gaîté, du
« naturel et du sentiment qui anime et fait toujours aimer les différens personnages dont
« elle est chargée au théâtre ; et Mme de Clagny, Mlle Saint-Quentin, M. Compain et M. Calais
« dans ceux d'*Eugénie*, de *la Statue*, du *Charbonnier* et de *l'Écuyer* ont également répandu
« tous les agrémens dont ils étaient susceptibles. Ajoutez à ceci, mon cher ami, que
« M. Filztumbe (Vitzthumb) directeur des spectacles de cette ville (surtout de l'orchestre), et
« dont les talens distingués sont aussi connus qu'ils sont dignes de l'être, n'avait rien
« épargné, soit du côté des décorations, soit de celui des habillemens, pour rendre ce spec-
« tacle aussi pompeux et aussi agréable qu'il eût pu l'être à l'Opéra de notre capitale même,
« et que l'exécution, tant de l'ensemble que des détails les plus soignés, n'a laissé place
« à d'autres désirs qu'à celui de revoir bientôt ce charmant ouvrage. »

Ce tribut d'éloges donné à Vitzthumb, ne fut pas le seul qu'on lui décerna. Le prince de Ligne se plut, également, à reconnaître le talent de cet excellent musicien. Il dit (4), après avoir plaint les instrumentistes de se trouver en

---

(1) C. Piot. *La méthode de chanter*, etc.
(2) Loménie. *Beaumarchais et son temps*, t. I, p. 452.
(3) *Mémoires de Favart*. Paris, Collin, 1808, t. III, p. 67.
(4) *Lettres à Eugénie*, p. 152.

contact avec des ignorants qui sautaient six mesures à pieds joints : « Il faut
« bien du talent pour réparer tout cela. C'est encore un des talents de
« Vitzthumb, qui, à beaucoup de science, ajoute l'exactitude pour lui et les
« autres. C'est lui qui, voïant de sens froid, sans intérêt, sans partialité, les
« ouvrages des plus grands musiciens, les perfectionne, comme ils l'auraient
« fait, s'ils y avaient pensé et s'ils n'avaient pas été trop prévenus en leur
« faveur... »

Nous pouvons encore donner, pour l'année théâtrale 1775-1776, la composition de la troupe du théâtre de Bruxelles. On y retrouvera plusieurs anciennes connaissances, mais il s'y rencontre également quelques sujets nouveaux, qui ont eu leur moment de prospérité, dans la suite. La voici, telle que nous l'avons relevée sur les pièces originales (1).

Acteurs et chanteurs.

Messieurs :

VAN HOVE, rois, pères nobles . . . . Liv.	6,000
PIN, financiers, paysans, manteaux	5,000
DAZINCOURT, Armand, Poisson, Crispin	5,000
BIGOTTINI, Arlequins	5,000
COMPAIN, basses-tailles	5,000
PETIT, Clairval	5,000
ALEX. BULTOS, Laruette, niais, comiques	5,000
CALLAIS, deuxièmes basses-tailles	4,000
SOLIGNY, deuxièmes amoureux	3,000
DUBOIS, rois, pères nobles, raisonneurs	2,400
DORFEUILLE, Lekain, Bellecour, Molé	6,000
FLEURY, jeunes premiers rôles, forts seconds . . .	4,000
FLORENCE, idem	3,000
CALMUS, rois, pères nobles, raisonneurs	1,800
LAMBERT, grandes utilités	2,200
DE BATTY (2), idem	1,800
LECOMTE (3), idem	1,500
BERGÉ, idem	600
CANEEL, idem	600
H. MEES, accessoires et battre la caisse . . . . Fl.	600
KEYSER, accessoires	330
DUMOULIN, coryphée . . . . Liv.	600
BOCQUET, maître de ballets	1,200
FISSE, second maître de ballets	1,000
VINCENT, danseur seul	800
D'HUMAINBOURG, souffleur et copiste	1,000

Figurants.

VANDERLINDE. . . 600 liv. — JOUARDIN. . . 600 liv. — WAUTIER. . . 600 liv.
—LANGLOIS. . . 600 liv. — GERVAIS. . . 400 liv.

---

(1) Archives générales du royaume. — *Conseil privé.* — Carton n° 1092, intitulé : *Comédies, théâtres.*
(2) Il était également machiniste, aux appointements de 600 livres.
(3) Il touchait, en outre, 1500 livres, comme peintre décorateur.

Actrices et chanteuses.

Mesdames et Mesdemoiselles :

Le Clair, premier rôle	Liv.	6,000
Calmont, reines, mères nobles		6,000
Gontier, soubrettes, duègnes dans l'opéra		5,000
Ang. D'Hannetaire, premier rôle d'opéra		5,000
Regnault, premières amoureuses		4,000
Pezey de Fonrose, jeune première, deuxième amoureuse		3,000
Sophie Lothaire, première confidente		2,400
Saint-Quentin, deuxième amoureuse		2,400
De Clagny, idem		2,400
D'Humainbourg jeune, grandes utilités		1,500
J. Borremans, première amoureuse d'opéra	Fl.	600
Anne-Marie Vitzthumb, jeune première d'opéra		500
Marie-Françoise Vitzthumb, jeune première d'opéra		500
Rogier, jeune première d'opéra		500
D'Humainbourg aînée, danseuse seule	Liv.	800
Fisse, deuxième danseuse		600

Figurantes.

Delisle. . . 600 liv. — Lucile. . 600 liv. — Cambier. . . 600 liv. — Forestier . . 600 liv. — Vilers. . 400 liv. — Reine Leborne, dite Adelaïde. . 200 liv. — Roselli de Barras. . . 250 liv. — Vandeleer. . . 200 liv.

Orchestre.

Guil. Van Maldere, chef d'orchestre. . . 760 fl.

Violons. — Mechtler . . 700 fl. — Moris . . 450 fl. — Langlois. . . 430 fl. — J.-B. Van Maldere. . . 400 fl. — Teniers. . . 350 fl. — Pallet. . . 320 fl. — Van Eeckhout . . 380 fl. — De Winne . 500 fl. — Vandenhouten. . . 230 fl. — Ipperseel . . . 200 fl. — Ambelang. . . 250 fl. — Poitiaux. . . 230 fl. — Bauwens. . . 250 fl. — Ben. Gehot. . . 250 fl.

Altos-violas. — Ev. Borremans. . . 400 fl. — Vanderplasse . . 300 fl.

Violoncelles. — Vicedomini. . . 760 fl. — Hume. . . 350 fl.

Contrebasses. — Vandenbrook. . . 400 fl. — Lartillon. . . 350 fl. — Doudelet . . . 300 fl. — Parent. . . 250 fl.

Cors. — Vander Eycken. . . 390 fl. — Gram. . . 300 fl. — Heinefetter. . . 700 liv. — Kayser. . . 700 liv.

Hautbois, grande et petite flûte. — Godecharle. . . 440 fl. — Van Hamme . . . 350 fl. — R.-J. Gehot. . . 450 fl.

Clarinettes. — Wirth. . . 350 fl. — Purschka. . . 700 liv.

Bassons. — F. Gehot. . . 400 fl. — Jacq.-Jos. De Burbure. . . 230 fl.

Serpent. — Jos. Billay. . . 350 fl.

Nous remarquons, dans cette troupe, la présence de Van Hove. Il a déjà été fait mention de cet acteur, nous pouvons donc établir exactement la date à laquelle il appartint au théâtre de Bruxelles.

Mais ce que nous noterons spécialement, c'est que Vitzthumb avait deux filles, et que toutes deux appartinrent à notre scène. Jusqu'aujourd'hui, il n'avait jamais été question que de Anne-Marie, qui épousa, plus tard, Henri Mees. Il est donc établi, par des documents irréfutables, qu'il en exista deux, et toutes deux actrices de Bruxelles.

Le comédien Dorfeuille, que nous verrons sur d'autres scènes, débuta donc en Belgique, sur celle de la capitale. Il nous est particulièrement intéressant à cause d'une production dramatique qu'il publia à Gand, en 1777 (1).

Il se trouve, également, parmi ces artistes, un certain Fleury, qui jouait les rôles de jeunes premiers. Est-ce celui qui fut sociétaire de la Comédie-Française, à Paris, et qui y brilla d'un si vif éclat ? Nous n'oserions l'affirmer, pourtant dans les lignes suivantes, se trouve quelque chose qui pourrait nous en faire douter. Après son premier début, n'ayant pas réussi, il quitta Paris. « Emportant donc, » est-il dit (2), « avec lui la promesse des
« supérieurs d'être rappelé en temps utile et d'être admis sans essai au rang
« des sociétaires, il retourna en province et reparut sur le théâtre de Lyon,
« où il avoit laissé de bons souvenirs ; et, après quatre années employées avec
« persévérance à assouplir son organe et à acquérir ce ton de bonne com-
« pagnie sans lequel il n'y avoit point alors de succès possible, il revint, dès
« qu'il se crut assez sûr de lui-même, se soumettre à l'appréciation du public
« parisien. »

Ces quatre années passées en province à une époque correspondante à celle que nous envisageons, puisque le premier début de Fleury, à Paris, eut lieu le 7 mars 1774, pourraient parfaitement donner à sous-entendre qu'il vint à Bruxelles, dont la scène avait une grande réputation à l'étranger.

L'arlequin Bigottini, que nous rencontrons dans la composition de la troupe du théâtre de Bruxelles, pour l'année 1775-1776, devait être un acteur de grand talent. Au reste, le taux de ses appointements en ferait foi : il touchait 5,000 livres comme les premiers sujets. Nous trouvons, dans un écrit du temps (3), un éloge de son mérite, et comme cet extrait nous permet de faire plus amplement connaissance avec lui, nous n'hésitons pas à le transcrire ici :

« Le mardi 18 février (1777), on a donné à ce théâtre (la Comédie Italienne de Paris) *Arle-*
« *quin Esprit-Follet*, comédie italienne en trois actes, dans laquelle le sieur *Bigotini* a
« débuté par le rôle d'*Arlequin*... Le sieur *Bigotini* est admiré par la variété de ses chan-
« gemens, par la promptitude et l'adresse avec laquelle il les exécute, par le contraste qu'il
« met dans ses différens rôles, et par les divers talens qu'il développe. Cet acteur chante,
« d'une manière fort plaisante, des airs de sa composition. Son jeu est vif, plaisant, spirituel.
« Il n'a pas la grâce et la souplesse des mouvemens de *M. Carlin,* mais il entend bien la
« scène, et il la varie avec beaucoup d'intelligence. Aux talens d'un *Arlequin,* il joint ceux

---

(1) Voir la Bibliographie.
(2) De Manne et Hillemacher. *Troupe de Voltaire*, p. 318.
(3) *Mercure de France*. Mars 1777, pp. 183-184.

« d'un musicien, d'un chanteur, d'un machiniste, et même d'un compositeur de pièces
« italiennes. Car dans cette pièce de son début, tout est de sa composition : Comédie, musique,
« machines, décoration. Il a été fort applaudi, et ce qui fait son éloge, il amuse et fait beau-
« coup rire les spectateurs. »

On conçoit qu'avec tous ces talents réunis, ce comédien devait se faire valoir bien haut, et que pour le posséder dans leur troupe, les directeurs étaient forcés de faire de grands sacrifices. Ceci vient encore ajouter une preuve nouvelle à la bonne gestion de Vitzthumb, et convaincre, une fois de plus, que s'il a dû abandonner la partie, ce fut uniquement par impossibilité matérielle de faire face aux grands frais qu'entraînait l'exploitation du théâtre de la Monnaie.

Comme nous sommes d'avis qu'il ne faut rien négliger et que les plus petites choses ont leur valeur, nous donnons plus loin (1), le libellé d'un des engagements des comédiens ordinaires de S. A. R. le prince Charles de Lorraine. Nous avons pris, comme modèle, celui de Compain qui, en cette année, avait quitté la direction et avait pris rang comme artiste. Cette pièce n'est peut-être pas très-importante, mais, comme document historique, nous la considérons comme faisant date.

La troupe de Bruxelles continua donc à garder son importance. Nous y trouvons des artistes de grand mérite, qui ne sont plus des inconnus pour nous. Il est à remarquer que, sous l'impulsion de Vitzthumb, l'orchestre acquit une supériorité telle que plusieurs scènes étrangères nous le jalousaient.

Au commencement de l'année théâtrale de 1776-1777, Vitzthumb mit en répétition l'opéra : *les Mariages Samnites,* de Grétry, paroles de Du Rozoi. En envoyant la partition, Grétry lui fit part des changements arrivés depuis la première représentation (2). Cette pièce n'avait que médiocrement réussi à Paris, et Grétry attribuait cet insuccès à ce que les spectateurs ne pouvaient pas s'habituer à voir sous le casque, les acteurs qu'ils voyaient chaque jour dans des rôles comiques (3).

Une autre bonne fortune attendait Vitzthumb. Dans la lettre qui accompagnait la partition ci-dessus, Grétry annonçait son arrivée à Bruxelles, voyage qu'il remettait depuis un an. «... Je pars le 15 août de Paris, » écrivait-il à Vitzthumb (4), « et le 17 je serai bien près de Bruxelles. Si vous
« êtes en train de répéter les *Samnites*, et que je puisse vous être utile, j'en
« serai bien enchanté. Je ne ferai plus long séjour en arrivant à Bruxelles. Je
« ramène ma sœur qui est chanoinesse dans mon pays, et je compte revenir

---

(1) Voir aux Documents.
(2) La première représentation eut lieu au Théâtre des Italiens de Paris, le 22 juin 1776.
(3) Grétry. *Mémoires*, t. I, p. 288.
(4) Lettre du 13 juillet 1776. C. Piot. *Quelques lettres de la correspondance de Grétry avec Vitzthumb.*

« ensuite à Bruxelles pour voir les *Samnites* et la *Fausse Magie*, telle que vous l'avez donnée jusqu'à présent... »

Effectivement, Grétry arriva à Bruxelles, à l'époque qu'il avait annoncée. Il fut reçu par Vitzthumb, avec toutes les marques de la plus grande déférence. On donna pour lui, au théâtre de la Monnaie, un spectacle extraordinaire, auquel il assista et qui était composé exclusivement de ses œuvres.

Vitzthumb se permettait quelquefois d'arranger pour la plus grande facilité de son orchestre, quelques morceaux des partitions qu'il faisait exécuter. On joua, probablement ce soir-là, la *Fausse Magie*, puisque Grétry avait manifesté le désir de la voir. Mais quelle ne fut pas la surprise de ce dernier d'entendre des changements à son œuvre. Il ne reconnut plus certaines parties. Ce procédé, qui blessait son amour-propre, le froissa cruellement et il en marqua le plus grand dépit. Il adressa la lettre suivante à Vitzthumb, dans laquelle se manifeste une profonde indignation :

« Bruxelles, ce 21 aoust 1776.

« ...Monsieur, nous vous prions d'agréer nos remerciements de toutes les honnêtetés dont
« nous avons été comblés par vous pendant notre séjour à Bruxelles. Que ne puis-je vous en
« dire autant de la part de ma musique, Monsieur. Mais elle est loin d'être aussi satisfaite de
« vos prétendues corrections que nous ne le sommes, M. de Viltaneuse et moi, de toutes vos
« honnêtetés. Ne comptez plus sur mon retour à Bruxelles, Monsieur. Je viendrais vous
« gêner dans vos opérations. Vous m'avez banni à jamais du théâtre de Bruxelles. Mais
« l'honnête Monsieur Vitzthumb conservera toujours sur mon cœur les droits que l'homme
« de probité obtint si naturellement des âmes reconnaissantes (1). »

« Grétry. »

Grétry tint parole. Non-seulement, il ne revint plus à Bruxelles, même lors de son voyage à Liége, en 1782 (2), mais encore, il poussa la rancune jusqu'à ne pas faire mention, dans ses Mémoires, de son voyage en Brabant. Blesser Grétry dans son amour-propre, c'était s'en faire un ennemi, car personne ne l'avait plus haut placé que lui.

Toutefois, le répertoire continua, et les *Mariages Samnites* furent représentés le 4 novembre. Ce fut un grand succès, et la recette s'éleva, ce jour-là, à 1,146 florins, une des plus considérables de l'année.

Outre le succès pécuniaire, ce fut, paraît-il, un grand succès de pièce et d'artistes. Voici, à ce sujet, l'appréciation d'un écrivain de l'époque (3) :

« On a donné plusieurs fois, au commencement de novembre, sur le théâtre de Bruxelles,
« les *Mariages Samnites*, qui ont eu le plus grand succès.
« Ce spectacle a été fort brillant, pac les soins des directeurs. Toutes les filles Samnites et
« les acteurs étaient habillés en sauvages, ce qui formoit un tableau convenable à l'action et

---

(1) C. Piot. Idem.
(2) Voir chapitre IV.
(3) *Mercure de France*. Décembre 1776, pp. 167-168.

« aux intentions des auteurs. La superbe musique de cette pièce d'un caractère mâle et guer-
« rier, a été sentie comme un nouveau chef-d'œuvre du génie fécond de M. Grétry.

« Mademoiselle Angélique d'Annetaire (sic), qui a le plus grand talent, et qui jouit de la
« réputation la mieux méritée, s'est distinguée dans le rôle si saillant et si martial d'*Eliane*.
« Elle a goûté le plaisir de rendre une musique expressive, d'un nouveau genre et d'enchanter
« les spectateurs par son rôle, par son jeu et par son chant. »

Le prince de Ligne, grand admirateur du talent de la belle Angélique
D'Hannetaire, et qui lui était même quelque chose de plus, voulut lui fournir
une occasion exceptionnelle de se produire. Il écrivit pour elle, le libretto d'un
opéra-comique en trois actes : *Céphalide, ou les autres Mariages Samnites*,
dont la musique fut composée par Vitzthumb et Cifolelli (1). Voici, d'après la
brochure, la distribution de la pièce :

Céphalide.	Mlle Angélique.
Eliane.	Mme Clagny.
Ismène	Mlle Vitzthumb.
Zirphé.	Mme Saint-Quentin.
Mélante, veuve, mère d'*Eliane*	Mme Gontier.
Agathis, amant de *Céphalide*	M. Beauval.
Parmenon, amant d'*Eliane*	M. Dupont.
Lycomedon, occupé de *Zirphé*	M. Chevalier *l'aîné*.
Phanor, passablement épris d'*Ismène*. . .	M. Henri.
Eristhène.	M. Chevalier, *cadet*.
Thelespont, père d'*Agathis*	M. Bultos.
Androgée, père de *Parménon*	Van Hove.
Le Général des Samnites.	Compain.
Le Juge	Pin.
Vieillards {	Grégoire.
. . . .	d'Azincourt (sic.).
. . . .	Lambert.

Cet opéra, malgré son succès, ne put tenir longtemps l'affiche, car Vitzthumb, succombant sous les dépenses trop lourdes de sa direction, dût fermer
son théâtre le 15 février 1777. *Céphalide* avait été exécuté, pour la première
fois, le 30 janvier précédent.

Cet événement fut regrettable pour le théâtre de Bruxelles. Vitzthumb,
musicien consommé, avait fait de cette scène, l'une des meilleures de l'Europe.
Il avait formé un orchestre remarquable, qu'on se plaisait à citer comme
modèle dans d'autres grandes villes. Quant aux chanteurs, il les avait stylés
de telle sorte qu'ils pouvaient se présenter partout ailleurs et tenir honorablement leur place. En un mot, ce fut lui qui fit le plus pour les progrès de
l'art musical en Belgique.

Cependant, Vitzthumb tenta encore pendant quelque temps, de se maintenir, mais le coup était porté et il ne put, malgré tous ses efforts, soutenir les

---

(1) Voir la Bibliographie.

lourdes charges incombant à sa direction. Le 28 mai 1777, il fit une requête pour obtenir sa démission. Le gouvernement ne voulut pas l'accepter et il ordonna au Tribunal Aulique, de prendre des mesures pour le cas où Vitzthumb viendrait à abandonner son entreprise. Malgré ce refus et se trouvant dans l'impossibilité de faire face aux nombreuses dépenses qui grossissaient chaque jour, il abandonna définitivement la direction, le 1er juin suivant.

Dans le compte que fit le curateur nommé à la faillite, on voit encore figurer comme artistes touchant des pensions viagères : *D'Hannetaire*, ses deux filles *Angélique* et *Eugénie*, *Rosalide* et *Vitzthumb*, chacun pour une somme de 163 florins.

En présence de cette situation, les comédiens se réunirent en société et obtinrent un octroi (1), qui les autorisait à exploiter le Grand-Théâtre jusqu'à l'expiration de l'année théâtrale.

D'Hannetaire qui se trouvait en ce moment près de Paris, à Chaillot, rue des batailles, apprenant la vacation de cette direction, adressa, le 12 juin, une requête à l'effet de l'obtenir. Elle ne put lui être accordée, vu qu'il ne se décida pas à temps sur les conditions qu'on lui imposait.

Un octroi de dix années fut donné, le 8 août 1777, à Louis-Jean Pin et Alexandre Bultos, tous deux comédiens de la troupe de Vitzthumb (2). Un décret de la même date, les autorisait comme leur prédécesseur, à ne pas donner de ballets, mais pendant la première année seulement (3).

L'octroi accordé à Pin et Alexandre Bultos leur permettait d'abandonner leur direction au bout de cinq ans, s'ils ne pouvaient soutenir leur entreprise, en réservant la même faculté pour le gouvernement. En outre, il leur était loisible, avec l'approbation du gouvernement, de s'adjoindre une tierce personne associée. La troupe continua à avoir la dénomination de : *Comédiens ordinaires de S. A. R. le prince Charles de Lorraine*.

Avant cela, Vitzthumb avait tenté de reprendre la direction. Le 4 juillet, il adressa une requête à cet effet, demandant à être réintégré dans ses droits. Il avait fait, disait-il, un arrangement avec ses créanciers, ce qui lui permettrait de remettre le théâtre sur le même pied qu'auparavant. Cette demande n'eut pas de suite. Dans un mémoire qu'il joignit à sa requête, se trouvent renseignées les données suivantes sur les sommes qu'il a dépensées pendant son séjour à la tête du théâtre :

Il a payé à l'ancienne société des comédiens	24,000 livres.
A-compte des 45,000 livres, qui étaient dues du chef du magasin	27,000 —

---

(1) *Archives générales du royaume.* Voir aux Documents.
(2) *Id.* id.
(3) *Id.* id.

Cinq années de pensions viagères, à raison de 3,600 liv. par an.	18,000 —
Les embellissemens de la sale, les augmentations du magasin, des décorations, de la musique, de la bibliothèque; la construction de la sale de bal, celle des loges des acteurs, des deux amphithéâtres, etc., on peut les porter sans exagérer à	100,000 —
Total . . .	169,000 livres (1).

C'est un assez joli chiffre, d'autant plus qu'il était indépendant des frais journaliers.

Il est intéressant d'établir quelle fut l'importance de la troupe, pendant cette année 1776-1777, dernière de l'exploitation de Vitzhumb. Ceci viendra encore établir qu'il n'avait rien négligé pour satisfaire le public, et que ce fut uniquement l'accroissement continuel des frais qui occasionna sa ruine. Voici donc l'énumération de ces artistes, avec le chiffre de leurs appointements (2) :

Acteurs et chanteurs.

Messieurs :

CHEVALIER, premier rôle.	Liv.	6,000
VAN HOVE, rois, pères nobles		5,000
DAZINCOURT, Armand, Poisson, Crispin		5,000
PIN, financiers.		5,000
GUITEL, seconds rôles comiques		3,000
FLORENCE, jeunes premiers rôles		3,000
BEAUVAL, premiers amoureux d'opéra		5,000
ALEX. BULTOS, comiques, La Ruette.		5,000
DUPONT, premier et deuxième amoureux.		4,000
DUBOIS, pères nobles		2,400
DU SAINT-PREUX, seconds rôles		2,000
GRÉGOIRE PATRAS, grande utilité		2,200
LAMBERT, idem		2,200
DURAND, seconde basse-taille		2,500
LECOMTE (3), grande utilité		1,500
DE BATTY (4), idem		1,800
H. MEES, accessoires et pour battre la caisse	Fl.	600
CANNEEL, accessoires.	Liv.	600
GILLIS, idem	Fl.	400
BERGER, idem		600
KEYSER, idem		330
FISSE, premier danseur et maître de ballets	Liv.	1,000
BOCQUET, maître de ballets		1,000

---

(1) *Archives générales du royaume. — Conseil privé.* — Carton n° 1090, intitulé : *Comédies, théâtres.*
(2) Archives générales du royaume. — *Conseil privé.* — Carton n° 1092, intitulé : *Comédies, théâtres.*
(3) Il recevait, en outre, 1,500 livres, comme peintre-décorateur.
(4) Il était également machiniste, aux appointements de 600 livres.

Figurans.

Langlois. . . 800 liv. — Le Jeune. . . 200 liv. — Gervais. . . 400 liv. — Van Derlinden. . . 600 liv. — Wauthier. . . 600 liv. — Jouardin. . 600 liv.

Actrices et chanteuses.

Mesdames et Mesdemoiselles :

Sainville, premier rôle	Liv.	6,000
Calmart, reines, mères nobles.		6,000
Gontier, soubrettes		5,000
Pezey de Fonrose, jeune premier		3,000
De Clagny, seconde amoureuse		3,000
Dufour, première amoureuse		4,000
Sophie Lothaire, caractères		2,400
Saint-Quentin, deuxième amoureuse.		2,400
Coche, épouse Van Hove, confidentes, caractères. . .		2,000
D'Humainbourg cadette, deuxième soubrette		1,500
Anne-Marie Vitzthumb, jeune première d'opéra . . .	Fl.	500
Marie-Françoise Vitzthumb, idem . . .		500
Roussion, idem . .		400
Rogier, utilités		600
D'Humainbourg, première danseuse	Liv.	800
Fisse, seconde danseuse.		600

Figurantes.

Dorvalle. . . 300 liv. — Reine Leboane, dite Adelaïde. . . 200 liv. — Roselli de Barras. . . 240 liv. — Vilers. . . 400 liv. — Delisle. . . 600 liv. — Cambier . . 600 liv. — Ponpeleur. . . 300 Fl. — Heernaux. . . 400 fl.

Quant à l'orchestre, il resta ce qu'il avait été, l'année précédente, excepté que le sieur Charles de Marthe (*serpent*) remplaça Dillay. Ceci est peu important.

Nous n'avons pas trouvé les engagements d'Angélique D'Hannetaire, ni celui de Chevalier cadet. Or, comme ils figurent dans la distribution de *Céphalide*, nous supposons qu'ils auront continué à faire partie de la troupe, aux mêmes conditions que précédemment. Il en est de même de Compain.

Au commencement de l'année 1776, Compain Despierrières, quoique faisant partie de la troupe de Vitzthumb, alla débuter à la Comédie-Italienne de Paris, ainsi que cela résulte de l'extrait suivant (1) :

« M. Compin (*sic*), qui a long-temps joué avec succès sur le Théâtre de Bruxelles, a débuté
« à Paris (à la Comédie-Italienne) en Février et Mars derniers, dans plusieurs rôles de carac-
« tère, tels que *Sancho, le Bûcheron, l'Avare, etc* Cet acteur a un grand usage du théâtre,
« et il est parfait musicien. Il peut se rendre très-utile dans l'emploi qu'il a adopté. »

---

(1) *Mercure de France*. Avril 1776. P. 193.

Plusieurs des artistes que nous venons de citer, appartenaient à des troupes importantes. *Beauval* venait de Lyon — *Madame Sainville*, de Bordeaux — *Madame Dufour* faisait partie des comédiens du roi de Saxe — *Dupont* venait de Metz — *Durand*, de Sedan.

On voit donc bien que Vitzthumb était très-difficile sur le choix des sujets qu'il présentait au public bruxellois, et qu'on doit lui savoir gré pour le relief qu'il a donné à notre première scène. Il a succombé, comme tant d'autres et pour les mêmes motifs, mais il a énergiquement lutté.

Maintenant que Vitzthumb a abandonné définitivement la direction du théâtre de Bruxelles, et qu'il ne la reprendra plus, nous ne pouvons le quitter sans en dire encore quelques mots pour payer un juste tribut à un musicien aussi honorable que distingué.

Sa réputation n'était pas restée circonscrite à Bruxelles seul, elle avait pénétré en France où l'on en faisait le plus grand cas.

Dans une lettre, en date du 5 juillet 1763, adressée de Vienne à Favart, par Dancourt, nous trouvons ce qui suit : « ... Si, dans la capitale (à Paris), « vous ne trouvez point de musicien qui veuille se charger de cette « besogne (1), le maître de chapelle de Monseigneur le prince Charles à « Bruxelles pourrait bien la faire. Il se nomme M. Wikstum (Vitzthumb). « On en dit un bien infini dans ce pays ; il a paru désirer que je lui envoyasse « quelques-unes de mes productions, et si mes pièces sont lues, reçues et « corrigées de votre main, et approuvées à la police, je vous prierais, sauf « meilleur avis, de lui en envoyer copie étant plus à portée (2). »

Quand Vitzthumb quitta la direction du théâtre de Bruxelles, il se rendit, en 1779, à Gand, où il se mit à la tête de celui de cette dernière ville, avec son gendre Mees, et les artistes Debatty et Lambert, jusqu'au samedi des Rameaux de 1781 (3).

Il revint, ensuite, à Bruxelles, où nous le trouvons chef d'orchestre au théâtre de la Monnaie, sous la direction d'Herman Bultos, en 1785.

L'année suivante, le 27 décembre 1786, il fut nommé maître de musique de la chapelle du prince Charles de Lorraine. Il succédait, dans cette position, à H.-J. Croes, décédé le 16 août de cette année. Vitzthumb ne resta pas longtemps en place, il fut suspendu de cet emploi, le 14 mars 1791. Cette défaveur inopinée le priva de toute ressource. Espérant que cette suspension ne serait pas irrévocable, il adressa, le 23 avril suivant, la requête suivante au conseiller des finances, De Limpens (4) :

---

(1) La mise en musique de certaines pièces de Dancourt, destinées d'abord à Gluck.
(2) *Mémoires de Favart*. T. III, p. 279.
(3) *Revue historique, chronologique et anecdotique du théâtre de Gand*. P. 9.
(4) Archives générales du royaume.

« Ignace de Vitzthumb prend la respectueuse liberté d'exposer et de soumettre à la con-
« naissance de monsieur le conseiller de Limpens, chargé des affaires concernant la chapelle
« royale, qu'aïant été suspendu de la place de maître de musique de ladite chapelle le
« 14 mars 1791, et le terme de cette suspension étant indéterminé, sans fortune ni d'autre
« ressource de subsistance que ses faibles talens, il se trouve forcé par la nécessité et malgré
« lui de chercher du pain chès l'étranger. En conséquence il se transporte à Amsterdam, en
« qualité de maître de musique et régisseur de l'opéra du théâtre du collége dramatique et
« lyrique, pour y exercer sa profession jusques au tems qu'il plaira au gouvernement de
« disposer autrement en faveur de l'exposant. — Bruxelles, le 23 avril 1791. »

Cette requête de Vitzhumb lui attira une révocation conçue en ces termes :

« Le conseil croit devoir regarder la place de directeur de musique de la chapelle de la
« cour comme absolument vacante, tant pour la publicité reconnue de la mauvaise conduite
« de Vitzthumb père que par le parti qu'il a pris de s'engager à la direction d'un orchestre
« de comédie en Hollande (1). »

Il ne faut pas entendre ici par mauvaise conduite, la dépravation des
mœurs, c'est au point de vue des opinions politiques qu'il faut l'envisager.
A cette époque de tourmente révolutionnaire, tout le monde était plus ou
moins suspect, et il est à présumer que Vitzthumb aura été victime de
la jalousie et qu'on n'aura rien trouvé de mieux que de le rendre impopulaire
à la Cour. Toujours est-il qu'il perdit sa place, et qu'il alla pendant quelque
temps en Hollande.

La carrière de ce musicien fut longue, mais ses dernières années furent
pénibles. Dénué de ressources, il vécut de privations et s'éteignit à Bruxelles,
le 23 mars 1816. Il était presque centenaire, étant né à Baden, en Autriche,
le 10 juillet 1720.

Outre son talent de compositeur, qui, toutefois, n'était pas bien remarquable, il possédait, comme théoricien, des capacités distinguées. Il forma
d'excellents élèves, parmi lesquels on peut citer : *Pauwels*, *Ferdinand Staes*
et *Verheyen*, sans compter son gendre *Henri Mees*, et sa fille *Marie*.

Comme compositeur, Vitzthumb a considérablement produit. Il a écrit une
quantité d'ariettes pour les almanachs et les recueils périodiques du temps.
Il fit publier chez Van Ypen, éditeur à Bruxelles, plusieurs réductions en
trios et quintettes, des opéras en vogue. Il composa des morceaux pour
quelques-unes des pièces qu'il faisait représenter au grand théâtre, ce qui lui
valut même, on s'en souvient, l'anathème de Grétry. Enfin, il écrivit les opéras
que nous avons cités dans les cours de cet ouvrage. Il en existe un, toutefois,
dont le libretto est imprimé, mais dont nous ne connaissons ni la date ni le
lieu de la première représentation, c'est : *La Foire de village*, comédie-
parodie en deux parties, avec la musique des vaudevilles qui est de
M. Witzthumb (*sic*). (*Bruxelles*) *veuve Pion*, 1786. In-8°. Fig. (2).

---

(1) Archives générales du royaume.
(2) Voir la Bibliographie.

Il existe un fort beau portrait de Vitzthumb, gravé par Antoine Cardon. Il forme un médaillon où l'on a inscrit : I. VITZTHUMB, DIRECTEUR DE L'ORCHESTRE DE BRUXELLES. Au bas se trouve une tablette sur laquelle sont gravés les vers suivants :

> Le calme des vertus et le feu du génie
> Sont unis dans ces traits par le burin tracés,
> Ses talents et son nom seront par Polymmie
> Au temple de mémoire avec honneur placés.

Nous devions à Vitzthumb, d'entrer dans quelques détails sur sa carrière ; car c'est de sa direction que datent les grands progrès que fit la musique dans notre pays. C'est réellement à lui que nous sommes redevables de la faveur dont jouit notre scène, et du goût musical qui se répandit dans les masses. Il forme époque dans l'histoire de notre théâtre, et, à ce titre seul, il méritait que nous nous appesantissions quelque peu sur les diverses phases de son existence artistique.

Louis Pin et Alexandre Bultos, aussitôt en possession de leur octroi, s'adjoignirent comme associée *Marguerite-Louise Odiot de Montroty*, dite *Sophie Lothaire*.

Cette dernière eut pour répondant de la caution qu'exigeait le gouvernement, Angélique D'Hannetaire, qui s'engagea envers elle et pour deux années, pour une somme de 6670 fl. 13 s. 4 d. (1). Connaissant les rapports du prince de Ligne avec cette actrice, on est amené à supposer que ce fut peut-être lui qui avança cette somme. Angélique signa, à cette occasion : *D'Hannetaire-Servandonny*. C'est la première fois que nous constatons ce fait. Il nous est passé, sous les yeux, bien des signatures de son père, qui mettait : *D'Hannetaire*, tout simplement.

Au début de leur direction, aux Pâques de l'année 1778, ils élaborèrent et firent approuver un règlement pour la police du spectacle. Ce document, daté du 15 avril 1778 (2), visait entièrement l'ordre parmi les comédiens, celui des répétitions et des représentations, ainsi que la défense complète de permettre l'accès des coulisses au public.

Nous avons peu de renseignements sur cette gestion. Toutefois, nous savons que l'année 1778-1779, première de leur exploitation, se solda par un bénéfice de 130 florins 10 sous, se répartissant de la manière suivante :

Recettes	82,523 *fl.* — 9 *s.* — 3 *d.*
Dépenses	82,392 —.— 19 ...— 3 ...
Reste. . .	130 *fl.* — 10 *s* — .. (3).

---

(1) Archives générales du royaume. — Voir aux Documents.
(2)   Id.   Id.
(3) Archives générales du royaume. — *Conseil privé*. — Carton n° 1090, intitulé : *Comédies, théâtres*.

Ce fait était assez rare dans les annales du théâtre de Bruxelles, pour mériter d'être mentionné tout spécialement.

Le même document qui nous fournit ce détail, nous donne la composition de la troupe pour l'année 1779-1780, ainsi que le montant des appointements (1). De toute la famille D'Hannetaire, nous n'y voyons plus figurer qu'Angélique. Qu'étaient devenus les autres membres? Rosalide et sa fille Victoire, et Eugénie? Quant à D'Hannetaire lui-même, nous savons qu'il est mort le 1er janvier 1780, ainsi que le constate l'extrait suivant tiré des registres de la paroisse de Sainte-Gudule, à Bruxelles, pour 1780 :

« *Johannes-Nicolaus Servandoni* D'Hannetaire, lest en houwelyck met Catharina
« Janssens, overleden den 1sten deser January, ontrent 5 uren s'avonds, in den ouderdom van
« 61 jaren, woonende by het glaesen huys op den Schaerbeekschen steenweg. »

Cet extrait présente cette particularité qu'il nous fait connaître que D'Hannetaire s'était marié deux fois. Quant à sa seconde femme, Catherine Janssens, il est probable qu'elle n'appartenait pas au théâtre de Bruxelles, puisque dans l'énumération que nous en avons donnée, on ne la voit pas figurer.

Pour ce qui concerne Rosalide, un manuscrit du temps (2) nous fournit à son égard, certains détails assez curieux. Voici ce qu'il dit :

« La folie de D'Hannetaire est de se faire un nom et d'arracher de la pourriture où sa tige
« a pris racine, des ramifications qui jettent du lustre sur son obscurité. Dans un certain
« acte secret, mais que j'ai vu, il a pris le titre de baron; cet acte établit les droits d'une
« certaine Rosalide, cousine du baron, sur la bourse d'un grand seigneur, nommé le
« M. de L. qui a eu l'imbécilité d'épouser cette Messaline. L'affaire fit du bruit, le baron
« eut ordre de ramener sa cousine de Hambourg (où le mariage avait eu lieu), lui, feignant
« d'être offensé de cet enlèvement, cria très-haut; les époux revinrent et cette marquise de
« nouvelle fabrique déclara ses prétentions et affirma qu'elle soutiendrait ses droits. La mère
« du M., pour effacer en quelque sorte la tâche de cette alliance, fit accepter à Rosalide une
« pension de 4,000 f. dont elle lui fit acte, à condition qu'elle ne verrait plus son fils, et que
« le mariage serait nul, c'est de cet acte dont j'ai parlé. Cependant Rosalide touche la
« pension et continue à voir son amant. Tout le monde en sait autant que moi sur l'affaire et
« chacun déplore le risque que la noblesse court avec des gens aussi rusés et qui se jouent de
« tout ce que la société a de plus respectable pour ruiner les familles, avilir la noblesse,
« dégrader les sentiments d'honneur, porter la désolation et le trouble dans l'âme des pères
« et des mères, et d'avoir l'impudence d'étaler audacieusement le prix de leur scélératesse en
« bâtissant des châteaux magnifiques, jouissant de maisons vastes, en promenant partout un
« luxe et une abondance qui insultent à l'honnêteté. »

Il est probable qu'après avoir conclu ce mariage, Rosalide se sera retirée complétement de la scène, pour jouir de la pension qu'on lui faisait et des faveurs de son amant.

---

(1) Archives générales du royaume. — Voir aux Documents.
(2) Cité par M. Delhasse. — *L'Opéra à Bruxelles.* P. 37.

Pour ce qui concerne Eugénie, nous en parlerons plus loin, tout en ne sachant pas définir exactement ce qu'elle est devenue en dernier lieu.

Un des principaux acteurs de la troupe de Bruxelles, le sieur Petit, que nous avons possédé depuis la constitution de la société des comédiens-associés quitta notre ville, et se rendit à Paris. Il débuta à la Comédie-Italienne, le 14 juin 1779, dans le rôle de Cliton de *l'Ami de la maison* (1).

Si la première année de la gestion de ces trois directeurs fut relativement heureuse, il n'en fut malheureusement pas de même de la seconde, si nous nous en rapportons à une requête qu'ils adressèrent, le 3 avril 1780, au prince Charles de Lorraine (2). Ils y exposent que leurs meilleurs sujets les ont quittés, que d'autres sont partis en emportant les avances qu'on leur avait faites, et enfin, que le sieur Saint-Léger leur a volé 900 florins. Ils terminent en demandant qu'on nomme à leur place, de nouveaux entrepreneurs.

Alexandre Bultos et ses associés, restèrent cependant à la direction jusqu'à l'expiration de l'octroi, le gouvernement n'ayant pas accédé à leur désistement.

Bultos demanda et obtint, le 6 décembre 1780, un octroi l'autorisant à établir un *Vaux-Hall*, au parc de Bruxelles (3). Il espérait, en créant un genre nouveau pour la ville, attirer la foule et parer aux éventualités fâcheuses que pourrait lui susciter son théâtre. Ce nouvel établissement s'ouvrit dans le courant de l'année 1781.

C'était une sage précaution, car, aux Archives générales du royaume, reposent plusieurs requêtes de ces entrepreneurs, par lesquelles ils se plaignaient des ennuis que leur causaient les acteurs par le refus de jouer et la mauvaise volonté qu'ils mettaient dans l'exécution de leurs engagements.

Le Tribunal Aulique saisi de toutes ces réclamations, rendit un nouveau règlement, plus strict et plus sévère que les précédents, et qui fut mis en vigueur le 27 mars 1781 (4). Des articles additionnels y furent ajoutés le 1er septembre de la même année (5).

Le *Vaux-Hall* primitif n'était pas ce qu'il est aujourd'hui. C'était un bâtiment dans lequel on donnait des concerts, et où se trouvait une salle spécialement destinée aux joueurs. Un théâtre n'y était pas encore installé, mais ce fait ne tardera pas à se produire, ainsi que nous le verrons plus loin.

Toutes les réclamations adressées par les directeurs fatiguèrent le gouvernement, et celui-ci s'autorisant du droit qu'il s'était réservé par l'article second de l'octroi du 8 août 1777, leur fit signifier, le 29 mars 1782, qu'ils aient à quitter la direction aux Pâques de cette dernière année (6). Ce fut la première fois qu'un fait semblable se produisit, depuis l'ouverture du théâtre

---

(1) *Les Spectacles de Paris*. Paris, Duchesne, 1780. P. 238.
(2-3-4-5 6) Archives générales du royaume. — Voir aux Documents.

de Bruxelles. Tous les directeurs précédents cessèrent ou fermèrent par suite de faillite, mais aucun ne reçut une révocation de son octroi. Il a fallu, pour cela, des faits d'une haute gravité qui enlevèrent toute confiance dans leur gestion.

Voici quelle était la composition de la troupe du théâtre de Bruxelles, pendant la dernière année d'exploitation de ces directeurs-associés :

DIRECTEURS : MM. PIN et BULTOS, et Mlle SOPHIE.

Acteurs.

Messieurs :

SAINT-FAL, premiers rôles tragiques et comiques.
VAN HOVE, père noble, rois et paysans.
BURSAI, premier rôle marqué, raisonneurs et rois.
MOILIN, second amoureux.
BULTOS, premier comique, premier Laruette.
ARMAND, Crispin, marquis ridicule.
PIN, manteaux, financiers et grimes.
GRÉGOIRE, seconds manteaux et utilités.
VALLIÈRE, première haute-contre.
MONTROSE, seconde haute-contre et troisième rôle.
MEES, première basse-taille.
CALAIS, première et seconde basse-taille.
BERGER, second Laruette et niais.
MOUTON, confidents et utilités.
DARCOURT, souffleur et second comique.

Actrices.

Mesdames et Mesdemoiselles :

BURSAI, premiers rôles tragiques et comiques
GOAULT, premier rôle, grande coquette et première duègne.
MONTROSE, première soubrette.
MURSON, caractère et seconde duègne.
ARMAND, soubrettes en partage.
ROGIER, première chanteuse.
SCHELTJENS, première chanteuse en double.
MEES, emploi de Dugazon et Beaupré.
LOCHON, seconde chanteuse et seconde amoureuse.
DEVIENNE, seconde soubrette.
D'HUMAINBOURG, confidentes et second caractère.

Choristes et utilités.

Messieurs :

CANEL, haute-contre. — DEMOULIN, basse-taille. — LARIVIÈRE, taille.

Mesdames :

CANEL. — KEYSER. — DARCOURT. — SOUVEAU. — PEROLLE.

Ballet.

Messieurs :

GAMBU, maître de ballets et premier danseur.
PEROLLE, premier figurant et premier danseur.

Figurants.

JOUARDIN père. — JOUARDIN fils. — HENRI — DU TACK. — COCHOIS. — ERARD.

Mesdames :

D'HUMAINBOURG, première danseuse.
GILBAIN, seconde danseuse.

Figurantes et chanteuses des chœurs

Mesdames et Mesdemoiselles :

DUCHAUMONT aînée. — DUCHAUMONT cadette. — HUBAIN. — ARTUS. — LECLERC. — ROSALIE. — DU MOULIN. — VOL.

ORCHESTRE : M. VITZTHUMB, maître de musique et de l'orchestre.

1ers *violons.* — VAN MALDERE l'aîné. — MORIS. — MECHTLER. — LANGLOIS. — LAUR. — WAUTHIER. — GEHOT.
2es *violons.* — VAN MALDERE cadet — MARICHAL. — POTIAUX. — BAUWENS. — DEWINNE père. — IPPERSEEL.
Basses et *serpens.*— HINNE. — DOUDELET. — LARTILLON. — SCHELTJENS. — BECHMANS. — GEHOT. — LOHEN.
Contre-basses. — GEHOT. — SUNNENS.
Cors de chasse. — LÉON. — SEGGERS.
Clarinettes. — GEHOT — AUCAIGNE.
Flûte et hautbois. — VAN HAMME. — GODECHARLE.
Alto viola. — BORREMANS. — GODECHARLE. — DURAND.

On remarquera qu'à cette époque Mees avait épousé la fille aînée de Vitzthumb, et qu'il était en possession, en chef, de l'emploi des basses-tailles.

Le jour même où le décret de révocation fut rendu, l'empereur Joseph II accorda un nouvel octroi de dix ans aux deux frères Alexandre et Herman Bultos, en se réservant également le droit de résiliation après les cinq premières années (1). Les conditions imposées aux nouveaux directeurs étaient beaucoup plus détaillées que toutes celles qu'on avait exigées précédemment. On spécifiait les personnes ayant leurs entrées libres à la comédie, on régularisait les abonnements et, de plus, on leur déterminait les rôles qui devaient toujours être remplis, en leur assignant un minimum de dépenses, pour cet objet, d'au moins 133,000 livres.

---

(1) Archives générales du royaume. — Voir aux Documents.

Pendant la direction de Pin et Alexandre Bultos, le répertoire se composa presqu'uniquement des pièces classiques et des nouveautés représentées avec succès à Paris. Nous ignorons si la pièce suivante d'un auteur inconnu, fut jouée au théâtre de Bruxelles : *Bélisaire, ou le Triomphe du patriotisme malheureux*, tragédie en trois actes et en vers. Elle fut imprimée dans cette dernière ville, en 1781 (1).

Quant à la tragédie de M. Néel, qui parut l'année suivante, sous le titre de : *les Belges, ou Sabinus*, elle ne vit pas le feu de la rampe. L'auteur l'avait dédiée au prince de Ligne (2).

Il en fut probablement de même de la pièce suivante : *Les Faucheurs, ou l'Amour couronné par la bienfaisance*, opéra en un acte et en vaudevilles, par MM. de Beaurepaire et du S***, qui fut éditée à Bruxelles, en 1782 (3).

Les frères Bultos résolurent d'agrandir leur établissement du *Vaux-Hall*, en y joignant une salle de spectacle. Seulement, comme ils s'ingéniaient à créer du nouveau, ils établirent dans ce théâtre une école dramatique destinée à former des jeunes gens pour la scène de Bruxelles. L'acte d'amortissement leur fut délivré le 1er mai 1782, et il y est parfaitement stipulé que c'était « pour y faire représenter à leurs frais et profits par des enfans de l'âge « d'entre sept et quatorze ans des pièces adaptées à des petits spectacles. » (4) La salle fut construite sur les plans de l'architecte Montoyer, et c'est à quelques modifications près, celle que nous voyons aujourd'hui.

L'octroi leur fut accordé pour dix années. Il les autorisait, en outre, à construire dans le massif entourant le *Vaux-Hall*, six boutiques dans lesquelles pourraient s'établir des marchands de la ville, à la condition, toutefois, que ceux-ci « ne pourront exercer dans ces boutiques d'autres débits que « les suivans, sçavoir de soiries, parfumeur, bijouteries, quincailleries, modes, « libraires et estampes. » Toutes ces installations durent donner une animation extraordinaire à cette partie de la ville, qui était devenue par le fait, un véritable centre de plaisirs.

A peine cette autorisation venait-elle d'être accordée, que le Cardinal-Archevêque de Malines adressa au gouvernement une requête pour faire interdire les spectacles d'enfants, disant à l'appui que c'était une excitation à la paresse, à la débauche et à la dépravation.

Les gouvernants ne furent pas tout-à-fait de cet avis. Ils comprirent que, dans l'intérêt de l'art, il fallait, si l'on voulait arriver à posséder de bons sujets, les exercer de bonne heure, et qu'un artiste dramatique ne se forme

---

(1) Voir la Bibliographie.
(2) Id.
(3) Id.
(4) Archives générales du royaume. — Voir aux Documents.

pas en un jour. Toutefois, ils admirent qu'il fallait entourer l'exécution de certaines garanties, afin de sauvegarder la morale et ne pas former de petits vauriens pour l'avenir. A cet effet, on rendit le 10 mai 1782, un décret adressé à l'amman de Bruxelles, dans lequel il était dit : «... Vous vous ferez
« remettre en conséquence par lesdits Bultos une liste des enfans qu'ils
« peuvent déjà avoir engagés, vous interrogerez ces enfans, ainsi que leurs
« parents, pour vous assurer si c'est de l'aveu de ceux-ci qu'ils ont été enga-
« gés, et vous préviendrez les mêmes Bultos qu'ils ne pourront dans la
« suite engager aucun enfant pour ces spectacles, sans votre aveu, que
« vous ne donnerez qu'après avoir interrogé l'enfant et ses parens comme
« dessus » (1).

En procédant de la sorte, on donnait satisfaction aux susceptibilités du prélat, et l'on n'entravait pas l'établissement d'un spectacle qui pouvait rendre de grands services à l'art dramatique, dans la ville de Bruxelles.

Au début, beaucoup d'enfants se produisirent sur ce théâtre. On y jouait de petites comédies, et principalement les proverbes de Carmontelle et d'autres auteurs qui s'était occupés de ce genre de productions. On y donnait également de petits opéras, pour former des chanteurs. En un mot, c'était un avant-coureur de nos conservatoires.

Le succès couronna les efforts des directeurs, qui résolurent de produire leurs petits élèves sur une scène plus vaste. Il fallait pour cela l'autorisation du gouvernement, qui leur fut acquise par acte du 13 décembre 1783, et par laquelle on leur permettait de donner « au Grand Théâtre, deux jours de « la semaine non destinés au grand spectacle, et pendant les mois d'hiver « seulement, leur petit spectacle du Parc », et cela sous certaines clauses et conditions déterminées (2).

Au reste, ces spectacles d'enfants existaient déjà ailleurs. Plus d'un directeur avait eu l'idée d'exploiter les talents naissants, et de les produire dans diverses villes. Ainsi, en 1780, un certain Bernardi, le même que nous avons vu directeur à Liége et à Gand, demanda de donner à Bruxelles pendant le Carême, des représentations avec de petits enfants. On l'éconduisit par apostille du 11 novembre de cette même année, par la raison que, pendant cette époque les théâtres devaient être fermés (3).

L'idée d'établir ce genre à Bruxelles, fut donc suggérée aux frères Bultos, par ce qui se passait en province. Il ne firent en cela, que suivre l'exemple de beaucoup d'autres.

Il avait été interdit précédemment de donner des représentations drama-

---

(1) Archives générales du royaume. — Voir aux Documents.
(2)   Id.   Id.
(3)   Id.   Id.

tiques pendant le Carême. Elles ne pouvaient recommencer que le lundi de Pâques, ce qui constituait un relâche forcé de six semaines. Ce fait était assez préjudiciable aux directeurs, aussi les frères Bultos tentèrent-ils de déraciner cet usage, et s'adressèrent-ils, dans ce but, à l'amman de Bruxelles. Celui-ci fit une requête au gouvernement, et, le 13 décembre 1783, on rendit un édit par lequel on autorisait l'ouverture des théâtres pendant le Carême jusqu'au dimanche des Rameaux exclusivement (1). C'était un événement heureux pour les directeurs ainsi que pour le public qui voyait ainsi s'ouvrir à lui une série de divertissements dont il avait été privé jusqu'alors.

Jusqu'en 1784, le conseiller au Conseil privé Le Clerc avait eu dans ses attributions, la partie relative au théâtre. Par décret en date du 17 mars de cette année, le conseiller de LeVielleuze lui fut substitué (2). Il possédait la haute main sur tout ce qui concernait le spectacle de Bruxelles, tant au point de vue de la police et de la discipline qu'à celui de la juridiction au Tribunal Aulique.

Les frères Bultos ayant donné trop d'extension à leur entreprise, ne virent pas le succès couronner leurs efforts. Leurs affaires s'embrouillèrent et ils furent à la veille de devoir quitter leur direction, quand une combinaison inattendue vint les tirer d'embarras.

Une société, à la tête de laquelle se trouvait Cupis de Camargo, proposa aux directeurs de continuer la gestion du théâtre, en soldant tous les arriérés, sous certaines conditions. Ainsi, les créanciers diminueraient les sommes dues de six pour cent, et la société retirerait, pour son bénéfice particulier, une part de cinq pour cent, prise sur la recette brute. La direction générale de la recette appartiendrait aux payeurs, et celle de la troupe resterait abandonnée aux frères Bultos, comme précédemment. Toutefois, cet arrangement ne concernerait que le Grand-Théâtre, le Vaux-Hall resterait entre les mains des anciens exploitants. Cette convention fut acceptée par les frères Bultos, le 23 mars 1784 (3).

D'un autre côté, le gouvernement ayant eu connaissance de la position peu prospère dans laquelle se trouvait la Comédie, avait, par acte en date du 22 mars de la même année, nommé Pierre-Jean L'Ortye, greffier du Tribunal Aulique, en qualité de caissier audit théâtre (4).

Malgré toutes ces combinaisons, la première année d'exploitation sur ces bases, ne fut pas heureuse. Les recettes s'élevèrent à 126,858 florins, et les dépenses à 129,653, ce qui constitua une perte de 2,795 florins.

Parmi les pièces annexées aux différents comptes, se trouve un document

---

(1) Archives générales du royaume. — Voir aux Documents.
(2) Archives générales du royaume. — *Conseil privé*. — Carton n° 1090, intitulé : *Comédies, théâtres*.
(3) Archives générales du royaume. — Voir aux Documents.
(4) Id. Id.

excessivement curieux, c'est le relevé de tous les abonnements aux loges, avec les noms des titulaires (1). Parmi ces derniers, nous trouvons aux loges de troisième rang, au milieu des personnes de la plus haute distinction, *Agatine,* c'est-à-dire *Rosalide,* qui occupait la lorgnette de gauche, et qui payait, de ce chef, une somme de 210 florins. Elle venait donc voir, à titre permanent, l'ancien théâtre de ses exploits.

Ce relevé, signé *L'Ortye,* établit que l'ensemble de la location de cette partie de la salle, s'élevait à 49,939-16 florins. Il nous permet d'établir ce que valait, en location annuelle, le prix d'une place dans une loge. Voici ces chiffres :

Loges de premier rang	112 florins par an.
Id. de second rang	84 id. et 112 florins pour le balcon et les lorgnettes.
Id. de troisième rang	70 florins par an.
Id. de quatrième rang	31-6 id.
Basses-loges	63 id.

Que l'on compare, maintenant, la modicité de ces prix à ceux qui existent aujourd'hui, et l'on sera étonné de la cherté à laquelle ils se sont élevés.

De tout le répertoire des enfants-comédiens, sous la direction des frères Bultos, nous ne connaissons, comme pièce originale, que la pantomime intitulée : *Sophie de Brabant* (2). Cette production, éditée en 1784, mais ne renseignant pas la date de la première représentation, nous donne les noms de quelques-uns des sujets qui composaient cette troupe. Voici la distribution d'après la brochure :

Sophie, épouse de *Sifroi*	Mlle *des Rosiers.*
Sifroi	M. *Maréchal.*
Golo	M. *Maugé.*
Un Magicien	M. *le Vasseur.*
Benoni, enfant de *Sophie.*	Mlle *Leemans.*
Un maitre de ballets	M. *Vanhemelryk.*
Un architecte	M. *le Vasseur.*

De tous ces artistes, aucun n'a été signalé exceptionnellement plus tard. Cependant cette école a produit quelques bons sujets, parmi lesquels nous citerons *Massin* et *Van Campenhout.*

Au Grand-Théâtre, furent représentées, d'ordinaire, les pièces à succès de Paris. Il ne nous est parvenu qu'une seule œuvre qui, à cette époque, ait été jouée d'origine à Bruxelles ; c'est un opéra en trois actes et en vers, dont l'auteur s'est cachée sous le pseudonyme de *Mlle de W***,* et qui a pour titre : *Zéphire et Flore* (3). La première représentation eut lieu le 8 mars 1784.

---
(1) Archives générales du royaume. — Voir aux Documents.
(2) Voir la Bibliographie.
(3) Id.

Malheureusement, la brochure ne nous donne pas les noms des artistes ; nous devons donc nous contenter de la simple mention.

Voici, au reste, la composition de la troupe du théâtre de Bruxelles, pendant cette année 1784 :

DIRECTEURS : MM. ALEX. ET HERM. BULTOS.

Tragédie et Comédie.

Acteurs.

Messieurs :

DUFRESNEL, roi, père noble.
GARNIER, } premiers et jeunes premiers rôles.
JULIEN,
BURSAY, seconds rois, raisonneurs, rôles de caractère et de convenance.
BERVILLE, seconds rôles.
DU SAUZIN, des amoureux, des troisièmes rôles.
BULTOS, premiers comiques et rôles de caractère.
SAINT-VAIR, premier et second comique.
CALAIS, les financiers, paysans, manteaux.
GREGOIRE, rôles dans les mêmes emplois et grandes utilités.
MOUTON, confidents et utilités.
DARCOURT, seconds comiques, utilités, souffleur.

Actrices.

Mesdames et Mesdemoiselles :

CALMONT, reines, mères nobles et caractères.
BURSAY, premiers et jeunes premiers rôles.
BERVILLE, des premiers rôles, les grandes coquettes.
BERGNÉ, jeunes premiers et seconds rôles.
LEEMANS, seconds rôles.
DEVIENNE, première soubrette.
D'HUMAINBOURG, seconds caractères, confidentes.
DUBUISSON, des soubrettes.
FLAVIER, des amoureuses.
DARCOURT, des rôles d'utilités.
FOLLY mère, des accessoires.
FOLLY fille, des rôles d'enfants.

Opéra.

Chanteurs.

MEES, } premières basses-tailles.
DU SAUZIN,
SAINT-LÉGER, première haute-contre.
DEFONDS, premier et second rôle de haute-contre.
BULTOS, premiers rôles de taille et autres.
CALAIS, } secondes basses-tailles.
DESBATTY,
GREGOIRE, basse-taille accessoire.
MOUTON, taille accessoire. } et chœurs.
LA RIVIÈRE, basse-taille accessoire.
CANEL, haute-contre accessoire.

Chanteuses.

Mesdames et Mesdemoiselles :

Rogiers, } premières chanteuses.
Clairville,

Le Roi, première duègne.

Mees,   } jeunes premières et secondes chanteuses.
Begué,

Darcourt, seconde duègne. }
Leemans, } rôles accessoires. } et chœurs.
Canel,

Keyser, } dans les chœurs.
Folly,

Ballet.

Messieurs : Devos et Gambu, maîtres des ballets et premiers danseurs dans les deux genres.
Mademoiselle : D'Humainbourg, première danseuse.
Madame : Devos, danseuse seule.

Figurans et Figurantes.

Orchestre : M. VITZTHUMB, maître de l'orchestre et de musique.

1ers *violons.* — Van Maldere l'ainé. — Mechtler. — Moris. — Laur. — Gehot. — Langlois, (répétiteur). — Claessens.
2es *violons.* — Van Maldere cadet. — Marichal. — Potiaux. — Dewinne père. — Dewinne fils. — Bauwens. — Ipperseel.
Basses et serpens. — Doudelet. — Bischop. — Lartillon. — Oostens. — Lohen.
Bassons. — Gehot (premier. — Immers (second).
Clarinettes. — Gehot (première). — Ausaigne (seconde).
Flûtes et hautbois. — Van Hamme l'aîné. — Toussaint.
Cors de chasse. — Leon. — Seghers.
Alto viola. — Borremans. — Durand.
Trompette et timballier de la Cour.
Dubois, pour montrer les chœurs.

En même temps qu'une organisation nouvelle était établie au théâtre de la Monnaie, on refondit les divers règlements qui avaient été élaborés précédemment. Le 17 mai 1784, on en décréta un nouveau (1) beaucoup plus complet et plus détaillé que tous les précédents. Ainsi, entre autres innovations, se trouvait celle de l'installation d'un officier de police nommé par le Tribunal Aulique, pour assister aux répétitions, à la formation du répertoire et à toutes les représentations. Il était, en outre, chargé de l'application des amendes et de leur recouvrement. En un mot, il avait les pouvoirs les plus étendus, tant pour la gestion de la comédie que pour l'exécution des règlements. Ce fut le sieur Chavée qui fut, le premier, investi de ces fonctions.

Les règlements élaborés pour la discipline et le bon ordre de la comédie de

---

(1) Archives générales du royaume. — Voir aux Documents.

Bruxelles, reçurent plus d'une fois leur exécution vis-à-vis des artistes récalcitrants. Les directeurs donnaient à l'officier de police du théâtre, l'ordre de colloquer le défaillant à la prison de la porte de Laeken, où celui-ci restait autant qu'il plaisait au Tribunal Aulique d'en décider autrement.

Nous en trouvons un exemple dans l'ordre donné par les frères Bultos, au sieur Chavée, officier de police de la comédie, de conduire à cette prison, l'acteur Chateauneuf, pour avoir refusé de jouer le rôle de *Fabio*. Cet ordre porte la date du 2 juin 1785 (1).

Ce fut en 1785 qu'on résolut de reconstruire le Grand-Théâtre de Bruxelles. L'architecte de Wailly élabora des plans qui ne reçurent pas d'exécution immédiate. On remettait, d'année en année, la décision à prendre. On arriva ainsi à 1788, et l'architecte de Wailly, désireux de voir son projet se réaliser, demanda que l'on nommât une commission pour examiner ses plans et décider ce qu'il y aurait à faire à cet égard. Parmi les personnes qu'il proposait à ce sujet, nous trouvons Vitzthumb, qui, donc, à cette époque, était encore chef d'orchestre du théâtre. Il ne fut pas donné suite à cette demande.

La direction des frères Bultos, sous l'égide de l'autorité, dura jusqu'en 1787, époque de la mort d'Alexandre. Cette perte fut vivement sentie par les Bruxellois, qui, non-seulement appréciaient son talent d'acteur, mais encore l'estimaient personnellement pour son instruction et l'agrément de son esprit. Il était reçu dans tous les salons de la ville. On lui fit de fort belles funérailles à l'église des Augustins. Tout le personnel du théâtre s'y trouvait en costumes de deuil, et l'on exécuta une messe de Gossec.

Herman Bultos, resté seul à la direction, continua à gérer le théâtre jusqu'à Pâques 1787. Il prit alors pour associé l'acteur Adam.

Voici quelle était la composition de la troupe de ce théâtre, pendant la dernière année de la direction des frères Bultos. Nous la donnons telle que nous l'avons trouvée, sans malheureusement pouvoir citer celle de l'orchestre. Ce dernier, au reste, devait posséder encore les principaux musiciens que nous avons désignés plus haut :

DIRECTEURS : MM. HERM. ET ALEX. BULTOS.

Tragédie et Comédie.

Acteurs.

Messieurs :

DE CHAMPMÊLÉ, rois et pères nobles.
ADAM, premier rôle.
BURSAY, seconds rois, raisonneurs, rôles de caractère et de convenance.

---

(1) Archives générales du royaume. — Voir aux Documents.

Riquier, jeunes premiers et seconds rôles.
Du Sauzin, des amoureux et des troisièmes rôles.
Saint Vair, premier comique.
De la Sozelière, les rôles à manteaux, financiers et paysans.
Calais, rôles dans les minces emplois et grandes utilités.
Vernet, des seconds et troisièmes amoureux.
Maréchal, seconds comiques et utilités.
Le Jeune, les confidents et utilités.
Grégoire, des grimes et la grande utilité.
La Rivière, des rôles accessoires
Bursay fils, les rôles d'enfants.

Virion, souffleur.

Actrices.

Mesdames et Mesdemoiselles :

Bursay, les premiers et jeunes premiers rôles.
Fleury, seconds rôles.
Berthias, première soubrette.
Duquesnois, les rôles d'ingénuités.
De la Sozelière, les caractères, mères nobles.
Adam, des premiers caractères.
D'Humainbourg, les secondes soubrettes, seconds caractères, confidentes et utilités.
D'Humainbourg nièce, les rôles d'enfants.

Opéra.

M. VITZTHUMB, maître de musique et de l'orchestre.

Chanteurs.

Mees,
Du Sauzin, } premières basses-tailles.

Du Quesnois,
Riquier, } premières hautes-contres.

Calais,
Desbatty, } secondes basses-tailles.

Grégoire,
La Rivière, } basses-tailles accessoires.

Pauwels, haute-contre accessoire.
Fontaine, taille accessoire.

Chanteuses.

Mesdames, Mesdemoiselles :

Riquier,
Cretu, } premières chanteuses.

Fleury-Délignie, des premières et secondes amoureuses.
Mees, emplois de première dugazon et seconde chanteuse.
Le Roy, première duègne.
Blondel, seconde duègne.

Chanteurs et Chanteuses des chœurs.

Messieurs : Desbatty. — Grégoire.— Pauwels. — La Rivière. — Fontaine.— Vasseur.
Mesdames : Blondel. — France. — La Tour. — Saint-Léger. — Julie — Adelaïde.

Ballet.

Messieurs :

Le Fèvre, maître des ballets et premier danseur.
Jouardin, } seconds danseurs.
Van Hamme,

Mesdemoiselles :

Mercier, } premières danseuses.
D'Humainbourg,

Figurans et Figurantes.

De 1785 à 1787, nous n'avons guère à signaler qu'une seule production indigène. Elle avait pour titre : *Almanzor, ou le Triomphe de la gloire*, grand opéra ballet en deux actes. Les paroles étaient de d'Aumale de Corsenville, et la musique était due à Duquesnoy (1). Voici quels étaient les artistes qui chantèrent cet opéra :

Almanzor, jeune prince	M. *Duquesnoy*.
Edonide, déesse des plaisirs	Mme *Mees*.
Pallas, déesse de la gloire	Mme *Riquier-Fleuri*.
Aglaé, nymphe d'Edonide	Mlle *Souliers*.

On connait ensuite deux pièces éditées en 1785, mais qui ne furent probablement pas représentées, du moins les brochures sont muettes à cet égard. Ce sont : *les Rivaux domestiques*, comédie en un acte et en prose, d'un sieur D***, et *l'Intrigue punie*, comédie en cinq actes et en prose, également d'un anonyme qui signe De L*** (2).

A partir de 1787, nous entrons dans la période agitée. Les premiers souffles révolutionnaires se firent sentir.

L'empereur Joseph II ayant hésité à ratifier la constitution élaborée par les Etats, une surexcitation violente surgit, qui se traduisit même en voies de fait, dans lesquelles le sang coula.

Une pièce parut qui, sous le titre de : *la Députation*, critique violemment la conduite du souverain, et principalement la proposition que ses ministres avaient faite aux Etats du Brabant, d'envoyer à Vienne une ambassade pour exposer ce qu'on désirait.

Cette *parade* (ainsi que la nomme son auteur anonyme) repose entièrement sur les hésitations du monarque à consentir à la demande des Brabançons. En voici la scène principale :

« Sancho, *Ministre.*

« Voici fort à propos des nouvelles des P.-B. (Pays-Bas). Que m'écrit-on ?.,

---

(1) Voir à la Bibliographie.
(2)   Id.

« Le Roi Jacob (*Joseph II*).

« Que dis-tu? Allons, lis... le principal, passe les formalités.

« Le Ministre, *lisant*.

« Après tout ce que nous avons si souvent répété sur nos droits, il est inutile d'en parler
« encore, il nous suffit de mettre sous les yeux de V. M. ces paroles qu'elle a jurées, ou du
« moins leur sens exact.

« *Si je manque à ce que je viens de promettre, je me reconnais dès-lors déchu de tous
« droits sur cette partie de mes sujets, qui pourra disposer d'elle-même.* »

« Sire, nous pouvons donc, sans être rebelles, choisir un autre maître ; mais l'attachement
« pour votre Maison nous porte à vous préférer encore ; accordez-nous des droits, que nous
« vous rendons le pouvoir d'accorder, et conservez-vous nos provinces.

« Quant à la Députation que vos Ministres ont demandée, voyez combien cette démarche
» seroit puérile. On parle de sauver par là votre gloire ; mais quel homme sensé ne sait pas
« que votre pouvoir décidera ce que vous ferez, et non une vaine Députation?... Envoyer à
« Vienne nos chefs, nos soutiens, vous ne l'espérez pas, Sire, et vous en envoyer d'autres
« sans presque de pouvoir, qu'est-ce que cela signifierait? S'il y avoit quelques points à
« éclairer, vous pourriez envoyer vos instructions à L. A. R... »

La ratification de la Constitution Belgique fut, enfin, donnée, au nom de l'empereur Joseph II, le 21 septembre 1787.

Peu après, parut une nouvelle production dramatique relative à cet événement. L'auteur anonyme met en scène des *Femmes Belges* (titre de la pièce), qui stimulent le courage des leurs pour combattre les Autrichiens. Mais un des personnages de la pièce vient annoncer dans les termes suivants, la ratification sollicitée :

« ... Je viens d'entendre la lecture de la lettre de l'Empereur, par laquelle ce prince
« déclare, qu'il confirme tout ce que Leurs Altesses Royales ont accordé provisionnelle-
« ment, et qu'il ne veut dorénavant plus rien innover sans avoir ouï les parties inté-
« ressées... »

Quand tout fut calme, que les esprits eurent repris un peu de tranquillité, les Gouverneurs-Généraux rentrèrent à Bruxelles, le 28 janvier 1788. Il parut à cette occasion, une petite pièce, anonyme également, sous le titre de : *Le Retour au Château* (1), destinée à célébrer cet heureux événement.

Le gouvernement profita de ce calme pour prendre diverses mesures préventives.

Le théâtre, ce grand moyen de propagande, devait être l'un des premiers points de mire. On fit imprimer une liste des pièces qui pouvaient être représentées sur les différentes scènes des Pays-Bas (2), et cette brochure fut transmise à toutes les administrations théâtrales.

Jusqu'à ce moment, toutes les pièces produites sur la scène bruxelloise, n'avaient eu que des données fort inoffensives, mais l'apparition de celles

---

(1) Voir la Bibliographie.
(2) Catalogue des pièces qu'il est permis de représenter sur les théâtres des Pays-Bas autrichiens, jusqu'à ce jour 12 avril 1788.

que nous venons de citer, quoique de peu de mérite, prouvait qu'il y avait une certaine tension dans les esprits. De là, la mesure prise par le gouvernement pour parer à l'agitation qui couvait depuis quelque temps.

On signale encore, comme ayant été représentée à Bruxelles, la comédie suivante de M. Rouillé : *le Connaisseur*. Elle fut éditée en 1789 (1), mais nous ignorons la date de son apparition sur notre scène.

Nous ne savons quelle est la pièce suivante, qui fut soumise à la censure du gouvernement, et dont on autorisa la représentation : *l'Impudent ou l'Aventurier* (2). C'était une comédie en cinq actes et en vers, nous ignorons si elle vit le feu de la rampe. L'autorisation date du 20 juin 1789.

D'après ce qui précède, on a vu que sur la plupart des membres de la famille D'Hannetaire, nous avons des renseignements plus ou moins complets. Sur Angélique seule, nous ne possédons rien. Qu'est-elle devenue en quittant le théâtre, sous la direction des frères Bultos ? Rien ne vient éclaircir cette partie de son existence. Il a été dit que peut-être elle avait suivi son amant, le prince de Ligne, au siège de Belgrade (3). Ceci est vraisemblable, mais enfin, rien ne vient le prouver.

La période de vingt-cinq années que nous venons de parcourir, fut des plus brillantes pour le théâtre de Bruxelles. De nombreux talents se révélèrent, et des artistes du plus grand mérite y firent leurs premières armes.

Nous pouvons donc admettre ce qu'on disait à cette époque : « Le théâtre « de cette ville peut actuellement être placé au second rang des théâtres de « l'Europe ; il deviendrait bientôt un des premiers, si l'on y établissait plus « d'ordre, plus de magnificence, et si le bon goût y dominait davantage (4). »

On a vu se produire plusieurs pièces indigènes, dont quelques-unes même, dues à d'illustres plumes. Toutefois, le répertoire des théâtres de Paris, fournit le véritable contingent habituel de cette scène.

Le défaut de stabilité des directions fut la pierre d'achoppement qui se produisit pendant cette période, mais, malgré cela, le talent des artistes et le goût du public pour les représentations dramatiques, triomphèrent de toutes ces difficultés, et cette scène ne chôma jamais.

Ce qui, précédemment, n'était qu'un caprice passager et une distraction pour la majeure partie de la population, était devenu un besoin, une nécessité tant pour la Cour que pour la ville. Le théâtre était devenu une question sérieuse, dont ne dédaignaient pas de s'occuper les personnages les plus haut placés.

Nous allons voir, ensuite, ce que fut le théâtre français en province.

---

(1) Pour cette pièce et les deux précédentes, voir la Bibliographie.
(2) Archives générales du royaume. — Voir aux Documents.
(3) F. Delhasse. *L'Opéra à Bruxelles*, p. 36.
(4) *Almanach du spectacle de Bruxelles*, 1792. Avant-propos.

TABLE DES MATIÈRES

DU

TOME PREMIER

	Pages
PRÉFACE.	
Chapitre premier. — Origines. — Cortéges historiques. — Entremets dans les festins princiers. — Chambres de rhétorique. — Entrées solennelles de souverains. — Mystères, moralités, etc.	1
Chapitre II. — Les Auteurs dramatiques de la première période (jusque 1700).	17
Chapitre III. — Les Colléges de la Compagnie de Jésus, en Belgique.	39
Chapitre IV. — Les Origines de l'Opéra en Belgique.	51
Chapitre V. — Installation du théâtre régulier.	79
Chapitre VI. — Le Théâtre Français dans la principauté de Liége, depuis son origine jusqu'à la Révolution de 1789.	135
Chapitre VII. — Le Maréchal de Saxe et Favart. — Les Comédiens Français du Comte de Lowendahl.	163
Chapitre VIII. — Le Théâtre Français en Belgique, après le départ du Maréchal de Saxe, jusqu'en 1766.	196
Chapitre IX. — Les Comédiens Ordinaires de S. A. R. le Prince Charles de Lorraine 1766-1790.	227

www.ingramcontent.com/pod-product-compliance
Lightning Source LLC
Chambersburg PA
CBHW060502170426
43199CB00011B/1301